ÉTUDES

SUR

L'HISTOIRE D'HAÏTI.

PARIS. IMPRIMERIE DE MOQUET, 92, RUE DE LA HARPE.

ÉTUDES

SUR

L'HISTOIRE D'HAÏTI

SUIVIES DE LA

VIE

DU GÉNÉRAL J.-M. BORGELLA

PAR B. ARDOUIN

ANCIEN MINISTRE D'HAÏTI PRÈS LE GOUVERNEMENT FRANÇAIS,
ANCIEN SECRÉTAIRE D'ÉTAT DE LA JUSTICE, DE L'INSTRUCTION PUBLIQUE ET DES CULTES.

TOME CINQUIÈME.

PARIS

DEZOBRY ET E. MAGDELEINE, LIB.-ÉDITEURS,
RUE DU CLOÎTRE-SAINT-BENOÎT, 10.

1854

PÉRIODE FRANÇAISE.

SIXIÈME ET DERNIÈRE ÉPOQUE.

LIVRE SIXIÈME.

CHAPITRE I.

Expédition française contre Saint-Domingue. — Arrivée de la flotte au Cap-Français. — Le général Henri Christophe lui en refuse l'entrée. — Proclamation du Premier Consul aux habitans de la colonie. — Députation de la municipalité auprès du capitaine-général Leclerc. — Sa lettre à H. Christophe. — Réponse, et dispositions de défense. — Le général Rochambeau s'empare du Fort-Liberté. — Incendie et évacuation du Cap. — La flotte entre dans la rade. — Débarquement de Leclerc à la baie de l'Acul-du-Limbé. — Réfutation des Mémoires de Sainte-Hélène, relativement aux hommes de couleur. — Réflexions sur la conduite tenue par H. Christophe. — Toussaint Louverture arrive de Santo-Domingo. — Il est forcé de fuir devant les troupes françaises, et prend la résolution de résister à Leclerc. — Esprit général de la population. — Lettres de Toussaint Louverture à divers généraux. — Il se rend à Ennery pour rencontrer ses fils et leur précepteur.

Les motifs qui ont déterminé le gouvernement consulaire à envoyer une armée contre Saint-Domingue ont été amplement exposés dans notre cinquième livre. Il y a été également démontré que cette mesure avait été conçue, avant qu'on eût appris en France que T. Louverture avait donné une constitution particulière à cette colonie, et qu'on attendait la conclusion de la paix avec la Grande-Bretagne pour l'effectuer. Les préliminaires de cette paix ayant été signés le 1er octobre et faisant présager la paix définitive, rien ne s'opposait plus au dessein conçu. Aussi les préparatifs de l'expédition étaient ordonnés déjà, quand le colonel Vincent arriva à Paris, avec la mission de faire agréer au gouvernement consulaire la constitution dont il était porteur. Ce fut un motif de plus pour accélérer la mesure.

L'impatience du Premier Consul fut telle, qu'il voulait que la flotte fût prête à mettre à la voile dans les premiers jours de novembre. Toutes les troupes destinées à faire partie de l'expédition furent dirigées sur les ports où elles devaient s'embarquer. Brest, Lorient, Rochefort, Toulon, le Hâvre, Cadix et Flessingue furent les lieux de ce rendez-vous général.

Vingt-cinq mille des meilleurs soldats de la France, pris parmi ceux qui avaient défendu son indépendance et sa liberté contre les armées coalisées de l'Europe, et porté ensuite ses principes libéraux et sa gloire en Allemagne, en Hollande, en Italie, en Suisse, en Egypte, formèrent la première expédition, et plus de vingt mille autres furent successivement envoyés dans la suite. Quarante vaisseaux, vingt-sept frégates, et dix-sept autres corvettes ou bâtimens de transport, reçurent à leur bord ces vieilles légions aguerries dans mille combats.

Treize généraux de division, vingt-sept généraux de brigade et une foule d'autres officiers des diverses armes, qui avaient fait preuve de leur valeur sur tous les champs de bataille, allaient diriger ces forces pour abattre le pouvoir de T. Louverture, assurer l'empire de la France dans sa colonie, et rétablir l'esclavage des noirs. A leur tête était le général en chef Leclerc, beau-frère du Premier Consul, nommé capitaine-général pour gouverner Saint-Domingue, avec le concours de MM. Benezech, conseiller d'Etat, préfet colonial, devant présider le conseil à former dans l'île; Desperoux, commissaire de justice; et Daure, commissaire ordonnateur en chef[1].

La flotte entière fut placée sous le commandement supérieur de l'amiral Villaret-Joyeuse, marin expérimenté, secondé par les contre-amiraux Latouche Tréville, Gantheaume, Linois, Delmothe, Gravina et Hartzinch. Les premiers étaient français, les deux derniers étaient, l'un Espagnol, l'autre Hollandais.

Dans un tel appareil de forces de terre et de mer, dirigées et commandées par de tels officiers généraux, on voit que le Premier Consul reconnaissait l'importance et la difficulté de l'entreprise destinée à agir contre une population qui avait secoué le joug ignominieux de la servitude depuis dix ans, et dont les droits naturels avaient été reconnus et proclamés solennellement par la France; car il n'ignorait pas qu'elle avait vaillamment défendu sa liberté contre les Anglais, en maintenant les droits de la métropole, et qu'elle s'était encore aguerrie dans une guerre civile.

Un écrivain français dont nous avons cité le texte, a avancé que le Premier Consul *portait un mépris haineux à la race noire*. On peut concevoir *la haine* qu'il lui portait, peut-être, par l'effet des préjugés coloniaux qu'il avait évidemment adoptés; mais on ne peut guère admettre *qu'il méprisait* les hommes contre lesquels il employa des moyens aussi formidables. Dans tous les cas, *de tels hommes n'étaient pas méprisables*, puisqu'il se vit contraint d'ajouter à ces moyens toutes les ruses de la politique.

Il a été dit aussi que le Premier Consul offrit le commandement de l'armée expéditionnaire au général Berna-

---

[1] Daure avait rempli les mêmes fonctions en Egypte.

dotte, qui le refusa [1]. Nous ne connaissons aucun auteur français qui ait parlé d'un tel fait; et nous en doutons, par cela même que, comptant sur la valeur de ses troupes pour assurer le succès de cette entreprise, le Premier Consul dut vouloir que ce fût un de ses proches qui en recueillît la gloire et le profit. Nous nous fondons à ce sujet sur *les faits* successivement accomplis en Europe même. M. Thiers assure, au contraire, que beaucoup de militaires demandèrent comme une faveur à aller à Saint-Domingue, la paix générale ayant été conclue. On conçoit, en effet, que des hommes habitués à faire la guerre, entrevoyaient un état presque insupportable dans le repos ; ensuite, partageant eux-mêmes la confiance et l'espoir d'un succès facile, ils devaient encore espérer de se créer des richesses immenses sur cette terre de Saint-Domingue qui en avait tant produit, pour en jouir plus tard en France, comme faisaient les colons dans l'ancien régime. Des alliances avec leurs filles ou leurs veuves en auraient encore procuré. Malenfant avoue qu'il donna ce conseil à des officiers réunis à Brest.

Un reproche, qui est probablement mal fondé et que nous croyons même injuste, a été fait au chef du gouvernement français. On a prétendu qu'il profita de cette circonstance pour envoyer dans l'expédition, principalement les officiers et les soldats qui avaient servi sous le général Moreau. Dans ses mémoires, Fouché l'en accuse, et divers autres auteurs ont répété cette accusation. Ordinairement, quand une entreprise ne réussit pas, chacun cherche à y trouver des motifs particuliers ; et si celle-ci eût eu le succès qu'on espérait généralement, cette accu-

---

[1] Histoire d'Haïti, t. 2, p. 131. — Voyage dans le Nord d'Haïti, p. 374.

sation n'aurait pas été produite. Le général Leclerc lui-même avait servi sous les ordres de Moreau ; et M. Thiers, en réfutant l'imputation faite au Premier Consul, d'avoir voulu se débarrasser des militaires imbus des principes de son émule, fait observer qu'il exigea que sa sœur Pauline, mariée au chef de l'expédition, l'accompagnât dans ce climat meurtrier des Antilles [1]. Jérôme Bonaparte, le plus jeune de leurs frères, employé alors dans la marine, était aussi de l'expédition. Ces faits détruisent complètement, ce nous semble, la maligne intention prêtée au Premier Consul.

Ce qui nous paraît plus important à constater, c'est que l'amiral Villaret-Joyeuse fut choisi pour commander la flotte, afin d'aider à l'établissement du gouvernement *militaire* qu'il conseillait en 1797 ; c'est que le général Rochambeau, *qui avait prédit qu'on serait forcé de faire la guerre aux noirs, pour les rendre à la culture et protéger les pauvres blancs vexés par eux*, fut envoyé dans cette expédition ; c'est qu'enfin, les généraux Desfourneaux et Kerverseau, et l'ancien ordonnateur H. Perroud, trois hommes dont on connaît les antécédens dans la colonie, furent aussi jugés dignes d'en faire partie. Il fallait assurer le succès de l'entreprise ; les hommes qui connaissaient Saint-Domingue durent paraître propres à y contribuer.

A la fin de 1799, une expédition, destinée pour l'Egypte, fut préparée à Brest, sous les ordres du général Sahuguet et de l'amiral Gantheaume. Pour donner le change aux Anglais, le Premier Consul fit courir le bruit qu'elle allait à Saint-Domingue, et ordonna que des noirs et des mu-

---

[1] Madame Leclerc avait avec elle un enfant tout jeune.

lâtres des colonies fussent embarqués à bord des vaisseaux. Placide Séraphin, beau-fils de T. Louverture [1], se trouvait au collége de la Marche avec son frère utérin, Isaac Louverture, propre fils de ce général ; il fut envoyé aussi à Brest, afin d'ajouter à cette ruse de guerre par sa présence dans la flotte : cette flotte partit de Brest en janvier 1800 et relâcha à Toulon. Le 29 octobre, Placide fut promu au grade de sous-lieutenant, attaché à la légion expéditionnaire et à l'état-major du général Sahuguet ; il était encore à Toulon le 1er septembre 1801, lorsque ce général adressa une lettre au ministre de la marine au sujet de ce jeune homme qu'il renvoyait à Paris, d'après ses ordres : nouvel indice qu'alors l'expédition contre Saint-Domingue était résolue, même avant que la constitution de T. Louverture parvînt en France par les Etats-Unis. En effet, Placide et Isaac devaient en faire partie. Ces deux frères et M. Coisnon, leur précepteur, furent présentés au Premier Consul qui les accueillit avec bienveillance et leur annonça qu'ils iraient à Saint-Domingue, et qu'ils y *précéderaient* l'arrivée de la flotte [2]. Le lendemain de cette présentation, ils dînèrent chez le ministre de la marine, l'amiral Decrès, dont ils reçurent

---

[1] Placide était fils d'un mulâtre nommé Séraphin, et par conséquent *griffe*, selon le vocabulaire colonial. Madame Louverture l'avait eu avant son mariage, et son mari adopta cet enfant, qu'il chérissait comme son propre fils.

[2] Le Premier Consul dit à Isaac : « Votre père est un grand homme ; il a « rendu des services éminens à la France. Vous lui direz que moi, premier « magistrat du peuple français, je lui promets protection, gloire et honneur. « Ne croyez pas que la France ait l'intention de porter la guerre à Saint-Do« mingue : l'armée qu'elle y envoie est destinée, non à combattre les troupes « du pays, mais à augmenter leurs forces. Voici le général Leclerc, mon beau« frère, que j'ai nommé capitaine-général, et qui commandera cette armée. Des « ordres sont donnés afin que vous soyez *quinze jours d'avance* à Saint-Do« mingue, pour annoncer à votre père la venue de l'expédition. » — Extrait des Mémoires d'Isaac Louverture.

ensuite un costume militaire et des armes. Isaac était ainsi élevé au même grade que son frère aîné.

Dans notre 4º livre, on a vu qu'André Rigaud était arrivé à Paris le 7 avril 1801. Il avait continué d'y résider. Il a été dit que lui et les officiers du Sud expatriés avec lui, avaient excité le gouvernement consulaire contre T. Louverture, — comme s'ils pouvaient exercer la moindre influence sur la politique de ce gouvernement, qui aurait pu faire cesser la guerre civile du Sud en février 1800, et qui la laissa continuer d'après le plan adopté par le Directoire exécutif! Le fait est, que le 24 août 1801, plus de quatre mois après son arrivée à Paris, Rigaud n'avait pas encore eu l'honneur d'être présenté au Premier Consul. Ce jour-là, il adressa une lettre au ministre de la marine, où il sollicitait un emploi quelconque dans l'armée française, à cause de l'exiguité de ses ressources, et la faveur d'être admis à offrir ses hommages au chef du gouvernement français.

Il paraît donc que si Rigaud lui fut présenté, ce ne fut *qu'après* que l'expédition eut été résolue[1]. Comme elle allait pour enlever le pouvoir à T. Louverture, et qu'il était présumable qu'il résisterait, Rigaud et ses officiers devenaient *un drapeau* qui pouvait être utile, selon les circonstances, afin d'obtenir la défection de tous les hommes qui avaient partagé leur manière de penser à l'égard

---

[1] A ce sujet, M. Hérard Dumesle rapporte que Rigaud lui a dit, qu'ayant été admis à une séance privée du Premier Consul, celui-ci, après l'avoir entendu sur les circonstances de la guerre civile du Sud, prononça ces paroles : « Général, je ne vous connais qu'un tort : c'est de n'avoir pas été vainqueur. » — Voyage dans le Nord d'Haïti, p. 372.

Rigaud a eu encore *plus tort* de croire à la sincérité de ces paroles : la politique du Premier Consul ne pouvait lui donner raison dans sa querelle avec T. Louverture.

de T. Louverture. Dans ce dessein, ils reçurent l'ordre, de même que d'autres officiers noirs et jaunes qui étaient en France, de se rendre à Rochefort pour y être embarqués. Rigaud était encore à Paris le 30 octobre, et se rendit à Rochefort le 17 novembre.

La frégate *la Vertu* reçut tous ces officiers à son bord : c'étaient Rigaud, Villatte, B. Léveillé, généraux de brigade ; Pétion et J. B. Belley, adjudans-généraux ; Birot, Borno Déléard, chefs de brigade ; E. Saubate, Brébillon, Dupont, Brunache, Dupuche, Gautras, Quayé Larivière, Maurice Bienvenu, chefs de bataillon ou d'escadron ; J. P. Boyer, Florant Chevalier, capitaines, et plusieurs autres. Madame Rigaud et ses enfans y prirent passage aussi.

A Brest, les fils de T. Louverture et M. Coisnon s'embarquèrent sur la frégate *la Syrène* qui, loin de précéder la flotte, partit en même temps qu'elle. Trente jours après, ce navire allant porter des ordres à la Guadeloupe, les passagers furent placés sur le vaisseau *le Jean-Jacques Rousseau*.

Les escadres de Brest, de Lorient, de Rochefort, de Toulon et de Cadix partirent le même jour, 14 décembre : les deux dernières restèrent en arrière. La seconde escadre, sortie de Brest, fit route en même temps que celle du Hâvre et de Flessingue, quelques semaines après.

Divers parages furent désignés pour le ralliement des trois premières : — le golfe de Gascogne, les îles Canaries, et en dernier lieu, le cap Samana, à l'est de l'île de Saint-Domingue.

A ce sujet, Pamphile de Lacroix a imputé au Premier Consul « d'avoir lui-même tout dirigé, tout indiqué, dans « un travail dressé dans son cabinet particulier, et de

« n'avoir pas même appelé à donner son avis sur les dé-
« tails nautiques de l'expédition, l'homme de mer expéri-
« menté qui tenait à cette époque le porte-feuille de la
« marine et des colonies; que ce dernier n'eut qu'à signer
« *pour copie conforme*, les instructions déjà revêtues de
« l'approbation et de la signature du Premier Consul. Ces
« instructions contenaient *de vieilles idées....*[1] »

Piqué de ce reproche d'un officier général qui faisait partie de l'expédition et dont les assertions pouvaient paraître fondées, l'empereur Napoléon, à Sainte-Hélène, a daigné le réfuter et bien d'autres imputations consignées dans les mémoires de cet auteur : il a nié d'avoir rédigé lui-même les instructions pour la flotte, en affirmant au contraire que ce fut l'amiral Decrès qui les prépara.

On ne peut guère admettre, en effet, que le Premier Consul n'eût pas fait participer le ministre de la marine, à la rédaction des instructions qui devaient diriger les amiraux chargés du commandement de la flotte. Qu'il ait dicté lui-même celles qui avaient rapport aux opérations militaires et à la direction politique, cela se conçoit, et c'était même dans son droit : personne ne pouvait mieux que lui rendre sa pensée, dans le but qu'il se proposait d'atteindre.

Le 29 janvier 1802, les trois premières escadres se réunirent au cap Samana. Celle qui portait la division du général Rochambeau était destinée à opérer contre le Fort-Liberté ;— la division Hardy, contre le Cap-Français ;—

---

[1] Mémoires, t. 2, p. 60. Cet ouvrage fut publié par P. de Lacroix, en 1819, sous la Restauration, qui avait encore de plus *vieilles idées* à l'égard de l'ancienne colonie de la France.

la division Boudet, contre le Port-au-Prince. Le 30, deux frégates en furent détachées, portant la brigade Kerverseau contre Santo-Domingo. On reconnaît dans ces dispositions le plan proposé par Kerverseau lui-même, d'après son rapport que nous avons cité au 5e livre.

Le capitaine-général Leclerc et l'amiral Villaret-Joyeuse montaient sur le vaisseau *l'Océan*. Après avoir expédié Kerverseau, — le 30 même, l'amiral fit mettre la flotte en route. Le lendemain, vers le cap La Grange, des pilotes de Monte-Christ lui apprirent que T. Louverture se trouvait en ce moment à Santo-Domingo. Le 1er février, la flotte était devant le Cap-Français; mais elle ne pouvait y entrer à cause du vent contraire [1].

Suivant P. de Lacroix, il avait été ordonné au capitaine-général et à l'amiral « de ne souffrir aucune vacillation « dans les principes de leurs instructions. » Cependant, il affirme que Leclerc décida d'abord que la division Boudet, arrivée la première à la tête de l'île, agirait contre le Cap; et qu'il s'ensuivit alors, entre le capitaine-général et l'amiral, une vive discussion pendant laquelle le premier voulut *faire arrêter* le second; mais que l'amiral finit par l'emporter, parce que les instructions étaient précises.

Ce début, il faut le reconnaître, était digne d'une entreprise conçue dans de telles vues; la guerre commençait entre les assaillans eux-mêmes : présage fâcheux!

Le même auteur a regretté que la rigueur des instructions ait empêché le capitaine-général de suivre son inspiration, en prétendant que la division Boudet eût pu entrer dans la rade immédiatement; « que le général H.

---

[1] Nous nous servirons très-souvent du mot *Cap*, mais il sera entendu que c'est de la ville du *Cap-Français* qu'il s'agit.

« Christophe, livré à lui seul, annonçait le désir de rece-
« voir l'expédition, et de lui donner des fêtes; que les rues
« étaient balayées, les casernes nettoyées, et que les ha-
« bitants et les troupes noires se livraient en ville à une
« satisfaction générale. *L'arrivée secrète* de T. Louvertu-
« re, ajoute-t-il, arrêta ces dispositions amicales. »

Cette dernière assertion étant démentie par *les faits*, les autres sont nécessairement suspectes d'invraisemblance. Au reste, ce n'est pas la première fois que nous trouvons cet auteur en défaut : d'autres erreurs de lui seront signalées.

T. Louverture n'arriva sur les lieux que le 5 février. C'est donc à H. Christophe que revient *l'honneur de la résistance* qui fut opposée à la flotte; car le gouverneur général n'avait donné ni à lui ni aux autres officiers supérieurs, *l'ordre formel* de résister aux volontés de la France : au contraire, sa proclamation du 18 décembre 1801 disait : « qu'il fallait recevoir les ordres et les en-
« voyés de la métropole avec le respect de la piété filiale. » Son mémoire adressé au Premier Consul confirme cette disposition.

La ville du Cap-Français avait été relevée de ses ruines, occasionnées par l'incendie des journées de juin 1793. C'était encore le lieu du plus grand commerce de la colonie, ravivé par la restauration des cultures de son voisinage. Bien que sa prospérité, à cette époque, n'égalât point celle dont elle avait joui dans l'ancien régime, on trouvait de l'aisance parmi ses habitans. Ceux-ci avaient toujours pour maire, le noir César Thélémaque, fort attaché à la France. H. Christophe, commandant de l'arrondissement, communiquait à ses administrés ce goût pour le luxe qui le distinguait; son ton, ses manières d'une grande politesse, et qui se ressentaient néanmoins du despotisme de son caractère, faisaient du Cap une ville de jouissances continuelles pour les blancs avec lesquels il vivait dans la plus étroite familiarité.

Cependant, à la vue de ces nombreux vaisseaux qui parurent devant le Cap, des pavillons français et espagnol qu'ils arboraient, Christophe comprit qu'ils recélaient dans leurs flancs une armée qui ne pouvait venir à Saint-Domingue, qu'en vue de renverser le pouvoir de T. Louverture à qui il était dévoué, et avec lui les principaux chefs qui l'aidaient dans l'administration de la colonie. Sans ordre précis du gouverneur général pour cette éventualité, il se rappela néanmoins qu'une ancienne disposition de la commission civile, depuis Sonthonax et renouvelée ensuite, défendait aux officiers supérieurs de laisser entrer dans les ports des forces maritimes considérables, sans qu'au préalable on eût reconnu leur nationalité et leur objet.[1] On a vu qu'à l'arrivée, au Cap, des frégates venues avec Hédouville, il avait fallu une autorisation spéciale de J. Raymond pour les faire admettre par le général B. Léveillé, alors commandant de l'arrondissement.

Christophe s'était donc porté au fort Picolet qui défend principalement l'entrée du port, pour faire tirer sur les vaisseaux s'ils essayaient d'y pénétrer, tandis que les habitans et la municipalité, dirigés par César Thélémaque, ne soupiraient qu'après le débarquement des troupes, se fondant surtout sur la proclamation de T. Louverture. Voilà la vérité.

Un bâtiment léger s'étant approché, Christophe or-

---

[1] Mémoire de T. Louverture au Premier Consul.

donna de tirer dessus; il envoya ensuite le capitaine du port Sangos dire au vaisseau amiral qu'il ne pouvait permettre à la flotte d'entrer dans le port, avant d'avoir reçu les ordres du gouverneur général qui était à Santo-Domingo. Ces faits se passèrent le 2 février [1].

L'amiral envoya alors son aide de camp Lebrun, par le canot que montait Sangos [2]. Il joignit Christophe au fort Picolet, et lui dit que l'amiral et le capitaine-général lui ordonnaient de se préparer à recevoir la flotte et les troupes. Christophe trouva étrange qu'on ne lui eût pas écrit, et demanda à Lebrun s'il avait des dépêches pour le gouverneur général. Il n'en avait pas plus pour ce dernier que pour le commandant de l'arrondissement; mais il était porteur de plusieurs paquets renfermant la proclamation imprimée du Premier Consul aux habitans de Saint-Domingue, qu'il refusa de remettre à Christophe, prétendant qu'il était chargé de les livrer en main propre au général T. Louverture. Son but, sa mission étaient de trouver moyen de répandre cet acte parmi la population.

Cette manière d'agir était diamétralement opposée à ce que le Premier Consul aurait annoncé aux fils de T. Louverture. Elle prouvait une intention d'embaucher, et la population et l'armée coloniale. Car, pourquoi le capitaine-général, envoyé par la métropole, ne signifiait-il pas tout d'abord au commandant militaire du Cap, *et par écrit*, l'ordre du gouvernement français?

Néanmoins, Christophe, qui eut quelque indécision en

---

[1] Mémoires de Boisrond Tonnerre. Ces faits sont encore constatés dans les rapports de l'amiral et du capitaine-général au ministre de la marine, insérés au *Moniteur*.

[2] Mémoires de Pamphile de Lacroix, t. 2, p. 70. Mais Sangos fut retenu à bord de *l'Océan*.

ce moment, invita Lebrun à monter à cheval avec lui pour aller en ville : peut-être voulait-il se donner un otage.

Dans le trajet, Lebrun laissa tomber un de ces paquets de proclamations qui fut bientôt après apporté à Christophe. Celui-ci l'avait conduit à la maison du gouvernement ; là, il consentit à remettre les autres paquets, à raison de cette circonstance.

Christophe passa dans une pièce du palais pour prendre connaissance de la proclamation. Il déclara alors à Lebrun qu'il ne recevrait pas la flotte, sans ordre formel du gouverneur général à qui il écrirait pour lui donner avis de son arrivée. Lebrun essaya de le corrompre, en lui parlant *des faveurs* que lui réservait le gouvernement français. Mais Christophe lui répondit avec fierté, qu'il ne souscrirait à rien, et que d'ailleurs la proclamation du Premier Consul *respirait le despotisme et la tyrannie*[1]. Voici cet acte :

LE PREMIER CONSUL,
Aux *Habitans* de Saint-Domingue.

« Quelles que soient *votre origine et votre couleur*,
« vous êtes tous Français, vous êtes tous libres et
« égaux devant Dieu et devant les hommes.

« La France a été, comme Saint-Domingue, en proie
« aux factions et déchirée par la guerre civile et par la
« guerre étrangère ; mais tout a changé : tous les peuples
« ont embrassé les Français, et leur ont juré la paix et

---

[1] Pamphile de Lacroix affirme que T. Louverture arriva dans ces circonstances, et qu'il changea les bonnes dispositions de Christophe à recevoir la flotte. Mais c'est un conte fondé sur ce que, *élevant la voix* en parlant à Lebrun, celui-ci crut que le gouverneur général se tenait dans une pièce voisine, et que Christophe voulait lui faire entendre leur conversation. C'était l'habitude de ce général de parler ainsi : devenu *Roi*, il s'en fit une sorte de manie.

« l'amitié ; tous les Français se sont embrassés aussi, et
« ont juré d'être tous des amis et des frères. Venez aussi
« embrasser les Français, et vous réjouir de revoir *vos*
« *amis et vos frères* d'Europe.

« Le gouvernement vous envoie le capitaine-général
« Leclerc ; il amène avec lui de grandes forces pour vous
« protéger contre vos ennemis et contre les ennemis de
« la République. Si l'on vous dit : *Ces forces sont destinées*
« *à vous ravir la liberté* ; répondez : *La République ne*
« *souffrira pas qu'elle nous soit enlevée.*

« Ralliez-vous autour du capitaine-général ; il vous ap-
« porte *l'abondance et la paix* ; ralliez-vous autour de lui.
« Qui *osera* se séparer du capitaine-général sera un traî-
« tre à la patrie, *et la colère de la République le dévorera*
« *comme le feu dévore vos cannes desséchées.*

« Donné à Paris, au palais du gouvernement, le 17
« brumaire an X de la République française (8 novembre
« 1801.)

« Le Premier Consul,   BONAPARTE. »

Pamphile de Lacroix, qui a critiqué les instructions
données au capitaine-général et à l'amiral, loue cette
proclamation comme « un *chef-d'œuvre* de rédaction po-
« litique, en ce qu'elle alliait *habilement* les promesses
« et les menaces. »

Voyons donc en quoi consistait cette habileté.

D'abord, il était impossible de mieux confirmer le décret de la Convention sur la liberté générale, que ne le
semblait faire le premier paragraphe de cette proclamation. Cependant, la France *qui n'avait plus d'ennemis*,
puisque *tous les peuples avaient embrassé les Français*,
envoyait néanmoins de grandes forces à Saint-Domingue
pour protéger *ses habitans*, également *Français*, contre

leurs ennemis et contre *les ennemis de la République*. Puisqu'ils étaient Français, ils ne devaient pas en avoir plus que ceux d'Europe. Et quels étaient donc *ces ennemis de la République*, lorsque le Premier Consul déclarait que tous les peuples avaient juré la paix et l'amitié aux Français ? [1]

Si *un chef-d'œuvre de rédaction politique* consiste à être obscur, inintelligible, Pamphile de Lacroix a eu raison dans son appréciation. Mais la menaçante image du dernier paragraphe de cet acte ne l'expliquait-elle pas suffisamment ?

Quand nos cannes sont desséchées par l'influence du soleil brûlant des Antilles, qui engendre aussi *la fièvre jaune*, il suffit en effet de la moindre étincelle pour les dévorer, — de même que cette terrible maladie moissonne en peu de temps la plus nombreuse armée : les Anglais en avaient fait la cruelle expérience, et peut-être le Premier Consul ne se le rappelait pas.

Et voyez encore comment le génie de l'homme est exposé à se trouver souvent en défaut ! Il est fort possible et même probable, que ce soit cette image *du feu dévorant les cannes desséchées*, qui aura inspiré à H. Christophe l'idée *d'incendier* la ville du Cap, — en traçant ainsi un exemple de résolution énergique à un autre général qui l'imita dix années après, au préjudice d'une autre armée française, dans une contrée dont la température est l'opposé de celle des Antilles [2].

---

[1] Dans le langage colonial, on entend par *habitans*, — les propriétaires. Comme c'est à eux seuls que la proclamation s'adressait, *les ennemis* contre lesquels on voulait les protéger étaient *les noirs*, destinés à être replacés dans l'esclavage, à leur profit.

[2] Dans son Histoire de France, Bignon dit que « Christophe est le Rostopchin de Saint-Domingue. C'est un premier incendie de Moscou en 1802. »

Quoi qu'il en fut, il n'est pas étonnant que H. Christophe, qui se connaissait *assez bien* en despotisme et en tyrannie, ait dit à l'officier Lebrun que la proclamation consulaire respirait ces deux choses.

Toutefois, comme la flotte louvoyait encore à cause du vent contraire à son entrée dans le port, Christophe déclara à cet officier qu'il ne pouvait la rejoindre en ce moment, et qu'en attendant il resterait dans l'appartement où il se trouvait. Le traitant d'ailleurs avec sa magnificence ordinaire, il lui fit servir à souper sur de la vaisselle en argent. Seul à table, Lebrun était servi par quatre domestiques revêtus de livrée, qui observèrent le silence le plus parfait. Le palais de T. Louverture, au Cap et au Port-au-Prince, avait une tenue toute royale, qu'il relevait encore par sa dignité [1].

Voyant les dispositions militaires ordonnées par Christophe, la municipalité, le maire en tête, suivie de fonctionnaires publics et de citoyens, vint à minuit conjurer ce général d'épargner à la ville du Cap les désastres qui la menaçaient, s'il résistait à la flotte. Elle lui rappela les termes de la proclamation du gouverneur général, du 18 décembre; elle lui rappela même sa propre conduite dans l'affaire de Moïse, où il avait donné des gages si sanglans de son dévouement aux intérêts des colons et de la métropole; car Moïse avait été une victime immolée à ces intérêts. La triste fin de cet infortuné devait être invoquée, en effet, par des hommes qui y avaient tant contribué par

---

[1] Le président Boyer me dit un jour, qu'envoyé en mission par le général Laplume auprès de T. Louverture, au Port-au-Prince, le général en chef le retint à dîner, et qu'il fut frappé de la magnificence du palais et du service, en même temps que de la dignité des manières de ce chef et du grand sens de son esprit.

leurs dénonciations. La municipalité parla enfin des dispositions de la constitution coloniale qui faisaient de Saint-Domingue *un pays français,* pour porter Christophe à l'obéissance aux ordres de la métropole.

Mais Christophe lui répliqua qu'il était militaire, soumis aux seuls ordres du gouverneur général ; que le gouvernement consulaire aurait dû faire transmettre les siens par un aviso, et non par une flotte où l'on voyait arboré un pavillon étranger à celui de la France ; que la proclamation avait été sans doute fabriquée à bord des vaisseaux ; et que *la terre brûlerait* avant que la flotte mouillât dans la rade du Cap.

Il permit cependant qu'une députation se rendît à bord du vaisseau amiral, le 3 février, afin de dire au général Leclerc d'attendre qu'il eût le temps d'en aviser T. Louverture. Cette députation fut formée du maire César Thélémaque, de deux autres membres de la municipalité, du curé Corneille Brelle et de Tobias Lear, consul des États-Unis.

En attendant son retour, Christophe dépêcha un officier auprès du gouverneur général, sur la route de Saint-Jean à Santo-Domingo. La démarche même de la municipalité et des fonctionnaires, que rapporte Pamphile de Lacroix, aurait dû le convaincre que T. Louverture n'était pas au Cap, comme l'a cru Lebrun.

Le capitaine-général accueillit la députation, en l'entretenant des bonnes dispositions de la France envers la colonie, et envers T. Louverture lui-même, à qui elle renvoyait ses enfans ; il lui dit qu'il était chargé de donner à Christophe *des gages* de la bienveillance du Premier Consul. En cela, il pouvait être sincère ; car on a vu que de Santo-Domingo, T. Louverture avait fait l'éloge de cet officier, pour avoir préservé les jours *des blancs* contre la fureur des partisans de Rigaud. Mais en même temps, Leclerc déclara à la députation qu'il ne pouvait différer le débarquement de ses troupes, parce qu'il y avait lieu de craindre que Christophe ne voulût employer le temps qu'il réclamait, à organiser une défense militaire; qu'en conséquence, le débarquement s'opérerait une demi-heure après le retour de la députation. Il comptait sans le vent qui restait contraire aux vaisseaux. Il envoya avec la députation un aide de camp porteur de la lettre suivante à Christophe.

A bord de *l'Océan*, le 14 pluviôse an X (3 février).

J'apprends *avec indignation*, citoyen général, que vous refusez de recevoir l'escadre et l'armée française que je commande, sous le prétexte que vous n'avez pas d'ordre du gouverneur général.

La France a fait la paix avec l'Angleterre, et le gouvernement envoie à Saint-Domingue des forces capables de soumettre *des rebelles*, si toutefois on devait en trouver à Saint-Domingue.

Quant à vous, citoyen général, je vous avoue qu'il m'en coûterait de vous compter parmi les rebelles. Je vous préviens que si, aujourd'hui, vous ne m'avez pas fait remettre les forts Picolet, Belair et toutes les batteries de la côte, demain à la pointe du jour quinze mille hommes seront débarqués. Quatre mille débarquent *en ce moment* au Fort-Liberté, huit mille au Port-au-Prince. Vous trouverez ci-joint ma proclamation; elle exprime les intentions du gouvernement français. Mais rappelez-vous que, quelque estime particulière que *votre conduite* dans la colonie m'ait inspirée, je vous rends responsable de tout ce qui arrivera.

Le capitaine-général, etc. LECLERC.

Ce langage de la force était calculé pour intimider Christophe. Mais en faisant un si grand étalage de ses troupes, le capitaine-général oublia de mentionner celles qui étaient sous les ordres de Kerverseau et de supposer une autre division navale agissant aussi contre le Sud.

La députation, revenue au Cap, seconda cette lettre en faisant à Christophe mille prières de ne pas résister à Leclerc. Mais Christophe, encore *plus indigné* que le capitaine-général, par le ton menaçant qu'il avait pris, apostropha un nommé Lagarde, commissaire du gouvernement près le tribunal civil, qui insistait davantage : « Vous parlez *comme un colon*, lui dit-il, comme un pro-« priétaire : je n'ai point confiance en vous. »

Christophe voyait clair enfin à l'égard *des colons* !... Il répondit immédiatement à Leclerc, en renvoyant Lebrun et l'aide de camp avec sa réponse. La voici :

Au quartier général du Cap, le 14 pluviôse an X (3 février).

Henri Christophe, général de brigade, commandant l'arrondissement du Cap,

Au général en chef Leclerc.

Votre aide de camp, général, m'a remis votre lettre de ce jour. J'ai eu l'honneur de vous faire savoir que je ne pouvais vous livrer les forts et la place confiés à mon commandement, qu'au préalable j'aie reçu les ordres du gouverneur Toussaint Louverture, mon chef immédiat, de qui je tiens les pouvoirs dont je suis revêtu. Je veux bien croire que j'ai affaire à des Français, et que vous êtes le chef de l'armée appelée expéditionnaire ; mais j'attends les ordres du gouverneur, à qui j'ai dépêché un de mes aides de camp pour lui annoncer votre arrivée et celle de l'armée française ; et jusqu'à ce que sa réponse me soit parvenue, je ne puis vous permettre de débarquer. *Si vous avez la force dont vous me menacez, je vous prêterai toute la résistance qui caractérise un général ;* et si le sort des armes vous est favorable, *vous n'entrerez dans la ville du Cap que lorsqu'elle sera réduite en cendres, et même sur ces cendres, je vous combattrai encore.*

Vous dites que le gouvernement français a envoyé à Saint-Domingue des forces capables de soumettre *des rebelles*, si l'on devait y en trouver : c'est vous qui venez *pour en créer* parmi un peuple paisible et *soumis à la France*, d'après les intentions hostiles que vous manifestez ; et c'est nous fournir des argumens pour vous combattre, que de nous parler de *rébellion*.

Quant aux troupes qui, dites-vous, débarquent en ce moment, je ne les considère que comme *des châteaux de cartes* que le vent doit renverser.

Comment pouvez-vous me rendre responsable des événemens ? Vous n'êtes point mon chef, je ne vous connais point, et par conséquent, je n'ai aucun compte à vous rendre jusqu'à ce que le gouverneur vous ait reconnu.

Pour la perte *de votre estime*, général, je vous assure que je ne désire pas la mériter au prix que vous y attachez, puisqu'il faudrait agir contre mon devoir pour l'obtenir.

J'ai l'honneur de vous saluer, H. Christophe [1].

La députation avait reçu de Leclerc des exemplaires de la proclamation du Premier Consul et d'une autre qu'il avait rendue lui-même, pour mieux expliquer les intentions de la France [2]. Il promettait à tous les militaires *la conservation de leurs grades*, à tous les fonctionnaires publics celle *de leurs emplois* : ce qui impliquait leur maintien dans la colonie, — tandis que les instructions *formelles* dont il était porteur prescrivaient *la déportation* des officiers supérieurs de l'armée coloniale, sous le mot de *services* à rendre dans la métropole, et que bien certainement la plupart des fonctions publiques allaient être remplies par les arrivans. Au reste, ceci ne doit pas surprendre : c'est le langage ordinaire à tout pouvoir qui veut obtenir des succès.

La municipalité s'empressa de répandre ces deux proclamations, en les faisant même afficher.

---

[1] Cette lettre énergique fut écrite par un mulâtre du Sud, nommé Braquehais, qui était secrétaire de Christophe. Il avait été élevé en France.
[2] L'une et l'autre proclamation avaient des exemplaires imprimés en langage créole. Quelque colon s'était exercé à la traduire ainsi, afin d'assurer un plein succès à l'expédition. Le *Moniteur* contient une pièce qui fait mention de cette particularité.

Durant ce temps, Christophe avait fait prêter à la 2me demi-brigade et aux autres soldats présens au Cap, le serment *de vaincre ou de mourir*, d'après la finale de la proclamation du gouverneur, du 18 décembre.

Ainsi, tandis que les fonctionnaires *civils* invoquaient une phrase de cet acte pour se soumettre au capitaine-général, le fonctionnaire *militaire* y trouvait une autre pour électriser ses camarades d'armes. *L'unité d'action* manquait donc dans la proclamation de T. Louverture : *par sa faute*, chacun était libre de choisir le parti qui paraissait mieux convenir à sa position personnelle, à ses idées, à ses principes politiques, aux intérêts de la colonie. Aussi, quand Christophe se rendit à la municipalité pour reprocher à ce corps l'usage qu'il faisait des proclamations françaises, le maire lui répondit qu'il était dans son droit, qu'il remplissait même un devoir dicté par l'obéissance due à la métropole et prêchée par le gouverneur général lui-même.

On était au 4 février : la flotte louvoyait encore et ne pouvait effectuer le débarquement des troupes. Christophe avait expédié un nouvel officier auprès de T. Louverture. Il annonça néanmoins à la municipalité, qu'il avait donné l'ordre aux troupes coloniales, de contraindre les habitans à évacuer la ville qu'il allait faire incendier, afin de se porter au village du Haut-du-Cap. Le maire résista encore.

En ce moment, le bruit circula qu'une armée avait débarqué au Fort-Liberté ; il confirma ce que disait la lettre de Leclerc à ce sujet. C'était effectivement le général Rochambeau qui, amené là par les vaisseaux sous les ordres du capitaine Magon, opérait contre cette ville, alors commandée par le chef de bataillon Charles Pierre. Aussitôt le débarquement de ses troupes, il fit attaquer la batterie de l'Anse où il y avait peu de soldats de la 5me demi-brigade. Après une résistance qui ne put être bien longue, ce fort fut enlevé ; et *tous les militaires noirs faits prisonniers furent massacrés* par ordre de Rochambeau. En même temps, le capitaine Magon faisait canonner le fort Labouque, placé en tête du goulet qui conduit à la baie du Fort-Liberté : il était défendu par le commandant Barthélemy. Cet officier se rendit, quand il reconnut que la ville elle-même était au pouvoir de l'ennemi. Rochambeau n'en fit pas moins *tuer toute la garnison.* Un de ses aides de camp, le fils du duc de la Châtre, avait péri dans l'attaque, avec quelques autres Français [1].

Ainsi, *le cruel* Rochambeau, qui était destiné à exercer plus longtemps que Leclerc l'autorité de la France dans la colonie, inaugura l'arrivée de l'expédition *par la mort des prisonniers* que les lois de la guerre ordonnent cependant de respecter ! Il trouvait, il faut le dire, une sorte *d'excuse* à ces forfaits, dans la proclamation du Premier Consul. Ne disait-elle pas que : « La colère de la Ré-« publique française *dévorerait* quiconque *oserait se sé-« parer* du capitaine-général ; » c'est-à-dire, tous ceux qui *résisteraient* à l'armée expéditionnaire ?

Le but criminel de cette entreprise se dévoile dans ces horribles excès. *Les hommes de la race blanche* apportaient à Saint-Domingue, *l'esclavage de ceux de la race noire* ; et, en cas de résistance de leur part : — *la mort* [2].

---

[1] Le capitaine Magon fut promu au grade de contre-amiral, immédiatement après la prise du Fort-Liberté. Le général Brunet agissait là sous Rochambeau qui lui donnait d'excellentes leçons, comme on le verra par la suite.

[2] « Et puisque les lois françaises sont les seules qui les reconnaissent *pour libres* « *et citoyens*, il fut convenable de leur rappeler cette considération, très-propre « à leur faire rejeter les séductions étrangères, des offres perfides dont le résultat

Cependant, *le 4 février,* où ces faits se passaient au Fort-Liberté, était l'anniversaire de l'équitable décret de la Convention nationale *sur la liberté générale des noirs !*

Mais alors, quand Dessalines aura proclamé : *guerre pour guerre, crimes pour crimes, outrages pour outrages*, après avoir satisfait aux vengeances les plus cruelles, qui osera accuser seulement ce Noir de tous les crimes commis à Saint-Domingue, à cette époque dont l'historien n'aborde la relation qu'en frémissant ?...

Il est curieux de lire dans Pamphile de Lacroix : « Le gé-« néral Rochambeau avait chassé à coups de fusil les noirs « qui occupaient le fort Labouque et la batterie de l'An-« se... Ces efforts qui ne coûtèrent la vie qu'à quatorze « Français... avaient *inauguré la rébellion.* »

Oui, la rébellion commençait ; mais elle s'inaugura par la perfidie, l'injustice et la violence de l'attaque, et parce qu'après avoir élevé *des hommes* à la dignité *de citoyens*, vous vouliez les replacer dans la servitude.

Les noirs échappés du Fort-Liberté se vengèrent sur tous *les blancs* qu'ils rencontrèrent dans la campagne, *en les massacrant, en incendiant* leurs propriétés.

La nouvelle de ces funestes événemens parvint au Cap d'où le général Christophe contraignait les habitans de sortir.

Dans la soirée du 4 février, un vaisseau s'étant appro-

« *infaillible* serait pour eux *la mort ou l'esclavage.*» Article du *Moniteur* du 15 nivôse an VIII, cité au t. 4 de cet ouvrage, p. 445.

Le rapport du général Leclerc, du 9 février, inséré sur le *Moniteur* du 24 ventôse (15 mars), dit de l'amiral Villaret-Joyeuse :

«Il n'est animé que par une seule et unique pensée,—la réussite de notre « expédition, qui doit arracher à l'influence de *féroces Africains* cette colonie, « le fruit de 200 ans de travaux et de prospérité, qui sera longtemps pour l es « peuples une leçon frappante du danger *des abstractions et des vaines théo-* « *ries* en matière de gouvernement. »

ché du fort Picolet, reçut la décharge de son artillerie. Au bruit du canon, Christophe ordonna de mettre le feu aux maisons, en traçant lui-même l'exemple dans sa propre demeure richement meublée. Les édifices publics, spécialement désignés aux flammes, disparurent cette fois, car dans l'incendie de 1793, ils n'avaient pas été atteints. Une grande partie des propriétés privées subirent le même sort ; et les poudrières, auxquelles on mit le feu en dernier lieu, furent détruites. Ce fut le signal de la sortie du Cap, de Christophe et de sa troupe, le 5 février dans la matinée, pour se porter au Haut-du-Cap.

De leur côté, les habitans s'étaient retirés dans tous les environs de cette ville avec le peu d'effets qu'ils avaient pu enlever de leurs demeures. En vain Christophe essaya-t-il de les contraindre à se réunir pour le suivre : César Thélémaque lui opposa ou à ses officiers, tantôt le courage de la résistance, tantôt la force d'inertie.

Après la sortie de la troupe et de son général, les vaisseaux de la flotte, que le vent favorisait alors, pénétrèrent successivement dans la rade.

En même temps, le général Leclerc débarquait avec le général Hardy et sa division au port de l'Acul-du-Limbé, à quelques lieues à l'ouest du Cap. Pendant qu'il marchait contre cette ville, le général Humbert y opérait sa descente avec une partie des troupes restées à bord, et prenait possession des ruines fumantes de cet ancien *Paris des Antilles*.

Sur sa route, le général Hardy fit enlever à la baïonnette un poste situé à la Rivière-Salée, que défendaient des soldats de la 2.me demi-brigade. *Les prisonniers qu'il fit furent encore sacrifiés.*

C'était la répétition des scènes de carnage du Fort-Liberté. Ces soldats noirs résistaient, il est vrai ; mais en qualité de *militaires,* ils obéissaient à leur chef. Mais, *le même jour,* au Port-au-Prince, le brave général Boudet faisait aussi *des prisonniers :* les fit-il massacrer ? Non ! c'est qu'il y avait au fond de son cœur un sentiment de justice et d'humanité qui n'animait pas les généraux qui agirent dans le Nord.

Et le capitaine-général Leclerc avait-il fait précéder l'arrivée de la flotte par les fils de T. Louverture, chargés de lui annoncer sa venue ? S'il est vrai, comme l'a affirmé Pamphile de Lacroix, que les ordres du Premier Consul prescrivaient « de ne souffrir *aucune vacillation* « dans les principes des instructions données au capitaine- « général et à l'amiral, » il n'y avait donc aucune sincérité de la part du chef du gouvernement français, lorsqu'il disait à ces jeunes gens en présence de son beau-frère, qu'ils précéderaient la flotte ; car le général Leclerc aurait exécuté ses ordres.

A ce moment, ils étaient encore à bord du vaisseau *le Jean-Jacques,* tandis que le capitaine-général était déjà au Cap.

Où se trouvaient Rigaud, Villatte, Léveillé, Pétion, Boyer, et les autres officiers embarqués sur *la Vertu?* Cette frégate louvoyait à la vue du Cap. « *Leur sort dépendait* « *des événemens : on attendait l'ordre de les débarquer* « *ou de les déporter à Madagascar* [1]. »

Pétion, qui avait éventé à Paris le secret qui leur importait, disait à ses compagnons, avant d'attérer sur Saint-Domingue : « Si le gouverneur T. Louverture ne fait « *aucune résistance,* nous irons tous à Madagascar. » Lorsqu'il entendit le canon du fort Picolet, et qu'il vit les flam-

[1] Mémoires d'Isaac Louverture.

mes éclairer la nuit du 4 février, il leur dit : « *Maintenant,*
« *nous n'irons plus à Madagascar*[1]. »

Jusque-là, les uns et les autres ne paraissaient pas nécessaires au succès de l'entreprise. Mais lorsqu'on se fut assuré que la résistance allait continuer, le capitaine-général ordonna qu'ils fussent tous débarqués au Cap.

Suivant l'ouvrage publié par Montholon : « Le capitaine-
« général Leclerc avait reçu effectivement, en partant, *de*
« *la propre main* de Napoléon, *des instructions secrètes*
« sur la direction politique à suivre dans le gouvernement
« de la colonie. Ces instructions sont restées *inconnues*
« à la mort de Leclerc ; elles furent remises *cachetées* à son
« successeur... (Rochambeau). L'autorité de la métropole
« dans la colonie ne pouvait se consolider *que par l'in-*
« *fluence des hommes de couleur.* »

Précédemment, le même auteur avait dit, à propos de la guerre civile du Sud, et pour expliquer l'objet de la mission du colonel Vincent : « Les noirs étant plus
« nombreux, *et les mulâtres plus braves*, il était facile de
« prévoir l'époque où ils succomberaient, et c'était *sur*
« *eux* que la métropole pouvait espérer de compter *pour*
« *rétablir son autorité, en se servant de leur influence*
« *contre les noirs....* »

Le Mémorial de Las Cases confirme ces assertions, en disant de Leclerc : « S'il avait suivi *les instructions secrè-*
« *tes* que je lui avais adressées *moi-même*, il eût sauvé

---

[1] Je tiens de Boyer les paroles prononcées par Pétion. — Il y avait au ministère de la marine un chef de division nommé Chaudry, que Sonthonax avait excité contre Bonnet, en mission à Paris en 1798. On raconte que Pétion étant allé auprès de lui pour un objet relatif à sa position, avant de se rendre à Rochefort, Chaudry, ne sachant pas *à quel homme* il parlait, lui dit que *les épaulettes* dont il était décoré n'étaient point faites *pour les mulâtres et les nègres.* « *Madagascar est le lieu qui leur convient*, ajouta-t-il. » En fallait-il davantage à Pétion ?

« bien des malheurs, et se fût épargné de grands cha-
« grins. *Je lui ordonnais,* entre autres choses, *de s'asso-
« cier les hommes de couleur pour mieux contenir les
« noirs...* Mais Leclerc fit tout le contraire ; *il abattit le
« parti de couleur, et donna sa confiance aux généraux
« noirs.* Il arriva ce qui devait arriver : *il fut dupé par
« ceux-ci,* se vit assailli d'embarras, *et la colonie fut
« perdue....* »

Mais, si ces instructions secrètes furent remises à Rochambeau, et que celui-ci *enchérit* sur les mesures acerbes déjà prises *contre les hommes de couleur,* par la déportation de Rigaud avant celle de T. Louverture, etc., il faut croire que Bignon a eu raison de dire que : « les Mémoires
« de Sainte-Hélène ont été écrits *d'après des souvenirs
« plus ou moins exacts :* » ce qui signifie, en d'autres termes, qu'ils contiennent *fort peu de vérité historique.*

Cet état de choses doit donc faire admettre l'assertion d'Isaac Louverture, confirmée par les données de Pétion, concernant le dessein de la déportation à Madagascar, de tous les officiers jaunes et noirs embarqués sur *la Vertu:* mesure qui aurait été prise infailliblement, si H. Christophe n'eût pas fait tirer sur le vaisseau et incendier la ville du Cap. Tant il est vrai de dire que, *malgré eux, et quels que soient leurs ressentimens mutuels, noirs et mulâtres se soutiennent à leur insu, par la volonté de Dieu qui les a créés pour s'unir, afin d'arriver aux mêmes destinées.*

Ainsi, *le 4 février* restera une date mémorable pour la race noire. Si 1794 vit proclamer *ses droits à la liberté,* —1802 vit *un décret encore plus solennel* en faveur de ces droits sacrés, *par l'incendie du Cap;* car cet événement fut cause que l'homme qui devait éclairer, déterminer, entraîner H. Christophe lui-même, Clervaux, Dessalines et tant d'autres, dans la guerre *de l'indépendance*,—que Pétion, enfin, put toucher de nouveau le sol de son pays.

Nous sommes donc d'une opinion diamétralement opposée à celle émise par M. Saint-Rémy, dans sa Vie de Toussaint Louverture. Cet auteur dit en parlant de ce fait : « Christophe ne sut organiser, en l'absence de Lou-
« verture, aucun élément de défense : il ne vit point d'au-
« tre moyen de salut que *l'incendie* et la retraite *honteuse*
« dans les mornes, sans cartouches déchirées [1]. »

D'abord, quelles forces Christophe pouvait-il opposer à celles de la flotte? La 2me demi-brigade, quelques artilleurs et quelques hommes préposés à la police de la ville du Cap. C'eût été une folie de sa part que de rester pour combattre de pied ferme des milliers d'hommes aguerris comme ceux qui arrivaient. N'avait-il pas fait la guerre à Saint-Domingue contre de telles troupes? Ignorait-il qu'il faut les harceler sans cesse, en les contraignant à des marches et contre-marches qui hâtent le développement de la *fièvre jaune*, dans notre climat si meurtrier pour l'Européen? Lorsque la guerre est malheureusement déclarée, chacun doit chercher à tirer parti des avantages que lui donne la nature. Si l'Européen abuse de ses lumières au détriment de l'Africain, son frère devant Dieu, eh bien! que l'Africain use de tous les moyens que Dieu lui donne pour conserver la liberté départie à tous les hommes!

Ensuite, quant à l'incendie du Cap, ce fut sans doute une mesure désastreuse que celle qui réduisit en cendres une ville bien bâtie, dont les habitans étaient riches par leur industrie; mais ce fut aussi une mesure énergique qui

---

[1] Page 333.

prouvait une ferme résolution de la part de H. Christophe. En mettant le feu à sa propre maison, en faisant cet immense sacrifice, il déploya *le drapeau de la résistance*, dans l'espoir d'y entraîner la population noire; il enveloppa dans sa ruine ces colons qui se montraient si satisfaits de l'arrivée de la flotte française, après avoir été les adulateurs perfides de T. Louverture; il traça un exemple qui pouvait se répéter partout, dans les villes, dans les campagnes, pour anéantir jusqu'aux vestiges de leurs propriétés qu'on prétendait restaurer, mieux encore que ne l'avait fait T. Louverture. Certes, Christophe était l'un des officiers qui aidaient le plus le gouverneur général dans son affreux système; mais quand on se proposait *de le déporter*, ainsi que tous les autres officiers supérieurs de la colonie qui avaient donné tant de gages de leur dévouement aux intérêts de la France, n'était-ce pas pour river encore plus les fers des malheureux que T. Louverture tenait sous le joug de son despotisme ? Alors, n'était-il pas convenable *de remuer* toute cette population par une de ces mesures grandes, audacieuses, qu'inspirent les grandes situations? Quand le Russe Rostopchin livra Moscou aux flammes, le dernier des serfs de l'empire de Pierre-le-Grand ne fut-il pas animé d'une sainte ardeur contre les étrangers qui l'avaient envahi?...

En incendiant le Cap, Christophe obvia encore à la perplexité dont était frappé T. Louverture, lorsqu'il apprit les préparatifs de l'expédition; il compromit son chef; il le porta, *il le contraignit à la résistance*; il communiqua son énergie à d'autres officiers supérieurs de l'armée coloniale; il inaugura une guerre *de destruction*, pour venger cette armée de la guerre *à mort* inaugurée par Rochambeau au Fort-Liberté; il répondit enfin, et d'une manière éloquente, à la menace insultante contenue dans la proclamation consulaire, en protestant d'ailleurs contre l'invasion de l'armée expéditionnaire, sans avis préalable, sans avertissement, sans sommation convenable de se soumettre à l'autorité de la métropole. Les services rendus à la France et à ses colons par T. Louverture, par tous ses généraux, ne leur méritaient-ils pas ces égards, cette considération ? Quand on agissait ainsi envers T. Louverture qui, pour plaire aux colons, même au gouvernement français, avait replacé ses frères dans une condition si intolérable, que pouvaient espérer ces hommes ?

Que ce soit donc par instinct de sa propre conservation, ou qu'il fût plutôt poussé par cette puissance invisible qui préside aux destinées des hommes, H. Christophe réussit à réveiller le courage de T. Louverture ; car on voit que dans le mémoire de ce dernier, adressé du fort de Joux au Premier Consul, il déclare *qu'il blâma* son lieutenant d'avoir incendié le Cap ; ensuite, il avoue qu'il a ordonné la même mesure pour le Port-de-Paix, pour les Gonaïves : des lettres interceptées, adressées par lui à d'autres généraux, contiennent la même prescription pour d'autres villes.

Quand T. Louverture, prisonnier, a avoué de tels faits, il détruit lui-même les assertions des auteurs qui prétendent qu'avant l'arrivée de la flotte, il avait ordonné l'incendie des villes de la colonie ; il prouve encore que c'est la résolution de Christophe surtout qui le détermina à cette mesure.

C'est une des plus graves questions que celle qui nous occupe en ce moment. Livrer aux flammes des villes entières, détruire des propriétés qui sont des richesses accumulées par toute une population qui y trouve un véhicule à sa civilisation, c'est, sans contredit, un moyen de défense qu'on ne peut qualifier que de *barbare*, ainsi que nous l'avons déjà fait en parlant de l'ordre donné par Rigaud, après la prise de Jacmel. Nous l'en avons blâmé ; mais ici la situation était, ce nous semble, bien différente. Rigaud, se sentant vaincu, frappait ainsi ses propres partisans, les populations soumises à ses ordres ; on pouvait, on devait espérer que l'administration de T. Louverture, après son triomphe, eût été libérale envers les vaincus, et ils avaient tous deux une autorité supérieure de laquelle ils relevaient. Mais, après le régime établi dans la colonie par T. Louverture, régime qui, certes, avait l'assentiment du gouvernement français ; quand ce gouvernement y envoyait une flotte et une armée aussi considérables, en déclarant qu'il maintiendrait *l'esclavage* dans d'autres possessions de la France, il décelait ses intentions ultérieures, sinon actuelles, contre toute la population noire de Saint-Domingue. *La ruine de cette colonie et des colons* devenait donc une nécessité cruelle de la situation, un moyen suprême de résistance.

T. Louverture était effectivement à Santo-Domingo, quand il eut avis de l'apparition de la flotte au cap Samana. Son mémoire au Premier Consul réfute l'assertion de P. de Lacroix, qui prétend qu'il vint, *à bride abattue*, reconnaître cette flotte *sur les lieux mêmes*, en traversant ainsi, *à cheval*, la baie de Samana. Par conséquent, il n'a pas tenu le langage *de désespoir* que lui impute cet auteur, si souvent inexact : pour revenir dans l'ancienne partie française, il n'a pas pris non plus la route de Saint-Yague, en y laissant le général Clervaux sans instruction précise.

Mais, voyageant en toute célérité par la route d'Azua et de Saint-Jean, arrivé aux Papayes, entre Banica et Hinche, il rencontra le premier officier envoyé par le général Christophe, et bientôt après le second officier, qui lui apportaient la nouvelle de l'arrivée de la flotte devant le Cap, et des mesures que prenait ce général pour s'opposer à son entrée dans le port. Entre Saint-Michel et Saint-Raphaël, il joignit le général Dessalines à qui il donna des ordres, par rapport à l'apparition devant Saint-Marc, de l'escadre de l'amiral Latouche Tréville, qui portait la division Boudet au Port-au-Prince.

Des hauteurs du Grand-Boucan, il aperçut l'incendie du Cap, le 5 février, et se dirigea sur cette ville déjà évacuée, en allant jusqu'au fort Belair qui la domine. Rebroussant chemin, il ne tarda pas à rencontrer Christophe qui le suivit au Haut-du-Cap et à la barrière de l'habitation Boulard, sur la route de la Plaine-du-Nord. Se disposant à se rendre à D'Héricourt, il ordonna à Christophe de se porter avec sa troupe au Bonnet, canton de la Petite-Anse. Mais peu après, ce général reçut un feu des troupes françaises du général Humbert, qui l'obligea à abandonner son cheval pour se sauver à la nage dans la rivière du Haut-du-Cap. Poursuivant sa route avec l'adjudant-général Fontaine (l'ancien commandant de place à Jacmel, devenu son aide de camp), Marc Coupé et deux autres officiers, T. Louverture lui-même reçut le feu des troupes du général Hardy, qui marchaient sur le Cap : son cheval fut blessé.

Le gouverneur général de Saint-Domingue, qui y commandait *en souverain*, se vit ainsi contraint à fuir à travers champs, dans ce pays qu'il avait replacé sous l'autorité de la France, en restaurant ses colons dans tous leurs priviléges !... Que de réflexions durent alors l'assaillir ! Quelles déceptions pour son esprit et son cœur, l'un et l'autre trop longtemps égarés ! Aura-t-il pensé en ce moment au sort fait à Rigaud ?....

Parvenu à D'Héricourt, il reçut le lendemain, 6 février, une lettre du général Rochambeau, qui lui apprenait qu'il s'était emparé du Fort-Liberté, et qu'il en avait fait passer la garnison *au fil de l'épée*, pour lui avoir fait résistance. Le cruel semblait se vanter de ce fait ! Mais T. Louverture lui répondit en le lui reprochant : « Est-ce là « la récompense que le gouvernement français avait pro- « mise à ces braves soldats qui ont si bien concouru au « bonheur de la colonie et au triomphe de la République ? « *Je combattrai jusqu'à la mort pour venger ces braves,* « *comme pour défendre ma liberté*, et pour rétablir le « calme et l'ordre dans la colonie. »

« C'était effectivement le parti que je venais de pren- « dre, après avoir mûrement réfléchi sur les différens rap- « ports que m'avait faits le général Christophe, *sur le* « *danger que je venais de courir*, sur la lettre du général « Rochambeau, et enfin sur la conduite du commandant « de l'escadre [1]. »

Ah ! si T. Louverture n'eût pas pris une fausse route dans l'administration de son pays ; s'il eût su se garder des passions sanguinaires qui le portèrent à assouvir d'injustes vengeances *sur les hommes de couleur, sur les noirs*; s'il n'eût pas appesanti son joug de fer *sur les uns et les autres*, après avoir triomphé de Rigaud ; s'il n'eût pas poussé son despotisme cruel jusqu'au sacrifice de Moïse : comme il aurait été plus admirable, en ce mo-

---

[1] Mémoire au Premier Consul, remis au général Cafarelli à la fin de septembre 18 2.

ment où il prenait la résolution de résister à l'armée française !

Mais, on reconnaît dans sa réponse à Rochambeau, qu'il sentait lui-même la fausse position où il s'était placé ; car il lui déclara qu'il allait combattre *pour venger la mort des militaires* tués au Fort-Liberté, pour défendre *sa liberté personnelle*, sans doute aussi *son pouvoir*, pour rétablir le calme et l'ordre dans la colonie. *Le danger personnel* qu'il avait couru excitait encore son désir de se venger. Mais fut-il inspiré *par la grande et sainte idée de la liberté de sa race tout entière ?* Non ! car il l'eût exprimée.

C'est qu'au fond de sa conscience, il sentait qu'il n'avait pas *le droit* de tenir un langage aussi généreux, après le régime insensé qu'il avait rétabli à Saint-Domingue, *au détriment de ses frères*. Ceux-ci ne pouvaient plus l'écouter, avoir foi dans ses promesses. L'héroïque effort qu'il fit alors ne pouvait s'appuyer que *sur l'armée coloniale*, par l'effet de la discipline militaire ; et cette armée elle-même, malgré le courage et la bravoure qu'elle a montrés sur le champ de bataille, fut poussée à la résistance plutôt *par l'honneur de son état*, que *par dévouement* à son chef dont le despotisme pesait également sur elle. Il en fut de même d'une portion de la population des campagnes du Nord et de l'Artibonite, mais par la haine qu'elle portait *aux blancs* : celle du Nord surtout avait tant souffert par rapport à eux, dans le récent épisode qui entraîna la mort de Moïse !

On peut donc le dire : *en majorité*, la population de toute l'île de Saint-Domingue était satisfaite de l'arrivée de l'armée française : — *les colons*, en voyant les forces européennes destinées à leur donner plus d'empire encore que sous le gouvernement de T. Louverture ; — *les hommes de couleur*, en les croyant disposées à les protéger contre de nouvelles atrocités ; — *les noirs*, en pensant que le régime de la vraie liberté allait être établi sous leurs auspices ; — *les anciens Espagnols*, en les délivrant du joug des noirs ; — la plus grande partie *de l'armée*, enfin, en s'imaginant que ses services rendus à la France, par la conquête du territoire sur les Anglais, allaient recevoir leur récompense.

Vaine illusion qui ne tarda pas à se dissiper pour les hommes de la race noire ! Car les colons et les habitans de l'Est, seuls, virent justifier leur espoir.

Quoi qu'il en soit, résolu à guerroyer, T. Louverture quitta D'Héricourt et se porta aux Gonaïves, le 8 février. De cette ville, il envoya ses ordres au général Maurepas. Nous n'avons pas sa lettre à ce brave ; mais, dans son mémoire au Premier Consul, il dit : « Je donnai connais-
« sance au général Maurepas de mes intentions. Je lui or-
« donnai la plus vive résistance contre tous ceux qui
« se présenteraient devant le Port-de-Paix, où il com-
« mandait ; et dans le cas où il ne serait pas assez fort,
« n'ayant qu'une demi-brigade (la 9e), *d'imiter l'exem-
« ple* du général Christophe, de se retirer ensuite dans la
« montagne, emmenant avec lui les munitions de tous les
« genres : là, de se défendre jusqu'à la mort. »

Imiter l'exemple tracé par H. Christophe, c'est-à-dire, *incendier* la ville du Port-de-Paix.

Des Gonaïves, il écrivit aussi à Dessalines, le même jour, la lettre qui suit et qui fut interceptée et apportée au général Boudet :

Au quartier-général des Gonaïves, le 19 pluviôse an X (8 février).
Le gouverneur général de Saint-Domingue,
Au général Dessalines, commandant en chef l'armée de l'Ouest.

Rien n'est désespéré, citoyen général, si vous pouvez parvenir à enlever aux troupes de débarquement les ressources que leur offre le Port-Républicain. Tâchez, par tous les moyens de force et d'adresse, *d'incendier* cette place; elle est construite tout en bois; il ne s'agit que d'y faire entrer quelques émissaires fidèles. Ne s'en trouvera-t-il donc point sous vos ordres d'assez dévoués pour rendre ce service? Ah! mon cher général, quel malheur qu'il y ait eu un traître dans cette ville, et qu'on n'y ait pas mis à exécution *vos ordres et les miens*!

Guettez le moment où la garnison s'affaiblira par des expéditions dans les plaines, et tâchez alors de surprendre et d'enlever cette ville par ses derrières.

N'oubliez pas qu'en attendant *la saison des pluies* qui doit nous *débarrasser* de nos ennemis [1], nous n'avons pour ressource que *la destruction et le feu*. Songez qu'il ne faut pas que la terre, baignée de nos sueurs, puisse fournir à nos ennemis *le moindre aliment*. Carabinez les chemins, faites jeter *des cadavres* de chevaux dans toutes *les sources; faites tout anéantir et tout brûler*, pour que ceux qui viennent pour nous remettre *en esclavage* rencontrent toujours devant leurs yeux l'image de l'enfer qu'ils méritent.

Salut et amitié,   TOUSSAINT LOUVERTURE.

Il se rendit ensuite à Saint-Marc, où il donna l'ordre relatif à la défense de cette ville. Etant là, il écrivit au général Laplume et au colonel Dommage: la lettre qui suit, également interceptée, fait connaître la teneur principale de celle adressée à Laplume:

Au quartier-général de Saint-Marc, le 20 pluviôse an X (9 février).
Le gouverneur général de Saint-Domingue,
Au citoyen Dommage, *général de brigade*, commandant l'arrondissement de Jérémie [2].

J'envoie auprès de vous, mon cher général, mon aide de camp Chan-

---

[1] La saison des pluies a lieu en été, et alors *la fièvre jaune* surgit.
[2] En qualifiant ainsi Dommage, il l'élevait à ce grade. Laplume reçut la

cy. Il est porteur de la présente, et il vous dira de ma part ce que je lui ai chargé.

Les blancs de France et de la colonie, réunis ensemble, veulent ôter la liberté. Il est arrivé beaucoup de vaisseaux et de troupes qui se sont emparés du Cap, du Port-Républicain et du Fort-Liberté.

Le Cap, après une vigoureuse résistance, a succombé ; mais les ennemis n'ont trouvé qu'une ville et une plaine de cendres : les forts ont sauté, et tout a été incendié.

La ville du Port-Républicain leur a été livrée par le traître général de brigade Agé, ainsi que le fort Bizoton, qui s'est rendu sans coup férir, par la lâcheté et la trahison du chef de bataillon Bardet, ancien officier du Sud. Le général de division Dessalines maintient dans ce moment un cordon à la Croix-des-Bouquets, et toutes nos autres places sont sur la défensive.

Comme la place de Jérémie est très-forte par les avantages de la nature, vous vous y maintiendrez et la défendrez avec le courage que je vous connais. *Méfiez-vous des blancs* ; ils vous trahiront, s'ils le peuvent ; leur désir bien manifestée est le retour *à l'esclavage*.

En conséquence, je vous donne *carte blanche*; tout ce que vous ferez sera bien fait. Levez en masse *les cultivateurs* [1], et pénétrez-les bien de cette vérité : — qu'il faut se méfier des gens adroits qui pourraient avoir reçu secrètement des proclamations *de ces blancs de France*, et qui les feraient circuler sourdement pour séduire les amis de la liberté.

Je donne l'ordre au général de brigade Laplume *de brûler* la ville des Cayes, les autres villes et toutes les plaines, dans le cas qu'il ne pourrait résister à la force de l'ennemi ; et alors toutes les troupes des différentes garnisons, et tous les cultivateurs iraient vous grossir à Jérémie. Vous vous entendrez parfaitement avec le général Laplume

---

lettre qui lui fut adressée ; mais il l'envoya à Leclerc, d'après un rapport de celui-ci au ministre de la marine, en date du 9 mars.

[1] Les cultivateurs de la Grande-Anse étaient ceux du pays qui pouvaient le moins défendre avec vigueur leur liberté ; car, depuis 1791, ils avaient été tenus sous le joug des colons, aidés de Jean Kina. Sous les Anglais, ce noir avait encore aidé à leur soumission. Ils n'avaient joui de leurs droits que pendant le commandement du Sud par Rigaud ; et en passant sous le joug de T. Louverture, si oppressif après la guerre civile, ils avaient repris leur ancienne condition.

pour bien faire les choses ; vous emploierez à planter des vivres en grande quantité toutes les femmes cultivatrices.

Tâchez, autant qu'il sera en votre pouvoir, de m'instruire de votre position. Je compte entièrement sur vous, et vous laisse absolument le maître de tout faire pour nous soustraire au joug le plus affreux.

Bonne santé je vous souhaite. Salut et amitié.

TOUSSAINT LOUVERTURE.

Une phrase de la lettre à Dessalines semble donner créance aux assertions des traditions populaires qui prétendent, qu'avant l'arrivée de l'expédition française, T. Louverture avait donné *l'ordre secret* de lui résister et d'incendier les villes de la colonie. Mais alors, pourquoi a-t-il dit au Premier Consul, dans son mémoire : « Je ren- « contrai le général Christophe et lui demandai *qui* avait « ordonné qu'on mît *le feu* à la ville? Il me répondit que « c'était lui. *Je le blâmai très-vigoureusement d'avoir* « *employé ce moyen de rigueur.* Pourquoi, lui dis-je, n'a- « vez-vous pas plutôt fait des dispositions militaires pour « défendre la ville jusqu'à mon arrivée?... »

Vainement dira-t-on que c'est sa position de prisonnier qui le porta à parler ainsi : il était sincère dans cette déclaration; car plus loin il avoue sans hésitation l'ordre donné à Maurepas, *d'imiter* l'exemple tracé par Christophe. Plus loin encore, il dit : « Gonaïves n'étant pas défen- « sive, *j'ordonnai de la brûler,* en cas qu'on fût forcé à la « retraite... J'ordonnai de *brûler* la ville des Gonaïves... » S'il a eu le courage de faire ces aveux, il aurait eu celui de faire tous autres sur la question qui nous occupe ; car alors il n'eût pas été plus coupable.

L'a-t-il été, pour avoir prescrit à ses généraux les terribles mesures *de destruction* indiquées dans les deux lettres qu'on vient de lire? Non, dirons-nous ; car le but de l'expédition française n'était nullement de protéger la race noire à Saint-Domingue ; elle venait, au contraire, pour la replacer dans l'esclavage, pour lui en faire subir toutes les conséquences. Bien que nous reconnaissions que T. Louverture fut guidé en cela, plutôt par un sentiment personnel afin de conserver son pouvoir, nous devons lui savoir gré d'avoir indiqué à ses lieutenans ce qu'il fallait faire.

Car, ces deux lettres prouvent de sa part une chose à constater : c'est qu'il s'était enfin éclairé sur le compte *des blancs de France et de la colonie*, en faveur desquels il avait sacrifié les droits de ses frères ; mais *il était trop tard !* A un autre que lui était désormais réservée la noble mission *de les affranchir du joug des Européens*. Son rôle politique était achevé ; il ne lui restait plus qu'à jeter un dernier éclat sur sa brillante carrière, par les opérations militaires dont nous parlerons bientôt.

Sur le point de quitter Saint-Marc pour se rendre aux environs du Port-au-Prince et y rejoindre Dessalines, il reçut des lettres du général Paul Louverture qui lui mandaient l'apparition de la brigade Kerverseau devant Santo-Domingo, et la sommation faite par ce général de le recevoir avec sa troupe. T. Louverture renvoya immédiatement les officiers venus en mission, avec deux dépêches contenant des ordres contraires : dans l'une, il ordonnait à son frère *de résister* ; dans l'autre, il lui prescrivait de prendre avec Kerverseau tous les arrangemens *de conciliation* possibles. La première devait être soigneusement *cachée* par ces officiers, et la seconde *exhibée* au cas où ils auraient été faits prisonniers. On verra ce qui en advint.

Il allait de nouveau continuer sa route, quand il reçut

du général Vernet et de Madame Louverture, des lettres qui lui annonçaient l'arrivée de Placide, d'Isaac et de leur précepteur Coisnon, à Ennery, avec une dépêche du Premier Consul à son adresse. Cette circonstance le porta à se rendre dans ce bourg.

CHAPITRE II.

Leclerc envoie à T. Louverture ses fils et M. Coisnon.— Arrivée de T. Louverture à Ennery. — Il reçoit une lettre du Premier Consul. — Examen de ce document.— T. Louverture quitte Ennery et va aux Gonaïves. — Il écrit à Leclerc.—Il va à Saint-Marc et revient aux Gonaïves.—Réponse de Leclerc. —T. Louverture persiste à le combattre. — Scène entre lui et ses enfans.— Conduite respective d'Isaac et de Placide.—Ce dernier est élevé en grade. —Allocution à la garde d'honneur.—Réplique à Leclerc.—Dernière réponse de Leclerc.—Réflexions sur la résolution prise par T. Louverture.— Arrivée de la division Boudet au Port-au-Prince.—Conduite des officiers supérieurs de cette ville.—Débarquement des Français. — Bardet livre le fort Bizoton. —Combat au Port-au-Prince. — Les troupes coloniales en sont chassées. — Conduite modérée et habile du général Boudet.—Soumission des populations dans le voisinage du Port-au-Prince. — Découverte des papiers secrets de T. Louverture.—Dessalines arrive au Cul-de-Sac et va à Léogane.—Incendie et évacuation de cette ville. — Massacre de blancs.—Dessalines va à Jacmel, retourne au Cul-de-Sac et se rend à la Petite-Rivière de l'Artibonite. —Les Français occupent la Croix-des-Bouquets et l'Arcabaie.— Conduite de Charles Bélair.— Défection de Laplume et de tout le département du Sud. —Soumission de Jacmel.— Soumission de la partie espagnole.— Incendie du Port-de-Paix et résistance de Maurepas.

En prenant possession de la ville du Cap réduite en cendres, le général Leclerc fit occuper aussi tout le territoire qui l'avoisine immédiatement : ses postes s'étendaient jusqu'aux Mornets, canton de la paroisse de l'Acul-du-Limbé. Le général Desfourneaux les commandait de ce côté-là.

Le général Rochambeau occupait le Fort-Liberté et ses environs.

Le 7 février, Leclerc envoya deux officiers d'état-major à bord du *Jean-Jacques*, pour faire venir auprès de lui M. Coisnon, Placide et Isaac Louverture. Il y avait 48 heures que ce vaisseau était sur la rade du Cap, et ils n'étaient pas encore débarqués ! Leclerc leur annonça son intention de les envoyer auprès de T. Louverture. « J'ai le « plus grand espoir, dit-il aux jeunes gens, de m'enten- « dre avec votre père ; il était *absent*, il n'a pu rien or- « donner. Il est nécessaire que vous lui apportiez la lettre « du Premier Consul, qu'il connaisse mes intentions et « la haute opinion que j'ai de lui [1]. »

M. Coisnon et ses élèves partirent dans la soirée et arrivèrent, le 8 dans la nuit, à Ennery, où se trouvaient madame Louverture et sa famille. Avis ayant été donné immédiatement à T. Louverture, de leur présence dans ce bourg, il y arriva le 10, à deux heures du matin, ayant quitté Saint-Marc dans la journée du 9.

Si la femme de T. Louverture dut se réjouir du retour de Placide et d'Isaac auprès d'elle, la joie du père qui revoyait ses enfans après six années de séparation ne fut pas moins vive. Mais ce père était en même temps le chef d'un pays qu'une armée venait d'envahir pour lui ravir sa position. Après avoir témoigné à M. Coisnon sa reconnaissance pour les soins qu'il avait donnés à l'éducation de ses fils, il leur demanda s'il était vrai, comme il l'avait appris, qu'ils fussent porteurs d'une lettre du Premier Consul pour lui.

---

[1] Mémoires d'Isaac Louverture. Selon P. de Lacroix, la terre avait refusé des pilotes à *la frégate* qui portait ces jeunes gens, et qui se présenta devant le Cap le 4 février. C'est encore une excuse qu'il a inventée en faveur de Leclerc : Isaac dit le contraire.

M. Coisnon lui remit alors cette lettre qui était renfermée dans une boîte en vermeil ; le sceau de la République française y était attaché par un cordon de soie. Cet appât était sans doute calculé pour faire impression sur l'esprit et le cœur de T. Louverture, en lui prouvant que le Premier Consul le traitait avec une haute considération.

« T. Louverture prit cette lettre et la parcourut *rapi-*
« *dement,* » suivant les mémoires de son fils. Et d'après son propre mémoire : « Le précepteur me remit effecti-
« vement une lettre que j'ouvris et lus *jusqu'à moitié ;*
« puis, je la refermai, en disant que je me réservais de
« *la lire* dans un moment où je serais plus tranquille. »

Voilà la vérité sur ce fait, démentant la relation de P. de Lacroix, qui prétend que T. Louverture *lut et relut cette lettre plusieurs fois,* comme si elle était de nature à absorber un esprit de sa trempe. Il faut la produire ici.

Au citoyen Toussaint Louverture, *général en chef* de l'armée de Saint-Domingue [1].

Citoyen général,

La paix avec l'Angleterre et toutes les puissances de l'Europe, qui vient d'asseoir la République au premier degré de puissance et de grandeur, met à même le gouvernement de s'occuper de la colonie de Saint-Domingue. Nous y envoyons le citoyen général Leclerc, notre beau-frère, en qualité de capitaine-général, comme premier magistrat de la colonie. Il est accompagné de forces convenables pour faire respecter la souveraineté du peuple français. C'est dans ces circonstances que nous nous plaisons à espérer que vous allez nous prouver, et à la France entière, la sincérité des sentimens que vous avez constamment exprimés dans les différentes lettres que vous nous avez écrites.

[1] Nous affirmons de nouveau avoir vu un arrêté du Premier Consul, du 17 pluviôse an 9 (6 février 1801), qui conférait à T. Louverture le titre de *capitaine-général*. Il paraît qu'il ne lui fut pas envoyé, probablement parce qu'on aura appris, en France, la détention de Roume au Dondon, et la prise de possession de l'Est. Quant au titre de *gouverneur général* qu'il prit lui-même, il est tout naturel qu'il ne dût pas être ainsi qualifié par le Premier Consul.

Nous avons conçu pour vous *de l'estime*, et nous nous plaisons à reconnaître et à proclamer *les grands services* que vous avez rendus au peuple français; si son pavillon flotte sur Saint-Domingue, *c'est à vous et aux braves noirs qu'il le doit.*

Appelé par vos talens et la force des circonstances au premier commandement, *vous avez détruit la guerre civile, mis un frein à la persécution de quelques hommes féroces*, remis en honneur la religion et le culte de Dieu de qui tout émane.

La constitution que vous avez faite, en renfermant *beaucoup de bonnes choses*, en contient qui sont contraires à la dignité et à la souveraineté du peuple français, dont Saint-Domingue ne forme qu'une portion.

Les circonstances où vous vous êtes trouvé, environné de tous côtés d'ennemis, sans que la métropole puisse ni *vous secourir, ni vous alimenter*, ont rendu *légitimes* les articles de cette constitution qui pourraient ne pas l'être ; mais aujourd'hui que les circonstances ont si heureusement changé, vous serez le premier à rendre hommage à la souveraineté de la nation qui vous compte au nombre *de ses plus illustres citoyens par les services que vous lui avez rendus*, et par les talens et la force de caractère dont la nature vous a doué. *Une conduite contraire* serait inconciliable avec l'idée que nous avons conçue de vous. *Elle vous ferait perdre vos droits nombreux à la reconnaissance de la République, et creuserait sous vos pas un précipice qui, en vous engloutissant, pourrait contribuer au malheur de ces braves noirs dont nous aimons le courage, et dont nous nous verrions avec peine obligé de punir la rébellion.*

Nous avons fait connaître à vos enfans et à leur précepteur les sentimens qui nous animaient, et nous vous les renvoyons.

Assistez de vos conseils, de votre influence et de vos talens le capitaine-général, Que pouvez-vous désirer ? *La liberté des noirs ?* Vous savez que dans tous les pays *où nous avons été*, nous l'avons donnée *aux peuples* qui ne l'avaient pas [1]. De la considération, des honneurs, de la fortune ? Ce n'est pas *après les services que vous avez rendus*, que vous pouvez rendre encore dans cette circonstance, avec les sentimens particuliers que nous avons pour vous, que vous devez

---

[1] Alors, comment expliquer l'assurance donnée ensuite, en 1803, au bon amiral Truguet, qu'il eût été *pendu* à un mât, s'il fût allé en Égypte *prêcher la liberté des Noirs ou des Arabes ?* (Voyez tome 4, page 464.)

être incertain sur votre considération, votre fortune, et les honneurs qui vous attendent.

Faites connaître *aux peuples* de Saint-Domingue que la sollicitude que la France a toujours portée à leur bonheur, a été souvent impuissante par les circonstances impérieuses de la guerre ; que *les hommes venus du continent* pour l'agiter et alimenter les factions étaient *le produit des factions* qui elles-mêmes déchiraient la patrie [1] ; que désormais la paix et la force du gouvernement assurent leur prospérité *et leur liberté*. Dites-leur que, si *la liberté* est pour eux le premier des biens, ils ne peuvent en jouir qu'avec le titre de *citoyens français*, et que *tout acte* contraire aux intérêts de la patrie, à l'obéissance qu'ils doivent au gouvernement et au capitaine-général qui en est le délégué, serait *un crime* contre la souveraineté nationale, *qui éclipserait leurs services* et rendrait Saint-Domingue le théâtre d'une guerre malheureuse où des pères et des enfans s'entre-égorgeraient. Et vous, général, songez que si vous êtes *le premier de votre couleur* qui soit arrivé à une si grande puissance, et qui se soit distingué par sa bravoure et ses talens militaires, vous êtes aussi devant Dieu et nous, le principal *responsable* de leur conduite.

S'il était des malveillans qui disent *aux individus* qui ont joué le principal rôle dans les troubles de Saint-Domingue, que nous venons pour rechercher ce qu'ils ont fait pendant les temps d'anarchie, *assurez-les* que nous ne nous informerons que de leur conduite *dans cette dernière circonstance*, et que nous ne rechercherons *le passé* que pour connaître les traits qui les auraient *distingués* dans la guerre qu'ils ont soutenue contre les Espagnols et les Anglais, qui ont été nos ennemis.

Comptez sans réserve sur notre estime, et conduisez-vous comme doit le faire *un des principaux citoyens* de la plus grande nation du monde.

Paris, le 27 brumaire an 10 (18 novembre 1801).

Le Premier Consul,   BONAPARTE.

P. de Lacroix a fait, à l'égard de cette lettre, la même remarque qu'à l'égard de la proclamation : c'était assez

---

[1] Polvérel et Sonthonax, qui avaient été envoyés par les Girondins, qui mécontentèrent les colons *par la liberté générale*, — les colons, qui eurent tant d'influence sur l'expédition de 1802 : langage semblable au discours de Bernard Borgella. (Voir au t. 4, p. 375.)

naturel qu'il y trouvât encore *un chef-d'œuvre* de rédaction politique. Mais il paraît que T. Louverture ne partagea point son admiration, puisqu'il ne s'empressa pas d'aller se jeter dans les bras du capitaine-général.

Pour nous qui sommes, comme lui, de la race noire, nous y remarquons certains passages à indiquer à nos lecteurs *nationaux*, et avec d'autant plus de raison, que le temps a fait mettre au grand jour bien des particularités qui expliquent parfaitement la pensée secrète du Premier Consul.

D'abord, il reconnaissait les grands services rendus par T. Louverture et les braves noirs qui le secondèrent, pour assurer le triomphe du pavillon français à Saint-Domingue; et cependant, non-seulement on lui enlevait la position que ces services lui avaient acquise et à laquelle le gouvernement français l'avait porté et maintenu jusque-là; mais on l'avertissait qu'en cas qu'il ne se soumît pas à sa destitution ou révocation, il serait *englouti dans un précipice*, en entraînant avec lui *les braves noirs* qui ne seraient alors que *des rebelles!* Y avait-il *justice* à rendre les noirs *responsables* de la désobéissance que pourrait montrer leur chef dans cette circonstance? Qui ne voit dans une telle déclaration, *le prétexte* que se donnait d'avance le Premier Consul *pour rétablir l'esclavage* à Saint-Domingue, comme dans les autres possessions de la France? Qui n'y voit une suite d'idées conçues depuis qu'il fût parvenu au suprême pouvoir et dont l'article du *Moniteur* du 15 nivôse an 8 offrait déjà l'expression, deux mois après le 18 brumaire?

Il n'y avait donc *aucune sincérité*, lorsqu'on déclarait que les noirs étaient *des citoyens français;* il n'y avait de sincère que *la menace* faite de considérer leurs services comme *éclipsés*, par le moindre acte de désobéissance au capitaine-général ; et c'est sans doute parce que Leclerc avait bien étudié *ses instructions secrètes*, qu'il agit comme il a fait, pour porter et T. Louverture et les noirs *à la résistance*, afin d'en faciliter le plan. Sous ce rapport, il faut l'avouer, *une telle conduite* était vraiment *un chef-d'œuvre de politique* [1]. Mais aussi, restait la part des événemens imprévus et dirigés par la Providence, qui sait si bien réduire au néant toutes les plus habiles conceptions humaines.

Nous remarquons encore un autre passage dans cette lettre : c'est celui qui est relatif *à la guerre civile* que T. Louverture avait détruite, en mettant *un frein à la persécution de quelques hommes féroces*. Il n'y avait eu à Saint-Domingue *de véritable guerre civile*, que celle entre T. Louverture et Rigaud ; car celle faite aux Anglais était une guerre contre l'étranger, et la lutte soutenue contre les colons ne constituait que des troubles, des agitations politiques. En la détruisant, en réprimant *ces hommes féroces*, il est donc entendu que *c'est de Rigaud et de son parti* qu'il s'agissait, puisque *les vaincus* avaient été souvent représentés en France, depuis 1796, comme *persécutant les blancs, voulant égorger les Européens pour assurer le triomphe de la couleur jaune, en asservissant les noirs* [2]. Cependant, Rigaud et ses officiers faisaient partie de l'expédition française ! On verra bientôt que d'autres ont été transportés de Cuba pour les rejoindre. Et plus tard, l'on a dit que c'était *sur les hommes de couleur*

---

[1] « Le gouvernement de France.... avait prescrit au général Leclerc *jusqu'aux plus petits détails de la conduite* qu'il devait tenir en débarquant... » P. de Lacroix, t. 2, p. 113.)

[2] Voyez à ce sujet t. 3, p. 195 et suivantes.

que la France comptait pour assurer son empire dans la colonie *contre les noirs !*...

Encore une fois, ne sommes-nous pas autorisé à accréditer l'assertion d'Isaac Louverture, à croire ce que la pénétration de Pétion lui fit découvrir, sur le projet formé de déporter Rigaud et les autres à Madagascar ?

Enfin, après avoir parcouru la lettre du Premier Consul, T. Louverture s'entretint avec ses enfans et M. Coisnon, qui lui rapportèrent les paroles proférées aux Tuileries et celles que le général Leclerc avait prononcées au Cap. Mais il observa judicieusement que *les faits* ne répondaient point à toutes ces déclarations verbales et écrites. M. Coisnon l'engagea à aller au Cap, auprès de Leclerc. Il repoussa ce conseil, par la raison que la conduite du capitaine-général ne lui inspirait aucune confiance ; d'ailleurs, Leclerc ne lui avait pas écrit pour appuyer les promesses du Premier Consul. C'eût été perdre de sa dignité que de faire une telle démarche, il faut en convenir ; et il s'y connaissait trop pour s'abaisser à ce point. Il promit cependant que, rendu aux Gonaïves, il écrirait lui-même à Leclerc, en envoyant M. Granville, Français d'une grande respectabilité, qui y dirigeait l'éducation de son jeune fils nommé Saint-Jean.

T. Louverture ne resta que 2 heures avec sa famille. Le 10 février, il se porta aux Gonaïves, d'où il expédia effectivement M. Granville, en le faisant accompagner à Ennery par P. Fontaine. Ils y arrivèrent dans la nuit du 11 au 12. MM. Granville et Coisnon, Placide et Isaac partirent pour le Cap. La lettre qu'ils remirent à Leclerc disait : « qu'il ne dépendait que de lui de perdre entièrement « la colonie ou de la conserver à la France ; que T. Lou-

« verture était prêt à se soumettre aux ordres du gouver-
« nement français, en entrant en arrangement avec le
« capitaine-général, mais à condition qu'il fît cesser toute
« espèce d'hostilités. »

Dans l'intervalle, T. Louverture se porta à Saint-Marc, sur l'avis qu'il reçut, que deux vaisseaux avaient canonné cette ville : ils avaient été repoussés par le colonel Gabart. L'ex-gouverneur revint aux Gonaïves pour attendre la réponse du capitaine-général.

Le 14, cette réponse lui fut apportée par Placide et Isaac, l'âge de MM. Granville et Coisnon, et la crainte d'événemens sinistres sur la route les ayant portés à rester au Cap.

Leclerc « invitait T. Louverture à venir auprès de lui ;
« il lui promettait *d'oublier le passé*, de le proclamer
« *le premier lieutenant* du capitaine-général dans la
« colonie, s'il se soumettait à ses ordres, sinon qu'il le
« déclarerait ennemi du peuple français et le mettrait *hors*
« *la loi*. En lui accordant au surplus *quatre jours* pour se
« décider, il l'informait qu'il avait donné l'ordre à ses gé-
« néraux de marcher contre lui; mais que le général Boudet
« s'arrêterait à l'Artibonite, jusqu'à sa décision. »

C'est alors que se passa une scène émouvante entre le père et les deux fils, — l'un adoptif, — l'autre naturel. Comme de raison, on n'en trouve la relation, ni dans les mémoires publiés par Isaac, ni dans le mémoire adressé au Premier Consul par T. Louverture ; l'un et l'autre ne pouvaient avouer ce qui eut lieu en cette circonstance.

Mais il paraît que, résolu à se défendre, irrité par les menaces de Leclerc, T. Louverture, en déclarant à ses enfans sa détermination de combattre, leur laissa la liberté d'embrasser *le parti* qui leur plairait : — de rester auprès de lui pour partager son sort, — ou de retourner auprès de Leclerc pour défendre la cause de la France à laquelle ils devaient leur éducation. Il ajouta que, quel que fût le parti qu'ils choisiraient, il les estimerait toujours.

Placide et Isaac essayèrent, par des supplications, de le porter à renoncer à sa résolution de combattre l'armée française ; mais ce fut en vain. Alors Isaac, son propre fils, lui déclara qu'il ne porterait *jamais* les armes contre la France, qu'il lui resterait *toujours fidèle*. Placide, au contraire, simple fils d'adoption, reconnaissant des bontés de T. Louverture, et se dévouant, s'identifiant avec lui, lui déclara qu'il le suivrait partout pour subir la même destinée que lui.

Ce dut être néanmoins un moment douloureux pour le cœur de T. Louverture, de se voir abandonné par son propre fils, dans une telle conjoncture ! Mais heureux et fier du dévouement de Placide, il le promut immédiatement au grade de chef d'escadron.

Réunissant aussitôt le bataillon et les deux escadrons de sa garde d'honneur qui étaient aux Gonaïves, il leur présenta Placide, avec cet orgueil qui sied si bien à un père et un chef dans une circonstance semblable ; il leur dit que la réponse qu'il avait reçue de Leclerc ne lui laissait aucune alternative ; qu'il était résolu à combattre pour défendre *la liberté* qu'on voulait ravir *aux noirs*. A ces mots, tous ces braves répondirent : « *Nous combattrons avec vous.* »

Encouragé par l'attitude de cette poignée de défenseurs, T. Louverture répondit à Leclerc : « qu'il ne se
« rendrait pas auprès de lui au Cap ; que sa conduite ne
« lui inspirait pas assez de confiance ; qu'il était prêt à lui
« remettre le commandement de la colonie, mais qu'il ne

« voulait pas être son lieutenant-général. » Il ajouta
« qu'il contribuerait de tout son pouvoir au rétablisse-
« ment de l'ordre et de la tranquillité ; mais que si Leclerc
« persistait à marcher contre lui, il se défendrait, quoi-
« qu'il eût peu de troupes. »

Cette réplique fut apportée à Leclerc par une ordonnance qui revint dire de sa part à T. Louverture, « qu'il
« n'avait point de réponse à lui faire, et qu'il entrait en
« campagne. » On était alors au 16 février.

Nous avons relaté tous les faits ci-dessus, d'après les mémoires de T. Louverture et d'Isaac. Mais, en l'absence d'un texte précis de l'un et de l'autre sur la scène qui eut lieu entre l'ex-gouverneur et ses fils, le lecteur concevra que nous avons dû nous en tenir à ce qu'il y a de *vraisemblable*, pour ne pas courir le risque de faire un roman, de même que Pamphile de Lacroix. Selon cet auteur, on avait su au Cap *les détails* de cette scène par une lettre d'Isaac, annonçant *que la tendresse de sa mère s'opposait à son retour* [1]. Et, entre autres motifs que T. Louverture fit valoir pour autoriser la résistance qu'il allait faire au capitaine-général, il aurait dit : « qu'entre
« la France et lui il y avait sa couleur (les noirs), dont il
« ne pouvait compromettre les destinées en se mettant à la
« merci d'une expédition dans laquelle figuraient plu-
« sieurs généraux blancs (Desfourneaux, Rochambeau,
« Kerverseau), ainsi que Rigaud, Pétion, Boyer, Chanlat-
« te, etc., tous ses ennemis *personnels*... et que, si l'on ne
« savait pas ménager les noirs lorsqu'ils avaient encore

[1] Lettre adressée à *Leclerc*, d'après l'ouvrage de Thibaudeau, t. 3, p. 123.

« quelque puissance, que serait-ce lorsque lui et les siens
« n'en auraient plus ?[1]. »

Si tels furent les motifs qu'il allégua pour justifier sa résistance aux yeux de ses enfans, T. Louverture se présentait donc comme étant le chef d'un *parti politique*, de celui *des noirs*, dont il se croyait appelé à sauvegarder la liberté, menacée par l'expédition française. Car, autrement, sa résistance eût été illégitime, contraire à l'obéissance qu'il devait aux ordres de la France. Dans ce cas, sa position à l'égard de Leclerc n'était-elle pas semblable à celle de Rigaud envers lui, en 1799 ? Rigaud, chef d'un *parti politique*, avait donc pu résister à ses ordres, afin de sauvegarder aussi les hommes de son parti.

Quoi qu'il en soit, il est constant qu'Isaac ne fut pas plus touché du dévouement que montra la garde d'honneur que de celui de Placide : il persista dans son idée de rester au moins *neutre* entre son père représentant *les noirs*, et Leclerc représentant *les blancs*. Nous respectons trop les convictions des hommes, pour nous permettre la moindre censure sur sa conduite en cette circonstance. Quoique fils de T. Louverture, il ne conservait pas moins *le droit* de choisir entre la France et lui. Probablement, les paroles du Premier Consul l'avaient convaincu que son gouvernement ne se proposait pas de rétablir l'esclavage des noirs.

Mais toutefois, sa détermination nous fournit une nouvelle occasion de soutenir *le droit* qu'avaient Pétion, Du-

---

[1] Nous doutons qu'il ait mentionné ni Rigaud ni les autres officiers de couleur ; A. Chanlatte n'était pas de l'expédition. Voyez au chap. IV ci-après, ce que nous disons de son abstention à récriminer contre aucun d'eux, et les paroles qu'Isaac rapporte de lui à propos de Rigaud. P. de Lacroix brode souvent dans ses Mémoires.

pont, Bellegarde et Millet, exceptés de l'amnistie de 1800, de choisir eux-mêmes *le parti politique* qui leur parut meilleur, d'après leurs convictions. En 1802, si T. Louverture laissa *un libre choix* à ses enfans, *il eut tort* d'en vouloir à ces officiers à cette époque : ils n'étaient pas plus *obligés* de soutenir sa cause contre Rigaud, que son propre fils contre l'autorité française qui venait lui enlever le pouvoir. Ce ne fut pas *la couleur* de Rigaud qui porta Pétion et les autres à passer dans les rangs de son armée, de même que ce ne fut pas *la couleur* de Leclerc qui détermina Isaac ; mais bien *les idées politiques* qu'ils attachaient à l'une et l'autre cause, dans ces deux circonstances.

Néanmoins, Placide, fils d'un mulâtre, n'était pas le seul de sa classe qui donnait alors à T. Louverture des témoignages de son attachement. Le général Vernet, qui avait épousé sa nièce, femme de couleur aussi ; le chef d'escadron Morisset, de sa garde d'honneur ; le capitaine Marc Coupé, son aide de camp, et d'autres encore, restèrent attachés à l'ex-gouverneur de Saint-Domingue. En les voyant autour de lui, en apprenant la conduite de Gabart à Saint-Marc, celle de Lamartinière, ancien officier du Sud, au Port-au-Prince, il dut se convaincre qu'il avait eu tort de *généraliser* ses persécutions contre cette classe ; et tout fait penser, en effet, qu'il reconnut alors qu'il avait été la dupe de cette politique perverse qui l'arma contre elle.

Les habitans des Gonaïves n'ignoraient pas la dernière réponse faite par Leclerc à l'ex-gouverneur ; et le voyant disposé à combattre, ils le supplièrent de permettre l'envoi d'une députation auprès du capitaine-général, pour essayer de le détourner de son projet de marcher contre lui. T. Louverture le permit ; mais, parvenue au Cap, la députation n'obtint aucun succès dans sa démarche. Et il faut convenir que dans la situation des choses, *la guerre seule* devait décider entre Leclerc, qui était envoyé par la France pour gouverner la colonie, et T. Louverture qui ne voulait pas se soumettre à son autorité.

Laissons le Premier des Noirs se préparant aux combats, pour relater les événemens qui eurent lieu au Port-au-Prince, et dans tout l'Ouest et le Sud.

Le 3 février dans l'après-midi, l'escadre commandée par l'amiral Latouche Tréville avait paru devant cette ville. Le général Boudet envoya le chef de brigade Sabès, son aide de camp, dans un canot parlementaire sous les ordres de l'officier de marine Gémont. Sabès était porteur de la proclamation du Premier Consul, pour la remettre aux autorités de la place et la répandre parmi les habitans. Chargé d'en prendre le commandement, Boudet fit sommer les autorités militaires de la lui livrer. Le général Agé, commandant de l'arrondissement, le colonel Dalban, commandant de la place, le chef de bataillon Lacombe, directeur de l'arsenal, tous trois Français, le voulaient bien : ils partageaient naturellement les sentimens des colons et de tous les blancs qui habitaient le Port-au-Prince, du préfet apostolique Lecun qui s'empressa de travailler les esprits, et disons-le, de la généralité des mulâtres et des noirs : tous désiraient en finir avec le despotisme de T. Louverture, et de Dessalines, commandant des départemens de l'Ouest et du Sud.

La ville avait pour garnison un bataillon à pied de la garde d'honneur, sous les ordres du chef de brigade Magny, un escadron sous ceux de Monpoint, un bataillon de la 3ᵉ demi-brigade sous ceux de Lamartinière, et un autre de la 13ᵉ sous ceux de Bardet, ces deux derniers anciens officiers du Sud. Magny, Monpoint et Lamartinière restèrent attachés à T. Louverture; ils voulurent défendre la place contre les troupes françaises; mais Bardet partageait les sentimens de son bataillon, composé des soldats du Sud : il dissimula, pour agir en faveur des Français dans le moment opportun.

Lamartinière, d'un courage éprouvé, d'un caractère fougueux, devint prépondérant dans cette circonstance; il communiqua son énergie aux soldats qu'il commandait et à ceux de la garde d'honneur, retenus également dans les rangs de ce corps d'élite par Magny et Monpoint. Magny avait ce courage calme, cette bravoure raisonnée qui ne redoutent rien; doué d'une grande fermeté, mais modéré en même temps, il s'efforçait de tempérer la fougue de Lamartinière.

La résolution de ces trois officiers supérieurs en imposa au général Agé et au colonel Dalban. Sabès et Gémont, arrivés dans la soirée, avaient dû passer la nuit dans la place. Le 4 février, Agé voulut les renvoyer; mais les trois officiers qui dominaient le contraignirent à les garder en otages. C'était violer, et les lois de la guerre et le droit des gens; mais on verra qu'ils servirent ensuite à la soumission de T. Louverture. Agé dut envoyer un de ses aides de camp avec une lettre adressée au général Boudet, pour lui déclarer qu'en l'absence de T. Louverture et de Dessalines, on ne pouvait recevoir ni l'escadre ni les troupes de débarquement. Cependant Agé chargea secrètement cet officier de dire de vive voix à Boudet, que son autorité était méconnue parce qu'il était blanc. C'était inviter Boudet à brusquer une attaque contre la place.

Néanmoins, le général Boudet, qui avait des sentimens

élevés, et qui a fait preuve par la suite de beaucoup de modération, pensa qu'il était convenable d'adresser une lettre aux officiers supérieurs opposés à son débarquement, pour les inviter à ne faire aucune résistance. Selon P. de Lacroix qui était chef d'état-major de la division française, ils lui répondirent : « que d'après les services rendus *par les noirs* à la France et à la colonie, ils étaient indignés de voir que le nom de leur général en chef (**T. Louverture**) ne fût pas même cité dans la proclamation du Premier Consul ; que ce silence décelait de mauvaises intentions ; mais que des mesures pour conserver *la liberté* étaient prises depuis longtemps ; que si l'on brusquait un débarquement, sans les ordres du gouverneur général T. Louverture, il serait tiré trois coups de canon d'alarme, et que ce signal, répété de morne en morne, serait celui *de l'incendie* de la colonie et *de l'égorgement* de tous les blancs. »

Si telle fut la réponse des officiers supérieurs, elle était convenable par les menaces faites dans le but d'empêcher le débarquement ; mais non avec le projet arrêté, quant aux blancs, de les mettre réellement à exécution : car, *quoique les blancs fussent satisfaits* de l'arrivée de l'expédition française, *on n'avait pas plus le droit de les égorger, que d'égorger les mulâtres et les noirs qui l'étaient aussi.*

Quand H. Christophe écrivit à Leclerc, il menaça *d'incendier* le Cap, mais non pas *d'égorger les blancs ; il n'en fit pas tuer un seul, et il fit bien.* Sa modération envers eux mérite des éloges.

Après la réponse faite au général Boudet, Lamartinière se porta à l'arsenal pour avoir des munitions pour les troupes ; et sur le refus opiniâtre du chef de bataillon Lacombe, qui alléguait que le général Agé ne lui en avait pas donné l'ordre, Lamartinière le tua d'un coup de pistolet et fit prendre les munitions. Cette violence nous semble avoir été cruelle et inexcusable ; avec les forces dont il disposait, Lamartinière pouvait se saisir de la personne du directeur de l'arsenal et le paralyser. Mais il est évident que par cette action énergique, il voulait produire la terreur au Port-au-Prince, pour empêcher les défections. Afin de compléter la mesure, il fit arrêter une certaine quantité de blancs, qui furent gardés à vue dans les casernes, comme des otages.

Bardet fut envoyé au fort Bizoton avec une partie de son bataillon de la 13me, tandis que l'autre partie occupait le blockhaus connu sous le nom de Dessources ou Reconquis, situé sur une position du morne L'Hôpital. Les deux autres bataillons de cette demi-brigade, sous les ordres de leurs commandans Jean-Louis François et Coco Herne, tenaient alors garnison à Bayia-Hunda, dans la baie de Neyba, où T. Louverture jetait les fondemens d'une ville [1]. Vendôme, son colonel, se trouvait dans le Sud.

Il y avait au fort de Léogane, au sud du Port-au-Prince, une compagnie de dragons de la garde d'honneur sous les ordres de Barthélemy Marchand, et une autre de cette garde à pied sous ceux d'Eloy Turbé. Le reste de ce corps occupait le fort National, et les autres troupes de la 3me campaient en divers endroits dans l'enceinte de la ville. Des artilleurs garnissaient les forts Sainte-Claire, Saint-Joseph et de l'Ilet.

Après la réponse des officiers supérieurs, le général Boudet résolut d'opérer le débarquement de ses troupes,

---

[1] C'est par erreur que P. de Lacroix dit que les trois bataillons de la 13e étaient au Port-au-Prince. Les Mémoires de Boisrond Tonnerre confirment notre assertion.

qui eut lieu le 5 février, dans la matinée, vers le Lamentin.

A la vue de ce débarquement, le fort National tira trois coups de canon d'alarme, comme on en avait menacé le général français ; mais *on ne tua aucun des blancs* qui étaient détenus aux casernes.

Le général Boudet marcha sur le fort Bizoton, à la tête de ses troupes. A son approche, Bardet envoya au-devant de lui le capitaine noir Séraphin, ancien officier de la légion de l'Ouest, sous le prétexte de connaître ses intentions. Accueilli avec fermeté et modération en même temps par le général Boudet, Séraphin rentra au fort et rapporta ses paroles, tandis les Français avançaient aux cris de : *Vive la République ! Vive la Liberté !* Préparés tous *à la défection*, officiers et soldats de la 13me y répondirent par ceux de : *Vive la France ! Vivent nos frères !*

Les hommes du département du Sud avaient trop souffert de la tyrannie de T. Louverture, pour ne pas saisir cette occasion de s'en venger, en se soumettant aux Français [1].

Plaçant les militaires de la 13e dans les rangs de ses troupes, le général Boudet marcha sur le Port-au-Prince. Il envoya sommer le blockhaus de se rendre à lui, on s'y refusa ; il fit également sommer le fort Léogane de le recevoir *en ami*, et reçut la même réponse. Alors la colonne fran-

---

[1] A propos de cette défection, on lit le singulier passage suivant dans les Mémoires de Boisrond Tonnerre, pour servir à l'histoire d'Haïti :

« La presque totalité de la population (du Sud) *avait ou croyait avoir* la « mort de quelques proches à venger ; elle mettait *sur le compte* de T. Louverture tous les malheurs arrivés pendant le cours de la guerre que *l'ambi-* « *tion d'un chef* (Rigaud) et la politique raffinée des blancs avaient suscités « dans le Sud. »

Dessalines ayant été l'exécuteur des ordres atroces de T. Louverture dans le Sud, son secrétaire ne pouvait *dire la vérité* sur ces faits. Au reste, dans ses Mémoires, Boisrond Tonnerre se montre plutôt l'ami que l'ennemi de Rigaud.

çaise avançant toujours et détachant des bataillons sur la droite pour contourner le fort, Magny, qui y était accouru, ordonna de tirer sur elle ; le feu de l'artillerie, de la mousqueterie étendit morts une centaine d'hommes et en blessa le double : le général Pamphile de Lacroix fut du nombre des blessés. Le blockhaus canonna la colonne, et en même temps les forts du côté de la mer tirèrent sur les vaisseaux : ceux-ci les réduisirent bientôt au silence, tandis que les troupes françaises enlevaient le fort Léogane à la baïonnette, en pénétrant dans l'enceinte du Port-au-Prince. Il était nuit en ce moment.

Force fut à Lamartinière, Magny et Monpoint d'abandonner la ville, après avoir opposé une faible résistance au trésor, d'où ils enlevèrent quelques fonds. Ils se retirèrent à la Croix-des-Bouquets, en laissant *des soldats qui furent faits prisonniers et dont la vie fut respectée*. Le chef de brigade Sabès et l'officier de marine Gémont furent traînés, malgré eux, par les troupes coloniales : leurs jours furent aussi respectés. Il en fut de même des autres blancs qui avaient été détenus dans les casernes [1].

---

[1] M. Madiou affirme que tous ces hommes, déjà arrêtés, furent conduits dans la savanne Valembrun et à Saint-Martin, où ils furent impitoyablement *massacrés*. (T. 2, p. 148.) Mais P. de Lacroix dit, au contraire, que la majeure partie de la population blanche fut traînée *dans les mornes* avec les deux officiers, en ajoutant que *plusieurs blancs*, ayant refusé d'obéir aux révoltés et de les suivre, furent tués sur la place. (T. 2, p. 97 et 98.) Il dit bien, ensuite, que : « à l'affreux signal des trois coups de canon, les blancs n'avaient pas été tous « égorgés. » Mais, en faisant intervenir de nouveaux ordres de T. Louverture, il avoue qu'ils furent réunis et conduits en otages *dans l'intérieur des terres*. Il ne peut donc être question que de faits postérieurs à la prise du Port-au-Prince.

Eh bien ! nous avons lu, sur le *Moniteur*, un rapport de Leclerc au ministre de la marine, où il est dit que les blancs furent *emmenés* avec les troupes coloniales, et une lettre d'un colon du Port-au-Prince, en date du 24 pluviôse (13 février), qui ne mentionne *aucun meurtre de blancs* dans cette ville ; il y est dit que ces hommes furent amenés au Mirebalais et égorgés sur l'habita-

Le général Boudet ne tarda pas à prendre des mesures de police qui inspirèrent de la confiance, non-seulement aux habitans du Port-au-Prince, mais aux cultivateurs des campagnes qui l'avoisinent, et même aux officiers et soldats de l'armée coloniale. Par ses ordres, les officiers et les soldats français firent bon accueil à tous sans distinction de couleur : ils trouvèrent réciprocité de leur part.

Il faut dire aussi que si l'antagonisme entre le Sud et le Nord éclata avec fureur dans la guerre civile, les hommes de l'Ouest étaient eux-mêmes impatiens de la domination de ceux du Nord, depuis l'évacuation des Anglais du Port-au-Prince. Les horreurs commises dans cette ville par ordre de T. Louverture, exécutées par Dessalines et d'autres inférieurs, avaient rendu excessivement odieux le joug imposé aux hommes de couleur et aux cultivateurs.

Dans cette disposition d'esprit, peu de jours après la prise de possession du Port-au-Prince par les Français, tous les officiers des environs firent leur soumission au général Boudet, en qui l'on trouvait une grande modération et des formes propres à faciliter sa tâche. Cet officier avait servi à la Guadeloupe, et avait été à même d'apprécier la valeur et le dévouement à la France, des noirs et des mulâtres de cette colonie, qui la défendirent si bien contre les Anglais ; et sachant que ceux de Saint-Domingue avaient agi de même, doué d'un sentiment de justice, il était naturellement porté à vouloir assurer l'empire de la métropole, plus par la persuasion et les bons procédés que par la rigueur.

---

tion Chitry. Là, en effet, fut un champ de carnage dont il sera question plus avant ; et ce fut par ordre de Dessalines, d'après les instructions de T. Louverture.

Et c'est encore une chose à remarquer, dans cette sorte de destinée qui échut aux anciennes provinces de Saint-Domingue. Nous avons déjà signalé la différence qui existait entre le caractère et les idées respectives de Sonthonax et de Polvérel, et l'influence qu'ils exercèrent sur la marche de la révolution, le premier dans le Nord,—le second dans l'Ouest et le Sud. On avait ensuite vu Laveaux, Perroud, Sonthonax, ce dernier revenu dans la colonie, continuer dans le Nord le système d'une administration despotique, exciter par leur exemple les chefs militaires au même système qui, d'ailleurs, était en rapport avec les idées régnantes dans cette province.

Eh bien! l'armée française arrive dans la colonie, et le sort envoie encore dans le Nord ce Rochambeau, qui y avait servi sous Sonthonax, Leclerc et d'autres généraux, agissant immédiatement sous lui, qui croient, qui s'imaginent que le meilleur moyen de réussir est d'employer la rigueur, — tandis que la destinée de l'Ouest et du Sud y amène le général Boudet, d'un caractère et de sentimens tout opposés, et qui réussit complètement par des mesures de persuasion qui lui concilient les esprits.

Les deux bataillons de la 13ᵉ qui étaient à Bayia-Hunda, apprenant ces faits, vinrent aussi se réunir aux détachemens français qui ne tardèrent pas à occuper la Croix-des-Bouquets. Ce fut surtout Jean-Louis François qui les entraîna, Coco Herne ayant vainement essayé de résister au torrent.

Le général Agé et le colonel Dalban avaient fait leur soumission à leurs compatriotes, comme il était naturel de l'attendre de leur part : militaires, ils devaient reconnaître l'autorité de leur patrie.

Mais Lecun, préfet apostolique et curé du Port-au-

Prince, qui devait à T. Louverture d'avoir repris sa charge après le départ d'Hédouville, qui avait contribué à le perdre par ses basses flatteries; qui aurait dû se ressouvenir que la fonction du prêtre est de se tenir en dehors des choses politiques, Lecun se transporta auprès du général Boudet, suivi de son clergé et de dévots et dévotes, pour le féliciter du succès de ses armes *contre le monstre dont le despotisme opprimait la colonie*: ainsi il parla de l'ex-gouverneur. Pouvait-on attendre autre chose de ce prêtre dont les mœurs déréglées occasionnèrent plus d'une fois le scandale le plus dégoûtant parmi ses ouailles? Que de torts n'aurait pas faits à la religion catholique, la conduite d'une grande partie de ses prêtres, si les sentimens religieux des populations de ce pays avaient été moins sincères, moins fervens!

Une autre preuve de la loyauté et de la générosité du général Boudet est attestée par son chef d'état-major, Pamphile de Lacroix. Nous avons déjà cité le passage de son livre, concernant la découverte faite par eux, dans les papiers secrets de T. Louverture, au palais du Port-au-Prince, de ce qui avait rapport à ses relations amoureuses avec des femmes blanches surtout. Cet auteur dit à ce sujet:

« En acquérant la preuve irréfragable des écarts de la
« faiblesse humaine, le général Boudet se sentit inspiré
« d'un mouvement généreux. Avant d'avoir fait ici aucune
« connaissance, s'écria-t-il, perdons toute trace de ces
« honteux souvenirs, afin de ne pas mésestimer les per-
« sonnes au milieu desquelles nous sommes destinés à vi-
« vre; et en faisant de tristes réflexions, nous allâmes
« ensemble jeter au feu et à la mer tout ce qui pouvait
« rappeler notre pénible découverte. »

Cet auteur continue ainsi à l'occasion de cette découverte :

« Il y avait de la grandeur d'âme dans la conduite du
« général Boudet. Le capitaine-général Leclerc lui avait
« communiqué *une partie des instructions secrètes* qui lui
« avaient été données. Ces instructions, dont j'ai déjà
« parlé, classaient *les noirs et les blancs en catégories.*
« Le temps même n'avait pas échappé au classement. De
« telle époque à telle époque on devait se conduire ainsi,
« de telle époque à telle époque on devait se conduire au-
« trement. Comme si les prostitutions pouvaient avoir des
« témoins, un dernier paragraphe du troisième chapitre
« de ces instructions *déplorables* portait textuellement :
« *Les femmes blanches qui se sont prostituées aux nègres,*
« *quel que soit leur rang, seront envoyées en France.* »

Nous avons signalé diverses erreurs commises par P. de Lacroix ; mais toutes les fois qu'il affirme *avoir lu* des documens ou *su* par lui-même ce qu'il relate, nous ne pouvons révoquer en doute ses assertions. Or, ici, s'il affirme aussi positivement ce qui a rapport *aux instructions secrètes*, c'est en vain que les mémoires de Sainte-Hélène prétendent qu'elles sont restées *inconnues* après la mort de Leclerc ; et l'on ne doit point s'étonner qu'ils aient cherché à relever *les indiscrétions* de P. de Lacroix.

Et est-il encore étonnant que ces instructions secrètes contenaient de telles prescriptions, de telles catégories, quand *Malouet* y avait contribué ? Lorsque nous arriverons à l'année 1814, on verra celles qu'il donna à ses trois agens envoyés à Haïti, en sa qualité de ministre de Louis XVIII. C'était toujours le même homme, encroûté de préjugés.

On a vu que le 5 février, entre Saint-Michel et Saint-

Raphaël, T. Louverture avait donné l'ordre à Dessalines de se rendre en toute hâte au Port-au-Prince, par rapport à l'escadre de l'amiral Latouche Tréville qui y portait la division Boudet. Dessalines ne mit que vingt-quatre heures pour arriver dans la plaine du Cul-de-Sac, en passant à Saint-Marc, où il en ordonna la défense en cas d'attaque : le colonel Gabart y commandait. Il n'arriva donc qu'après la prise du Port-au-Prince, et joignit Magny, Lamartinière et Monpoint à la Croix-des-Bouquets. De l'Arcahaie, où était le général Charles Bélair, il emmena avec lui un bataillon de la 7e demi-brigade. Regrettant de n'avoir pu être à même de défendre le Port-au-Prince ou de l'incendier, il donna l'ordre à ses officiers de l'attendre au Cul-de-Sac, après avoir abandonné la Croix-des-Bouquets, à l'approche d'un détachement français que le général Boudet y envoya, en apprenant son apparition dans ce bourg. C'était le 9 février.

Dans la marche de la garde d'honneur, O'Gorman, Saint-James et les autres émigrés, qui servaient dans ses rangs, et qui avaient été contraints à suivre ce corps, se sauvèrent et allèrent joindre les Français, « *heureux*, dit « P. de Lacroix, de se séparer *des cannibales* qui ne lais- « saient pour trace que l'assassinat et le feu. »

Heureusement encore, cet auteur ajoute que ce fut *à l'humanité* du capitaine *noir* Patience, qu'ils durent de pouvoir prendre la fuite ; car il prouve ainsi lui-même que *les noirs ne sont pas tous des cannibales*. Or, ces émigrés avaient été au service des Anglais qu'ils aidaient pour remettre *les noirs* dans l'esclavage ; ils avaient aidé T. Louverture dans son système, si contraire *aux noirs*; ils le flattaient du temps de sa puissance ; ils rejoignaient les Français venus dans la colonie pour rétablir l'esclavage *des noirs;* et ce fut un noir, ce Patience, ancien esclave d'O'Gorman, qui facilita leur évasion ! *Entre eux et ce noir*, de quel côté étaient la vertu et les sentimens que l'homme doit nourrir pour ses semblables ? P. de Lacroix ne devait-il pas songer à tout cela, avant d'avoir appliqué cette expression *aux noirs* de Saint-Domingue ?

Prenant avec lui 150 grenadiers, escorté du chef d'escadron Bazelais, devenu son aide de camp, Dessalines passa par la colline de la Rivière-Froide, derrière le Port-au-Prince, pour se rendre à Léogane par la grande route. Mais il dut continuer par les montagnes, attendu que des postes français avaient été déjà établis jusqu'à l'habitation Gressier.

Parvenu à Léogane, il ordonna au colonel Pierre-Louis Diane, qui commandait cet arrondissement et la 8e demi-brigade, d'exécuter *les instructions* qu'il avait lui-même reçues de T. Louverture, et qui lui avaient été transmises *verbalement* (la lettre de ce dernier, du 8 février, ayant été interceptée)— *d'incendier* Léogane, d'en transporter les munitions dans la montagne, et *d'égorger tous les blancs :* ce qui fut exécuté littéralement[1]. Ces malheureux furent baïonnettés dans les mêmes lieux où

---

[1] Dans son Mémoire au Premier Consul, T. Louverture, se défendant du massacre opéré sur les blancs, à la Petite-Rivière de l'Artibonite, rejette ce crime sur Dessalines. Il avoue qu'étant aux Gonaïves, il avait envoyé Marc Coupé auprès de lui pour transmettre *ses ordres* relatifs à Léogane, et que cet officier revint lui dire qu'il n'avait pas rencontré Dessalines, mais qu'il avait appris l'incendie de cette ville. Or, lorsqu'on lit ses lettres interceptées, on reconnaît que *le massacre des blancs etait sous-entendu :* celle adressée à Dommage, de Saint-Marc, le 9 février, lui dit que Dessalines formait un cordon à la Croix-des-Bouquets ; il avait donc communiqué avec lui par ses officiers ! C'est le 9 aussi que Dessalines abandonna ce bourg au détachement français ; c'est le 12 que Léogane fut incendié et que les blancs furent massacrés. Il y a donc lieu de croire que ce fut par les instructions *verbales* de T. Louverture, transmises à Dessalines.

les prisonniers du Sud l'avaient été après la guerre civile. Ces faits se passèrent le 12 février.

Ainsi, T. Louverture arrivait au dernier acte du drame sanglant qu'il avait commencé par *les anciens libres, mulâtres et noirs*. *Les nouveaux libres noirs* avaient eu leur tour; en ce moment, c'était celui *des blancs* qui avaient tant applaudi aux deux premiers actes.

Quelle preuve plus convaincante pourrions-nous ajouter à nos démonstrations consignées dans les deux époques précédentes, concernant *la guerre de couleur et de caste*, que ces ordres barbares donnés en 1802 contre *les blancs colons?* Verra-t-on encore ici une proscription contre *la couleur ou la caste* de ces derniers? Est-il donc possible que T. Louverture ait proscrit successivement *la couleur ou la caste jaune, la couleur ou la caste noire, la couleur ou la caste blanche?* Non! Mais il immola tour à tour *les hommes qui faisaient obstacle* à ses vues politiques, *qui résistaient* à ses volontés, *qui contrariaient* son pouvoir dominateur : sa vanité, son orgueil, son ambition démesurée, voilà les causes de toutes ses fureurs. Nous l'avons déjà dit : à ses yeux *les hommes*, n'importe *leur couleur*, n'étaient que des instrumens, des machines; cette fausse politique conduit toujours et fatalement aux plus grands crimes.

Cependant, on peut encore dire que *le massacre des blancs* fut ordonné par lui, *en représailles* de celui des militaires du Fort-Liberté et de la Rivière-Salée, par Rochambeau et Hardy; car, en répondant au premier : « qu'il allait combattre jusqu'à la mort *pour venger la* « *mort* de ces braves soldats, » T. Louverture n'était pas homme à ne se venger que *par la guerre*. Il l'avait prouvé lors de sa soumission à Lavcaux, en massacrant les Espagnols et les émigrés français réunis aux Gonaïves.

Toutefois, si c'est là une *excuse* à présenter pour lui, ce n'est point une *justification : les représailles sanglantes*, comme *les crimes* qui les provoquent, sont du domaine de la barbarie.

Au Grand-Goave, Pierre Tony ne fit fusiller qu'un blanc qui lisait la proclamation du Premier Consul : c'était une grande modération dans la circonstance. Mais Delpech, au Petit-Goave, refusa d'exercer aucun acte de violence sur les blancs.

Secondé par le chef de bataillon Larose, de la 8e, P.-L. Diane n'avait pu faire transporter les munitions et l'artillerie qu'au Cabaret-Carde, position au pied des mornes.

Pendant ces opérations, Dessalines s'efforçait de persuader les cultivateurs de la plaine et des montagnes environnantes, de la nécessité de résister aux Français pour défendre *leur liberté ;* mais ces hommes qui avaient souffert du régime de T. Louverture, dont il n'avait été lui-même qu'un instrument passif, ne l'écoutèrent pas. Il se dirigea alors sur Jacmel avec son détachement de la 7e, afin d'y organiser la résistance par Dieudonné Jambon qui, déjà, se laissait influencer pour se soumettre aux Français. Reconnaissant que la population de cette ville lui était hostile, il se hâta d'en sortir et de prendre la route du Cul-de-Sac par les montagnes. Dans ce trajet, il fut encore en butte à la haine des cultivateurs, et dut faire tirer sur des rassemblemens qui voulaient s'emparer de lui. Trois jours après son départ du Cul-de-Sac, il y était rendu ; il ordonna alors à Magny, Monpoint et Lamartinière de le suivre avec leurs troupes à la Petite-Rivière, en passant par le Mirebalais.

Ces faits prouvent combien le despotisme sanguinaire

de T. Louverture et de son lieutenant avait été inintelligent et contraire *aux noirs*. Dessalines avait raison de leur dire que l'armée française venait dans l'intention de rétablir réellement l'esclavage, et qu'ils devaient s'armer pour la combattre; mais, comme lui et son chef n'avaient fait autre chose par les règlemens sur la culture, par leur exécution barbare, leurs frères devenaient sourds à leur voix, en espérant mieux des agens de la France.

Ainsi, *les chefs* d'un pays quelconque doivent donc gouverner leurs semblables *d'après les règles de la justice*, et non en les violant! C'est en identifiant les populations au sort de leur gouvernement, qu'ils peuvent et doivent espérer d'en être soutenus au jour du danger. Certes, la dépendance de Saint-Domingue envers la France devait contribuer à ce résultat, par l'espoir qu'on mettait généralement dans la protection de la métropole; mais on a vu aussi plus d'une fois, dans l'histoire des nations, que dans une guerre purement étrangère, le peuple abandonne son gouvernement despotique, pour accepter le joug de l'étranger qui paraît lui offrir au moins du repos.

Après l'occupation de la Croix-des-Bouquets, le général Boudet n'avait pas tardé à envoyer prendre possession aussi de l'Arcahaie, par un détachement sous les ordres du colonel Valabrègue. A son approche, Charles Bélair évacua ce bourg après l'avoir incendié; et il contraignit les blancs à le suivre dans les montagnes des Matheux. Laraque, qui commandait la place, fut bientôt assassiné par quelques individus dont il avait lui-même assassiné les parens en 1799. Le temps des vengeances était arrivé, et chacun en profitait.

D'autres détachemens furent envoyés dans les mornes

de la Charbonnière, afin de paralyser les efforts de Dessalines de ce côté-là, et d'aider aux bonnes dispositions des cultivateurs en faveur des Français.

En apprenant l'incendie de Léogane, le général Boudet jugea important de faire poursuivre P.-L. Diane, et de s'assurer aussi de la soumission du département du Sud, contre lequel aucune force navale n'avait été dirigée, probablement parce que le gouvernement consulaire, bien renseigné sur les rigueurs et les barbaries exercées dans ce département, avait présumé *de sa défection*, dès que les autres points attaqués auraient été en possession de l'armée expéditionnaire. Mais, afin de rendre cette défection plus facile, il était convenable de gagner les chefs qui y commandaient et qui, tous, avaient servi T. Louverture avec zèle.

Dans ce dessein, le général Laplume surtout, qui commandait le Sud sous la haute direction de Dessalines, était celui qu'il fallait gagner le premier : en le décidant à la défection, on devait espérer que son exemple serait suivi par les autres officiers supérieurs. Un capitaine noir, nommé Célestin, qui se trouvait au Port-au-Prince, ayant été bien accueilli par le général Boudet comme tous ceux qui y étaient, fut chargé de ses dépêches pour Laplume, et de le persuader de se soumettre. En passant au Petit-Goave, il obtint de Delpech une défection facile. A Aquin, il rencontra le colonel Néret, commandant de cet arrondissement, qui s'y détermina également, et qui contribua, par ses conseils, à entraîner Laplume dans cette voie. Néret avait servi dans la 11me demi-brigade avec ce général; il était colonel de ce corps, et sa conduite influa sur ses officiers et les soldats.

Il faut dire aussi que le manque d'instructions précises

de T. Louverture, avant l'arrivée de la flotte, que sa proclamation du 18 décembre et le décousu qui en résulta, jetèrent de l'irrésolution dans leur esprit et empêchèrent des mesures de résistance de leur part. Dans une telle situation, apprenant la prise du Cap et du Port-au-Prince, la défection de la 13me demi-brigade, et les bons procédés du général Boudet envers les troupes coloniales et tous les citoyens, il n'était guère possible que ces officiers ne suivissent pas le torrent de la défection, lorsque d'ailleurs la population entière du département du Sud désirait de secouer le joug de T. Louverture et de Dessalines.

Laplume s'empressa de donner ses ordres, d'inviter les autres commandans d'arrondissement à agir comme lui. Desravines, à Tiburon, — Mamzelle, à l'Anse-à-Veau, — Gilles Bambara, à Dalmarie, obéirent. Cependant, à Jérémie, Dommage voulut résister, *incendier*, mais *sans massacrer les blancs :* il avait reçu des ordres verbaux de Dessalines qui, de Saint-Marc, les lui avait transmis par deux officiers expédiés par mer. Ayant confié ses intentions au chef de bataillon Ferbos, de la 4me demi-brigade, celui-ci en parla à l'adjudant-général Bernard qui commandait la place. Ce dernier était Européen ; aidé de Ferbos et de Désiré, autre chef d'un bataillon de la 12me qui y était en garnison, il paralysa les efforts de Dommage. Jérémie reçut donc l'impulsion des Cayes et des autres villes et bourgs du Sud.

Dans ces entrefaites, le général Boudet avait envoyé un corps de 1400 hommes pour se rendre dans le Sud, sous les ordres de l'adjudant-général Darbois. Arrivé à Léogane, il y laissa un détachement qui marcha contre P.-L. Diane, au Cabaret-Carde ; ce colonel en fut chassé après une faible résistance. Vainement revint-il attaquer les

Français dans la plaine : il fut repoussé, et se retira dans les montagnes.

Darbois continua avec sa colonne et arriva aux Cayes : il en partit bientôt pour Jérémie, où de nouvelles troupes lui furent envoyées par le vaisseau *le Duguay-Trouin*. A son arrivée, il obtint la plus parfaite soumission des troupes et des habitans. Apprenant que Dommage avait voulu résister, il se disposait à le faire arrêter ; mais Ferbos et Désiré s'y opposèrent à cause de l'attachement qu'ils portaient à ce colonel ; ils furent secondés par la 4me et la 12me. Dommage était dévoué à T. Louverture, sous les ordres duquel il avait fait la guerre contre les Anglais : c'était un homme modéré. Les deux chefs de bataillon furent dès-lors signalés, ainsi que lui, aux violences qu'on se promettait d'exercer plus tard : aussi, ils périrent tous trois.

Pendant que ces faits s'accomplissaient dans le Sud, Dieudonné Jambon faisait sa soumission à Jacmel, en recevant des blancs de cette ville une somme de dix mille piastres. Cet infâme, qui avait commis des atrocités sur les hommes de couleur pendant la guerre civile, consentit à s'avilir ainsi ! On applaudit à une défection produite par la conviction des idées politiques ; mais on ne peut que mépriser celle qui se vend au poids de l'or. Plus tard, on verra Dieudonné Jambon retiré à Porto-Rico, y acheter une propriété rurale et *des noirs devenus ses esclaves,* qu'il maltraita comme faisaient les blancs des leurs.

Mimi Baude, ancien officier de la légion de l'Ouest, et le capitaine d'artillerie Langlade, deux hommes de couleur, avaient contribué à cette soumission de Dieudonné Jambon, en s'opposant à ce qu'il commît aucun assassinat sur les blancs de Jacmel. Ferrand, noir, commandant de la place, suivit le mouvement : il avait été aide de camp de T. Louverture. Bientôt le général Pageot, envoyé dans cette ville, le fit arrêter ainsi que plusieurs autres, sur la dénonciation de Dieudonné Jambon qui, par tous ces témoignages de servilité, conserva le commandement de l'arrondissement de Jacmel [1].

En ce moment, P.-L. Diane et Larose se virent forcés de quitter les montagnes de Jacmel pour se porter dans la plaine du Cul-de-Sac.

Les départemens de l'Ouest et du Sud se trouvaient donc soumis à l'autorité du général Boudet, dont la conduite modérée fut une cause de succès, indépendamment des circonstances accessoires qui prédisposaient les esprits à la soumission envers la France.

Tandis que tous ces événemens se passaient dans l'Ouest et dans le Sud, l'ancienne partie espagnole faisait aussi sa soumission à l'armée française.

On a vu que le général Kerverseau avait sommé les autorités militaires de Santo-Domingo de le recevoir avec ses troupes, et que le général Paul Louverture s'y était refusé, en attendant les ordres de son frère qu'il avait tenu avisé de l'apparition des Français. C'est la preuve la plus évidente que T. Louverture n'avait voulu organiser *aucune résistance* à l'autorité de la métropole. Il se trouvait dans cette ville, quand il apprit l'arrivée de la flotte au cap Samana ; et en partant de-là pour se rendre au Cap-Français, il avait laissé son frère sans instructions précises sur la conduite qu'il avait à tenir : il n'en avait pas

---

[1] Ferrand, Guillaume Prunier, Jean Turgeau, Tako et Conflans, envoyés au Port-au-Prince, furent déportés en France par Rochambeau, et envoyés plus tard *aux bagnes* d'Ajaccio, dans l'île de Corse.

plus envoyé au général Clervaux. C'est que jusqu'alors, il n'avait pris *aucune détermination*, et qu'il espérait peut-être une décision favorable, ou à son pouvoir ou à sa personne, de la part du Premier Consul. Il a fallu les procédés du capitaine-général envers Christophe, la résistance énergique de ce général, les coups de fusil tirés sur lui-même par la division Hardy, la prise du Fort-Liberté et les crimes commis par Rochambeau sur les militaires qui défendaient cette place, pour le décider à l'insoumission envers Leclerc. Ces circonstances réunies, jointes à sa proclamation du 18 décembre, doivent donc faire admettre *la sincérité des aveux* consignés dans son mémoire écrit au fort de Joux.

Pendant que les courriers de Paul Louverture se rendaient auprès de lui à Saint-Marc, des habitans de Santo-Domingo, excités surtout par l'évêque Mauvielle, et jaloux de la domination des noirs, avaient tenté un mouvement dans cette ville pour favoriser la descente des troupes de Kerverseau. Ils réussirent, dans la nuit du 8 février, à s'emparer du fort San-Gilles, situé sur le bord de la mer, à l'extrémité opposée de la Force, batterie placée à l'embouchure de l'Ozama, où se trouve l'arsenal. Toute la côte où est bâti Santo-Domingo est hérissée de rochers escarpés ; mais près de San-Gilles est une petite anse où Kerverseau, avisé de leurs desseins, essaya en vain le débarquement de quelques soldats pour seconder le mouvement : la mer trop houleuse sur cette côte y avait fait renoncer. Le lendemain au jour, Paul Louverture fit reprendre San-Gilles aux mains des habitans, qui s'enfuirent dans la campagne en appelant la population aux armes. Ils se réunirent tous sous les ordres de Juan Baron, qui prenait alors la revanche de sa défaite à Nisao, en janvier 1801, en compagnie de Kerverseau et d'A. Chanlatte. Paul Louverture se trouva ainsi renfermé dans les murs de Santo-Domingo, avec la 10ᵉ demi-brigade.

En y revenant, porteurs des dépêches de T. Louverture, les officiers envoyés par Paul Louverture furent faits prisonniers par les habitans qui eurent l'indignité de les assassiner. Les dépêches furent trouvées en leur possession ; elles furent expédiées au général Kerverseau. Celui-ci avait déjà opéré le débarquement de ses troupes à l'embouchure de la rivière Jayna, à trois ou quatre lieues de Santo-Domingo : le soulèvement des campagnes l'avait facilité. Peu après, le fort Saint-Jérôme, situé à un tiers de lieue de la ville, tomba au pouvoir des habitans et des troupes françaises. Alors, Kerverseau envoya à Paul Louverture la dépêche par laquelle l'ex-gouverneur lui enjoignait de prendre des mesures *de conciliation* avec ce général français. Après quelque pour parler, étant convaincu que cette dépêche était réellement de son frère, mais ignorant la teneur de celle qui lui ordonnait de résister, Paul Louverture se décida à admettre les troupes françaises dans la place. Comprenant la portée de cette soumission du frère de T. Louverture, Kerverseau le persuada de rendre une proclamation où il exprimait des sentimens favorables à la France; elle était datée du 20 février.

Quelques jours auparavant, le général Clervaux s'était lui-même décidé à reconnaître l'autorité du capitaine-général, à la suggestion de l'évêque Mauvielle. Ce prélat, qui avait en ce moment autant de zèle politique que religieux, s'était porté à Saint-Yague, dans ce but, peu après le départ de T. Louverture de Santo-Domingo[1]. Une

---

[1] Cet évêque montra encore plus de zèle : le 6 mars, il vint au Cap, et se

dépêche, écrite par ce dernier des Gonaïves, enjoignait à Clervaux de se rendre à Saint-Raphaël avec ses troupes ; mais elle fut interceptée.

Si l'évêque Mauvielle fut accueilli avec égards et considération par T. Louverture, il faut convenir aussi qu'en sa qualité de Français, son dévouement à sa patrie était bien naturel. D'ailleurs, cet ami de H. Grégoire pouvait-il ne pas reconnaître ce qu'il y avait d'affreux dans le gouvernement de T. Louverture, lorsqu'aussitôt son arrivée à Santo-Domingo, il assista, pour ainsi dire, à l'assassinat du colonel Gautier? Nous serions donc porté à excuser son zèle en faveur de l'armée française, tandis que nous blâmons la conduite du préfet Lecun, s'il n'était pas du devoir de tout prêtre de s'abstenir des choses politiques.

Dans le Nord, un autre officier général signala sa soumission à T. Louverture par une résistance glorieuse.

Maurepas, d'une bravoure éprouvée dans toutes les guerres qui se passèrent dans la colonie, avait reçu la lettre de l'ex-gouverneur, du 8 février, qui lui ordonnait d'imiter l'exemple tracé par H. Christophe.

Le 10, un vaisseau, deux frégates et des bâtimens de transport, parurent devant le Port-de-Paix. Une goëlette parlementaire pénétra dans la rade et fut repoussée à coups de canon. Les autres navires s'y étant présentés pour opérer le débarquement de 1200 hommes commandés par le général Humbert, les forts de la place les canonnèrent et reçurent aussi la décharge de leurs batteries : trop endommagés par l'artillerie des forts, ils se

---

transporta à Saint-Marc auprès de Leclerc, pour lui offrir le concours de 7,000 indigènes de l'Est, qu'il espérait d'embrigader contre T. Louverture. Nous avons lu un document à ce sujet, au ministère de la marine.

retirèrent pour se rendre à l'embouchure des Trois-Rivières. Cette manœuvre décida Maurepas à faire évacuer la ville par la population de toutes couleurs, afin de se porter dans la montagne : il y fit transporter les munitions de guerre et l'artillerie de campagne.

Le débarquement des troupes françaises s'étant opéré, elles eurent à combattre un bataillon de la 9e demi-brigade que Maurepas avait envoyé pour s'opposer au passage des Trois-Rivières, dont les eaux avaient grossi par les pluies qui tombaient depuis plusieurs jours. Ne pouvant forcer le passage en cet endroit, les Français passèrent à un autre gué au-dessus, sur l'habitation Paulin. Là encore, une embuscade dirigée par le capitaine Capois, de la 9e, leur opposa quelque résistance. Capois, dont la renommée allait grandir dans cette guerre, y fut blessé.

En voyant le débarquement s'effectuer, Maurepas donna le signal de l'incendie du Port-de-Paix, en mettant le feu à sa propre maison, imitant H. Christophe, exécutant l'ordre de T. Louverture. Il se retira au fort des Trois-Pavillons, situé dans la montagne, à trois lieues de la ville, se préparant au combat et ordonnant de respecter les familles réfugiées dans les mornes environnans : *les blancs eux-mêmes furent respectés*, comme au Cap, *comme on devait le faire partout.*

Le général Humbert, ayant pris possession des ruines du Port-de-Paix, le 12 février, marcha contre les Trois-Pavillons qu'il attaqua avec vigueur. Repoussé avec non moins de vigueur par les troupes et la garde nationale, sous les ordres de Maurepas, il dut retourner au Port-de-Paix. Divers officiers, devenus fameux par la suite, se distinguèrent parmi les troupes coloniales : c'étaient René

Vincent, Jacques Louis, Placide Lebrun, Nicolas Louis, E. Beauvoir, etc.

« Sans un renfort de 400 hommes que lui porta (à « Humbert) le 14 février, le vaisseau *le Jean-Bart*, il eût « peut-être été rembarqué. » Tel est le court résumé que fait P. de Lacroix de ce combat.

Avec ce renfort, le général Humbert voulut de nouveau débusquer Maurepas de la forte position qu'il occupait. Le 15 février, il marcha contre lui; mais battu de nouveau, poursuivi, il rentra encore au Port-de-Paix, après avoir perdu plusieurs centaines d'hommes.

Maurepas reprit sa position, pour se donner le temps de recruter ses forces par la garde nationale des montagnes, afin de chasser les Français du Port-de-Paix.

Ces faits coïncidant avec le renvoi de l'ordonnance expédiée par T. Louverture auprès de Leclerc, nous allons voir à quoi se décidait le capitaine-général français.

CHAPITRE III.

Proclamation de Leclerc qui met T. Louverture et H. Christophe *hors la loi*, en entrant en campagne. — Arrivée au Cap des escadres de Toulon et de Cadix. — Combats en divers lieux. — T. Louverture bat Rochambeau à la Ravine-à-Couleuvre. — Résistance et soumission de Maurepas. — Incendie et évacuation de Saint-Marc par Dessalines. — Boudet en prend possession. — Lamour Dérance et Lafortune se soumettent. — Marche des divisions Hardy et Rochambeau aux Cahos. — Leclerc se rend au Port-au-Prince avec Rigaud, Pétion et d'autres officiers du Sud. — Pétion reçoit le commandement de la 13e demi-brigade. — La division Debelle est battue à la Crête-à-Pierrot. — Massacre de noirs par Hardy. — Rochambeau enlève le trésor placé aux Cahos. — Marche de la divison Boudet contre la Crête-à-Pierrot. — Massacre de blancs aux Verrettes, par Dessalines. — Il bat les divisions Boudet et Dugua à la Crête-à-Pierrot, et en laisse le commandement à Magny et Lamartinière. — Siége de ce fort. — Pétion y lance des bombes : réflexions à ce sujet. — Évacuation hardie du fort, par Magny et Lamartinière. — Ils rejoignent Dessalines au Calvaire. — Combats livrés par Christophe dans le Nord. — T. Louverture y enlève divers bourgs et revient dans l'Artibonite. — Il se porte aux Cahos après l'évacuation de la Crête-à-Pierrot. — Dessalines l'y rejoint. — La division Hardy retourne au Cap, celle de Rochambeau aux Gonaïves. — Les escadres de Brest, du Hàvre et de Flessingue arrivent au Cap. — Leclerc va à Saint-Marc. — La division Boudet retourne au Port-au-Prince.

La guerre devant décider entre le capitaine-général Leclerc et l'ex-gouverneur T. Louverture, le premier résolut d'entrer sérieusement en campagne, après avoir renvoyé l'ordonnance qui lui avait apporté une dernière lettre du célèbre *rebelle*. Il rendit alors la proclamation suivante :

Au quartier-général du Cap, le 28 pluviôse an X (17 février).

Habitans de Saint-Domingue,

Je suis venu ici, au nom du gouvernement français, vous apporter *la paix et le bonheur*. Je craignais de rencontrer des obstacles dans les vues ambitieuses des chefs de la colonie ; je ne me suis pas trompé.

Ces chefs, qui annonçaient leur dévouement à la France dans leurs proclamations, ne pensaient à rien moins qu'à être Français ; s'ils parlaient quelquefois de la France, c'est qu'ils ne se croyaient pas en mesure de la mécontenter ouvertement.

Aujourd'hui leurs intentions perfides sont démasquées. Le général Toussaint m'avait renvoyé ses enfans avec une lettre dans laquelle il assurait qu'il ne désirait rien tant que le bonheur de la colonie, et qu'il était prêt à obéir à tous les ordres que je lui donnerais.

Je lui ai ordonné de se rendre auprès de moi, je lui ai donné ma parole de l'employer comme *mon lieutenant-général* : il n'a répondu à cet ordre que par des phrases ; il ne cherche qu'à gagner du temps.

J'ai ordre du gouvernement français de faire régner promptement *la prospérité et l'abondance ici* : si je me laissais amuser par des détours astucieux et perfides, la colonie serait le théâtre d'une longue guerre civile.

J'entre en campagne, et je vais apprendre *à ce rebelle* quelle est la force du gouvernement français.

Dès ce moment, il ne doit plus être aux yeux de tous les bons Français qui habitent Saint-Domingue, *qu'un monstre insensé*.

J'ai promis *aux habitans* de Saint-Domingue *la liberté ;* je saurai les en faire jouir. Je ferai respecter les personnes et les propriétés.

J'ordonne ce qui suit :

Art. 1er. Le général Toussaint et le général Christophe sont mis *hors la loi*, et il est ordonné à tout citoyen de leur courir sus et de les traiter comme *des rebelles* à la République française.

2. A dater du jour où l'armée française aura occupé un quartier, tout officier, soit civil, soit militaire, qui obéira à d'autres ordres qu'à ceux des généraux de l'armée de la République française, que je commande, sera traité comme *rebelle*.

3. Les *cultivateurs* qui ont été induits en erreur, et qui, trompés par les perfides insinuations des généraux rebelles, auraient pris les armes, seront traités comme *des enfans égarés*, et renvoyés à la culture, si toutefois ils n'ont pas cherché à exciter de soulèvement.

4. Les *soldats* des demi-brigades, qui abandonneront l'armée de Toussaint, feront partie de l'armée française.

5. Le général Augustin Clervaux qui commande le département de Cibao, ayant reconnu le gouvernement français et l'autorité du capitaine-général, est maintenu dans son grade et son commandement.

6. Le général chef de l'état-major fera imprimer et publier la présente proclamation.

Le capitaine-général commandant l'armée de Saint-Domingue.
LECLERC [1].

En ne mettant hors la loi que T. Louverture et H. Christophe, le général Leclerc voulait évidemment faciliter la défection des autres généraux qui ne s'étaient pas encore soumis; son intention perce dans la disposition relative à Clervaux. Car, au 17 février, Maurepas combattait encore; Paul Louverture, Dessalines, Charles Bélair, Vernet, obéissaient aux ordres de T. Louverture.

Le capitaine-général promettait la liberté *aux habitans;* c'était confirmer la déclaration contenue dans la proclamation du Premier Consul, qui leur disait qu'ils étaient tous Français, libres et égaux, quelles que fussent leur origine et leur couleur. Mais, si l'on ne considère ce terme d'*habitans* que dans son acception coloniale, il ne s'agissait que des *propriétaires*, et non pas des *cultivateurs*. Aussi voyons-nous ces derniers mentionnés dans un article spécial et destinés *à la culture*, s'ils se soumettaient passivement.

En ce moment, sept mille hommes venaient d'arriver au Cap, par les escadres de Toulon et de Cadix, sous les ordres des contre-amiraux Gantheaume et Linois. Ces forces arrivaient à souhait pour le projet de Leclerc.

---

[1] Un autre acte du capitaine-général déclara tous les ports de l'ancienne partie française *en état de blocus*, excepté le Cap et le Port-au-Prince.

Trois divisions furent formées alors : — celle de droite, sous les ordres du général Desfourneaux, débouchant par Limbé et Plaisance ; — celle de gauche, sous ceux du général Rochambeau, partant du Fort-Liberté et se dirigeant par Saint-Raphaël et Saint-Michel pour traverser les Cahos ; — celle du centre, sous ceux du général Hardy, sortant du Cap pour passer au Dondon et à la Marmelade. Le capitaine-général était lui-même dans cette dernière division. En même temps, le général Boudet devait marcher du Port-au-Prince pour se porter par Saint-Marc, dans l'Artibonite ; et le général Debelle avec 1500 hommes, allait du Cap par mer pour renforcer le général Humbert contre Maurepas.

Les trois divisions du Nord convergeaient sur les Gonaïves où se tenait T. Louverture, tandis que celle de l'Ouest marchait dans le même but. Ainsi, T. Louverture devait se trouver renfermé dans la plaine des Gonaïves, sinon dans cette ville même, qui n'était pas fortifiée.

Le général Desfourneaux parvint facilement à Plaisance, d'où le colonel Jean-Pierre Duménil alla au-devant de lui avec les forces qui étaient sous son commandement, abandonnant ainsi la cause de T. Louverture, sans combattre.

Rochambeau s'empara de Saint-Raphaël et de Saint-Michel, après avoir enlevé à la baïonnette la position de la Mare-à-la-Roche, canton du Dondon, que défendaient 400 hommes.

Hardy enleva le Dondon en chassant Christophe qui y était posté. Christophe se retira à la Marmelade, où il laissa une partie de ses troupes, en se portant à Ennery. Marmelade fut aussi enlevée, après un combat au Morne-à-Boispin.

T. Louverture, qui savait qu'il ne pouvait défendre les Gonaïves, quitta cette ville pour se rendre à Ennery, en ordonnant au général Vernet de l'incendier à l'approche des Français, pour se porter au Pont-de-l'Ester. Il fit occuper par Christophe la position de Bayonnet. Etant à Ennery avec sa garde d'honneur, à laquelle Magny s'était rallié, il apprit la soumission du Gros-Morne à Desfourneaux : ce qui facilitait à ce dernier sa marche sur les Gonaïves.

Bientôt après, Christophe se vit encore chassé de Bayonnet par le général Salm, de la division Hardy : il se retira dans la plaine des Gonaïves, après avoir montré une grande bravoure personnelle. Cette affaire eut lieu le 22 février.

Desfourneaux, marchant sur les Gonaïves, combattit au Poteau contre Vernet qu'il repoussa, et qui, rentrant dans cette ville, la livra aux flammes et se dirigea au Pont-de-l'Ester. Le général Leclerc se rendit aux Gonaïves, le 24 février, avec les divisions Desfourneaux et Hardy.

Ayant appris déjà que Rochambeau avançait pour passer par les montagnes, descendre par le canton de Lacroix, et lui couper en même temps toutes communications avec les Gonaïves et le Pont-de-l'Ester, T. Louverture avait pris la résolution de marcher contre lui. Il n'avait sous sa main que 400 grenadiers de sa garde, commandés par Magny, et 200 dragons sous les ordres de Monpoint, ayant laissé au général Vernet le reste de cette garde à pied et à cheval : un millier de cultivateurs complétait ses forces. Il rencontra Rochambeau dans la gorge appelée la Ravine-à-Couleuvre, qui débouche à Lacroix. Là eut lieu un combat acharné qui dura depuis six heures du matin jusqu'à midi, le 23 février [1]. T. Louverture donna des preuves multipliées d'une rare bravoure, en combattant comme un soldat au milieu de sa garde d'honneur. Guidée par son exemple et celui de Magny, qui ne montra pas moins de valeur, cette garde repoussa la division Rochambeau, et lui occasionna la perte de beaucoup de ses soldats : des prisonniers tombèrent au pouvoir de l'ex-gouverneur, et le champ de bataille lui resta, quoi qu'en dise P. de Lacroix [2].

La nouvelle lui étant parvenue de l'incendie et de l'évacuation des Gonaïves par Vernet, qui était déjà au Pont-de-l'Ester avec Madame Louverture et sa famille, T. Louverture s'y rendit dans l'intention de se porter à Saint-Marc pour occuper cette ville et la défendre. Mais il apprit qu'elle avait été également incendiée et évacuée par Dessalines, qui se trouvait en ce moment à la Petite-Rivière. Il se porta alors sur l'habitation Couriotte, dans la plaine de l'Artibonite, où il établit son quartier-général. Y laissant sa troupe, il alla à la Petite-Rivière et n'y rencontra pas Dessalines qui avait été aux Cahos. En attendant qu'il revînt d'après ses ordres, T. Louverture fit approvisionner de munitions le fort de la Crête-à-Pierrot et ordonna qu'on le garnît de canons, pour qu'il fût défendu par Des-

---

[1] Dans cette relation de faits, nous nous sommes tenu à celle consignée dans le Mémoire de T. Louverture adressé au Premier Consul, et dans ceux publiés par son fils. Nous n'avons pas trouvé dans ces documents la mention du combat de nuit que relate M. Madiou, dans son Histoire d'Haïti, t. 2, p. 189.

[2] P. de Lacroix a obéi, en cela, aux ordres de Leclerc, qui prescrivait de dissimuler les échecs et les pertes subis par l'armée française ; il a donné lui-même ce mot d'ordre en parlant des assauts donnés à la Crête-à-Pierrot. Un rapport de Leclerc, inséré sur le *Moniteur*, porte les forces de T. Louverture, à la Ravine-à-Couleuvre, à 1500 grenadiers de sa garde, 1200 autres soldats coloniaux, 400 dragons et 2400 cultivateurs, et dit qu'il perdit 800 morts dans ce combat, où, bien entendu, Rochambeau fut *le vainqueur*.

salines[1]. Il envoya sa famille au Grand-Cahos, afin de la mettre à l'abri de l'ennemi.

Le résultat du combat de la Ravine-à-Couleuvre fut important, et tout à l'avantage de la résistance qu'opposait T. Louverture à Leclerc : il lui permit de rallier les généraux qui combattaient avec lui, ainsi que le peu de troupes qu'ils avaient sous leurs ordres, et facilita les opérations qu'il méditait dès-lors pour faire diversion à la concentration des troupes françaises aux Gonaïves; car, après sa défaite à la Ravine-à-Couleuvre, Rochambeau, au lieu de se porter au Pont-de-l'Ester comme il en avait eu le projet, se rendit dans cette ville auprès du capitaine-général, qui se préoccupait de la résistance que faisait Maurepas aux Trois-Pavillons.

Le général Debelle, en arrivant au Port-de-Paix le 17 février, s'était empressé de marcher contre Maurepas sur deux colonnes, composées des troupes qu'il avait emmenées et de celles du général Humbert. « Il était temps, dit P. « de Lacroix ; Maurepas avait réuni à ses 2000 hommes « de troupes coloniales plus de 5000 cultivateurs, et était « au moment de rentrer au Port-de-Paix... Les troupes « du général Humbert, qui étaient harassées de fatigue, « ne purent réussir ; celles de renfort qui devaient tour-« ner la position et la prendre par ses derrières furent « arrêtées dans leur marche par les torrens et les mauvais « chemins. Maurepas les assaillit dans des défilés, réunit

---

[1] Isaac Louverture prétend que Dessalines avait donné l'ordre de raser ce fort : le Mémoire de son père semble confirmer cette assertion, tandis que ceux de Boisrond Tonnerre avancent que le fort fut rasé par Vernet, et que ce fut Dessalines qui rétablit sa défense. Mais nous avons lieu de suspecter la véracité de ce secrétaire de Dessalines, qui a attribué à lui seul tout le mérite de la résistance faite aux Français dans l'Artibonite.

« contre elles toutes ses forces et les replia vigoureuse-
« ment dans la place, sans pouvoir toutefois l'emporter. »
Telle est la justice rendue au courage, à la valeur et à la
ténacité de ce général noir qu'on noya plus tard, sans
doute pour l'en punir.

Apprenant sa résistance héroïque, le capitaine-général
ordonna aux généraux Hardy et Desfourneaux de marcher
par le Gros-Morne pour aider Debelle et Humbert. Déjà,
le Môle s'était soumis à la simple apparition d'une frégate,
et Lubin Golard, sorti des bois du Moustique, était venu
décider la soumission de Jean-Rabel aux Français, dans
l'espoir de se venger de Maurepas.

Informé de tous ces événemens, redoutant la haine
énergique de Lubin Golard, sachant que Christophe n'a-
vait pu tenir dans le Nord, et pensant enfin que T. Louverture était dans l'impossibilité de résister plus longtemps
aux troupes qui avaient marché contre lui, Maurepas offrit
de se ranger sous les ordres de Leclerc, aux conditions
portées dans la proclamation qu'il avait publiée à son arrivée, et qui garantissait aux officiers de l'armée coloniale
la conservation de leurs grades.

La soumission de ce général, qui jouissait déjà d'une
haute réputation et qui venait d'y ajouter par sa glorieuse
résistance, était trop importante dans la circonstance
pour que Leclerc n'acceptât pas ses offres. Il lui fut répondu qu'on souscrivait à ce qu'il demandait, et ce brave
se rendit avec ses troupes au Port-de-Paix auprès de
Debelle. Il vint ensuite au Gros-Morne, où il trouva Leclerc
qui lui fit un accueil distingué, en le maintenant au commandement de l'arrondissement du Port-de-Paix. Cette
conduite du capitaine-général était habile, en même temps
que la défection de Maurepas était d'un effet immense

sur l'opinion des populations qui connaissaient son dévouement personnel à T. Louverture.

On a vu que l'ex-gouverneur s'était porté un instant à Saint-Marc, en apprenant qu'on y avait repoussé des vaisseaux français. Ce fait eut lieu le 13 février, alors que T. Louverture attendait aux Gonaïves la réponse à sa lettre adressée à Leclerc. Le général Boudet avait envoyé ces vaisseaux, pour opérer le débarquement de quelques troupes et prendre possession de Saint-Marc. Mais le colonel Gabart, commandant de cette place, avait communiqué sa résolution aux troupes qui étaient sous ses ordres ; et les vaisseaux, canonnés avec avantage, durent se retirer de la baie.

Boudet ayant ensuite reçu l'ordre du capitaine-général de se porter dans l'Artibonite, partit du Port-au-Prince le 22 février, sur des vaisseaux qui le débarquèrent au Mont-Rouis où était déjà parvenu le colonel Valabrègue, sorti de l'Arcahaie, après avoir combattu sur toute la route. Le 24, Boudet se mit en marche contre Saint-Marc.

Mais Dessalines s'était rendu dans cette ville, venant de la Petite-Rivière. Avisé de la marche de Boudet, le 24, il incendia Saint-Marc en mettant le feu lui-même à sa propre maison, aussi bien meublée que l'avait été celle de Christophe au Cap, quoique personnellement il eût moins de luxe que son collègue. En évacuant la ville après cela, et dirigeant la population sur la Petite-Rivière pour se rendre aux Cahos, il fit massacrer environ « deux cents « blancs, de tout sexe, parmi lesquels se trouvaient quel- « ques hommes de couleur, » suivant l'assertion de P. de Lacroix. S'il y eut réellement de ces derniers parmi les victimes de cette fureur atroce, ce fut sans doute parce qu'ils se montrèrent satisfaits de l'arrivée des Français.

Dans tous les cas, ni eux ni ces blancs ne méritaient ce sort malheureux ; mais comment Dessalines n'aurait-il pas commis ce crime, quand son chef l'avait ordonné et qu'il était enclin lui-même à tous les excès ? On verra encore la mention d'autres massacres.

Le même jour, le général Boudet prit possession de Saint-Marc. Il poussa ensuite des reconnaissances dans la plaine de l'Artibonite, sans y combattre. Dans la pensée que Dessalines s'était porté au Cul-de-Sac, pour attaquer le Port-au-Prince qu'il avait laissé avec peu de troupes, Boudet se disposa à y retourner, en engageant le capitaine-général à s'y rendre aussi.

Une circonstance qui aurait nui à toute opération de Dessalines contre le Port-au-Prince, s'il y était allé, venait de se passer dans cette ville. C'était la soumission de Lamour Dérance et de Lafortune, qui dirigeaient les noirs du Bahoruco ou Doco et qui n'étaient pas sans influence sur ceux des montagnes du Port-au-Prince. Ayant appris que Rigaud et ses officiers étaient revenus avec l'armée française, ils vinrent avec leurs bandes jurer fidélité à la France, en reconnaissant l'autorité du général Pamphile de Lacroix, resté commandant de la ville après le départ du général Boudet pour Saint-Marc. Ils furent immédiatement utiles à la cause française.

Dans ce moment, le colonel P.-L. Diane, qui se tenait dans le haut de la plaine du Cul-de-Sac, conçut l'idée de marcher contre le Port-au-Prince avec une partie des soldats de la 8e qu'il commandait, dans l'espoir qu'il soulèverait facilement les cultivateurs de cette plaine, tandis que son chef de bataillon Larose, mécontent de sa témérité, quittait la plaine, passait par le Mirebalais pour se rendre à la Petite-Rivière auprès de Dessalines. P.-L.

Diane parvint à l'habitation Goureau, à deux lieues du Port-au-Prince; mais un détachement français sortit de la Croix-des-Bouquets à sa poursuite, pendant que Pamphile de Lacroix dirigeait contre lui Lamour Dérance et Lafortune. Aidés des cultivateurs, ils ne tardèrent pas à disperser ses soldats et à le faire prisonnier avec un grand nombre des siens, après un combat sanglant où il fit preuve de bravoure. Pamphile de Lacroix avoue avoir fait embarquer un millier d'hommes sur l'escadre de l'amiral Latouche Tréville qui était dans la rade du Port-au-Prince.

Le capitaine-général, étant encore au Gros-Morne, avait fait occuper Plaisance par le général Desfourneaux, pour entretenir la communication de ses troupes avec le Nord : un bataillon de la 9ᵉ coloniale fut placé sous ses ordres. Leclerc revint ensuite aux Gonaïves où un autre bataillon de ce corps se rendit avec les Français; il était commandé par son colonel Bodin : le troisième resta au Port-de-Paix avec Maurepas.

Le 2 mars, Leclerc fit partir Hardy des Gonaïves pour se rendre aux Cahos par la Coupe-à-l'Inde, et Rochambeau pour s'y rendre également par la rive gauche de la rivière du Cabeuil. Le but de cette expédition était d'enlever dans ces hautes montagnes les dépôts d'armes et les sommes que T. Louverture y avait fait mettre.

A propos de ce trésor, P. de Lacroix rapporte que, d'après l'opinion des citoyens des États-Unis qui étaient à Saint-Domingue, il y aurait eu 40 millions de dollars ou piastres, faisant 220 millions de francs, que T. Louverture y avait enfouis. Il dit aussi que, suivant les renseignemens pris dans la colonie, ce trésor n'aura été que de

80,000 portugaises, qu'il évalue de 32 à 33 millions de francs. Mais, à moins que ce ne soit une faute de son texte, lui-même aurait commis une grosse erreur en faisant une telle évaluation ; il aurait fallu 800,000 portugaises au lieu de 80,000, pour faire ses 33 millions de francs [1].

« Au surplus, dit cet auteur, tout ceci n'est encore
« qu'*hypothétique* : le trésor enfoui dans les mornes du
« Cahos *peut* avoir une valeur *plus forte*, parce que T.
« Louverture, malgré *l'ordre* qui régnait dans son administration, dont à notre approche il a fait brûler la
« majeure partie des registres, *a pu se ménager, par des*
« *traités et des franchises, des recettes inconnues*. La
« valeur des sommes enfouies *peut* enfin *être beaucoup*
« *plus faible*, quand on calcule les achats immenses d'armes et de munitions qu'il avait contractées *d'une manière clandestine*, à des prix exorbitans. Il est *possible*
« aussi qu'ayant envoyé des fonds aux États-Unis, ces
« fonds soient restés après sa mort entre les mains de
« ceux à qui il les avait confiés. »

Le mystère qui entourait souvent les actes *politiques* de T. Louverture, en a fait imaginer autant pour ses actes *administratifs*. Or, si P. de Lacroix convient qu'il y avait *de l'ordre* dans son administration, comment supposer que les fonctionnaires de cette branche de service n'auraient pas su au juste la valeur de toutes ces réser-

---

[1] La portugaise valant 8 piastres, 80,000 portugaises ne font que 640,000 piastres, ou environ 3,300,000 f. et non pas 33,000,000 de francs. Il faut, pour avoir une telle somme, 6,400,000 piastres, ou 800,000 portugaises. Voyez Pamphile de Lacroix, t. 2, p. 122. M. Madiou adopte le chiffre de cet auteur, sans avoir remarqué son erreur : il est vrai qu'il le fait sous la forme dubitative du *peut-être*. Voyez Histoire d'Haïti, t. 2, p. 172.

yes ? Et quels sont *ces traités et ces franchises* qui auraient pu donner à T. Louverture, *des recettes inconnues* ? Sont-ce les Américains, qui ont pu garder les sommes qu'il leur confia, qui lui auraient donné leur argent *pour rien*, sans recevoir des produits de la colonie, eux si portés au lucre ? Tous ces faux raisonnemens de P. de Lacroix ne sont que la conséquence de l'erreur que nous avons signalée de sa part dans notre 5e livre, reposant sur de fausses données et sur ses appréciations personnelles non moins fausses.

Il ajoute que : « S'il faut en croire *la voix publique*, il
« (T. Louverture) fit *fusiller* ceux qu'il avait chargés de
« cette opération (l'enfouissement des trésors), afin de
« rester maître de son secret. » Mais, interrogé à ce sujet par le général Cafarelli, T. Louverture lui répondit :
« que c'est *à tort* qu'on l'a accusé d'avoir fait tuer des
« soldats *de sa garde* qui auraient enfoui de prétendus
« trésors ; que ce fut une calomnie ; que dans le temps
« où il l'apprit, il fit faire *un appel général* des hommes
« de sa garde pour prouver le contraire. »

Nous avons déjà dit qu'il déclara à Cafarelli, qu'à l'arrivée de l'armée française, il y avait 11,700,000 francs dans toutes les caisses publiques de la colonie. Le trésor qu'il fit placer aux Cahos ne peut avoir été formé que des sommes provenant des administrations des Gonaïves, de Saint-Marc, deux ports ouverts au commerce extérieur, et de celles des Verrettes et de la Petite-Rivière, communes de l'intérieur, dont les recettes ne pouvaient être considérables [1] ; car les revenus publics se perce-

---

[1] T. Louverture a déclaré à Cafarelli qu'il n'y avait que 200 mille francs aux Gonaïves.

vaient surtout dans les ports ouverts, où les douanes étaient établies, pour les recevoir, tant sur l'importation des marchandises que sur l'exportation des produits agricoles.

Cette digression n'est pas inutile ; car on a trop longtemps accusé T. Louverture d'avoir fait massacrer les hommes qui furent employés à l'enfouissement de ces sommes fabuleuses. Les paroles que nous venons de rapporter de lui, prononcées au cachot de Joux, font voir qu'il s'agissait des soldats de sa garde. Une autre version que rapporte M. Madiou[1], lui impute d'avoir fait sacrifier « 400 *Espagnols* qui avaient été arrachés de leurs de-« meures, et qui conduisirent les mulets chargés de ces « sommes ; » et cela, au moment où il prenait la résolution de résister au capitaine-général envoyé par la France[2].

Tandis que les généraux Hardy et Rochambeau se dirigeaient sur les Cahos, le général Debelle partait aussi des Gonaïves, pour se porter à la Petite-Rivière.

Après ces dispositions prises pour anéantir la résistance de T. Louverture, le capitaine-général quitta les Gonaïves

---

[1] Histoire d'Haïti, t. 2, p. 171. — Les colons avaient tant vanté l'administration de T. Louverture, qu'il était permis de *supposer* qu'il avait des réserves énormes. Lui-même, dans sa correspondance avec le gouvernement français, donnait lieu à le croire en prônant la grande prospérité de la colonie. Dans son Mémoire, il dit encore : « L'île était parvenue à un degré *de splen-« deur* où on ne l'avait pas *encore* vue. Et tout cela, j'ose le dire, était « mon ouvrage. » Mais qui croira qu'après tant de révolutions et de guerres Saint-Domingue était plus prospère en 1801 qu'en 1789 ?

[2] Nous avons sous les yeux l'ouvrage d'un colon, qui impute à T. Louverture l'assassinat de 60 à 80 noirs sur l'habitation D'Héricourt, où ils avaient charroyé *plusieurs millions* enfouis dans les montagnes. Toutes ces accusations décousues ne reposent que sur l'erreur. T. Louverture a commis tant de crimes, qu'il était facile à chacun d'en supposer encore à sa charge. Mais quand *le diable* a raison, il ne faut pas lui donner tort.

et se rendit par mer au Port-au-Prince où le général Boudet était déjà revenu. Il y fut accueilli avec des démonstrations de joie. Sa femme, Pauline Bonaparte, partit en même temps du Cap et vint l'y joindre. Sa présence fit naître des fêtes que n'avaient pu donner les colons du Cap dont les propriétés avaient été incendiées.

Villatte, Léveillé et les autres officiers natifs du Nord, restèrent au Cap, tandis que Rigaud, Pétion et ceux qui, comme eux, étaient de l'Ouest et du Sud, furent amenés par mer au Port-au-Prince dans le même temps que Leclerc y arrivait; et peu de jours après, 350 officiers ou citoyens du Sud y furent portés de Saint-Yague de Cuba, où l'amiral Villaret-Joyeuse les avait envoyé prendre.

L'arrivée de ces officiers fut accueillie par la 13e demi-brigade surtout avec une joie peu commune : ces vieux soldats, qui avaient combattu sous eux dans tous les temps de la révolution, revoyaient en eux leurs vrais chefs. Le général Boudet dont l'âme était accessible à tous les sentimens généreux, ayant remarqué l'enthousiasme et l'estime qu'inspirait Pétion, lui donna le commandement de ce corps : ce qui augmenta la satisfaction de ces braves militaires.

En ce moment, Leclerc apprit l'échec que venait de subir le général Debelle à la Crête-à-Pierrot; il se disposa à se rendre sur le théâtre de cet événement.

Dans sa marche sur la Petite-Rivière, Debelle avait rencontré quelques soldats, que sa colonne poursuivit, et qui pénétrèrent dans le fort construit sur ce monticule depuis longtemps. Là, se trouvaient Magny, Lamartinière, Morisset, Monpoint et Larose.

T. Louverture, après avoir ordonné à Dessalines de le défendre, était parti pour le Nord. Il avait laissé Magny,

Morisset et Monpoint, avec une partie de sa garde d'honneur sous les ordres de Dessalines, en prenant avec lui Gabart, le chef de bataillon Pourcely et les grenadiers de la 4ᵉ demi-brigade. Dessalines, apprenant que la colonne de Rochambeau se dirigeait sur les Cahos, prit la résolution de marcher sur ses traces pour défendre les dépôts qui s'y trouvaient : il laissa le commandement du fort de la Crête-à-Pierrot à Magny, secondé par Lamartinière et les autres officiers supérieurs.

Debelle, ne pensant pas que les troupes coloniales pussent soutenir le choc de sa colonne, attaqua le fort avec résolution, à la suite des fuyards qu'il avait rencontrés. Mais, contre son attente, Magny et Lamartinière lui opposèrent une vigoureuse résistance. Debelle et le général de brigade Devaux furent tous deux grièvement blessés : sa colonne perdit quatre cents hommes, par le feu très-bien nourri de la mousqueterie et de l'artillerie du fort où se trouvaient quelques centaines d'hommes. Les Français furent contraints de battre en retraite au-delà de la Petite-Rivière, sous les ordres du chef de brigade d'artillerie Pambour. Ce fait eut lieu le 4 mars.

Ce brave général Debelle était malheureux, il faut en convenir : il y avait peu de jours que Maurepas l'avait contraint à fuir, et alors c'était un simple colonel qui contraignait sa division à reculer en arrière. Mais c'était Magny, c'était ce brave noir qui, comme Maurepas, prouvait que la couleur des hommes ne fait rien à la guerre, non plus que dans toutes autres situations de la vie : c'était aussi le mulâtre Lamartinière, à l'âme ardente, qui secondait son frère par son courage exemplaire.

Tandis que ce fait se passait glorieusement pour les enfans de Saint-Domingue, « le général Hardy (dans sa

« marche sur les Cahos) cerna, dit P. de Lacroix, sur la
« Coupe-à-l'Inde, 600 *noirs* qui ne reçurent pas *de*
« *quartier, parce qu'ils* avaient encore leurs baïonnettes
« teintes du sang *d'une centaine de blancs*, qu'ils venaient
« d'égorger. » C'est là le langage *de l'historien français*, cherchant à atténuer l'horreur d'une pareille boucherie d'hommes; mais quand Hardy fit tuer *les prisonniers noirs* de la Rivière-Salée, ces infortunés avaient-ils égorgé des blancs ?

Rochambeau était lui-même parvenu aux Cahos. Au Morne-à-Pipe il délivra des blancs qui avaient été contraints de s'y réfugier, lors de l'évacuation des villes et des bourgs. Il enleva le trésor qui fut placé dans ces lieux, le fit acheminer aux Gonaïves et poursuivit sa route jusqu'au Mirebalais.

Dessalines, qui avait quitté la Crête-à-Pierrot pour empêcher ce résultat, en ayant eu avis en même temps que de l'attaque infructueuse de Debelle, revint à ce fort : la troupe qu'il emmena avec lui renforça la brave garnison qui venait de se signaler et qui n'eut que plus de résolution sous un tel chef. Prévoyant bien que les Français ne tarderaient pas à revenir pour réparer l'échec du général Debelle, il donna une nouvelle activité aux mesures nécessaires à la défense du fort. Secondé par Magny, Lamartinière, Monpoint, Morisset, Bazelais, Loret, Larose, Roux et Cottereau, Dessalines pouvait espérer de repousser encore toute attaque dirigée par les généraux ennemis.

Le capitaine-général avait fait partir du Port-au-Prince le général de division Dugua, chef de l'état-major général de l'armée expéditionnaire, pour aller prendre le commandement de la division Debelle. Dugua se rendit par mer à Saint-Marc où était Debell blessé à la Crête-à-Pierrot.

En même temps, les généraux Boudet et Pamphile de Lacroix partirent aussi du Port-au-Prince, passant par la montagne du Pensez-y-bien pour descendre aux Verrettes, et de-là se rendre à la Petite-Rivière. Un détachement de cette division passa par la route de Trianon, sous les ordres du chef de brigade D'Henin : ce dernier eut à combattre à Trianon, et chassa les troupes coloniales et les cultivateurs qui occupaient cette position. Parvenu au Mirebalais, déjà incendié par Dessalines, on trouva sur l'habitation Chitry, dans son voisinage, les cadavres de 2 à 300 blancs qu'il y avait fait massacrer : c'étaient, la plupart, ceux emmenés du Port-au-Prince.

Le général Boudet arriva aux Verrettes le 9 Mars. Charles Bélair, qui se tenait dans les montagnes des Matheux, échangea quelques coups de fusil avec cette division. Le bourg des Verrettes avait été incendié par ordre de Dessalines, qui y fit massacrer environ 800 blancs. Ce fut un spectacle douloureux pour les généraux français et toute leur troupe, que de voir ce champ de carnage. Pamphile de Lacroix en parle ainsi :

« Les cadavres amoncelés présentaient encore l'atti-
« tude de leurs derniers momens : on en voyait d'age-
« nouillés, les mains tendues et suppliantes ; les glaces
« de la mort n'avaient pas effacé l'empreinte de leur phy-
« sionomie : leurs traits peignaient autant la prière que la
« douleur. Des filles, le sein déchiré, avaient l'air de de-
« mander quartier pour leurs mères ; des mères couvraient
« de leurs bras percés les enfans égorgés sur leur sein.
« On apercevait des jeunes gens en avant de leurs pères,

« percés du coup qu'ils voulaient leur épargner et qui les
« avait atteints; on reconnaissait aussi de jeunes femmes
« massacrées en serrant dans leurs bras leurs pères ou
« leurs époux; les amis et les familles pouvaient se dis-
« tinguer, ils se tenaient par la main; plusieurs d'entre
« eux étaient morts en s'embrassant, et la mort avait
« respecté leur attitude. »

Nous nous associons de cœur à l'horreur que dut inspirer à ce général français, la vue de tant de victimes tombées sous les coups d'une vengeance barbare : son récit est fait pour indigner tout homme qui sent qu'il doit aimer ses semblables et s'apitoyer sur leur sort. Mais nous espérons aussi que, lorsque nous arriverons aux actes affreux commis sur les noirs et les mulâtres, que l'on combattait en ce moment pour les réduire à l'état humiliant de la servitude, nous trouverons également dans le même livre le récit de ces atrocités; et si notre espoir est déçu, nous dirons alors : — *Le général Pamphile de Lacroix ne fut pas un auteur impartial.*

Le 10 mars, dans la nuit, la division Boudet passa l'Artibonite au gué qui se trouve en face de l'habitation Labadie, située sur la rive droite, au pied du morne de Plassac, jadis le lieu de rassemblement des affranchis réclamant leurs droits politiques. Un chemin part de-là et conduit à la Petite-Rivière, en passant au nord et tout près de la Crête-à-Pierrot. La 13e demi-brigade était placée à la tête de la division qui allait droit à ce fort : dans la nuit, des grenadiers de ce corps se plaignirent de cette disposition qui les exposait au premier feu de l'ennemi, — de leurs frères qu'ils allaient combattre. Mais Pétion, leur colonel, ayant entendu ces plaintes, prononça ces paroles que P. de Lacroix dit avoir entendues : « Misérables !

« comment n'êtes-vous pas honorés de marcher les pre-
« miers? Taisez-vous et suivez-moi. »

Cet auteur ajoute cette réflexion : « Un chef qui prêche
« d'exemple dans le danger est toujours sûr d'être obéi,
« *surtout* lorsqu'il parle *à des noirs, si faciles à respecter*
« *l'autorité.* »

Ce ne serait pas faire un éloge *des blancs* que de supposer qu'en pareille circonstance, ils n'eussent pas obéi à leur chef. Dans la même année, les circonstances ayant changé, Pétion tint un autre langage à ces mêmes soldats, en leur traçant encore un exemple de résolution audacieuse, qu'ils imitèrent pour arriver à d'autres fins.

Le 11 mars, à l'aube du jour, la division Boudet se trouvait tout près de la Crête-à-Pierrot. Les soldats qui occupaient un poste avancé ayant été surpris, s'enfuirent pour rentrer dans le fort ou se jeter dans le fossé qui l'entourait : c'était la même manœuvre qu'avaient exécutée ceux qui furent poursuivis par la division Debelle.

Dans le fort, Dessalines, tenant à la main un tison ardent, menaçait la garnison de faire sauter la poudrière, si elle ne faisait pas une résistance énergique aux Français. Animant ces braves soldats, secondé par les officiers supérieurs qui suivaient son exemple, il les vit tous répondre à ses vœux, de mourir plutôt que de céder à l'impétuosité de l'ennemi. En cet instant, le général Boudet envoya un parlementaire qui s'approcha du fort avec une lettre à la main. C'était sans doute pour sommer la garnison de se rendre ; mais Dessalines ordonna qu'on dirigeât le feu d'un canon contre le parlementaire qui fut emporté. Les Français s'avancèrent alors avec leur résolution ordinaire : l'artillerie, la mousqueterie du fort balayèrent leurs rangs. Revenant constamment à la charge, ils étaient toujours repoussés, et des soldats du fort en sortaient pour les poursuivre avec ardeur. Le général Boudet fut blessé au talon par une mitraille, et dut laisser le commandement de sa division au général Pamphile de Lacroix : celui-ci avoue que cette division eut près de 500 hommes tués ou blessés dans cette attaque. Il fut contraint de sonner la retraite.

En ce moment arriva la division Dugua, débouchant de la Petite-Rivière, qui attaqua le fort à son tour. Marchant à la tête de sa troupe, ce général reçut deux balles qui le mirent hors de combat : il perdit 2 à 300 hommes, sans pouvoir réussir, plus que Boudet, à ébranler la fermeté de la garnison. Les deux divisions passèrent sous les ordres de Pamphile de Lacroix qui se retira avec elles au Bac-du-Centre, placé en face de l'habitation Coursin, à plus de trois lieues du bourg de la Petite-Rivière.

Le général Leclerc, qui était arrivé sur les lieux avec la division Dugua, fut blessé lui-même au bas ventre, en donnant ses ordres à Pamphile de Lacroix. C'était le cinquième général français atteint par la garnison de la Crête-à-Pierrot.

Cette journée, fameuse dans nos fastes militaires, fit le plus grand honneur au courage, à la bravoure, à la résolution du général Dessalines : dès-lors l'opinion de l'armée et de la population indigène fut fixée sur lui. Dans la guerre contre les Anglais, dans celle du Sud, on avait déjà reconnu en lui les qualités du militaire actif ; dans cette affaire du 11 mars, qui eut du retentissement dans la colonie, on reconnut la ténacité du guerrier qui ne cède pas : la haute opinion même qu'on avait de la valeur des généraux français et de leurs troupes, servit à rehausser son mérite. Considéré déjà comme *le général en chef* de l'armée coloniale, quoiqu'il n'en eût pas le titre, il parut digne de remplacer T. Louverture dont l'étoile avait pâli avant l'arrivée de l'expédition. Sa haine pour les blancs, les humiliations qu'il leur faisait subir souvent sous l'ex-gouverneur, les massacres qu'il avait fait exécuter sur eux en divers lieux, quoique ce fût par les instructions de T. Louverture : tout servit à rallier *les Indigènes* à son autorité, lorsque survint la prise d'armes contre les Français. Mais ce fut surtout dans l'Artibonite et dans le Nord que cette appréciation lui conquit les suffrages des populations ; car le concours de Pétion et de Geffrard lui fut *indispensable* pour y rallier les populations de l'Ouest et du Sud. Cette vérité sera démontrée plus tard.

Durant l'attaque de la division Boudet, Dessalines avait reconnu l'avantage qu'avaient tiré les troupes françaises, d'une petite éminence qui domine le fort de la Crête-à-Pierrot : leur feu atteignait surtout les artilleurs. Il y fit construire immédiatement une redoute entourée de fossés, qu'il confia au commandement de Lamartinière, en y mettant des pièces de campagne. Il fit réparer les parapets du fort principal qui avaient souffert pendant le combat, prévoyant avec raison que l'armée française reviendrait, sinon pour tenter de nouveau de l'enlever de vive force, du moins pour en faire le siége. C'était justement l'idée qu'avaient conçue le capitaine-général Leclerc et les généraux sous ses ordres ; et dans cette pensée qu'il saisissait parfaitement, Dessalines jugea qu'il serait plus utile à la garnison qui serait assiégée, en quittant le fort pour aller réunir le plus de forces possibles afin d'inquiéter les assiégeans. Il en sortit avec ses aides de camp, recommandant à Magny, à Lamartinière et aux autres officiers supérieurs, de continuer l'œuvre glorieuse qu'ils avaient si bien commencée : eux tous et leurs soldats lui promirent de justifier sa confiance.

Avant de revenir avec le matériel d'artillerie nécessaire au siége de la Crête-à-Pierrot, le général Leclerc envoya l'ordre aux généraux Hardy et Rochambeau de retourner sur les lieux, pour y prendre part en investissant le fort complètement.

Hardy rencontra Dessalines sur le morne Nolo et le chassa devant lui : Dessalines ne pouvait résister longtemps, n'ayant réussi à réunir que fort peu de cultivateurs armés. Le général Salm, de la même division *habituée au massacre des noirs* depuis son débarquement, « en « passa *deux cents* au fil de l'épée dans un camp, » selon l'expression de P. de Lacroix. Cette division, réunie, vint se placer au bas du morne de l'Acul-du-Parc, au nord-est de la Crête-à-Pierrot.

Le 22 mars, Rochambeau arriva du Mirebalais par la rive droite de l'Artibonite et se plaça au bas du morne de la Tranquillité, au sud-est du fort, ayant sa droite appuyée à la division Hardy et sa gauche à l'Artibonite.

Le chef d'escadron Bourke fut placé avec quelques troupes, sur la rive gauche de ce fleuve, assez près d'un gué qui pouvait offrir un passage à la garnison du fort, en cas d'évacuation.

Pamphile de Lacroix, avec les divisions Dugua et Boudet, se posta en avant du bourg de la Petite-Rivière, au nord-ouest du fort. Le capitaine-général Leclerc était dans ce bourg.

Le général Rigaud l'avait suivi à Saint-Marc, où il débarqua pour se rendre à l'armée, et se trouva dans la division Dugua ; Geffrard, Bonnet et la plupart des autres officiers venus de Saint-Yague, arrivèrent aussi à Saint-Marc et marchèrent contre la Crête-à-Pierrot. J. P. Boyer était employé à l'état-major du général P. de Lacroix [1].

Tout près de la Petite-Rivière et de la rive droite de l'Artibonite, était un autre champ de carnage où Dessalines avait fait massacrer environ deux cents blancs, immédiatement après le départ de T. Louverture pour le Nord : nouvel indice que ce fut par ses ordres. C'est pendant qu'on opérait cet acte de cruauté, que le naturaliste Descourtilz réussit à sauver sa vie, en se précipitant chez ce général même, afin d'implorer l'intervention de Madame Dessalines. Cette femme humaine dut employer les larmes, les supplications, se jeter aux genoux de son inexorable mari, pour obtenir la grâce de ce jeune homme, en lui représentant qu'étant *médecin*, il pourrait être utile aux blessés : il fallut néanmoins le concours de ses aides de camp présens à cette scène, où la vertu le disputait au crime, pour qu'elle réussît à épargner la vie de ce malheureux. Comme elle l'avait prévu, Descourtilz, renfermé au fort de la Crête-à-Pierrot, donna ses soins aux militaires blessés dans les diverses attaques.

La vertu a donc toujours raison dans ses appréciations favorables à L'HUMANITÉ ! *Le crime n'est donc pas nécessaire, même dans une situation politique !*

L'investissement du fort étant consommé avec tout l'art du génie militaire, par les soins du chef de brigade Bachelu, des canons, des obusiers et des mortiers lan-

---

[1] Boyer m'a dit que ce général lui témoignait beaucoup d'égards. On ne doit pas alors s'étonner de ce que P. de Lacroix dit de lui, à la page 266 du tome 2 de ses Mémoires.

çaient leurs projectiles contre les braves assiégés, dont l'artillerie ne pouvait guère servir qu'à repousser les attaques comme celles qui avaient eu lieu. Mais le général Rochambeau, dont la batterie de sept pièces avait éteint le feu de celles de la redoute commandée par Lamartinière, crut alors pouvoir emporter d'assaut cette redoute: il l'attaqua, perdit 300 hommes et fut repoussé victorieusement. Lamartinière jugea cependant qu'il était utile de l'abandonner, pour rentrer dans le fort, et joindre ses efforts à ceux de Magny. Cette redoute était démantelée.

Durant la canonnade et le bombardement du fort, Pétion y jeta plusieurs bombes, au dire de Pamphile de Lacroix, sous les ordres de qui il servait.

M. Madiou a cherché *à l'en excuser* en quelque sorte, en disant: « Pétion, quoiqu'il eût la réputation d'une
« grande bravoure, donnait *mollement,* à la tête de la 13e
« coloniale, depuis le commencement du siége. Les Fran-
« çais virent sur sa physionomie combien il lui répugnait
« de combattre contre ses frères noirs et jaunes.... Pétion
« *désirait* la prise de la Crête-à-Pierrot qui devait porter
« le dernier coup à la puissance de T. Louverture ;... il
« voulait que les indigènes lui sussent gré un jour d'avoir
« ménagé le sang de ses frères [1].... »

Nous ne partageons pas entièrement cette appréciation de la conduite de Pétion en cette circonstance; et c'est parce que nous croyons aussi *qu'il désirait, et qu'il devait désirer* que la résistance de T. Louverture fût anéantie une fois, que nous pensons *qu'il n'agit pas mollement.*

Et pourquoi n'eût-il pas eu sincèrement ce désir? Qui souhaitait, dans toute la colonie, que T. Louverture pût

---

[1] Histoire d'Haïti, t. 2, p. 222

devenir vainqueur de l'armée française ? Dessalines lui-même ne formait pas ce vœu : il combattait comme tous les autres officiers supérieurs, comme le dernier des soldats, *par honneur militaire*. T. Louverture était à bout de son prestige et de sa puissance, depuis qu'il avait immolé Moïse pour plaire aux colons, pour satisfaire sa vengeance personnelle[1] ; son rôle politique était fini ; il ne pouvait organiser une guerre qui eût pour but l'expulsion des Français, d'un pays qu'il avait rendu *français* plus que jamais, par son alliance avec les colons.

Il fallait donc l'anéantir par les armes, pour arriver à une situation qui ne pouvait se dessiner que lorsqu'on aurait vu le capitaine-général Leclerc et ses généraux à l'œuvre, dans l'administration du pays. Le gouvernement consulaire avait déclaré *que la liberté générale subsisterait* à Saint-Domingue et à la Guadeloupe ; il fallait attendre pour reconnaître jusqu'à quel point cette déclaration était sincère. Certes, on peut croire que l'opinion de Pétion, personnellement, était assez fixée à ce sujet, depuis qu'à Paris il avait compris l'intention que ce gouvernement avait d'envoyer à Madagascar, tous les officiers jaunes et noirs qu'on envoya à Saint-Domingue ; mais il fallait *des faits* visibles à tous les yeux, pour arriver à

---

[1] Le 1er septembre 1799, le jour même où Moïse entrait au Môle, abandonné par R. Desruisseaux et Bellegarde, il adressa à T. Louverture une lettre où *il lui reprochait de ne pas faire payer ses troupes, comme faisait Rigaud* ; de ne pas écouter *ses conseils*, en lui disant toujours qu'il est *une jeune tête* ; que lui, Moïse, est toujours *en avant* pour son service, et exposé au mécontentement des soldats, etc. Enfin, il termina cette lettre en demandant *sa retraite* à T. Louverture, afin de travailler pour nourrir sa famille et donner de l'éducation à ses enfans.

Nous avons vu cette lettre au ministère de la marine. On conçoit alors pourquoi, avec tant d'autres motifs, T. Louverture fit périr son neveu à la fin de 1801.

une transformation dans les idées de la population indigène, qui voyait dans les Français, des libérateurs du joug despotique de l'ex-gouverneur.

Au fond, la résistance de T. Louverture n'était qu'une *inconséquence* à sa conduite antérieure, bien qu'on n'eût pas rempli envers lui ce que prescrivaient les égards qu'elle lui méritait. Après avoir vaincu Rigaud et son parti, il avait constitué Saint-Domingue comme une colonie dépendante de la France, avec la prétention de la gouverner; en apprenant les préparatifs de l'expédition, il avait proclamé qu'il fallait recevoir les envoyés de la France avec le respect de la piété filiale; et pour un manque *de formes* dans ses rapports avec le capitaine-général, il méconnaissait cette autorité envoyée par la France! Certainement, on ne peut qu'admirer les efforts héroïques qu'il fit *pour se maintenir au pouvoir;* mais avait-il *un droit légitime* pour y rester, quand la France avait décidé le contraire? S'il eût triomphé, le sort de ses frères se serait-il amélioré, lorsque dans sa toute-puissance il l'avait empiré?

Tout concourait donc à faire désirer qu'il fût vaincu; et ceux qui contribuaient à ce résultat politique, comme Pétion, agissaient *dans l'intérêt d'un avenir jusqu'alors inconnu,* mais qui devait être préféré à l'état présent des choses.

Au surplus, quand T. Louverture et Dessalines faisaient *canonner et bombarder* Jacmel où se trouvait Pétion, en 1800, n'était-ce pas *au nom de la France* qu'ils agissaient ainsi? En mars 1802, c'était aussi *au nom de la France* que Pétion bombardait la Crête-à-Pierrot : la colonie était *française,* militaires et citoyens étaient *français;* ils ne pouvaient agir qu'en cette qualité. Mais, de même que Dessalines avait conçu une haute estime pour la valeur et les talens militaires de Pétion au siége de Jacmel, de même Pétion en conçut pour la bravoure et l'énergie que Dessalines déploya à la Crête-à-Pierrot. C'est ce sentiment mutuel qui les rapprocha peu de mois après, et qui les unit pour commencer *la guerre sacrée de l'indépendance.*

Remarquons néanmoins que lorsque le bombardement eut lieu, Dessalines n'était plus dans le fort : c'était Magny, destiné à estimer, à aimer, à chérir Pétion un jour, en recevant de sa part les témoignages de la plus sincère amitié ; c'était Lamartinière, l'un de ces braves officiers de la légion de l'Ouest qui, avec Pétion, avait si bien défendu la cause que soutenait Rigaud dans la guerre du Sud. *La haine, la vengeance* n'existaient donc pas dans le cœur de Pétion : *le devoir militaire seul* dirigeait sa conduite, d'accord avec *les idées politiques.*

Enfin, après deux jours de canonnade et de bombardement continus, les parapets du fort de la Crête-à-Pierrot n'offraient plus qu'un faible abri aux assiégés ; ils manquaient d'eau, de nourriture, ayant encore des munitions. Ils avaient satisfait à l'honneur militaire, en défendant ce point avec toute la vigueur possible ; ils avaient repoussé les attaques successives de quatre divisions françaises, composées des meilleurs soldats de cette République qui avait fait trembler les rois en Europe ; ils avaient blessé plusieurs braves généraux, même le capitaine-général : la perte des Français était considérable. En avouant le chiffre de 1500 hommes tués dans les divers assauts, P. de Lacroix dit d'un autre côté : « Notre perte avait été si
« considérable qu'elle *affligea* vivement le capitaine-géné-
« ral Leclerc : il nous engagea, *par politique, à la pallier*

« *comme il la palliait lui-même* dans ses rapports offi-
« ciels. » Un tel aveu doit donc faire supposer que la perte
réelle était supérieure au chiffre de 1500 hommes [1].

Lorsqu'un millier de braves avaient ainsi résisté à plus
de douze mille homme aguerris, pourvus de toutes les
connaissances militaires, de tous les moyens de destruction que donne la guerre, ils pouvaient considérer qu'ils
avaient assez fait pour leur gloire ; mais pas un ne songea
à capituler !

En quittant la Crête-à-Pierrot, Dessalines avait prévu
qu'il lui serait peut-être impossible de secourir efficacement la garnison, contre toute l'armée française concen-
trée sur ce point. Dans cette pensée, il fit remarquer à
Magny et à Lamartinière *un anneau* qu'il portait au doigt,
comme devant être le signe de l'ordre d'évacuation qu'il
pourrait leur envoyer. En effet, dans la nuit du 23 mars,
un vieil officier noir et une vieille femme de la même
couleur avaient réussi à tromper la vigilance des assiégeans, en pénétrant dans le fort : l'officier exhiba *l'anneau* de Dessalines aux deux chefs qui le défendaient, et
qui se préparèrent dès ce moment à l'évacuation qu'ils ne
pouvaient effectuer que dans la nuit suivante.

Au jour, les deux émissaires sortirent du fort et furent
aperçus par un officier d'état-major du nom d'Hédouville,
qui était déjà venu dans la colonie avec l'ancien agent :
il les fit arrêter et les questionna. Résolus à subir tout,
même la mort, plutôt que d'avouer l'objet de leur mission,
ils nièrent d'être sortis du fort : on les assomma à coups

---

[1] Nous avons lu sur le *Moniteur* un rapport de Leclerc au ministre de la marine, où il avoue le chiffre de 500 hommes ; mais, par contre, il y dit que les
indigènes perdirent plus de 3000 hommes. Voilà comme on trompe les gouvernemens !

de bâton. Le vieil officier joua le rôle *d'aveugle*, s'appuyant sur le bras de la vieille femme qui, de son côté, faisait *la sourde*. Le général Pamphile de Lacroix intervint, et fit cesser les mauvais traitemens dont on les accablait : ce dont nous ne pouvons que le louer. Il ne put soupçonner qu'ils étaient venus remplir une telle mission, et les fit relâcher. « On les avait tellement battus, dit cet
« auteur, qu'ils avaient l'air de ne plus pouvoir se soute-
« nir. Ce ne fut qu'en les menaçant de les faire fusiller
« qu'ils se décidèrent à marcher. On les conduisit en de-
« hors de nos sentinelles volantes : nous observions leurs
« mouvemens; ils étaient lents et paraissaient pénibles ;
« *tout-à-coup nous voyons nos vieux nègres s'élancer à la*
« *course et danser chica* (la danse favorite des noirs) ; *je*
« *fus anéanti*..... »

Après avoir terminé leur importante mission par cette scène comique, nos vieilles gens rejoignirent bientôt Dessalines qui, de son côté, se prépara à recevoir les braves auxquels il avait fait transmettre ses ordres.

Dans la soirée du 24 mars, la garnison du fort sortit dans le plus profond silence, en y laissant ses blessés et quelques canonniers blancs qui ne la suivirent pas [1]. Elle essaya de passer à travers la ligne des divisions Dugua et Boudet devenues celle de Pamphile de Lacroix : repoussée de ce côté, elle se dirigea sur la gauche de la division Rochambeau, où elle s'ouvrit un passage à la baïonnette, avec la plus grande intrépidité. Magny, Lamartinière et leurs courageux compagnons rejoignirent Dessalines au morne du Calvaire, sur la route du Petit-Cahos.

[1] Descourtilz, le naturaliste, s'évada dans la retraite et fut joindre les Français.

« La retraite qu'osa concevoir et exécuter le comman-
« dant de la Crête-à-Pierrot, dit P. de Lacroix, est un
« fait d'armes remarquable. Nous entourions son poste
« au nombre de plus de 12 mille hommes ; il se sauva,
« ne perdit pas la moitié de sa garnison, et ne nous laissa
« que ses morts et ses blessés. Cet homme était un quar-
« teron à qui la nature avait donné une âme de la plus
« forte trempe ; c'était le chef de brigade Lamartinière. »

Cet auteur s'est trompé en n'attribuant cette retraite qu'à Lamartinière, en le considérant comme le commandant de cette héroïque garnison. Magny était ce chef, en sa qualité de chef de brigade plus ancien que son brave compagnon : tout aussi résolu que Lamartinière, Magny fut secondé par lui ; ils firent ce prodigieux fait d'armes qui ne les honora pas moins que la belle défense qu'ils avaient faite du fort contre toutes les troupes françaises. Cette évacuation, au milieu de tant d'ennemis, est digne de figurer à côté de celle de Jacmel par Pétion, en 1800.

De tels faits immortalisent les noms de ces héros ; ils donnent le droit aux Haïtiens de s'enorgueillir de leurs devanciers, en dépit de tous les préjugés subsistant encore.

Et pourtant, Pétion, Magny, Lamartinière, étaient tous trois *de cette classe d'hommes*, que le gouvernement français fit traquer par ses agens, dès 1796, pour leur enlever une position acquise par leur valeur, par des services rendus à la France !... Quel parti n'aurait-il pas pu tirer de cette classe intelligente et courageuse, pour la conservation de sa colonie ? Mais que venait-il faire encore en 1802 ?...

Nous avons dit que T. Louverture était parti pour le

Nord, en laissant Dessalines chargé de la défense de la Crête-à-Pierrot. Son but était d'opérer dans ce département, de telle sorte qu'il espérait inquiéter le capitaine-général et l'empêcher de concentrer toutes ses forces sur l'Artibonite. En réussissant dans ce plan, il eût divisé ces forces, et donné à Dessalines le moyen de guerroyer plus longtemps : la guerre eût été prolongée. Mais, avec la poignée d'hommes qu'il emmenait avec lui, il comptait, au 24 ou 25 février où il prenait cette résolution, sur la continuation de la résistance que faisait alors Maurepas, sur la reprise des hostilités par Christophe qui, battu à Bayonnet en dernier lieu, était venu le joindre sur l'habitation Couriotte avec le chef de brigade Barada, Européen et ancien commandant de place au Cap, et le chef de brigade Jasmin, commandant de la 2ᵉ demi-brigade. Ces officiers retournaient avec lui pour essayer de soulever les cultivateurs. Déjà, le chef de brigade Romain, dans les mornes du Limbé, — Sylla, dans ceux de Plaisance, guerroyaient avec des cultivateurs.

Mais, à peine T. Louverture était-il parti de Couriotte, que Maurepas faisait sa soumission à l'armée française. Cet événement nuisit considérablement au plan de l'ex-gouverneur ; car Maurepas, fidèle à la nouvelle autorité qu'il avait reconnue, seconda Desfourneaux, qui se tenait à Plaisance, en paralysant les efforts de Romain et de Sylla.

Tandis que Christophe et ses deux officiers supérieurs se portaient à la Grande-Rivière, et soulevaient les cultivateurs de tous les quartiers environnans jusque près du Fort-Liberté et du Cap, en inquiétant le général Boyer dans cette dernière ville et le contre-amiral Magon dans l'autre, T. Louverture se rendit à Ennery dont la garnison évacua à son approche et se retira aux Gonaïves. D'Ennery il fut s'emparer sans combat, de Saint-Michel, de Saint-Raphaël, du Dondon et de la Marmelade. Là, il reçut une lettre de Dessalines qui l'avisait de la marche de Hardy et de Rochambeau sur les Cahos, de l'enlèvement du trésor par ce dernier, de la première attaque de la Crête-à-Pierrot par Debelle, et de la seconde par Boudet et Dugua. Cet avis le fit aller à Plaisance où il enleva le poste Bidouret qui domine ce bourg. Il se disposait à continuer ses opérations contre Desfourneaux, lorsqu'il eut connaissance, par le commandant de la Marmelade, qu'une colonne française arrivait sur ce bourg; il s'y porta en vain, et alla jusqu'à Hinche, où il espérait l'atteindre pour le combattre. C'était s'éloigner beaucoup du champ de bataille des bords de l'Artibonite; mais il quitta Hinche presque aussitôt pour se rendre dans la plaine des Gonaïves et de-là se porter au Gros-Morne, ignorant encore la soumission de Maurepas. Dans cette plaine, il reçut une nouvelle lettre de Dessalines qui l'informait du siège de la Crête-à-Pierrot. C'est alors qu'il vint sur les derrières de la division Pamphile de Lacroix, au moment même que s'effectuait l'évacuation du fort[1].

Le fort étant en possession des Français qui avaient toutes leurs troupes réunies dans l'Artibonite, T. Louverture ne pouvait pas se tenir dans cette plaine avec si peu de forces. Il monta aux Cahos, et établit son quartier-général sur l'habitation Chassériaux, au Grand-Fond Magnan, à peu de distance de celle de Vincendière ou Vincen-

---

[1] Nous relatons tous ces faits d'après le Mémoire de T. Louverture : il est *présumable* qu'il a dû mieux narrer ce qu'il fit que son fils Isaac, qui se trouvait auprès de sa mère, et qui a raconté les choses autrement dans ses Mémoires, écrits longtemps après.

guerra, où se tenaient Madame Louverture, sa famille, Madame Dessalines et d'autres personnes, depuis l'issue du combat de la Ravine-à-Couleuvre. Il envoya l'ordre à Dessalines de venir l'y joindre avec Magny, Lamartinière, les autres officiers supérieurs et les débris de la garnison de la Crête-à-Pierrot.

Après l'évacuation de ce fort, le général Leclerc, sachant que l'on guerroyait du côté du Cap et du Fort-Liberté, fit partir la division Hardy pour se rendre au Cap, tandis que Rochambeau se portait aux Gonaïves pour rétablir les communications avec le Nord et le général Desfourneaux qui était toujours à Plaisance.

Hardy fut assailli dans sa route par Christophe et T. Louverture, qui, des Cahos, marcha contre lui jusqu'au Dondon. Il arriva au Cap, mais après avoir perdu cinq cents hommes. Au Cap même, cette division dut être aidée par les matelots de l'escadre que l'amiral Villaret-Joyeuse fit débarquer. Mais bientôt cette situation changea à l'avantage des Français. Le 29 mars, la seconde escadre de Brest et celle du Hâvre arrivèrent au Cap; et le 3 avril, celle de Flessingue y mouilla également: elles apportèrent plus de 5000 hommes de troupes fraîches. Avec ce renfort, les opérations de Christophe et de T. Louverture n'étaient plus à craindre, et ils devaient même venir à composition.

En quittant l'Artibonite, le général Leclerc se rendit à Saint-Marc. Boudet, après sa blessure, était retourné au Port-au-Prince. Sa division, sous les ordres de Pamphile de Lacroix, avait suivi le capitaine-général à Saint-Marc, d'où elle partit, en passant par Mont-Rouis, pour aller déloger Charles Bélair des montagnes des Matheux.

Mais Charles Bélair s'était déjà rendu aux Cahos, où T. Louverture l'avait mandé, afin d'y rester en place de Dessalines; celui-ci eut ordre de se porter sur l'habitation Marchand, dans la plaine de l'Artibonite, tandis que l'ex-gouverneur se rendait de nouveau dans le Nord. Des Mathéux, Pamphile de Lacroix adressa une lettre à Charles Bélair, en lui proposant de se soumettre et d'imiter les généraux Clervaux, Paul Louverture et Maurepas; mais il en reçut une réponse par laquelle ce général jurait de nouveau fidélité à T. Louverture.

P. de Lacroix s'achemina ensuite pour le Port-au-Prince, où il fit *une rentrée solennelle*, afin d'effacer les fâcheuses impressions que *la population de couleur* avait reçues, dit-il, par les pertes subies par les Français à la Crête-à-Pierrot. C'est un de ces stratagèmes permis en temps de guerre ; il avait été ordonné par le général Boudet. Pamphile de Lacroix, qui le raconte avec naïveté, fit mettre ses troupes sur deux rangs au lieu de trois ; il fit marcher les sections à grandes distances; les officiers étaient à cheval ; on lui envoya de l'artillerie attelée ; il la distribua dans sa colonne avec des équipages. « Et notre rentrée au Port-au-Prince « eut *l'effet moral* que nous en attendions. »

Une telle rentrée devait être admirable, il faut en convenir.

CHAPITRE IV.

Déportation d'André Rigaud. — Son sort en France. — Proclamation de Leclerc sur cette déportation. — Pensées de Pétion et de Lamour Derance à cette occasion. — Arrêté de Leclerc sur le commerce français et étranger. — Correspondance entre les amiraux Villaret-Joyeuse et Duckworth. — Disposition de Toussaint Louverture à la soumission. — Il correspond avec Boudet. — Assassinat de Vollée. — Positions occupées par Toussaint Louverture et ses généraux. — Leclerc fait proposer à Christophe de se soumettre. — Correspondance à ce sujet. — Toussaint Louverture autorise Christophe à des entrevues avec les généraux français — Soumission de Christophe et de ses troupes au Haut-du-Cap. — Correspondance entre Leclerc et Toussaint Louverture. — Ce dernier fait sa soumission au Cap. — Il porte Dessalines et Charles Bélair à se soumettre. — Réflexions à cette occasion.

Tandis que le général Boudet prenait au Port-au-Prince, dans les vues les plus sages, une mesure *militaire* pour produire un *effet moral* sur l'esprit de la population de couleur, — à Saint-Marc, le capitaine-général Leclerc prenait une mesure *politique* qui devait détruire cette impression favorable, et saper définitivement le crédit de la France dans son esprit. C'était, non son génie, mais le génie de la Liberté qui la lui inspirait : instrument aveugle, comme plusieurs de ses prédécesseurs, agens de son pays, il y obéissait à son insu.

Rigaud était retourné à Saint-Marc avec le capitaine-général. Dès son arrivée au Port-au-Prince, il avait écrit une lettre au général Laplume, par laquelle il réclamait de lui la restitution de sa maison, que Laplume occupait depuis son entrée aux Cayes, et des meubles qui la garnissaient. Il avait chargé un fondé de pouvoirs de poursuivre en même temps la réclamation de la main-levée du séquestre mis sur ses autres propriétés, par T. Louverture et son administration des domaines.

Or, selon les Mémoires de Boisrond Tonnerre, « Laplu-« me n'avait jamais pu comprendre le mot de *restitution*. » Maintenu par les Français dans son commandement supérieur du département du Sud, il voyait déjà avec dépit l'arrivée de Rigaud dans la colonie, et sa bonhomie le portait à croire que l'ancien général du Sud pourrait y être replacé : il le croyait d'autant plus, que noirs et mulâtres dans le Sud, aux Cayes surtout, avaient manifesté une vive joie du retour de Rigaud. Le commandement de la 13e demi-brigade donné à Pétion semblait, pour Laplume, un acheminement à cette mesure qui l'eût dépossédé *de sa place*. C'est la question vivace qui occasionne toujours les plaintes des hommes et leur animosité.

D'un autre côté, les colons des Cayes, qui avaient tant déblatéré contre Rigaud après sa fuite, en 1800, redoutaient sa vengeance s'il venait à être replacé dans le Sud. Entourant Laplume de leurs conseils intéressés, ils firent cause commune avec la sienne, et le portèrent à écrire à Leclerc, pour dénoncer Rigaud de violence envers un général *noir*, qui venait de donner à la France des preuves signalées de son dévouement par sa prompte soumission, et représenter le général *mulâtre* comme dangereux par l'influence qu'il exerçait sur les esprits [1].

---

[1] A cette époque, Leclerc excepta du *blocus* le port des Cayes, sur la de-

Les colons du Port-au-Prince, qui avaient été témoins de l'enthousiasme excité dans la population indigène par l'arrivée de Rigaud en cette ville, se joignirent à ceux des Cayes. Enfin, le général Rochambeau paraît avoir contribué aussi, par ses conseils, à la mesure que prit Leclerc.

Pamphile de Lacroix, qui avance cette assertion en citant une ancienne lettre de Rochambeau au conseil exécutif provisoire de France, datée de Philadelphie le 26 novembre 1794, où il exprimait une opinion défavorable *aux mulâtres,* dit aussi : « *En même temps,* T. Louver-« ture *se plaignit amèrement* de l'arrivée et de la pré-« sence, dans la colonie, d'un homme qu'il accusait « d'avoir été injustement son antagoniste. *Circonvenu* « *de tous côtés*, le général Leclerc prit un arrêté pour « ordonner le rembarquement du général Rigaud. »

Nous admettons son assertion relative à Rochambeau, qui n'avait pas une meilleure opinion *des noirs* que des mulâtres : nous l'avons prouvé par sa lettre citée à la page 219 de notre 3ᵉ volume. Mais nous repoussons celle qui concerne T. Louverture, qui, en ce moment, était encore *insoumis*. A cet égard, *les dates* sont la meilleure preuve *des faits*. Or, la soumission de l'ex-gouverneur n'a eu lieu, comme on le verra bientôt, que dans les premiers jours *de mai*, et la déportation de Rigaud s'effectua dans les derniers jours *de mars*[a]. Mais il convenait à cet auteur d'arranger les choses ainsi.

Il est probable, au contraire, qu'aux considérations

---

mande de Laplume, et pour lui donner un nouveau témoignage de considération.

[a] B. Tonnerre dit aussi que Rigaud fut déporté *après* la soumission de T. Louverture. On pourrait s'étonner d'une telle erreur dans ses Mémoires écrits peu de temps après tous ces événemens, si cet auteur national n'avait pas été encore plus inexact sur une foule de faits relatés par lui.

exposées à Leclerc par la tourbe des colons et Rochambeau, le désir qu'il avait de porter T. Louverture, Dessalines et les autres généraux qui résistaient, à se soumettre à son autorité, entra pour beaucoup dans sa résolution. Ce serait une *excuse* qu'on pourrait donner à la déportation de Rigaud, pour atténuer *la faute politique* commise par Leclerc, si d'ailleurs *ses instructions secrètes* n'avaient pas prescrit cette mesure, non-seulement par rapport à Rigaud, mais à l'égard de tous les autres officiers venus avec lui de France.

Quoi qu'il en soit, étant à Saint-Marc, Leclerc manda Rigaud, et lui dit, avec cette perfidie caractéristique de presque tous les actes de cette époque : « Général, je vais « faire une tournée dans le Sud, vous viendrez avec « moi. »

Plein de confiance et de joie, en pensant qu'il allait revoir son lieu natal, cette ville des Cayes, berceau de son enfance, ce département du Sud où il avait donné à la France tant de gages d'un dévouement inaltérable, Rigaud s'empressa d'expédier un de ses aides de camp au Cap pour en aviser sa femme, qu'il espérait y amener aussi avec ses enfans : car il devait croire que le but final de ce voyage était de l'employer dans le Sud.

Deux frégates se trouvaient sur la rade de Saint-Marc, *la Guerrière* et *la Cornélie*. Leclerc s'embarqua sur la première pour se rendre au Port-au-Prince. Rigaud passa sur l'autre, après avoir serré la main aux officiers du Sud qui se trouvaient à Saint-Marc, et qui l'accompagnèrent au rivage. Mais, à son grand étonnement, tandis que *la Guerrière* faisait voile pour le golfe de l'Ouest, *la Cornélie* mettait cap au Nord. Il demande au capitaine du navire l'explication de cette manœuvre, et celui-ci lui répond avec hauteur : « *Vous êtes prisonnier : remettez-moi votre épée !* »

Cette vaillante épée qui avait repris Léogane et Tiburon sur les Anglais !... Indigné de cette insolence, Rigaud lance son épée à la mer, et un regard méprisant à cet officier.

> Je reconnais mon sang à ce noble courroux.

Comment qualifier, en effet, cette parole de l'officier de marine, cet acte de Leclerc, empreint de tant de déloyauté ? Chef suprême de la colonie, devait-il descendre à une ruse aussi indigne de l'autorité ? Que n'appelât-il Rigaud pour lui dire avec sévérité : « Vous avez compromis le succès de l'expédition, par votre lettre au général Laplume. Mon devoir est de vous renvoyer en France. »

Lorsque l'autorité supérieure s'abaisse à employer la ruse de la faiblesse, elle se déconsidère aux yeux de tous, elle encourt leur mépris et même leur haine. Tels furent les sentimens qui se propagèrent, comme une étincelle électrique, dans le cœur de tous les hommes de bien, principalement dans celui de tous les mulâtres de Saint-Domingue. De ce jour, la puissance morale de la France s'évanouit à leurs yeux comme par enchantement. Il ne restait plus qu'à la faire évanouir aux yeux des noirs : la déportation de T. Louverture, non moins déloyale, vint bientôt après achever l'œuvre injuste commencée sur son ancien rival.

Arrivé dans la rade du Cap, Rigaud apprit là seulement le motif de sa déportation, par une lettre que lui écrivit le général Boyer. Il fut transbordé sur la flûte *le Rhinocéros*. On y envoya sa femme et ses enfans. Son fils aîné, Louis Rigaud, et deux aides de camp étaient avec lui. Dix autres officiers furent embarqués au Cap, sur le vaisseau *le Jean-Bart*, qui partit en même temps que *le Rhinocéros :* c'étaient F. Chevalier, M. Bienvenu, Birot, Geoffroi, Papilleau, E. Saubate, Brunache, J. B. Belley, Blanchet jeune, et Borno Déléard.

Si la lettre de Rigaud à Laplume était réellement *la seule cause* de sa déportation, *cette faute*, si c'en fut une, lui était *personnelle :* sa femme et ses enfans devaient seuls l'accompagner. Mais à quoi attribuer la déportation de ces officiers, sinon *aux instructions secrètes* du Premier Consul ?

Les effets de Rigaud, chargés sur une chaloupe, furent *pillés* par les matelots : ils chavirèrent ensuite cette barque pour avoir le prétexte de dire que ces effets s'étaient perdus dans la mer. Ainsi les effets de T. Louverture furent aussi *pillés*, après son arrestation. Quand l'autorité supérieure agissait avec déloyauté, il n'est pas étonnant que les agens secondaires se crussent autorisés à agir sans honte.

Des femmes indigènes du Cap, apprenant le dénûment de Rigaud et de sa famille, et celui des officiers embarqués là, s'empressèrent de leur porter de faibles secours en argent et en linge. Et ce n'est pas le seul trait de bonté que nous ayons à constater de leur part : bientôt, nous aurons à dire quelle sollicitude ces nobles cœurs montrèrent pour les Français atteints de la fièvre jaune.

Les deux navires de guerre arrivèrent à Brest le 2 prairial (22 mai). Rigaud s'empressa d'adresser une lettre au ministre de la marine, le jour même de son arrivée, pour lui exposer sa situation et celle des officiers venus avec lui. Il insista davantage sur celle de ses compagnons d'infortune, qui réclamait au moins la justice du gouvernement français ; et dans ce but, il demandait la faculté de venir à Paris. Mais, le 28 mai, le ministre lui répondit que le Premier Consul avait ordonné qu'il se rendrait à Poitiers avec sa famille et ses domestiques seulement ; qu'il jouirait de son traitement *de réforme*, et que le chef du gouvernement *ne préjugeait rien sur les causes de son retour en France*. L'ordre fut donné de le transférer à Poitiers, et on pourvut au sort des officiers. C'était adoucir celui de Rigaud.

A Poitiers, Rigaud était sous la surveillance du colonel Lacuée, de la 63e demi-brigade. Rendant compte au ministre de la marine de la conduite de Rigaud, Lacuée lui dit : « Il parle de Toussaint Louverture *avec beaucoup* « *de modération*, vantant ses moyens naturels et l'extrême « facilité de ses moyens physiques et intellectuels. Il pa- « raît *peu dissimulé ;* il est néanmoins *circonspect.* » Cette lettre est du 29 juin [1].

Telle fut la justice rendue aux qualités de T. Louverture par Rigaud, au moment où son ancien ennemi était prisonnier à bord du *Héros*, voguant vers les rives de la France, avant de s'être trouvé comme lui prisonnier au fort de Joux, pour lui donner personnellement des témoignages de sympathie dans leur commun malheur.

Nous ne pouvons que louer ici la mémoire de ce mulâtre, qui comprit ce que lui prescrivait le devoir moral envers son frère noir, après leur sanglante querelle allumée par une politique inintelligente.

Rendons justice aussi à la mémoire de Toussaint Lou-

---

[1] Nous avons puisé tous ces renseignemens, relatifs à Rigaud, dans un carton du ministère de la marine, qu'il nous a été permis de consulter.

verture, à ce noir qui eut des torts envers Rigaud, envers ses frères mulâtres et noirs anciens libres, mais qui comprit, malheureusement trop tard pour sa gloire, qu'il devait s'abstenir de toute récrimination contre Rigaud et ses officiers venus avec l'expédition française. En effet, étant à la Petite-Rivière de l'Artibonite, il avait réfuté la proclamation de Leclerc, du 17 février, par une autre proclamation : on y remarque une louable abstention de toute aigreur contre Rigaud, Villatte, B. Léveillé, Pétion et leurs compagnons, en même temps qu'il se plaint du renvoi à Saint-Domingue de généraux blancs qui y avaient servi.

« Car enfin, y dit-il, comment se fier à un homme
« (Leclerc) qui emmenait avec lui une armée nombreuse...
« Quelle confiance les habitans de cette colonie pouvaient-
« ils et peuvent-ils encore avoir *dans les chefs* qui com-
« mandent cette armée? Rochambeau, Kerverseau et
« Desfourneaux, n'ont-ils pas été dans le Nord, l'Ouest et
« le Sud, *les tyrans* les plus acharnés de la liberté *des
« noirs et des hommes de couleur?* Aux îles du Vent, Ro-
« chambeau n'a-t-il pas été *le destructeur des hommes
« de couleur et des noirs?* N'a-t-il pas *prédit*, il y a cinq
« ans (en 1796), qu'il fallait envoyer à Saint-Domingue
« des troupes pour désarmer les cultivateurs?... »

Et dans son mémoire adressé au Premier Consul, on ne trouve pas un mot qui décèle la moindre animosité contre Rigaud ni contre les autres.

Le malheur, les persécutions politiques ont cet avantage, qu'ils produisent dans les hommes faits pour s'estimer, un retour aux nobles sentimens qu'ils devraient nourrir les uns pour les autres dans les temps de leur prospérité, alors que leur bonne entente pourrait contribuer à celle des peuples dont la destinée leur a été confiée par la Providence¹.

Rigaud passa quelque temps à Montpellier, où il fut transféré de Poitiers, avant d'avoir été arrêté et conduit par quatre gendarmes et un officier au fort de Joux, sur l'ordre donné au préfet Nogaret par le grand-juge Régnier. On apposa le scellé sur ses papiers; et ce préfet, en rendant compte de cette opération, déclara qu'aucun de ces papiers n'avait rapport *au délit dont il était prévenu*, sans mentionner l'imputation qui lui avait été faite. Ce préfet s'honora en exposant au grand-juge la malheureuse situation de la famille de Rigaud, *privée de tous moyens d'existence*, en réclamant la sollicitude et l'humanité du gouvernement français pour lui accorder des secours².

Arrivé au Port-au-Prince, le capitaine-général Leclerc rendit une proclamation pour annoncer la déportation de Rigaud. Il y donna pour motif de cette mesure, que ce général voulait *troubler* l'ordre public en satisfaisant *son ambition*. Cet acte fut affiché, ainsi que la lettre écrite par Rigaud à son fondé de pouvoirs aux Cayes.

En relatant cette particularité, P. de Lacroix fait savoir que Pétion et les officiers de la 13ᵉ se trouvaient en

---

¹ Dans ses Mémoires, Isaac Louverture raconte qu'un officier supérieur, ayant appris à Toussaint Louverture, de la part de Leclerc, que Rigaud avait été embarqué, reçut cette réponse qui honore sa mémoire : « C'était *contre moi* qu'on avait amené ici ce général, ce n'est pas *pour moi* qu'on l'a embarqué: *je plains son sort.* » Cette réponse est d'autant plus digne, que dans sa proclamation et dans son Mémoire, il ne dit rien de Rigaud. Ah ! s'ils avaient pu s'entendre sur cette terre de Saint-Domingue !...

² Augustin Rigaud avait rejoint son frère à Montpellier : prisonnier à la Jamaïque, la paix lui donna la liberté ; arrivé au Cap en juillet 1802, il fut déporté en France, et arriva à Brest le 22 août. Il était dans le dénûment le plus complet.

visite chez lui, pendant qu'on affichait sur sa porte la proclamation de Leclerc; qu'il leur annonça cette mesure, « qu'à l'instant, un voile sérieux éteignit sur leur phy- « sionomie l'air de confiance qui l'animait. Leurs yeux « devinrent mornes, leurs bouches silencieuses. Ils prirent « tous l'attitude froide du respect. » Après leur sortie de ses appartemens, il les observa à travers les jalousies qui ferment les fenêtres des maisons.

« Le chef de brigade Pétion, dit encore cet auteur, « s'arrêta pour lire l'arrêté du général en chef. Il était en « face de moi, entouré de ses officiers. Les gestes et les « soupirs de quelques jeunes subalternes décelaient leur « sombre douleur. Le chef de brigade Pétion lut l'arrêté « *sans que ses traits perdissent rien de leur impassibilité;* « je l'entendis murmurer *avec mépris : — Il valait bien* « *la peine de le faire venir pour lui donner, ainsi qu'à* « *nous, ce déboire*[1]. »

Cette impassibilité que montra Pétion en cette occasion, comme en tant d'autres, est le partage des hommes supérieurs par leur génie, fixes dans leurs opinions, capables de résolutions énergiques. A quoi bon eût-il montré les mêmes impressions que ses jeunes officiers? Rigaud, chef des hommes de couleur, venait d'être sacrifié à la violente injustice du gouvernement consulaire, à sa politique : dans les révolutions des peuples, il faut qu'il y ait de semblables victimes, des martyrs voués d'avance à toutes les ignominies. Déceler sa sensibilité par l'altération de ses traits, n'est que de la faiblesse.

[1] Mémoires, etc. t. 2, p. 191. Nous sommes étonné qu'après ce récit, M. Madiou ait pu dire que—« *Pétion ne put contenir son émotion, et dit avec hu-* « *meur* à ses compagnons d'armes qui l'entouraient.... » Histoire d'Haïti, t. 2, p. 233. Cela prouverait que M. Madiou n'a pas bien étudié le caractère politique de Pétion.

C'était *la vengeance* qu'il fallait concevoir en ce moment ; et la vengeance, pour être efficace, doit être calme et réfléchie ; il fallait surtout ennoblir ce sentiment. *L'insurrection* comme moyen, — *l'indépendance* de la colonie comme but à atteindre, voilà quelle était *la seule vengeance* digne de Pétion, de cet esprit méditatif qui ne sut toujours que remplir son devoir envers son pays, ses frères, la race noire tout entière.

Excusons ensuite le général Pamphile de Lacroix d'avoir signalé Pétion à Leclerc « comme l'officier de couleur qui
« devait *le plus* fixer son attention, parce qu'il avait au-
« tant de moyens que de courage, et qu'il avait surtout
« *la réserve étudiée des grands ambitieux*[1]. »

Excusons-le, à raison de ce qu'il en a dit après :
« Quant à Pétion, il avait été trop longtemps sous mes
« ordres pour que je ne le connusse pas *à fond* ; *je pré-
« dis alors ses destinées ; il les a remplies*[2]. » Et cet auteur a écrit ses pages après la mort de Pétion, sachant, peut-être imparfaitement, ce qu'il a exécuté.

Oui, *Pétion fut un grand ambitieux !* Mais, quelle ambition noble et désintéressée !... N'anticipons pas sur les événemens : nous verrons ce mulâtre dans son œuvre politique.

Si Pétion et ses officiers conçurent ce qu'il y avait d'inique dans la déportation de Rigaud,— un autre homme, moins éclairé qu'eux par son esprit, mais éclairé par son cœur, sentit aussi ce qu'il y avait de coupable dans l'arrêté de Leclerc. Lamour Dérance, ce noir toujours attaché à Rigaud et aux mulâtres, qui n'avait fait sa soumis-

---

[1] *Mémoires*, etc., t. 2, p. 234.
[2] Ibid., t. 2, p. 265.

sion aux Français qu'à cause de lui, se trouvait alors au Port-au-Prince : en entendant publier cet arrêté, il dit au colonel Borno Déléard, à qui il parlait dans le moment : « Mon fils, *les blancs sont des scélérats. Je vais dans mes « montagnes ; ils sauront ce qu'est Lamour Dérance*[1]. »

Ainsi, hommes éclairés et ignorans, mulâtres et noirs se comprenaient, et savaient quel était le parti qu'il leur convenait de prendre. En politique, il faut de ces fautes pour donner naissance aux nations. Mais il fallait attendre encore l'instant propice à l'explosion : *la fièvre jaune* n'avait pas commencé ses terribles ravages.

C'est sans doute une spéculation inhumaine, cruelle, que de calculer ainsi sur la mort de ses semblables ; mais lorsque des hommes civilisés abusaient de leurs lumières et de leur force contre des êtres qu'ils n'estimaient pas leurs égaux, même devant Dieu, tandis qu'ils eussent pu s'en faire les loyaux, les glorieux protecteurs, que restait-il à ces infortunés ?....

Le 31 mars, le capitaine-général rendit un autre arrêté, sur les représentations des négocians français. Le voici :

Le général en chef ordonne :

Art. 1ᵉʳ. Tous les bâtiments *français* arrivant directement de France, et chargés de marchandises *françaises* ne seront assujétis, pour les droits d'importation et d'exportation, qu'à payer *la moitié* de ceux qui sont exigés pour les navires *étrangers*.

2. Tous les bâtiments qui apporteront des marchandises sèches,

---

[1] Il est entendu que c'est le sens des paroles prononcées par Lamour Dérance, en langage créole. Il était Africain. — Peu de jours après, Borno Déléard fut envoyé au Cap, et embarqué sur *le Jean-Bart* avec les autres officiers.

fabriquées ailleurs qu'*en France,* paieront pour droit d'importation, *vingt pour cent.*

Cet acte prescrivait une disposition toute naturelle et bien légitime : le commerce national devait être privilégié dans une colonie française. Mais cet arrêté remédiait aux ordonnances rendues par T. Louverture, les 12 et 31 décembre 1800, que nous avons citées dans les pages 282 à 285 de notre 4e volume : il n'avait fait aucune *distinction* entre les navires et les marchandises qui arrivaient dans les ports de la colonie, parce qu'il favorisait le commerce des Etats-Unis, et celui des Anglais qui empruntaient leur pavillon. Leclerc ne pouvait pas maintenir un tel état de choses. Le droit d'importation avait été réduit, de 20 à 10 pour cent, par l'ordonnance du 31 décembre 1800 ; il se trouvait alors maintenu à 10 pour cent, pour les marchandises françaises, d'après l'arrêté de Leclerc, puisque celles de toutes les autres nations payaient 20 pour cent.

Ainsi, les Américains et les Anglais perdaient les avantages qu'ils avaient obtenus sous T. Louverture. Ils en prirent bonne note, comme on le verra plus tard.

Un motif non avoué existait dans l'arrêté du capitaine-général. En même temps qu'il entrait en campagne contre T. Louverture, en le mettant hors la loi, l'amiral Villaret-Joyeuse écrivit, le 15 février, à sir J. T. Duckworth, commandant de la station navale à la Jamaïque, pour lui faire connaître que Saint-Domingue était *en état de blocus,* qu'aucun navire étranger ne pourrait entrer dans les ports occupés par *les rebelles,* et qu'enfin il était possible qu'il se trouvât dans la nécessité de lui demander des approvisionnemens de bouche pour les troupes françaises qui allaient agir ou pour les équipages des navires de guerre. Pareilles dépêches furent adressées aux divers gouverneurs des Antilles.

Pour mieux déterminer l'amiral anglais, Villaret-Joyeuse lui disait : — « que l'armée française venait protéger *les principes conservateurs* sur lesquels reposait l'intérêt commun de toutes les puissances européennes dans leurs établissemens des Antilles [1]. »

C'était un langage digne du législateur de 1797, siégeant au conseil des Cinq-Cents. Mais lisons la réponse de l'amiral anglais :

> Monsieur,
>
> J'ai reçu la lettre que Votre Excellence m'a fait l'honneur de m'écrire, pour me communiquer l'arrivée au Cap des forces françaises qui sont sous son commandement, et je suis flatté de la confiance dont V. E. m'honore, en me faisant connaître l'état de ces forces et leur *destination*. Ces informations sont parfaitement conformes à celles que j'ai reçues des ministres de S. M. et qui me transmettent en même temps les ordres du Roi, mon maître, pour traiter la nation française *avec tous les égards possibles*.
>
> *Mais*, quant à ce qui concerne les secours *en vivres* que V. E. paraît craindre d'être dans le cas de réclamer, je vois avec un véritable *regret* que notre situation présente, causée par l'arrivée *inattendue* de très-grandes forces de mer et de terre, me met *dans l'impossibilité* de vous présenter *même aucun espoir d'assistance*. Nos propres ressources sont tellement *bornées*, que j'ai été obligé de détacher des frégates sur différens points pour chercher les moyens de nous mettre à l'abri d'une détresse entière, et j'ai dû, ainsi que V. E., chercher à tirer ces secours du continent américain en attendant qu'il puisse nous en arriver d'Europe.
>
> C'est avec un sentiment *pénible* que j'ai appris *la réception hostile* faite à V. E., et cette violation directe de tous les devoirs des colonies envers leur métropole.

[1] Thibaudeau, histoire du consulat et de l'empire. Cet auteur fait la réflexion suivante, à propos de cette phrase : *C'était annoncer le retour de l'esclavage*. Il dit ainsi, par opposition à la proclamation de Leclerc, qui promettait le maintien *de la liberté.... aux habitans*.

T. V.

Je suis parfaitement *d'accord* avec vous sur *les conséquences* d'une pareille conduite, et je pense qu'elle intéresse *véritablement* toutes les puissances de l'Europe ; mais, *avec des forces aussi considérables* que celles sous les ordres de V. E., *cette révolte ne peut être de longue durée*, et les dévastations commises par les rebelles, *en incendiant les récoltes*, ne pourront produire *qu'un mal temporaire*.

J'ai l'honneur d'être, avec une haute considération, de V. E., le très-humble et très-obéissant serviteur,

John-Thomas DUCKWORTH.

A bord du vaisseau de S. M. B. *le Leviathan*, le 19 février 1802.

Il y a quelque chose d'admirable dans la courtoisie réciproque des hommes civilisés : cette lettre en est un exemple. Mais l'amiral anglais paraît avoir été pénétré de la convenance de ce proverbe : *Charité bien ordonnée commence par soi-même.* Que devenaient alors les belles promesses faites par les Anglais ? « de mettre toutes les « ressources de la Jamaïque, en vivres et munitions, à la « disposition de l'armée française, moyennant, bien en-« tendu, le paiement de ce qui serait fourni. » Nous les avons déjà citées, d'après M. Thiers.

La lettre de l'amiral anglais n'est-elle pas la reproduction de la réponse que fit Lord Effingham, gouverneur de cette île, à l'assemblée générale du Cap, lorsqu'elle lui demanda des secours contre les noirs insurgés en 1791 ? Elle est encore empreinte, dans son dernier paragraphe, d'une fine ironie qui rappelle aussi celle de Pitt, lorsqu'il dit, en apprenant l'incendie des sucreries de la belle plaine du Nord par ces noirs : « *Il paraît que les Français pren-* « *dront leur café au caramel.* »

L'arrêté de Leclerc, en mettant un droit de 20 pour cent sur l'importation des marchandises anglaises, comme sur les autres, qui n'en payaient que 10, se vengeait de l'indifférence, du manque de parole des Anglais. C'est là le motif non avoué que nous y voyons. Nous verrons comment ils se vengèrent à leur tour.

Heureusement pour les Français, — « Les Espagnols « nous en fournirent (des secours) avec une générosité « chevaleresque, » dit P. de Lacroix. Le gouverneur de la Havane envoya, en effet, 500 mille piastres et des habillemens de troupes.

Il paraît que les Américains agirent en cette circonstance comme leurs pères, les Anglais ; car le même auteur l'affirme et dit en outre : « Les *réticences* politiques « de ces gouvernemens auraient dû, de suite, nous ren-« dre *attentifs*; mais nous sommes si *confians* qu'on y « prit à peine garde. » Cela prouverait encore que les Français avaient *peu de mémoire*, pour avoir compté sur l'assistance de leurs adversaires naturels. Les États-Unis sont aussi jaloux de leurs intérêts que la Grande-Bretagne des siens [1].

Quand T. Louverture se fut retiré aux Cahos, après l'évacuation de la Crête-à-Pierrot, il s'était décidé à se soumettre à Leclerc, en gardant envers lui tout ce qui pouvait maintenir la dignité de son ancienne position de gouverneur général. Dans ce but, il répondit à la lettre du Premier Consul :

« J'assurai le Premier Consul, dit-il dans son mémoi-« re, de ma soumission et de mon entier dévouement à « ses ordres, en lui annonçant que s'il n'envoyait pas « un autre officier général prendre le commandement, « j'aiderais le général Leclerc à faire tout le mal possible « par la résistance que je lui opposerais. »

[1] Il est entendu que nous parlons d'une époque déjà fort éloignée.

Telle est, en substance, la lettre qu'il écrivit. Plusieurs auteurs lui en ont attribué une autre qui n'est nullement en rapport avec les circonstances qui se passaient alors. Il est évident qu'en tenant ce langage au Premier Consul, il pensait bien que Leclerc n'enverrait pas sa lettre sans l'avoir lue ; il voulait le porter de son côté à se prêter à un arrangement qui lui eût permis de déposer les armes sans déshonneur. Car, pouvait-il donner l'assurance de sa soumission et de son dévouement, sans être disposé à reconnaître l'autorité de Leclerc ?

Il s'agissait de trouver un intermédiaire pour lui faire parvenir cette lettre, son juste orgueil ne lui permettant pas de la lui envoyer directement. Il s'y prit avec son tact ordinaire. Sachant la conduite modérée qu'avait tenue le général Boudet depuis son arrivée, ce fut à lui qu'il s'adressa pour être cet intermédiaire. Il lui écrivit aussi une lettre qui accompagnait celle au Premier Consul. Aux Cahos se trouvaient le chef de brigade Sabès, aide de camp de Boudet, et l'officier de marine Gémont ; ces deux hommes qui avaient été envoyés en parlementaire au Port-au-Prince, furent traînés jusque-là, après avoir couru mille fois le risque d'être tués par des forcenés, malgré les ordres spéciaux de T. Louverture à leur égard : ils convenaient fort bien pour être les porteurs des deux dépêches.

T. Louverture les fit amener pardevant lui à cet effet. Il se plaignit à eux de la nécessité où le capitaine-général l'avait mis de résister par les armes ; mais Sabès eut le courage de lui répondre que le tort était de son côté, pour avoir méconnu l'autorité de la France. A ces mots hardis, T. Louverture, étonné et dédaigneux, s'adressa à Gémont :

« Vous êtes un officier de marine, Monsieur ; eh bien !

« si vous commandiez un vaisseau de l'État, et que, sans
« vous en donner avis, un autre officier vînt vous rem-
« placer en sautant à l'abordage par le gaillard d'avant,
« avec un équipage double du vôtre, pourriez-vous être
« blâmé de chercher à vous défendre sur le gaillard d'ar-
« rière ? Telle est ma situation vis-à-vis de la France. »

Il était impossible de trouver une comparaison plus propre que celle-là à peindre sa situation, à expliquer sa conduite, à réfuter les observations de Sabès, à condamner la conduite de Leclerc. Cet argument est une des mille preuves de la vivacité des reparties de T. Louverture, de la justesse de son esprit, de son génie enfin ; car il n'est donné qu'aux hommes supérieurs d'en employer de semblables.

Ces officiers partirent avec les dépêches et des dragons pour les escorter et les protéger dans leur route : ils se rendirent auprès du général Boudet, au Port-au-Prince, où était aussi le général Leclerc[1]. C'est ce qui peut expliquer l'assertion de P. de Lacroix, qui prétend que ce fut à ce dernier que les deux officiers furent renvoyés : c'est une erreur de sa part. Toutefois, il donne une idée du contenu de la lettre adressée à Boudet, en disant :

« T. Louverture laissait entrevoir que si l'on s'y pre-
« nait bien, il était encore possible d'entrer avec lui en
« pourparler. »

C'est après avoir expédié ces deux dépêches au général Boudet, qu'apprenant que, dans sa marche par la Coupe-à-l'Inde, la division du général Hardy avait ravagé ses propriétés, enlevé ses animaux, « et surtout, dit-il,

---

[1] Ils furent d'abord à la Crête-à-Pierrot, où se trouvait une garnison française.

« un cheval nommé *Bel-Argent*, dont je faisais le plus
« grand cas, » T. Louverture se mit à la poursuite de cette
division, qui se rendait au Cap, et qu'il atteignit au Dondon. « L'affaire s'engagea et dura, avec le plus grand
« acharnement, depuis 11 heures du matin jusqu'à 6
« heures du soir[1]. » Après ce combat, il se retira à la
Marmelade.

On voit, dans ces faits, qu'il a fallu les excès commis
par Hardy sur ses propriétés, pour décider T. Louverture
à rompre les avances de négociations qu'il venait de faire
au général Boudet.

C'est alors aussi que, soit pour en tirer vengeance,
soit pour ôter aux Français tous moyens de connaître à
fond les particularités de son administration financière et
celles de sa vie politique, au moment où il allait se soumettre, soit, enfin, qu'il fût guidé par cet instinct sanguinaire qui souilla trop souvent son pouvoir, il fit *fusiller*
l'administrateur Vollée, à qui il avait paru jusque-là toujours si attaché, avec des circonstances qui doivent le
ranger parmi les plus affreux tyrans. Il déclara à cet infortuné, qui l'avait servi avec fidélité, qui avait mis de
l'ordre dans ses finances, qu'il était urgent qu'il mourût;
et comme Vollée se récriait avec douleur contre cette
horrible sentence de mort, non méritée, puisque, loin de
chercher à s'évader pour aller joindre ses compatriotes, il
était resté auprès de lui, T. Louverture eut l'air de s'apitoyer sur cette cruelle nécessité, en promettant à sa victime innocente de lui faire rendre *tous les honneurs militaires et funèbres* compatibles dans la circonstance.[2]

---

[1] Mémoire au Premier Consul.
[2] J'ai entendu raconter cet assassinat ainsi que je le relate. En supposant

Vollée subit son malheureux sort ! Ce fut le dernier crime politique de T. Louverture, mais, sans contredit, le plus odieux, le plus infâme.

Leclerc s'était empressé de retourner au Cap, pour être plus à portée de suivre les négociations de la soumission de l'ex-gouverneur. On était dans les premiers jours d'avril.

A la Marmelade, T. Louverture reçut la réponse du général Boudet, qui la lui fit parvenir par son neveu Chancy, jeune homme de couleur, qui avait été arrêté dans les montagnes du Petit-Goave, lorsqu'il portait au colonel Dommage la lettre écrite de Saint-Marc par son oncle. Depuis lors, Chancy était resté prisonnier au Port-au-Prince. Le retour de Sabès et de Gémont permettait de le renvoyer auprès de l'ex-gouverneur, et, sans doute aussi, dans l'espoir de le décider à se soumettre[1]. Ce procédé du général Boudet lui occasionna de la satisfaction.

« Sur le rapport de mon neveu, et après la lecture de la
« lettre du général Boudet, je crus reconnaître en lui un
« caractère d'honnêteté et de franchise, digne d'un offi-
« cier français fait pour commander. Je m'adressai, en
« conséquence, à lui avec confiance pour le prier d'enga-
« ger le général Leclerc à entrer avec moi dans des
« moyens de conciliation[2]. »

Chancy fut renvoyé auprès de lui, porteur d'une seconde lettre de T. Louverture. Il fut retenu de nouveau au Port-au-Prince, probablement comme un otage de la soumission de son oncle. Une ordonnance fut expédiée

---

qu'il n'ait pas eu lieu de cette manière, la mort de Vollée, toujours l'ami de T. Louverture, n'en est pas moins un crime affreux de sa part.

[1] Dans ses Mémoires, Isaac dit que son père réclama Chancy, de Boudet, en lui renvoyant les deux officiers.

[2] Mémoire au Premier Consul.

avec la réplique de Boudet, qui lui disait que Leclerc était prêt à entrer en arrangement avec lui, et qu'il pouvait compter sur les bonnes intentions du gouvernement français à son égard.

Dans l'intervalle, rendu au Cap, Leclerc employait d'autres intermédiaires pour entraîner Christophe à la défection, et annihiler les ressources de T. Louverture. Christophe occupait le Grand-Boucan, et couvrait le quartier-général de la Marmelade de ce côté-là.

A Saint-Michel était le général Vernet qui, placé d'abord à Ennery, avait cédé ce poste au général Charles Bélair, que l'ex-gouverneur y fit venir des Cahos, en envoyant à sa place le colonel Montauban. La mésintelligence avait éclaté entre Charles Bélair et Dessalines, qui occupait la position de Marchand, située au pied de la chaîne des Cahos ; ou plutôt, *la jalousie* que Dessalines nourrissait depuis assez longtemps contre ce jeune général, l'ayant porté à le dénoncer à T. Louverture, comme entretenant des intelligences avec les Français, en menaçant même de se porter dans son camp et de le faire *fusiller*, l'ex-gouverneur avait dû le rapprocher de son quartier-général. Charles Bélair avait de l'instruction et des manières polies : jeune officier favori de T. Louverture, il avait toute la fatuité de son âge et d'une telle faveur ; depuis la fin de Moïse, on pensait que T. Louverture le destinait au gouvernement, après sa mort [1]. C'étaient là les causes de la jalousie de Dessalines contre lui : on verra comment il le fit mourir.

Dans les montagnes du Dondon se tenait Petit-Noël ;

---

[1] On a dit qu'il était neveu de T. Louverture ; mais les Mémoires d'Isaac ne le disent pas ; il en parle seulement comme d'un jeune militaire dévoué à son père, dont il avait été l'aide de camp.

dans celles du Limbé, Macaya ; dans celles de Plaisance, Sylla et Comices ; et Sans-Souci occupait la Montagne-Noire. Tous ces hommes étaient des chefs de partisans, qui exerçaient une grande influence sur les cultivateurs.

Ainsi, T. Louverture, placé à la Marmelade, était au centre des opérations qu'il eût pu ordonner, s'il y avait lieu de continuer la guerre.

Dans une pareille situation, obtenir *la défection* de Christophe, c'était une mesure décisive pour entraîner la soumission de T. Louverture. Leclerc ne négligea rien pour réussir dans ce plan ; car il était temps qu'il arrivât à ce résultat : déjà, au dire de P. de Lacroix, l'armée française avait perdu 5000 hommes, et il était à craindre que la guerre fût interminable, si T. Louverture voulait la continuer. Mais, d'un autre côté, l'arrivée récente de troupes fraîches au Cap par les escadres de Brest, du Hâvre et de Flessingue, avait permis quelques attaques contre les points occupés par les forces de Christophe, et elles avaient eu du succès.

Ces succès agirent sur l'esprit de Christophe, en même temps que *des propositions* lui furent faites. Ce général, qui aimait le luxe et toutes ses douceurs, était fatigué de cette lutte, dans laquelle il ne trouvait pas ses anciennes jouissances. Il savait que Maurepas, Clervaux et Laplume avaient été conservés dans leurs commandemens, que Paul Louverture lui-même n'avait pas été maltraité ; leurs troupes, réunies aux troupes françaises, étaient jusque-là bien entretenues. Toutes ces considérations étaient faites pour ébranler sa foi dans la résistance de l'ex-gouverneur ; et ses soldats eux-mêmes, sachant ces choses, désertaient leurs drapeaux.

Dans cette situation, il reçut une lettre, datée de la

Petite-Anse le 16 avril, qui lui fut adressée par son ami Vilton, homme de couleur, qui y commandait. Vilton avait fait sa soumission dès les premiers momens de l'arrivée de l'expédition, et avait été conservé dans sa place. Il rappelait à Christophe les anciens sentimens qu'il lui avait toujours manifestés en faveur de la France, et lui donnait l'assurance d'être bien traité par Leclerc, ainsi que ses officiers et ses soldats; il lui disait que le capitaine-général avait déclaré qu'il ne l'aurait pas mis *hors la loi*, s'il avait pu l'apprécier, mais que cet acte serait annulé dès qu'il voudrait se soumettre. « Voilà, mon cher « compère, ce que ma tendre amitié pour vous et votre fa-« mille m'engage à vous écrire. Je jouirai de votre bon-« heur, si je puis contribuer à le faire. Il ne dépend que « de vous de me donner cette satisfaction, *en suivant* « *les avis* de votre ancien ami. *Répondez-moi, et faites-* « *moi savoir vos intentions*, pour les faire réussir de la « manière qui vous paraîtra le plus convenable. »

Ce passage suffit pour prouver que les ouvertures de propositions, pour la soumission de Christophe, furent faites du camp français, et non par lui, comme l'avancent P. de Lacroix et M. Madiou ; et il n'est nullement à présumer que Vilton *fut contraint de signer cette lettre*, comme le dit ce dernier auteur. Étant soumis lui-même aux Français, rien n'était plus naturel qu'il désirât la soumission de son ami.

Trois jours après, le 19 avril, ne voyant arriver aucune réponse de sa part, Leclerc sentit la nécessité d'inspirer de la confiance à Christophe; il lui adressa la courte lettre qui suit :

« Le général en chef au général Christophe.

« Vous pouvez ajouter foi, citoyen général, à tout ce

« que le citoyen Vilton vous a écrit de la part du général
« Hardy. Je tiendrai *les promesses* qui vous ont été faites;
« mais, si vous avez intention de vous soumettre à la Ré-
« publique, songez qu'*un grand service*, que vous pouvez
« lui rendre, *serait de nous fournir les moyens de nous
« assurer de la personne du général Toussaint.*

« LECLERC. »

Il ne pouvait terminer cette lettre d'une manière
plus honteuse. On conçoit que Leclerc ait voulu obtenir
la défection de Christophe, pour annuler T. Louverture et
le contraindre à la soumission ; mais on s'indigne contre
cette proposition *de livrer son chef à ses ennemis.* Le général Leclerc eût-il été capable d'une action aussi basse?
Non, sans doute ; mais alors, pourquoi supposait-il Christophe susceptible d'un tel déshonneur?

Le 20 avril, ce dernier répondit à la lettre de Vilton :
il expliquait sa conduite depuis l'arrivée de l'expédition,
fondée sur les craintes qu'il avait qu'elle ne fût venue que
pour rétablir l'esclavage des noirs. « Sentinelle placée *par*
« *mes concitoyens* au poste où je dois veiller à la sûreté
« *de leur liberté,* plus chère pour eux que leur existence,
« j'ai dû *les réveiller* à l'approche du coup qui allait
« l'anéantir. » Sa lettre se terminait en demandant des
garanties à ce sujet : « Il n'est point de sacrifices que je ne
« fasse pour la paix et pour le bonheur *de mes conci-
« toyens, si j'obtiens la conviction qu'ils seront tous libres
« et heureux.* »

On voit, par cette lettre, que Christophe séparait déjà
la cause de T. Louverture *personnellement* de celle *de la
population noire* : il se considère comme une sentinelle,
non placée par l'ex-gouverneur, mais par cette population
aux intérêts de laquelle il doit veiller. Il a dès-lors, et

probablement depuis longtemps, *la conviction* que T. Louverture *est un homme usé, qu'il n'est plus le drapeau de ses frères.*

Le même jour, 20 avril, Vilton adressa une nouvelle lettre à Christophe, en lu renouvelant l'assurance qu'il serait bien accueilli, bien traité par Leclerc ; il lui disait qu'il avait communiqué sa réponse à ce dernier et au général Hardy. Hardy lui écrivit aussi ce jour-là, et lui dit : « qu'après avoir combattu pendant douze ans *pour la li-* « *berté,* les Français ne seraient pas assez vils, à leurs « propres yeux, *pour ternir leur gloire en rétablissant* « *l'esclavage.* » Il finissait sa lettre en proposant un rendez-vous à Christophe sur l'habitation Vaudreuil, près du Haut-du-Cap.

Christophe envoya ces lettres en communication à T. Louverture qui *l'autorisa* à avoir cette entrevue, en lui recommandant d'être *très-circonspect*[1]. Le colonel Barada, qui était auprès de Christophe, le voyant disposé à traiter de sa soumission, *séparément* de celle de l'ex-gouverneur, et voulant sans doute ménager à celui-ci *des conditions honorables*, lui avait fait tout savoir en l'engageant à mander son général près de lui[2]. Mais T. Louverture lui-même désirait en finir : ce fut le motif de son autorisation pour l'entrevue.

Le 22 avril, Christophe répondit à Hardy, qu'il ne pouvait consentir à s'y rendre, parce que le général Leclerc excitait *sa défiance,* par la proposition qu'il lui avait faite *de livrer* T. Louverture : ce qui, du reste, eût été une

---

[1] Mémoire au Premier Consul.

[2] Barada était Français ; il servait dans la colonie depuis longtemps, et il avait apprécié les services rendus à la France et à ses colons par T. Louverture : de là son attachement à celui-ci. Nous le verrons maltraité à Brest, où il fut déporté.

lâche perfidie de sa part, s'il pouvait s'y résoudre. Il proposa au contraire à Hardy de se rendre sur l'habitation Montalibon, située au centre des positions occupées par ses troupes et les troupes françaises.

Le même jour, il répondit à la lettre de Leclerc, du 19 :

J'ai reçu votre lettre du 29 du mois expiré (germinal). Désirant ajouter foi à ce que m'a écrit le citoyen Vilton, je n'attends que *la preuve* qui doit me convaincre du maintien *de la liberté et de l'égalité* en faveur de la population de cette colonie. *Les lois* qui consacrent *ces principes*, et que la mère-patrie a sans doute *rendues*, porteraient dans mon cœur cette conviction, et je vous proteste qu'en obtenant cette preuve désirée, je m'y soumettrai immédiatement.

Vous me proposez, citoyen général, *de vous fournir les moyens de vous assurer de la personne du général Toussaint Louverture.* Ce serait de ma part *une perfidie, une trahison*, et cette proposition, *dégradante pour moi*, est à mes yeux une marque de *l'invincible répugnance que vous éprouvez à me croire susceptible des moindres sentimens de délicatesse et d'honneur.* Il est mon chef et mon ami. *L'amitié*, citoyen général, *est-elle compatible avec une aussi monstrueuse lâcheté?*

Les lois dont je viens de vous parler nous ont été *promises* par la mère-patrie, par la proclamation que ses Consuls nous ont adressée, en nous faisant l'envoi de la constitution de l'an 8. Remplissez, citoyen général, remplissez cette promesse maternelle, en ouvrant à nos yeux *le code qui les renferme*, et vous verrez accourir près de cette mère bienfaisante tous ses enfans, et avec eux le général Toussaint Louverture qui, alors éclairé comme eux, reviendra de l'erreur où il peut être. Ce ne sera qu'alors que cette erreur aura été ainsi détruite, qu'il pourra, s'il persiste, malgré l'évidence, être considéré comme criminel et encourir justement l'anathème que vous lancez contre lui, et dont vous me proposez l'exécution.

Considérez, citoyen général, les heureux effets qui résulteront de la plus simple exposition de *ces lois* aux yeux d'un peuple jadis écrasé sous le poids des fers, déchiré par le fouet d'un barbare esclavage, excusable sans doute d'appréhender les horreurs d'un pareil sort ; d'un peuple enfin qui, après avoir goûté *les douceurs de la liberté et de l'égalité*, n'ambitionne d'être heureux que par elles, et par l'assurance de n'avoir plus à redouter les chaînes qu'il a brisées. L'exhibition de *ces lois* à ses yeux arrêtera l'effusion du sang français versé par des Français, rendra à la République des enfans qui peuvent la servir encore, et fera succéder aux horreurs de la guerre civile la tranquillité, la paix et la prospérité au sein de cette malheureuse colonie. *Ce but est digne sans doute de la grandeur de la mère-patrie ;* et l'atteindre, citoyen général, *ce serait vous couvrir de gloire et mériter les bénédictions d'un peuple* qui se complairait à oublier les maux que lui a déjà fait éprouver *le retard de leur promulgation.*

Songez que ce serait perpétuer ces maux jusqu'à la destruction entière de ce peuple, que de lui refuser la participation de *ces lois* nécessaires au salut de ces contrées. *Au nom de mon pays, au nom de la mère-patrie, je les réclame, ces lois salutaires, et Saint-Domingue est sauvé.*

J'ai l'honneur de vous saluer,

CHRISTOPHE [1].

Cette lettre pleine de raison, d'honorables sentimens et de dignité, occasionna une réponse de Leclerc, du 24 avril, où il disait à Christophe « de ne pas douter *des* « *vues bienveillantes* du gouvernement français à l'égard « *des habitans* de Saint-Domingue ; que ce gouvernement « travaillait, en ce moment, à *un code* qui assurerait pour « toujours *la liberté aux noirs.* Il l'exhorta à se fier à sa « parole, s'il ne voulait pas être considéré comme l'enne- « mi du nom français, et à se rendre à une entrevue qu'il « lui offrait au Haut-du-Cap. Il lui donnait *sa parole*

---

[1] Cette lettre et toutes les autres furent écrites encore par Braquehais. Si elles font honneur à H. Christophe, elles ne font pas moins honneur *à ce mulâtre*, qui consacra sa plume à plaider éloquemment *la cause des noirs*, jadis esclaves. Il en découle cette vérité incontestable : — que *l'union du noir et du mulâtre peut seule garantir à l'un et à l'autre une existence honorable dans le monde.*

La Liberté réconcilia ainsi *le Sud avec le Nord*, tandis que le Despotisme les avait armés l'un contre l'autre. Le secrétaire représentait le Sud, — le général personnifiait le Nord.

« *d'honneur*, que s'ils ne parvenaient pas à s'entendre
« définitivement, il aurait la liberté d'aller se mettre de
« nouveau à la tête de ses troupes ; il terminait sa lettre
« en lui disant, que *le refus* qu'il lui avait fait de lui livrer
« Toussaint Louverture, ajoutait encore *à la haute idée*
« *qu'il s'était formée de son caractère* [1]. »

Avant de souscrire à l'entrevue proposée par Leclerc, Christophe envoya à T. Louverture copie de sa propre lettre et de celle du général français, en lui demandant *l'autorisation* de se rendre au Haut-du-Cap. L'ex-gouverneur la lui *accorda ;* il y fut le 26 avril. Dans cette entrevue, il fit *sa soumission*, et Leclerc rendit un arrêté qui rapporta sa mise *hors la loi*. Christophe obtint alors de Leclerc qu'il écrivît à T. Louverture. Sa lettre disait à ce dernier « que ce serait pour lui une belle journée, s'il
« pouvait l'engager à se concerter avec lui et à se sou-
« mettre aux ordres de la République. » Christophe l'apporta au quartier-général où T. Louverture *le blâma de s'être soumis* sans ordre de sa part [2] ; et il le renvoya à son poste.

Il fit réponse à la lettre de Leclerc, en lui témoignant *le mécontentement* qu'il éprouvait *de la soumission* de Christophe, et lui disant en outre : « qu'il avait toujours
« été soumis (lui-même) au gouvernement français, puis-
« qu'il avait constamment porté les armes pour lui ; que
« si, dès le principe, *on s'était comporté avec lui comme*
« *on devait le faire*, il n'y eût pas eu un seul coup de fusil
« de tiré ; que la paix n'eût pas même été troublée dans

[1] Histoire d'Haïti; t. 2, p. 245.
[2] Mémoire au Premier Consul. Mais en autorisant Christophe à avoir deux entrevues avec les généraux français, c'était préparer sa soumission ; c'était presque l'y inviter, peut-être pour se ménager de dire qu'il avait été forcé lui-même de se soumettre. T. Louverture était adroit et plein de tact.

« l'île, et que l'intention du gouvernement eût été rem-
« plie. »

Telle est la version que nous trouvons dans le mémoire adressé au Premier Consul ; mais une lettre de Leclerc au ministre de la marine, en date du 18 floréal (8 mai), lui dit : « La soumission de Christophe acheva de *cons-*
« *terner* Toussaint... Il m'écrivit que des circonstances
« très-malheureuses avaient déjà causé bien des maux ;
« mais que, quelle que fût *la force* de l'armée française, il
« serait toujours *assez fort et assez puissant pour brûler,*
« *ravager et vendre chèrement une vie* qui avait été quel-
« fois utile à la mère-patrie. »

En retournant à son poste, Christophe, qui avait encouru le blâme de T. Louverture, fit *arrêter* le colonel Barada dont il avait su les rapports à l'ex-gouverneur, et s'empressa de réunir sa troupe pour la conduire au Haut-du-Cap. En cet instant, arriva auprès de lui l'aide de camp César, que T. Louverture envoya lui dire de se rendre à la Marmelade : il s'était sans doute ravisé. Mais Christophe se garda d'obéir ; il chargea César de dire à l'ex-gouverneur : « *qu'il était las de vivre comme un*
« *misérable*, et qu'il se rendait au Haut-du-Cap. » Il partit immédiatement avec les débris des 1re, 2me, 3me et 5me demi-brigades, s'élevant à environ 1200 hommes, et des pièces d'artillerie, après avoir congédié les cultivateurs armés qui étaient dans son camp.

T. Louverture se trouvait ainsi presque sans défense de ce côté-là : les Français firent occuper le Morne-Boispin, à 3 lieues de la Marmelade, par la 10e coloniale venue de Santo-Domingo avec Paul Louverture. La proximité de cette position facilitait une sorte d'embauchage parmi les troupes qui étaient avec T. Louverture.

Avisé par son aide de camp César, que Christophe s'était rendu avec ses troupes, il écrivit une seconde lettre à Leclerc qu'il lui fit porter par l'adjudant-général Fontaine : elle avait pour but de demander au capitaine-général *une entrevue* à l'habitation D'Héricourt. Leclerc accueillit Fontaine avec beaucoup de bienveillance, mais il refusa l'entrevue. Ce que voyant, T. Louverture lui écrivit une troisième lettre qu'il envoya par Marc Coupé et son secrétaire Nathan, pour lui donner l'assurance *qu'il était prêt à lui rendre le commandement.*

Le 3 mai, le capitaine-général répondit à T. Louverture :

Au nom du gouvernement français.

Je vois avec plaisir, citoyen général, le parti que vous prenez de vous soumettre *aux armes* de la République. Ceux qui ont cherché à vous tromper sur les véritables intentions du gouvernement français sont bien coupables. Aujourd'hui, il ne faut plus nous occuper à rechercher les maux passés : je ne dois plus m'occuper que des moyens de rendre, le plus promptement possible, la colonie à son ancienne splendeur. *Vous, les généraux et les troupes sous vos ordres*, ainsi que *les habitans* de cette colonie qui sont avec vous, *ne craignez point que je recherche personne sur sa conduite passée* : je jette *le voile de l'oubli* sur tout ce qui a eu lieu à Saint-Domingue *avant mon arrivée*. J'imite en cela l'exemple que le Premier Consul a donné à la France, après le 18 brumaire.

Tous ceux qui sont ici ont une nouvelle carrière à parcourir, et *à l'avenir je ne connaîtrai plus que de bons ou de mauvais citoyens. Vos généraux et vos troupes seront employés et traités comme le reste de mon armée.* Quant *à vous*, vous désirez du repos ? Le repos vous est dû : quand on a supporté pendant plusieurs années le gouvernement de Saint-Domingue, je conçois qu'on en ait besoin. Je vous laisse le maître de vous retirer sur celle de vos habitations qui vous conviendra le mieux. Je compte assez sur l'attachement que vous portez à la colonie de Saint-Domingue, pour croire que vous emploierez les momens de loisir que vous aurez dans votre retraite, à me communiquer vos vues sur les moyens propres à faire refleurir dans ce pays l'agriculture et le commerce.

Aussitôt que l'état de situation des troupes aux ordres du général Dessalines me sera parvenue, je ferai connaître mes intentions sur la position qu'elles doivent occuper.

Vous trouverez à la suite de cette lettre, l'arrêté que j'ai pris pour détruire les dispositions de celui du 28 pluviôse (17 février) qui vous était personnel.

LECLERC.

Arrêté du 11 floréal an X (1er mai).

Le général en chef ordonne :

Les dispositions de l'article 1er de l'arrêté du 28 pluviôse dernier, qui mettent le général Toussaint Louverture *hors la loi*, sont rapportées. En conséquence, il est ordonné à tous les citoyens et militaires de regarder comme *nul et non avenu* cet article.

LECLERC.

Cette lettre du capitaine-général ayant satisfait l'honneur et la dignité de T. Louverture, l'arrêté lui faisant recouvrer sa qualité *de citoyen et de général*, il n'avait plus de motifs de retarder une démarche pour prouver à Leclerc que sa soumission était sincère, ou du moins pour *paraître soumis* ; car, en lui-même, il nourrissait probablement l'espoir de reprendre un jour les armes, si les circonstances le favorisaient. En cela il pensait du reste comme pensait Leclerc à son égard : *sa déportation était résolue* ; il n'était pas possible que le gouvernement consulaire voulût qu'il continuât de résider à Saint-Domingue. Il en était de même *des généraux et autres officiers supérieurs* qui avaient combattu avec lui, *même de ceux qui s'étaient soumis les premiers*. Les précédentes publications que nous avons faites à ce sujet établissent clairement ces dispositions.

Le 6 mai, T. Louverture partit donc de la Marmelade et se rendit aux avant-postes où était le général Fressinet, jadis employé dans la colonie sous le gouvernement de **Laveaux** : ils s'étaient connus et avaient même été liés d'amitié. Il en fut accueilli avec joie [1]. T. Louverture était accompagné du colonel Gabart, de Morisset, avec un escadron des dragons de la garde d'honneur, de Fontaine, M. Coupé, César et autres aides de camp, de Placide, et d'Isaac qui avait enfin rejoint son père. Ce dernier passa quelques heures et déjeuna avec le général Fressinet. Là, il apprit des officiers de la 10e coloniale les circonstances de la soumission de Paul Louverture : il reçut de ces officiers et de leurs soldats des témoignages de respect et de sympathie.

Il en fut de même au Haut-du-Cap, où il rencontra le général Clervaux et la 6e coloniale, et des habitans du Cap, où il entra dans l'après-midi.

Arrivé à la maison qu'occupait le capitaine-général, il fut reçu avec distinction par les généraux Debelle et Hardy. Leclerc dînait et se trouvait à bord du vaisseau du contre-amiral Magon. Ces généraux donnèrent l'ordre de faire tirer une salve d'artillerie par les forts, que répétèrent les vaisseaux dans la rade, pour célébrer l'entrée et la soumission de celui qui fut le chef de la colonie durant cinq années : ces honneurs lui étaient dus, car il avait rendu d'immenses services à la France et à la politique machiavélique de ses gouvernemens.

Avisé de son arrivée, le capitaine-général revint chez lui, alors que l'ex-gouverneur y avait déjà pris un léger repas. Il l'embrassa, en lui témoignant toute sa joie de l'issue de la lutte qui durait depuis trois mois. Le faisant

---

[1] Fressinet lui avait écrit aussi pour l'engager à se soumettre. Il arriva avec l'escadre de Flessingue. L'entrée de T. Louverture au Cap, le 6 mai, est constatée par une lettre de Benezech, du 7, adressée au ministre de la marine.

passer dans une pièce particulière, ils eurent une conférence entre eux seuls, dans laquelle ils expliquèrent leur conduite mutuelle, avant d'admettre dans cette pièce la foule des généraux, des autres officiers et des citoyens accourus pour voir *le Premier des Noirs.*

« Je fis au général Leclerc ma soumission, dit T. Louver-
« ture, conformément à l'intention du Premier Consul; je
« lui parlai ensuite avec toute la franchise et la cordialité
« d'un militaire qui aime et estime son camarade. Il me
« promit *l'oubli du passé et la protection* du gouverne-
« ment français. Il convint avec moi que nous avions tous
« deux *nos torts.* — « Vous pouvez, général, me dit-il,
« vous retirer chez vous *en toute sûreté.* Mais, dites-moi
« si le général Dessalines *obéira à mes ordres*, et si je peux
« compter sur lui. » — Je lui répondis que oui, que le
« général Dessalines peut avoir *des défauts* comme tout
« homme, mais qu'il connaît la subordination militaire. Je
« lui observai cependant que pour le bien public et *pour*
« *rétablir les cultivateurs dans leurs travaux, comme à*
« *son arrivée dans l'île*, il était *nécessaire* que le général
« Dessalines fût rappelé à son commandement à Saint-
« Marc, et le général Charles Bélair à l'Arcahaie ; ce qu'il
« me promit [1]. »

T. Louverture prit congé de Leclerc et quitta le Cap à onze heures de la nuit : il fut se coucher sur l'habitation

---

[1] Mémoire au Premier Consul. — En entrant au Cap, il éprouva une vive indignation en voyant le colonel noir, Louis Labelinais, monté sur son beau cheval, nommé *Bel-Argent.* Le général Hardy le lui avait donné, pour le récompenser de sa prompte défection à Limonade, où Labelinais commandait à l'arrivée de l'armée française. Il ne fut pas moins déporté en France, d'où il revint à Haïti, en 1816 ; mais il se garda d'aller auprès de H. Christophe. Pétion l'accueillit.

D'Héricourt, dans la Plaine-du-Nord, en compagnie du général Fressinet, et le lendemain il retourna à la Marmelade. Le 8 mai, il reçut l'ordre de Leclerc d'envoyer au Cap sa garde à pied et à cheval.

Une scène attendrissante eut lieu à cette occasion : passant cette garde en revue pour la dernière fois, il exprima en termes touchans aux officiers et aux soldats qui avaient si bien défendu sa cause, la reconnaissance dont il était pénétré pour leur dévouement ; et en leur rappelant qu'ils avaient toujours eu une discipline exemplaire, un respect parfait pour son gouvernement, il leur recommanda d'avoir la même conduite à l'égard de l'autorité nouvelle à laquelle ils allaient obéir désormais. Magny, au cœur si noble, Morisset et Monpoint, d'un attachement si constant, versèrent des larmes comme tous leurs officiers inférieurs et leurs soldats. Cette expression de leurs regrets émut profondément T. Louverture.

Cette scène militaire n'est-elle pas comparable à celle dont le château de Fontainebleau fut le théâtre douze années plus tard? Entre les deux Héros qui figurèrent dans l'une et l'autre, quelle différence y eut-il quant à la circonstance que nous relatons? Que de rapprochemens d'ailleurs n'a-t-il pas existé entre ces deux destinées supérieures, relativement aux lieux qu'elles remplirent de leur renommée, qu'elles gouvernèrent, et encore par certains actes d'administration, par l'adversité de leur fortune !...

Le capitaine-général avait envoyé en même temps à T. Louverture, un ordre pour le général Dessalines. Il s'agissait de le lui faire agréer, de le porter à y obéir, pour réunir ses troupes et les conduire à Saint-Marc. *Ce général ne s'était pas prononcé*, et Leclerc avait douté, d'après

la relation que nous avons citée plus haut, de sa volonté à se soumettre. T. Louverture ayant traité à cet égard pour lui, pour les généraux Charles Bélair et Vernet, ayant d'ailleurs répondu spécialement de la soumission de Dessalines, c'était à lui que revenait cette mission envers ce caractère farouche. Après avoir pris lecture de l'ordre dont s'agit, il le lui envoya en l'engageant à s'y conformer. Mais, sachant à quel homme il avait affaire, il jugea convenable de l'inviter à venir à sa rencontre à mi-chemin de la Marmelade. « Je le persuadai de se soumettre, ainsi
« que moi, dit-il ; je lui dis que l'intérêt public exigeait que
« je fisse de grands sacrifices, que je voulais les faire bien ;
« mais que pour lui, il conserverait son commandement.
« J'en dis autant au général Charles, ainsi qu'à tous les
« officiers qui étaient avec eux ; et je vins à bout de les
« persuader, malgré toute la répugnance, les regrets qu'ils
« me témoignèrent de me quitter et de se séparer de moi.
« Ils versèrent même des larmes. Après cette entrevue,
« chacun se rendit à sa demeure respective. — L'adju-
« dant-général Perrin, que le général Leclerc avait en-
« voyé à Dessalines pour lui porter ses ordres (en second
« lieu sans doute) le trouva très-bien disposé à les remplir,
« puisque je l'y avais engagé précédemment par mon en-
« trevue. »

Tel est le narré simple, naturel, que nous trouvons dans le mémoire de T. Louverture adressé au Premier Consul. Nous avons préféré le suivre plutôt que toutes autres relations, quant à ce qui concerne la soumission de H. Christophe, celle de Dessalines et la sienne propre, sauf quelques circonstances accessoires qui nous ont paru avérées, d'après les actes et les documens.

Ainsi, nous trouvons *erronée* l'assertion de Pamphile

de Lacroix disant : « La soumission de Christophe *en-* « *traîna* celle de Dessalines, qui, à son tour, *amena* celle « de Toussaint Louverture [1]. »

Nous croyons également inexacte la relation donnée par Boisrond Tonnerre, de la soumission personnelle de Dessalines [2]. Cet auteur national, secrétaire de Dessalines, est trop suspect de partialité pour son chef, pour qu'on doive donner créance *à toutes ses assertions*. Il a évidemment rabaissé le caractère de T. Louverture dans toute cette lutte de trois mois, afin de mieux faire ressortir le mérite de Dessalines ; et en cela, il a eu d'autant plus tort, que son héros, lieutenant principal de l'ex-gouverneur, n'avait pas besoin qu'on fût injuste envers un chef qu'il n'osait pas regarder en face, pour briller dans le rôle militaire qu'il a rempli dans ces circonstances. Si Dessalines s'est conduit avec courage, bravoure et intrépidité ; s'il a fait preuve d'une activité peu commune pour se multiplier et faire face aux événemens, — T. Louverture n'a pas moins montré une activité prodigieuse, une grande résolution, une rare énergie, et sa sagacité habituelle pour combiner les moyens de résister plus longtemps.

On peut dire aussi qu'il est tombé de sa position suprême avec honneur et dignité, tant sous le rapport militaire que sous le rapport politique : il se le devait à lui-même et à la race noire. Sans doute, on doit regretter pour sa propre gloire, qu'il ait ordonné le massacre de tant de blancs dans divers lieux indiqués, qu'il ait immolé Vollée, son ami, avec non moins d'injustice. Mais

---

[1] Mémoires, etc., t. 2, p. 180.
[2] Mémoires de B. Tonnerre, édités par M. Saint-Rémy, en 1851, p. 40 à 44.

quand on considère, d'un autre côté, la boucherie également injuste et odieuse commise par Rochambeau sur les soldats et officiers du Fort-Liberté, celle de Hardy sur les soldats et officiers de la Rivière-Salée, et les massacres des noirs relatés par Pamphile de Lacroix lui-même, l'esprit de tout narrateur de cette époque désastreuse resterait en suspens, pour décider entre les auteurs de toutes ces atrocités, si son cœur ne l'avertissait qu'il doit les condamner, les flétrir de part et d'autre.

La carrière *politique et militaire* de T. Louverture fut terminée, par sa soumission au capitaine-général envoyé par la France pour gouverner Saint-Domingue. Il se retira sur l'une des quatre propriétés qu'il possédait dans la commune d'Ennery, pour y vivre en citoyen, livré à ses travaux champêtres. Mais là a commencé *son rôle de martyr*, pour aller finir ses jours dans un cachot, situé sur une haute montagne d'un pays éloigné du sien. Notre tâche alors sera d'examiner si, frappé par la main des hommes, il n'a pas été l'une de ces grandes victimes réservées par la Providence, pour sceller par leur mort *la liberté d'un peuple*, pour manifester surtout *sa justice divine*.

CHAPITRE V.

Travaux de réédification au Cap. — Départ de Villaret-Joyeuse pour France. — Acte d'organisation provisoire de la colonie. — Mort de Villatte. — Dessalines et Charles Bélair entrent à Saint-Marc. — Mesures prises à l'égard des troupes coloniales. — Annullation des promotions faites par T. Louverture. — Germes d'insurrection dans le Nord, l'Ouest et le Sud. — Loi décrétée en France *pour rétablir la traite des noirs et leur esclavage.* — Boudet est envoyé à la Guadeloupe. — Rochambeau le remplace. — Les colons poussent aux excès. — *La fièvre jaune se manifeste.* — Désarmement des cultivateurs. — Résistance de Sylla à Plaisance. — Il est chassé par Clauzel. — Leclerc soupçonne T. Louverture de conjurer. — Il ordonne des mesures militaires au bourg d'Ennery. — Christophe, Clervaux, Maurepas et Dessalines lui conseillent de déporter T. Louverture : leurs motifs. — Motifs particuliers de Dessalines, et réflexions à ce sujet. — Occupations de T. Louverture sur ses propriétés. — Il y est surveillé et tracassé. — Ses plaintes à Leclerc et correspondance entre eux. — Leclerc ordonne à Brunet de l'arrêter. — Brunet l'invite à se rendre auprès de lui. — Sourdes menées et lettres attribuées à T. Louverture. — Il est arrêté, garotté et conduit à bord de la frégate *la Créole*. — Sa famille et divers officiers sont arrêtés et embarqués sur *la Guerrière*. — Paroles prononcées par T. Louverture à bord du *Héros*. — Son arrivée à Brest. — Déportation d'autres officiers sur *l'Aigle* et le *Muiron*.

Aussitôt son retour au Cap, dans les premiers jours d'avril, le général Leclerc avait ordonné d'activer les travaux de reconstruction des maisons de cette ville. Le rôle de l'administrateur coïncidait avec celui du pacificateur, car alors il s'occupait des moyens d'obtenir la soumission de Christophe et de T. Louverture.

Le 10 avril, l'amiral Villaret-Joyeuse partit pour Brest avec huit vaisseaux [1]. Il paraît que c'est alors que partirent aussi *le Jean-Bart* et *le Rhinocéros* qui ramenaient en France Rigaud et plusieurs de ses anciens officiers.

Assuré déjà du succès de ses négociations pacifiques avec T. Louverture et Christophe, et pour les y déterminer encore plus par la perspective d'une administration modérée, le 25 avril le général Leclerc proclama l'acte suivant :

Au nom du gouvernement français.

Le général en chef, *aux habitans* de Saint-Domingue.

Citoyens,

Le temps est venu où la tranquillité va succéder au désordre qui est naturellement résulté de l'opposition mise *par les rebelles* au débarquement de l'armée de Saint-Domingue.

La rapidité des opérations, et la nécessité de pourvoir à la subsistance de l'armée, m'ont empêché jusqu'ici de m'occuper de l'organisation définitive de la colonie. D'ailleurs, je ne pouvais avoir qu'une idée très-imparfaite d'un pays que je n'avais jamais vu, et il m'était impossible de juger, sans un mûr examen, d'un peuple qui, pendant dix ans, avait été en proie aux révolutions.

La *constitution provisoire* que je donnerai à la colonie, mais qui ne sera *définitive* que lorsqu'elle aura été approuvée par le gouvernement français, aura pour base *la liberté et l'égalité de tous les habitans* de Saint-Domingue, *sans aucune distinction de couleur* ; cette constitution comprendra :

1° L'administration de la justice ; 2° l'administration intérieure de la colonie, et les mesures nécessaires pour sa défense intérieure et extérieure ; 3° les impôts, leur emploi, et le mode de perception à adopter ; — 4° les règlemens et ordonnances relatives au commerce et à l'agriculture ; — 5° l'administration des domaines nationaux, et le

---

[1] Dans la même année, il fut nommé capitaine-général de la Martinique, où il arriva le 13 septembre. D'après ses idées de 1797, il devait s'y trouver à son aise.

moyen de les rendre plus avantageux à l'Etat, et, en même temps, moins à charge à l'agriculture et au commerce.

Comme il est de votre intérêt, citoyens, que toutes les institutions protègent également l'agriculture et le commerce, je n'ai entrepris cette tâche importante qu'après avoir consulté les hommes les plus distingués et les plus instruits de la colonie.

J'ai, en conséquence, donné ordre aux généraux des divisions du Sud et de l'Ouest, *de choisir*, pour *chacun* de ces départemens, *sept* citoyens, propriétaires et négocians (sans égard à leur couleur), qui, avec *huit* autres que *je choisirai* moi-même, pour le département du Nord, devront s'assembler au Cap, dans le courant de ce mois, et me communiquer leurs observations sur les plans, que je soumettrai à leur examen.

Ce n'est pas *une assemblée délibérante* que j'établis. Je sais trop bien quels maux les réunions *de cette nature* ont attirés sur la colonie. On fera choix de citoyens probes et éclairés; je leur ferai connaître *mes desseins*; ils me communiqueront *leurs observations*, et pourront inspirer à leurs compatriotes *les sentimens libéraux* dont le gouvernement est animé.

Que ceux que l'on convoquera de la sorte, considèrent leur nomination comme une marque flatteuse de l'estime que j'ai pour eux. Qu'ils songent que, *sans leurs conseils et leurs avis*, je pourrais adopter *des mesures désastreuses* pour la colonie, dont ils souffriraient eux-mêmes *tôt ou tard*. S'ils font ces réflexions, ils se décideront volontiers à quitter, pour quelque temps, leurs occupations.

Donné au quartier-général du Cap, le 5 floréal an **X (25 avril)**.

Le général en chef, LECLERC.

Le lecteur remarquera que ce n'est pas *le capitaine-général* qui s'adressait aux habitans, mais *le général en chef*. La première qualité faisait de Leclerc un gouverneur, un administrateur; la seconde, le chef de l'armée. Ainsi, *c'est l'autorité militaire* qui concédait la faculté de lui donner *des avis, des conseils*; l'expérience acquise des prétentions des colons la mettait en garde, et elle les avertissait qu'ils ne seraient que *consultés*, qu'ils ne *délibéreraient point*; c'est-à-dire, *qu'ils ne décideraient rien*. Leclerc avait raison de prendre ces précautions avec les colons de Saint-Domingue : néanmoins ils l'égarèrent.

Cette espèce de conseil colonial devait donc être composé de 22 membres, *dans les trois nuances d'épiderme des habitans propriétaires*. On remarquera encore cette expression, lorsqu'il fut dit que cette organisation *provisoire* devait avoir pour base — la liberté et l'égalité de *tous les habitans*. Par là, le général en chef entendait *les propriétaires*, et non pas *les cultivateurs* destinés *à l'esclavage*. Aussi verra-t-on bientôt qu'il ordonna leur désarmement.

Un événement eut lieu au Cap, le lendemain du jour où T. Louverture y vint faire sa soumission : le général Villatte mourut subitement. On pensa qu'il avait été empoisonné, parce qu'il ne lui fut rendu aucun des honneurs militaires dus à son grade ; mais il a pu mourir d'apoplexie. Au reste, Leclerc était *conséquent :* n'était-ce pas par ce général qu'on avait commencé la série des injustices contre *les mulâtres ?* Quand il venait de déporter Rigaud et d'autres officiers de cette couleur, pouvait-il honorer les restes mortels de Villatte ? Il achevait l'œuvre commencée par Laveaux et Sonthonax. Victime de ces derniers, Villatte a du moins trouvé la sépulture dans cette ville du Cap qu'il avait si bien défendue contre les Anglais et les Espagnols ; ses frères ont pu pleurer à ses modestes funérailles. En cela, n'a-t-il pas été plus heureux que Pinchinat, que T. Louverture lui-même, qui avait contribué à ses persécutions, et dont les cadavres ont été inhumés loin de leur sol natal, sans qu'une seule larme ait été versée sur leur fosse ?

Comme on l'a vu dans le chapitre précédent, l'adjudant-général Perrin avait transmis à Dessalines les ordres du général en chef. Le 23 mai, Dessalines et Charles Bélair, suivis de Lamartinière et de Gabart, et des débris des 3e, 4e, 7e et 8e demi-brigades, se rendirent à Saint-Marc. L'entrée de Dessalines dans cette ville, qu'il avait incendiée, fut une sorte de triomphe : indigènes et Français l'accueillirent ; les généraux qui s'y trouvaient le fêtèrent, le complimentèrent sur la défense de la Crête-à-Pierrot, car les braves militaires savent apprécier leurs semblables. Mais ils lui témoignèrent aussi l'espoir qu'ils avaient, qu'il aiderait le général Leclerc à rétablir l'ordre dans les campagnes : il promit, dit Boisrond Tonnerre, tout en conservant *l'inquiétude de la pintade*[1]. La soumission de T. Louverture, dont le rôle était fini, lui donnait de l'avenir. Cette réception, cet espoir qu'on mettait en lui, durent donner naissance dès-lors à son ambition de remplacer l'ancien gouverneur dans l'opinion des masses ; et cette opinion l'avait devancé.

Lamartinière dut retourner au Port-au-Prince où il fut rétabli dans le commandement de la 3e coloniale : il fut accueilli par les généraux Boudet et Pamphile de Lacroix.

Le général en chef ne tarda pas à ordonner un amalgame des troupes coloniales avec les troupes françaises. Chacun de ces premiers corps fut placé dans l'un des autres : c'était pour leur ôter tout moyen d'ensemble, toute possibilité de résistance ; mais ces soldats et leurs officiers considéraient toujours leurs anciens numéros d'ordre

---

[1] La pintade est un oiseau originaire d'Afrique, vif, inquiet, turbulent, et qui ne reste jamais en place. Dessalines avait bien de ce tempérament : après avoir massacré tant de blancs, il devait, effectivement, être sur le qui-vive avec les Français.

comme conservés. Pour ne citer qu'un exemple, la 4ᵉ coloniale, commandée par Gabart, devint un bataillon de la 5ᵉ légère française; mais ces militaires se disaient encore la 4ᵉ.

Déjà, les dragons de la garde de T. Louverture avaient été licenciés, pour s'être refusés à servir dans la gendarmerie où l'on voulait les incorporer. Il est présumable que ce fut à son instigation secrète, et qu'il voulait avoir cette ancienne cavalerie autour de lui; car ces dragons se firent presque tous cultivateurs dans le canton d'Ennery où il avait ses habitations. Les soldats de sa garde à pied, au nombre de 300, furent appelés *guides du Nord,* et placés sous les ordres du chef de brigade Magny, leur ancien chef, à Plaisance où commandait le général Clauzel. Les rapprocher ainsi d'Ennery, après le refus des dragons, c'était, de la part de Leclerc, vouloir donner à T. Louverture la tentation de s'en servir, ou se ménager la faculté de l'en accuser, alors qu'on se proposait de l'arrêter.

Afin de l'exciter davantage, Leclerc déclara *nulles* toutes les promotions qu'il avait faites depuis le 6 février, à raison de sa résistance. Cependant, Leclerc avait promis *l'oubli du passé,* mais bien entendu sur ce qui avait eu lieu *avant son arrivée.* Nous avons souligné ces mots dans sa lettre du 3 mai : « Vos généraux et vos troupes, y disait-il, seront « employés et traités comme le reste de mon armée. » Cela s'entendait donc selon l'ordre de choses qui avait précédé l'arrivée de Leclerc, et non pas pendant la résistance. Plus tard et dans l'ordre chronologique, on verra un arrêté consulaire autrement rétroactif à cet égard.

L'île de Saint-Domingue était entièrement soumise

aux Français; mais l'espérance ne renaissait pas pour les hommes réfléchis : il fallait voir les actes de la nouvelle administration dont les bases venaient d'être proclamées.

Dans les montagnes de Plaisance, le chef de bataillon *Sylla*, dévoué à T. Louverture, n'avait pas fait sa soumission avec ses petites bandes de cultivateurs.

Dans celles du Port-au-Prince, *Lamour Dérance* s'était retiré, le cœur gros de la déportation de Rigaud.

Dans celles de Tiburon, un homme obscur alors, mais qui était destiné à jouer pendant longtemps un rôle fameux dans le pays, *Goman*, ancien chef de bataillon sous Rigaud, s'était réuni à *Jean Panier* qui venait de se jeter dans les bois de la Grande-Anse, pour ne pas obéir au nouvel ordre de choses [1].

Ces quatre hommes, *tous Africains*, protestaient *passivement* contre la domination française. Excepté Sylla qui attira quelque attention, les autres furent à peine aperçus; mais ils formaient déjà un noyau d'insurrection qui devait se grossir de tous les mécontens.

Il semble que ces enfans de l'Afrique devinaient la conjuration qui se tramait publiquement en France contre eux, dans le même mois.

Le 17 mai, le gouvernement consulaire fit proposer au corps législatif sa fameuse loi sur les colonies françaises. Elle maintenait, conformément aux lois et règlemens antérieurs à 1789, *la traite des noirs et l'esclavage* dans celles de ces colonies restituées à la France, en exécution du traité de paix d'Amiens conclu définitivement le 27

---

[1] Jean Panier se fit insurgé dès le mois de mai, du côté des Irois et de Tiburon.

mars précédent, et dans les autres colonies situées au-delà du cap de Bonne-Espérance. Elle soumettait, pendant dix ans, le régime de toutes aux règlemens qui seraient faits par le gouvernement.

Quoique précédemment, le 23 novembre 1801, dans l'exposé de la situation de la République, l'orateur du gouvernement eût annoncé ces dispositions, en disant en outre : « A Saint-Domingue et à la Guadeloupe, il n'est « plus d'esclaves ; *tout y est libre, tout y restera libre;* » le projet de loi ne contenait aucune disposition confirmative de ces promesses. Cependant, il était convenable de consacrer *cette exception* d'une manière *formelle*. Le projet fut non-seulement muet à cet égard, mais l'orateur du gouvernement déclara dans l'exposé des motifs, que : « Dans les colonies *où les lois révolutionnaires* ont été « mises à exécution (Saint-Domingue et la Guadeloupe), « il faut *se hâter* de substituer aux séduisantes *théories*, « *un système réparateur dont les combinaisons se lient* « *aux circonstances, varient avec elles, et soient con-* « *fiées à la sagesse du gouvernement*[1]. »

La pensée du gouvernement à l'égard de ces deux îles fut tellement comprise, que, suivant Thibaudeau : « Dans « tous les discours prononcés sur cette loi (au tribunat et « au corps législatif), on parla avec autant de chaleur « *pour l'esclavage des noirs*, que, quelques années aupa- « ravant, on avait parlé *pour leur liberté.* »

La loi fut décrétée par 54 voix contre 27 au tribunat,

---

[1] Peut-on admettre qu'en rétablissant *la traite des noirs*, le gouvernement français n'eût pas permis qu'il en fût introduit à Saint-Domingue, lorsque T. Louverture lui-même, poussé par son égoïsme, avait décrété cette mesure pour son pays ? Il y en serait introduit nécessairement pour réparer les pertes des ateliers ; et alors, conçoit-on qu'il y aurait eu des ateliers mi-partie *esclaves,* mi-partie *libres ?*

— par 211 contre 65 au corps législatif. Honneur à ceux qui refusèrent leur concours à cette mesure inique !

Aucun des votans dans le sens de son adoption ne douta, probablement, *du succès* de la mesure à Saint-Domingue comme dans les autres colonies françaises : les forces de l'expédition étaient si considérables, il était si facile d'en envoyer de nouvelles, et par-dessus tout, le génie du Premier Consul inspirait tant de confiance !....

Dans le même temps, *les noirs* de la Guadeloupe, ayant à leur tête *les mulâtres* Pélage et Delgresse, résistaient au contre-amiral Lacrosse et au général Richepanse. Lacrosse allait vite en besogne. Sur la demande de secours que lui fit Richepanse, le capitaine-général Leclerc eut la pensée, fort raisonnable, d'envoyer à la Guadeloupe le général Boudet qui y avait commandé et qui avait conquis l'estime des noirs et des hommes de couleur, comme il venait de le faire à Saint-Domingue : son influence contribua, à ce qu'il paraît, au succès qu'on désirait. Mais, en se réinstallant, Lacrosse profita des dispositions de la loi qui venait d'être décrétée : il rendit un arrêté qui rétablissait à la Guadeloupe l'ancien régime colonial, — pour *museler les tigres*, selon l'expression de Bignon. « Le gouvernement ne réforma pas cet arrêté, « dit Thibaudeau, et prouva ainsi qu'en gardant dans la « loi *le silence* sur la Guadeloupe et Saint-Domingue, *il* « *avait résolu d'y rétablir l'esclavage* [1]. »

Si Leclerc prit une mesure dictée par la raison, en envoyant le général Boudet à la Guadeloupe, il fit aussi un tort considérable à l'influence française dans l'Ouest et le

---

[1] Le général Richepanse ne jouit pas longtemps de son triomphe : le 3 septembre, la fièvre jaune l'emporta.

Sud de Saint-Domingue par cette mesure, surtout en le faisant remplacer au Port-au-Prince par Rochambeau. La population indigène était aussi prévenue contre Rochambeau, qu'elle était bien disposée en faveur de Boudet. Les colons de cette ville l'entourèrent pour le pousser aux vexations contre les mulâtres et les noirs.

Aveugles qu'ils étaient ! ils ne s'apercevaient pas des progrès que *la fièvre jaune* faisait déjà, au mois de mai, sur les troupes européennes !

Au Port-au-Prince, c'étaient, parmi eux (selon B. Tonnerre), les nommés Desrivières, Guieu, Bion, Ango, Baudamant, Saint-Cyr, Cotelle, le curé Lecun, qui excitaient les féroces instincts de Rochambeau. Mais il s'était empressé, dès son arrivée en cette ville, de déporter en France Bernard Borgella, Collet, Viart et Gaston Nogérée, pour avoir été membres de l'assemblée centrale de 1801.

Aux Cayes, c'étaient Mangin, Labiche, Lothon, Desongards, qui avaient la haute main dans les mesures acerbes dirigées contre les indigènes.

Au Cap, Dumas, Belin de Villeneuve, Domergue, Camfrancq et O'Gorman formaient le conseil privé du capitaine-général.

Tous ces colons avaient joué un rôle infâme depuis le commencement de la révolution. En correspondance entre eux, d'un bout à l'autre de la partie française, et avec ceux qui agissaient à Paris auprès du gouvernement, ils se prévalaient de la loi qu'ils savaient devoir être rendue sur les colonies, et qui, en effet, venait de passer au tribunat et au corps législatif. Avec les anciennes habitudes contractées par eux, d'être obéis sans la moindre résistance, il était impossible qu'ils ne crussent pas au plein succès de l'expédition pour remettre *leurs nègres* dans l'esclavage, *leurs mulâtres* sous le joug des anciens préjugés de la peau.

Leclerc, non moins présomptueux, ayant d'ailleurs à exécuter ses instructions secrètes, avait déporté Rigaud avec tant de facilité, qu'il ne pouvait s'arrêter dans sa marche vers la restauration de l'ancien régime.

Après avoir disséminé les troupes coloniales, en les incorporant à la suite des régimens français, il ordonna *le désarmement* des cultivateurs qui, en qualité de gardes nationaux, étaient armés sous T. Louverture. Il leur était enjoint de déposer leurs armes au chef-lieu des communes. Leclerc saisit ce moment pour aller respirer l'air salubre de la Tortue et s'y délasser : c'était le 17 mai.

Les cultivateurs de la montagne de Plaisance, excités par Sylla, parurent les moins disposés au désarmement : des mesures militaires furent prises à leur égard. Cette situation porta Leclerc à écrire à T. Louverture, pour se plaindre de ce qu'il n'avait pas, probablement, ordonné à Sylla de se soumettre : en même temps, il avait prescrit de le poursuivre. Dans ce but, il fit marcher sur Plaisance un bataillon de la 9e, que commandait Lubin Golard, et un autre des Gonaïves, afin d'agir de concert avec les troupes françaises qui s'y trouvaient sous le général Clauzel.

T. Louverture répondit à Leclerc qu'il avait ordonné à Sylla, comme à tous les autres officiers, de reconnaître l'autorité du capitaine-général; mais qu'il pensait que *la persuasion* réussirait mieux que *la force* dans cette occurence ; et pour donner une preuve de son désir d'y concourir, il offrit d'écrire à Sylla.

Mais déjà, le général Clauzel avait marché contre lui. Sylla se battit vaillamment, et il ne fut chassé de la position qu'il occupait que par le bataillon de la 9ᵉ : celui des Gonaïves s'était dispersé dans les bois pour ne pas agir contre les révoltés. Lubin Golard mourut de maladie à Plaisance dans cette expédition : on soupçonna qu'il fut empoisonné, mais il paraît qu'il périt d'une pleurésie.

Leclerc était revenu au Cap. L'affaire de Plaisance le porta à soupçonner T. Louverture d'être le machinateur secret de la résistance de Sylla. Autant par ce motif que pour garantir la communication du Nord avec l'Artibonite et l'Ouest, par Plaisance et Ennery, il fit occuper ce dernier bourg par la 31ᵉ demi-brigade légère, que commandait le chef de bataillon Pesquidon, au nombre d'environ 500 hommes. C'était une garnison considérable pour ce lieu ; mais au fait, c'était dans les vues de parvenir à l'arrestation de T. Louverture. En même temps, un autre gros détachement de troupes occupa Saint-Michel. Ces forces inquiétèrent l'ex-gouverneur [1].

Déjà, à ce qu'il paraît, les généraux Christophe, Clervaux et Maurepas, avaient émis à Leclerc une opinion favorable *à la déportation* de T. Louverture en France. Ces généraux s'étant soumis avant lui et sans ordre de sa part, devaient redouter la vengeance d'un chef qui n'avait pas reculé devant le sacrifice de son propre neveu, si, par des événemens imprévus, il réussissait à ressaisir l'autorité : ils le savaient capable de tout. De son côté, Dessalines avait adressé des lettres au capitaine-général, où il lui attribuait la résistance de Sylla et le mauvais vouloir du bataillon des Gonaïves. Mais il importait à Leclerc de connaître l'opinion personnelle de Dessalines sur la mesure qu'il projetait : il ne l'avait pas encore vu depuis

[1] Voyez son Mémoire au Premier Consul.

sa soumission ; il le manda au Cap, où il l'accueillit avec égards.

Sondant son sentiment sur la déportation, Leclerc obtint facilement une déclaration semblable à celle des autres généraux. Quoiqu'il ne se fût soumis que sur les instances de T. Louverture, Dessalines ne le redoutait pas moins que ses collègues. Ne devait-il pas redouter également la vengeance des Français, par rapport à sa résistance, aux incendies qu'il avait effectués, et surtout après avoir massacré tant de blancs à leur arrivée ? Car il ne pouvait s'imaginer qu'on n'attribuait ces assassinats qu'à T. Louverture [1].

De plus, Dessalines était le seul général de division de l'armée coloniale, le premier lieutenant de l'ex-gouverneur ; mieux que ses collègues, il était donc placé pour prétendre à l'héritage du pouvoir tombé de ses mains : son ambition a dû lui faire entrevoir la possibilité d'y arriver par le moyen de l'armée.

Ainsi, tout concourait à déterminer Dessalines *à adopter* l'opinion déjà émise par les autres généraux. Sa propre conservation devait le porter *à souscrire* à la déportation de T. Louverture : il ne pouvait que donner à Leclerc ce gage d'une soumission, *plutôt apparente que réelle*, à sa volonté, à la politique du gouvernement consulaire.

On a dit que c'était *trahir* son ancien chef qui l'avait comblé de toutes sortes de faveurs. *Non, ce ne fut pas une trahison*, mais *un acquiescement* commandé par sa position personnelle et par la situation des choses.

Il est évident que T. Louverture s'était usé à la tâche

---

[1] En cet instant, Pamphile de Lacroix se trouvant au Cap, lui témoigna une invincible répugnance. (Mémoires, t. 2, p. 192). Et cependant, cet auteur attribue ces massacres à l'ordre donné par T. Louverture ! (même vol., p. 182.)

qu'il avait entreprise : — de restaurer l'ancien régime colonial, sous le patronage de la France, en contraignant ses frères à travailler aussi péniblement que par le passé, en s'alliant intimement avec les colons, en rétablissant leurs priviléges. Les déceptions étant arrivées pour lui, il avait vainement essayé de résister à l'invasion de l'armée expéditionnaire. La population indigène, fatiguée de son joug, n'avait désiré que l'intervention de l'autorité tutélaire de la France pour le faire cesser, et déjà les déceptions commençaient pour elle-même.

C'était donc, de la part de Dessalines, *un sacrifice utile plutôt qu'une trahison perfide,* quand il concourait par son assentiment à la déportation de T. Louverture. Quoiqu'il eût été un instrument aveugle et terrible dans les mains de son chef contre toute cette population, il venait *de se racheter* en quelque sorte à ses yeux, par l'héroïque défense de la Crête-à-Pierrot, par la vigueur qu'il avait montrée jusqu'à sa soumission. En général, les hommes aiment à voir déployer une grande énergie par un militaire; elle conquiert leurs suffrages en faveur de tels caractères.

Les officiers, les soldats de l'armée coloniale étaient plus sympathiques à Dessalines qu'à T. Louverture; ils préféraient la brusquerie violente du premier à la fureur hypocrite de l'autre: l'un faisait tomber ouvertement une tête, l'autre ordonnait secrètement qu'elle fût tranchée et rejetait ensuite l'odieux sur les exécuteurs. Dessalines plaisantait avec le soldat, il le cajolait. T. Louverture, toujours retranché dans sa dignité, ne lui apparaissait que comme une divinité terrible. Et pour remédier au mal qui naîtrait infailliblement, c'était *l'armée* surtout qui devait soutenir les efforts de la population indigène, si elle venait à s'insurger contre les Français. L'armée était donc acquise de droit à la direction que lui donnerait Dessalines, s'il trouvait un franc concours de la part de ses divers chefs. Il pouvait, il devait y compter, *en sacrifiant* T. Louverture.

D'un autre côté, et sans nul doute Dessalines ne fit pas cette réflexion, — la déportation de T. Louverture après celle de Rigaud, devait nécessairement amener *une fusion* entre les hommes des deux partis qu'ils dirigèrent, pour parvenir à harmoniser leur résistance commune contre l'armée française. C'est ce qui arriva, c'est ce qui produisit *l'indépendance d'Haïti*.

Le parti de Rigaud se prononçait déjà, et par rapport à lui et par rapport au rétablissement *de l'esclavage* qu'il savait être dans les desseins du gouvernement consulaire. Celui de T. Louverture ne pouvait manquer de se prononcer aussi par rapport *à l'esclavage* et à cause de *l'ingratitude* dont ce gouvernement paierait ses services par sa déportation : cette mesure devait le porter à réfléchir. Qui peut nier, en effet, que la déportation de ces deux chefs, si attachés à la France par des considérations différentes, n'ait été *le complément de l'expérience* dont les hommes de la race noire avaient besoin, pour s'affranchir de son joug?

Si l'on considère, d'une autre part, que Rigaud et T. Louverture avaient fourni leur carrière, terminé leur mission, on reconnaîtra que *le sacrifice de ces deux personnages* devenait aussi *d'une utilité capitale* au salut de leurs frères [1].

---

[1] Voyez ce que nous avons dit de l'un et de l'autre, au 4e volume, p. 210, 438 et 479.

Le gouvernement consulaire ayant le dessein de rétablir l'esclavage, devait

Il faut que *les chefs*, que les hommes placés dans une position politique, sachent *se résigner* à un tel holocauste, quand il est commandé par les circonstances. Il faut qu'ils se pénètrent, en arrivant au pouvoir, qu'ils sont *les serviteurs du peuple* et non pas *ses maîtres;* qu'ils doivent *se dévouer généreusement* à l'accomplissement de ses destinées. Il semble que tant qu'ils sont utiles aux vues de la Providence, ils restent inébranlables ; mais lorsque leur mission est finie, le moindre souffle les emporte.

Ainsi l'on a vu Dessalines lui-même emporté aussi par le souffle révolutionnaire, lorsqu'il fut *utile* qu'il disparût de la scène politique où il avait achevé son rôle, pour s'être usé par son despotisme, et parce qu'il menaçait toutes les existences.

Ce n'est point ici, de notre part, prêcher la sèche *morale de l'utilité*. Pour juger sainement de pareils événemens, de telles révolutions parmi les peuples, il faut examiner *si leur sort s'améliore ou s'il empire*. Si leur bonheur en résulte, le sacrifice de leurs sommités a été utile et nécessaire : sinon, non. Or, si la déportation de Rigaud et de T. Louverture a contribué à notre indépendance, quelles que soient les vicissitudes qu'Haïti ait éprouvées ensuite, n'avons-nous pas gagné à cet état de choses ? Et notre

---

déporter ces deux chefs Ce ne fut pas moins *une faute politique* qui lui aliéna les hommes de couleur et les noirs qu'ils avaient dirigés. Mais au point de vue *des intérêts* mêmes de ces deux partis, leur déportation était aussi *une nécessité politique :* sans cette mesure, *la fusion* de ces deux partis n'aurait pas pu s'effectuer, et *l'indépendance* de la colonie n'aurait pas eu lieu.

La plus grande faute commise par le gouvernement consulaire fut l'expédition elle-même : en laissant T. Louverture gouverner la colonie, il l'eût conservée à la France. L'empereur Napoléon a reconnu cette faute à Sainte-Hélène ; mais, en la commettant, il a rendu *un immense service* à toute la race noire, sous tous les rapports. Les hommes de génie sont les vrais interprètes de la volonté de Dieu, alors même qu'ils s'égarent.

indépendance n'a-t-elle pas grandement contribué à accélérer l'émancipation des noirs dans les Antilles?

Dans ses mémoires, Isaac Louverture affirme *avoir vu des lettres signées Dessalines qui accusaient* T. Louverture d'avoir été l'instigateur de la résistance de Sylla, de la dispersion du bataillon des Gonaïves. Il rappelle à cette occasion *les faveurs* accordées à Dessalines par son ancien chef; il ajoute : « Le général Dessalines qui lui devait tout, « fut, *sans pudeur et sans remords*, son accusateur et son « calomniateur. » Il dit, enfin, que Leclerc, qui lui avait montré ces lettres, le chargea d'en *aviser* son père. Le capitaine-général aurait alors parfaitement joué *son rôle*. Isaac nous paraît excusable *de s'être indigné* de celui que joua Dessalines; mais nous en jugeons à un autre point de vue que le sien. A ses yeux, naturellement, T. Louverture était un homme *utile, nécessaire, indispensable* à Saint-Domingue. Nous pensons tout-à-fait le contraire, comme à l'égard de Rigaud.

Boisrond Tonnerre donne une autre version que la nôtre, *aux motifs* qui portèrent Dessalines *à paraître* entrer dans les vues de Leclerc. Selon lui, dans l'entretien qu'ils eurent au Cap, Leclerc n'aurait point parlé de T. Louverture à Dessalines, mais bien *des mulâtres* qu'il désirait *exterminer*; que Dessalines *parut y consentir*; qu'alors Leclerc lui aurait proposé de lever une armée de 5000 hommes du pays (des noirs sans doute) pour l'exécution de leur massacre[1], et qu'il l'autoriserait à prendre

---

[1] B. Tonnerre prétend que Dessalines reçut de Leclerc 500 doubles louis d'or pour les frais de cette expédition. Isaac affirme qu'il n'en reçut que 100 portugaises, outre une paire de pistolets et un sabre, mais pour le récompenser d'avoir *dénoncé* T. Louverture. Ces présens peuvent lui avoir été faits pour mieux le capter et le porter à servir les vues du gouvernement consulaire.

la quantité d'armes et de munitions qui lui seraient nécessaires. Enfin, il fait rester Dessalines au Cap jusqu'à l'arrestation et l'embarquement de T. Louverture. « Ce « fut le coup de lumière pour Dessalines, » dit son panégyriste.

En présence de l'affirmation d'Isaac Louverture, concernant les lettres qui étaient en possession de Leclerc, on ne peut donner une entière créance aux assertions de Boisrond Tonnerre. Il est fort *probable* que Leclerc aura entretenu Dessalines, *des mulâtres* et de ses desseins *contre eux;* car il n'avait pas déporté Rigaud et d'autres officiers de cette classe, sans avoir des vues déloyales contre elle [1]. Mais il est *impossible* qu'il ne lui ait pas parlé de T. Louverture, alors que les autres généraux désiraient sa déportation, et pour lui faire voir le danger de sa présence dans la colonie, inspirer par-là plus de confiance à Dessalines qu'il avait employé, et dont il voulait se servir pour opérer le désarmement des cultivateurs et les contraindre à la culture. Boisrond Tonnerre n'a voulu, enfin, que soustraire Dessalines à l'accusation de *trahison* envers T. Louverture : accusation vulgaire, sans discernement de la vraie situation politique où était alors Saint-Domingue.

Quoi qu'il en soit, depuis sa soumission, T. Louverture, retiré sur son habitation Descahaux [2], dans la montagne

---

[1] « Mais Leclerc fit tout le contraire ; il abattit *le parti de couleur*, et donna « sa confiance *aux généraux noirs....* » Mémorial de Las Cases.

[2] Dans nos autres volumes, nous avons mal orthographié le nom de cette habitation, en l'écrivant *Descahos.* C'est celle où il aimait à aller *méditer* dans le temps de sa toute-puissance. Les autres habitations qu'il possédait près d'Ennery se nommaient *Sancey*, la première qu'il acheta en 1795, *Beaumont* et *Rouffelier*.

près d'Ennery, s'y livrait *réellement* à des travaux conformes à sa nouvelle position : il y faisait construire une maison pour le logement de sa famille qui, jusque-là, était restée sur l'habitation Vincendière. En apprenant l'arrivée à Ennery de la 31ᵉ demi-brigade, il y vint et trouva que les soldats de ce corps avaient commis des dégâts, des violences sur ses autres habitations situées tout près du bourg. C'était une chose commandée par l'autorité française, pour le porter à des actes qui pussent donner l'occasion de se saisir de sa personne. Il se borna à se plaindre de ces vexations au chef de bataillon Pesquidon, et à en informer Leclerc par une lettre qu'il lui adressa : il observait au capitaine-général que cette garnison de 500 hommes était beaucoup trop considérable pour la localité. Après cela, il remonta à Descahaux.

Le lendemain, Pesquidon s'y rendit comme pour lui faire visite ; mais T. Louverture était trop perspicace pour ne pas découvrir son but, qui était de voir les lieux. En ce moment, il apprit que des soldats de la 31ᵉ s'étaient rendus avec des bêtes de charge sur l'une de ses autres habitations, et qu'ils enlevaient des cafés et autres denrées. Il renouvela ses plaintes à Pesquidon qui lui promit de réprimer ces brigandages ; cet officier se retira ensuite.

Le soupçon qu'il avait conçu de la visite inquisitoriale de Pesquidon le porta à quitter Descahaux pour venir se fixer à Beaumont où ces vols de cafés avaient eu lieu. Sa famille resta à Descahaux. A Beaumont, il s'occupa de travaux de culture. Chaque jour, il éprouvait de nouvelles vexations dans sa propriété : les soldats français s'y rendaient en foule. Il se décida à adresser une nouvelle lettre à Leclerc, qui n'avait pas répondu à la première, et il l'envoya par Placide. Le général Dugua lui fit dire qu'il ferait son rapport à Leclerc ; la lettre lui avait été remise. Placide ne put voir Leclerc, parce qu'il n'était plus agréé depuis qu'il avait pris parti avec son père adoptif.

Pesquidon fut encore visiter T. Louverture à Beaumont : il le trouva à la tête de ses cultivateurs travaillant dans ses champs. *En présence* de cet officier, des soldats de son corps vinrent enlever des vivres sur cette habitation : T. Louverture s'en plaignit à lui, et loin d'y mettre ordre, Pesquidon lui promit d'empêcher ces vexations *à l'avenir.*

Le général Brunet qui commandait aux Gonaïves, ayant le général Vernet sous ses ordres, vint aussi à Beaumont visiter l'ancien gouverneur ; d'autres officiers français y furent également, toujours dans le but de s'assurer de ce qu'il y faisait. Cette inquisition, cet espionnage officiel, en même temps que les soldats de la 31e renouvelaient continuellement l'enlèvement de force des denrées sur cette habitation, fut suivi d'une lettre de Leclerc à T. Louverture, par laquelle *il l'accusait* de garder auprès de lui des hommes armés, en lui ordonnant de les renvoyer. Il s'agissait sans doute des dragons de sa garde d'honneur, qui s'étaient réfugiés sur ses habitations en qualité de cultivateurs. Il paraît, d'ailleurs, que Leclerc était alors sur la voie de menées entre T. Louverture et P. Fontaine, qui était au Cap.

Il répondit à la lettre de Leclerc, en lui renouvelant l'assurance de sa parfaite et sincère soumission, *en niant* qu'il eût des hommes armés auprès de lui, en lui disant qu'il ne s'occupait que de la culture des champs. Il ajouta un exposé des vexations dont il était l'objet de la part des soldats de la 31e, en trop grand nombre à Ennery, et que si le capitaine-général n'y faisait pas remédier, il se verrait contraint *d'abandonner* ses habitations d'Ennery pour *se réfugier* sur la hatte qu'il possédait *dans la partie espagnole*. Isaac fut porteur de sa réponse.

Cette idée de quitter le lieu où il était si bien surveillé décida Leclerc à ordonner son arrestation. La présence d'Isaac au Cap coïncidait avec celle de Dessalines. Ce jeune homme, qui était agréable à Leclerc pour n'avoir point voulu combattre contre les Français, était retenu par des politesses et des caresses, pour qu'on eût le temps de préparer l'arrestation de son père. Leclerc lui fit voir alors les lettres de Dessalines dont nous avons parlé, le chargea d'en instruire l'ex-gouverneur, et de lui dire que le général Christophe avait *de meilleurs sentimens* à son égard.

Mais il avait expédié son aide de camp Ferrari, porteur de l'ordre d'arrestation envoyé au général Brunet. Cet officier, en passant à Ennery, dit à Pesquidon quel était l'objet de sa mission. Cette déclaration parvint à T. Louverture : on était si assuré de l'exécution de cet ordre, qu'on fut indiscret. En même temps, les généraux Vernet et Paul Louverture lui firent donner le même avis : Vernet, son neveu par alliance, devait même venir auprès de lui à ce sujet. On apprit encore à Beaumont, que deux frégates venaient d'arriver aux Gonaïves avec des troupes, et que ces troupes devaient coopérer à l'arrestation ordonnée.

Isaac revint alors du Cap avec une lettre de Leclerc à T. Louverture. La confidence que le capitaine-général lui avait faite des dénonciations écrites de Dessalines, était propre *à calmer les inquiétudes* de l'ex-gouverneur. Isaac avait trop de confiance dans les Français, pour n'avoir pas, probablement, ajouté ses conseils à ce qui n'était qu'une ruse machiavélique de Leclerc : se voyant choyé par celui-ci, lorsque Placide n'avait pas été admis *à l'honneur* de le voir, son inexpérience de jeune homme a pu être égale, en cette circonstance, à la confiance aveugle que T. Louverture avait toujours eue dans les colons et tous les blancs, jusqu'à l'arrivée de l'expédition.

Malgré le conseil que T. Louverture avoue, dans son mémoire, lui avoir été donné *de quitter Beaumont,* il y était resté : c'est qu'une lueur d'espérance était entrée dans son âme, et qu'il comptait, comme il le dit lui-même, sur la parole d'honneur de Leclerc et la protection du gouvernement français. La lettre qu'on va lire était faite pour lui inspirer de la confiance, à lui toujours si méfiant : il oublia alors, probablement, ce proverbe qu'il avait cité dans une occasion où tout souriait à son ambition : *La méfiance est toujours la mère de toute sûreté*. Voici la lettre de Leclerc :

Armée de Saint-Domingue.
Au quartier-général du Cap-Français, le 16 prairial an X de la République (5 juin).
Le général en chef, au général Toussaint.

Puisque vous persistez, citoyen général, à penser que le grand nombre de troupes qui se trouve à Ennery effraie les cultivateurs de cette paroisse, je charge le général Brunet *de se concerter avec vous* pour le placement d'une partie de ces troupes en arrière des Gonaïves et d'un détachement à Plaisance. *Prévenez* bien les cultivateurs que cette mesure une fois prise, je ferai punir ceux qui abandonneraient leurs habitations pour aller dans la montagne. Faites-moi connaître, aussitôt que cette mesure sera exécutée, les résultats qu'elle aura produits, parce que si les moyens de persuasion *que vous emploierez* ne réussissent pas, j'emploierai les moyens militaires.

Je vous salue, LECLERC.

Le même jour, Toussaint Louverture reçut du général Brunet celle qui suit :

Armée de Saint-Domingue.

Au quartier-général de l'habitation Georges, le 18 prairial an X de la République (7 juin).

Brunet, général de division, au général de division T. Louverture.

Voici le moment, citoyen-général, de faire connaître d'une manière incontestable au général en chef, que ceux qui peuvent le tromper *sur votre bonne foi*, sont de malheureux calomniateurs, et que vos sentimens ne tendent qu'à ramener l'ordre et la tranquillité dans le quartier que vous habitez. *Il faut me seconder* pour assurer la libre communication de la route du Cap qui, depuis hier, ne l'est pas, puisque trois personnes ont été égorgées par une cinquantaine de brigands, entre Ennery et la Coupe-à-Pintade. Envoyez auprès de ces hommes sanguinaires des hommes dignes de votre confiance, que vous paierez bien; je vous tiendrai compte de votre déboursé.

Nous avons, mon cher général, *des arrangemens* à prendre ensemble, qu'il est impossible de traiter par lettres, mais qu'une conférence d'une heure terminerait. Si je n'étais pas excédé de travail, de tracas minutieux, j'aurais été aujourd'hui le porteur de ma réponse [1]; mais, ne pouvant sortir ces jours-ci, faites-le vous-même : si vous êtes rétabli de votre indisposition, que ce soit demain; quand il s'agit de *faire le bien*, on ne doit jamais retarder. Vous ne trouverez pas dans mon habitation champêtre tous les agrémens que j'eusse désiré réunir pour vous y recevoir; mais vous y trouverez *la franchise d'un galant homme* qui ne fait d'autres vœux que pour la prospérité de la colonie *et votre bonheur personnel*.

Si Madame Toussaint, dont je désire infiniment faire la connaissance, voulait être du voyage, je serais content. Si elle a besoin de chevaux, je lui enverrai les miens.

Je vous le répète, général, jamais vous ne trouverez d'ami *plus sincère que moi*. De la *confiance* dans le capitaine-général, de *l'amitié* pour tout ce qui lui est subordonné, *et vous jouirez de la tranquillité*. Je vous salue cordialement, BRUNET.

P. S. Votre domestique qui va au Port-au-Prince, a passé ici ce matin : *il est parti* avec sa passe en règle [2].

---

[1] Il paraît que T. Louverture lui avait écrit une lettre, sans doute au sujet des désordres que les soldats français commettaient sur ses habitations, peut-être aussi sur la trop grande force de cette garnison à Ennery.

[2] Ce domestique se nommait Mars Plaisir : loin d'être parti, il avait été arrêté.

Nous avons relaté toutes les circonstances relatives au séjour de T. Louverture sur ses propriétés jusqu'à ces deux lettres, d'après son mémoire adressé au Premier Consul et ceux publiés par son fils Isaac. Si l'on s'y rapporte uniquement, on reconnaît une insigne *perfidie* de la part de Leclerc, après avoir promis à T. Louverture l'oubli du passé et la protection du gouvernement. Mais, avant de porter notre jugement à cet égard, avant de dire comment T. Louverture tomba dans le piége qui lui fut tendu, nous devons à nous-même et à nos lecteurs, de mentionner d'autres circonstances, d'autres documens produits par Leclerc, pour expliquer *les motifs* qu'il a eus d'ordonner l'arrestation et la déportation de T. Louverture. Nous les jugerons également.

Suivant les mémoires de Pamphile de Lacroix, qui a été un écrivain *presque officiel* de l'expédition de Saint-Domingue, — *des subalternes* soumis immédiatement à T. Louverture tenaient des propos indiscrets journellement, *des cultivateurs* répétaient que *leur soumission n'était qu'une suspension d'armes jusqu'au mois d'août*, époque des pluies et des fortes chaleurs qui les produisent, et du développement complet de *la fièvre jaune* sur toute armée européenne, occupant la colonie.

L'expérience du passé l'avait prouvé, effectivement, tant sur les troupes françaises envoyées dans les premières années de la révolution, que sur celles de la Grande-Bretagne. En citant la lettre de T. Louverture à Dessalines, écrite des Gonaïves le 8 février, nous avons relevé cette observation à propos de cette phrase :
« N'oubliez pas qu'en attendant *la saison des pluies qui*
« *doit nous débarrasser de nos ennemis....* » par *la fièvre jaune.* Si cette idée a été émise alors par l'ex-gouverneur,

il se peut fort bien qu'il l'ait répétée encore à ceux qui l'entouraient, pour entretenir leur espoir dans l'avenir.

Cet auteur prétend de plus, que *la police* du capitaine-général réussit à saisir, à intercepter deux lettres écrites par T. Louverture à l'adjudant-général P. Fontaine, son ancien aide de camp, qui était resté au Cap son agent secret.

Dans la première, dont on ne donne pas la date, T. Louverture se serait emporté *en invectives* contre Christophe, et se serait plaint que Dessalines l'a abandonné. Il y exprimait en outre, suivant P. de Lacroix, *le plaisir qu'il éprouvait d'apprendre que la Providence venait enfin à son secours*, en faisant allusion à l'hôpital de la Providence situé au Cap, où mouraient de nombreux soldats français par la fièvre jaune. Il demandait à Fontaine *combien on faisait par nuit de voyages à la Fossette*, cimetière où ces morts étaient enterrés. Il recommandait enfin à Fontaine, de le prévenir aussitôt que Leclerc lui-même tomberait atteint de cette cruelle épidémie.

La seconde était ainsi conçue :

Au quartier Louverture (Ennery), le 7 prairial an X (27 mai).
Le général Toussaint Louverture, au citoyen Fontaine.

Vous ne me donnez pas de nouvelles, citoyen. Tâchez de rester au Cap le plus longtemps que vous pourrez.

On dit la santé du général Leclerc mauvaise à la Tortue, dont il faut avoir grand soin de m'instruire.

Il faudrait voir : : pour des a..... de la Nouvelle. Quant à la farine, dont il nous en faudrait comme de cette dernière, on ne l'enverrait pas sans avoir passé à la Saona[1], pour connaître le point où l'on pourrait en sûreté les mettre.

---

[1] La Saona, petite île située près des côtes de l'Est d'Haïti. Il est assez singulier que *des agents secrets* de T. Louverture s'y seraient trouvés pour indiquer

Si vous voyez le général en chef (Leclerc), dites bien que les cultivateurs ne veulent plus m'obéir. On voudrait faire travailler à Héricourt, dont le gérant ne doit pas le faire.

Je vous demande si on peut gagner quelqu'un près du général en chef, afin de rendre D..... libre : il me serait bien utile, par son crédit, à la Nouvelle et ailleurs.

Faites dire à Gingembre qu'il ne doit pas quitter le Borgne, où il ne faut pas que les cultivateurs travaillent.

Ecrivez-moi à l'habitation Najac.

TOUSSAINT LOUVERTURE.

Cette seconde lettre est *la seule* que Leclerc ait fait publier, à la suite d'une proclamation qu'il rendit le 11 juin, et que nous citerons bientôt. Il y parle de la première, et l'on ne conçoit pas qu'il ait *soustrait* ce document à la connaissance des habitans auxquels il s'adressait : il semble cependant qu'elle aurait dû être publiée aussi, si elle existait réellement.

C'est à raison de ces lettres et des déclarations faites à Leclerc par les généraux Christophe, Clervaux, Maurepas et Dessalines, dit P. de Lacroix, que le capitaine-général *médita* l'arrestation de T. Louverture et l'ordonna à Brunet. Il fait une analyse de la lettre de ce dernier, bien opposée à ce qu'elle fut réellement. Il ajoute, qu'en la recevant, T. Louverture sentit se réveiller son amour-propre, et qu'il s'écria : « Voyez ces blancs, ils ne doutent de « rien, ils savent tout, et pourtant ils sont obligés de ve- « nir consulter le vieux Toussaint. »

Mais, ce que nous avons rapporté ci-dessus du mémoire de ce dernier et de ceux de son fils, détruit ces paroles.

---

aux navires américains dans quel lieu il faudrait débarquer *de la farine et des armes*, alors que tout le pays était soumis aux Français. La mention de cette île n'est-elle pas un indice que cette lettre a été *fabriquée* pour motiver son arrestation ?

Nous remarquons que P. de Lacroix ne cite *aucune lettre* de Leclerc à T. Louverture ; et c'est cependant par suite de celle que lui apporta Isaac, que l'ex-gouverneur accepta la proposition de Brunet, d'aller sur l'habitation Georges. Le fait est, que P. de Lacroix a voulu, *et pour cause*, ôter toute apparence de *perfidie* de la part de son général en chef, dans l'arrestation du Premier des Noirs, pour n'en attribuer qu'à celui-ci.

Selon nous, l'un et l'autre général en étaient capables. Nous avons assez prouvé, ce nous semble, dans notre 5e livre, que la déportation de T. Louverture avait été *prescrite* à Leclerc par *ses instructions;* et nul homme de bon sens ne peut admettre que ce capitaine-général voulait le laisser dans la colonie, après la résistance qu'il avait faite à l'armée française. Pour parvenir à l'exécution de cette mesure contre un homme aussi méfiant, il fallait nécessairement mettre *de la perfidie* dans les procédés usés envers lui. « La méfiance de Toussaint Louverture, « dit P. de Lacroix, rendait son arrestation *difficile*. Elle « fut *méditée* et exécutée avec succès. » Par ces mots, il a qualifié lui-même les moyens qui ont été employés pour arriver à ce résultat.

Quant à T. Louverture, nous devons le reconnaître : il était trop coutumier du fait de *perfidie* pour qu'on admette, qu'en se soumettant à Leclerc, il ne se réservait pas de saisir la première occasion de reprendre les armes, si elle s'offrait à lui. Nous croyons qu'il n'avait effectivement fait *qu'une suspension d'hostilités*, en paraissant résigné et soumis. Au point de vue de cette ambition qu'il avait eue constamment de gouverner Saint-Domingue, ayant été le gouverneur général de cette colonie, il était *impossible* qu'il n'eût pas la velléité de le redevenir *après sa lutte*. Il est fort *probable*, au contraire, que si, à l'arrivée de l'expédition, Leclerc lui eût envoyé ses fils et leur précepteur, avec la lettre du Premier Consul, si flatteuse pour lui à certains égards, en l'accompagnant d'une autre de lui-même contenant des témoignages d'une haute considération, il eût cédé le pouvoir *sans résistance;* car T. Louverture était trop perspicace pour n'avoir pas apprécié sa situation, pour n'avoir pas reconnu qu'il était *dans une impasse*, que sa puissante autorité morale sur ses frères avait perdu tout son prestige, immédiatement après l'assassinat de Moïse et la cruelle vengeance exercée sur les noirs du Nord.

Mais son amour-propre, sa vanité, son orgueil s'étant révoltés contre le manque de tous bons procédés à son égard; la résistance faite par Christophe en incendiant le Cap, la décharge qu'il essuya en allant au-devant de la colonne de Hardy, avaient décidé de son sort. En voyant ensuite la coopération qu'il reçut de plusieurs de ses généraux, de ses troupes et même des cultivateurs du Nord et de l'Artibonite, il s'aveugla *sur les causes réelles de leur résistance*, et il dut croire que *l'opinion* était revenue en sa faveur. De là son espoir de remonter au pouvoir, et les manœuvres secrètes qu'il préparait et dont ses deux lettres à Fontaine seraient la preuve. On conçoit que s'adressant ensuite au Premier Consul, il ne pouvait que se présenter comme une victime de la mauvaise foi ou des préventions injustes du général Leclerc. Par la même raison, Isaac, qui a pu néanmoins *ignorer* ce que faisait son père en secret, ne l'aurait pas dévoilé dans ses mémoires publiés pour sa justification.

Quoi qu'il en soit, voyons-le se dirigeant sur l'habitation Georges pour y joindre le général Brunet. Différentes versions ont été faites sur les circonstances de son arrestation: laissons-le parler lui-même, d'après son mémoire.

« Après ces deux lettres, dit-il, quoique indisposé, je
« me rendis *aux sollicitations de mes fils* et d'autres per-
« sonnes, et partis *pendant la nuit même* pour voir le
« général Brunet, accompagné de deux officiers seule-
« ment. A 8 heures du soir, j'arrivai chez ce général [1].
« Quand il m'eut introduit dans sa chambre, je lui dis
« que j'avais reçu sa lettre, ainsi que celle du général en
« chef qui m'invitait à me concerter avec lui, et que je
« venais pour cet objet; que je n'avais pas pu emmener
« mon épouse, suivant ses désirs, parce qu'elle ne sortait
« jamais, ne voyant aucune société et ne s'occupant
« uniquement que de ses affaires domestiques; que si,
« lorsqu'il serait en tournée, il voulait bien lui faire l'hon-
« neur de la visiter, elle le recevrait avec plaisir. Je lui
« observai qu'étant malade, je ne pouvais pas rester long-
« temps avec lui, que je le priais en conséquence de ter-
« miner le plus tôt possible nos affaires, afin de pouvoir
« m'en retourner. Je lui communiquai la lettre du géné-
« ral Leclerc. Après en avoir pris lecture, il me dit qu'il
« n'avait encore reçu aucun ordre de se concerter avec
« moi sur l'objet de cette lettre; il me fit ensuite des excu-
« ses sur ce qu'il était obligé de sortir un instant; il sortit
« en effet, après avoir appelé un officier pour me tenir
« compagnie. A peine était-il sorti, qu'un aide de camp
« du général Leclerc entra accompagné d'un très-grand

---

[1] Le 7 juin, jour de la date de la lettre de Brunet. Les deux officiers qui accompagnaient T. Louverture, étaient Placide et César.

« nombre de grenadiers, qui m'environnèrent, s'empa
« rent de moi, *me garottèrent comme un criminel*, et me
« conduisirent à bord de la frégate *la Créole. Je réclamai*
« *la parole* du général Brunet *et les promesses* qu'il m'a
« vait faites, mais inutilement ; je ne le revis plus. Il s'était
« probablement *caché* pour se soustraire aux reproches
« bien mérités que je pouvais lui faire. »

Oui, Brunet se cacha, parce qu'il venait d'être l'instrument d'une action perfide ; mais il ne put se soustraire au plaisant et flétrissant sobriquet de *gendarme,* que lui appliquèrent *les soldats français* de l'expédition, et qu'il mérita bien mieux encore par les mesures de rigueur qu'il exerça sur les noirs du Nord, par l'arrestation injuste du brave Maurepas. Toujours malin et spirituel, le Français plaisante de tout ; en cette occasion, ces braves soldats firent plus qu'une plaisanterie : ils prononcèrent un jugement basé sur les principes de la justice, ils vengèrent T. Louverture.

Nous ajoutons ici ce que ne contient pas son récit.

Pendant son séjour à Beaumont, T. Louverture allait quelquefois dans le bourg d'Ennery : toujours les soldats des postes lui rendaient les honneurs dus à un officier général. Lorsqu'il y passa pour aller auprès de Brunet, ces honneurs ne lui furent pas rendus : Pesquidon l'avait empêché, car il était dans le secret de ce qu'on préparait à l'ex-gouverneur. C'était presque un avertissement pour ce dernier, il n'y prit pas garde[1].—Arrivé à la Coupe-à-Pintade,

---

[1] Nous avons entendu raconter qu'en passant à Ennery, T. Louverture rencontra un vieux noir, ancien militaire, qu'il connaissait. Cet homme ne lui ayant pas marqué le respect auquel il était habitué, il le menaça de le faire arrêter ; mais le vieux noir lui répondit en créole : *Rété! Rété! nous toutes pas rété dijà !* (M'arrêter ! ne sommes-nous pas tous arrêtés déjà ?) C'était un avertissement qu'il voulait donner à son ancien chef, qui ne le comprit pas.

Placide ne put continuer la route avec son père, son cheval ayant fléchi. César se trouva seul officier avec lui.

L'aide de camp de Leclerc qui entra dans la chambre avec les grenadiers, était Ferrari qui avait apporté à Brunet l'ordre d'arrestation. En les voyant, T. Louverture se leva, dégaîna son sabre *pour se défendre*; mais,—« Ferrari « s'avança vers lui, *l'arme baissée*, et lui dit : — Général, « nous ne sommes point venus ici pour attenter à vos « jours. Nous avons seulement l'ordre de nous assurer de « votre personne » [1]. A ces mots, T. Louverture remit son sabre dans le fourreau.

Il ne paraît pas que jusque-là, il ait proféré aucune parole, ni de colère, ni d'indignation. Ce n'est que lorsqu'on eut porté la main sur lui pour le garotter, qu'il en appela *à la parole d'honneur* de Brunet et aux promesses qu'il lui avait faites par sa lettre.

Doit-on *regretter* que T. Louverture n'ait pas subi en cette circonstance, de même que Rigaud, l'impulsion de la colère, de l'indignation, pour jeter son sabre *avec mépris* à ceux qui vinrent l'arrêter?

Il faut distinguer entre le caractère de ces deux chefs, et les circonstances qui accompagnèrent leur arrestation. Rigaud, souvent impétueux, n'était pas capable de feindre son indignation, lorsque le capitaine de *la Cornélie* lui demanda son épée avec insolence : il devait la jeter à la mer. T. Louverture, toujours plus maître de lui-même, dut être encore calme par les paroles que lui adressa Ferrari : elles ne respiraient point le ton arrogant qu'avait pris l'autre officier. Il devait penser qu'en l'arrêtant, on userait du moins *du respect et des égards* qu'on lui devait.

---

[1] Mémoires d'Isaac.—P. de Lacroix a largement brodé sur les circonstances de cette arrestation. T. 2, p. 203.

Mais, en se voyant lier comme un criminel, il put, il dut en appeler *à l'honneur* de Brunet, qui lui avait tendu ce piége. Son récit ne dit pas de quels termes il se servit. Eh bien! cet appel à l'honneur du général français, est à nos yeux, la protestation *la plus digne* qu'il pût faire dans cette circonstance.

Ce fut une infamie que d'avoir garotté, comme un vil criminel, ce Noir dont la Convention nationale avait fait un *général français;* — que le Directoire exécutif avait confirmé au grade de *général de division*, au rang de *général en chef;* — qui fut encore confirmé à ce dernier poste par le Premier Consul, et élevé par lui à la dignité de *capitaine-général*, bien que le brevet ne lui en fût pas envoyé. Quels que soient *les torts* qu'il eut, au point de vue de la souveraineté de la France, T. Louverture ne lui avait pas moins rendu des services éminens à Saint-Domingue.

Nous admettons que le principe de cette souveraineté, que la politique du gouvernement consulaire, exigeaient son arrestation et sa déportation de la colonie. Nous l'admettons d'autant plus, *que nous considérons cet acte comme ayant été extrêmement utile à la complète liberté de la race noire.* Mais on pouvait s'assurer de sa personne, sans employer à son égard les formes indignes qui ont été mises en pratique. Le général Brunet avait un nombreux détachement de troupes sur l'habitation Georges, située à une lieue des Gonaïves ; il en avait échelonné d'autres sur la route qui y conduit, au moyen des forces que les deux frégates avaient amenées dans ce port ; il pouvait y faire conduire son prisonnier avec d'autant plus de sûreté, que ce dernier n'avait qu'un seul officier auprès de lui, devenu également prisonnier.

A minuit du 7 au 8 juin, T. Louverture arriva aux Gonaïves où il fut de suite embarqué sur la frégate *la Créole*. César le fut sur *la Guerrière*, où vinrent le joindre Morisset et J. B. Dupuy, arrêtés le même soir aux Gonaïves. Le lendemain, Placide Louverture et Michel, qui avaient été arrêtés à la Coupe-à-Pintade, furent aussi amenés aux Gonaïves et embarqués sur cette frégate. Enfin, Madame Louverture, son fils Isaac, sa nièce (Mlle Chancy, devenue Madame Isaac) et Monpoint, arrêtés sur leurs habitations ou à Ennery, furent également conduits sous une forte escorte de troupes et placés à bord de *la Guerrière*, ainsi que Mars Plaisir.

T. Louverture se trouva sur *la Créole* avec les seuls vêtemens qu'il avait sur lui. Son fils raconte que le capitaine de cette frégate eut pour son illustre prisonnier les attentions les plus délicates. Nous regrettons qu'il n'ait pas fait connaître le nom de ce brave marin, pour le consigner dans ces pages, et le recommander à l'estime de la race noire.

L'ordre d'arrestation de Madame Louverture et de sa famille fut apporté par l'aide de camp Granseigne à Pesquidon. Ces officiers firent assaillir leur paisible demeure *à coups de fusil*, par quatre cents soldats; ils *pillèrent eux-mêmes ou laissèrent piller* les effets de cette famille, irresponsable des faits imputés à l'ex-gouverneur de Saint-Domingue. On se sent entraîné à excuser en quelque sorte une soldatesque effrénée, dans certaines circonstances de la guerre, qui se livre au pillage des vaincus; mais, qu'à l'occasion de l'arrestation d'une famille, de femmes inoffensives, des officiers supérieurs souffrent un tel désordre; que ces officiers eux-mêmes, *des officiers français surtout*, y prennent part, en souil-

lant ainsi les nobles épaulettes du commandement qu'ils ont bravement gagnées sur le champ de bataille, c'est ce que l'historien, interprète de la postérité, doit flétrir avec énergie.

La Créole avait immédiatement fait voile pour le Cap. *La Guerrière* attendit, pour s'y rendre, qu'on apportât les effets de la famille de T. Louverture et ceux dont il avait besoin lui-même ; il les avait demandés par une lettre adressée à sa femme et remise à Ferrari ; mais, après quatre jours de vaine attente, cette frégate quitta le port des Gonaïves pour se rendre au Cap.

Dans cette ville se trouvait le jeune fils de T. Louverture, nommé Saint-Jean, âgé d'environ onze ans. Confié à M. Granville, son précepteur, cet enfant était avec sa dame du côté des Gonaïves, le jour où le général Leclerc y entra au mois de février. Emmené avec cette dame au capitaine-général par les troupes françaises, ils avaient été envoyés au Cap. Quand T. Louverture y fut faire sa soumission, Leclerc avait fait venir cet enfant auprès de son père, qui le laissa avec son précepteur. Dès qu'il apprit l'arrestation qu'il avait ordonné, Leclerc fit mettre Saint-Jean à bord du vaisseau *le Héros*, destiné à aller en France. Ce vaisseau louvoyait en vue du Cap et à quatre lieues au large, lorsque *la Créole* l'aborda pour y mettre son prisonnier. En montant sur *le Héros*, T. Louverture s'adressa au chef de division Savari qui le commandait et lui dit avec calme et fermeté : « *En me renversant, on n'a abattu à Saint-Domingue que le tronc de l'arbre de la liberté des Noirs; il repoussera par les racines, parce qu'elles sont profondes et nombreuses.* [1] »

[1] Pamphile de Lacroix, t. 2, p. 203.

L'auteur à qui nous empruntons cette particularité, qualifie ces paroles de *mémorables*. M. Thiers, dans son Histoire du consulat et de l'empire, les qualifie de *grandes*. Elles sont *grandes et mémorables*, en effet ; elles portent l'empreinte du bon sens qui distinguait T. Louverture parmi tous ses contemporains ; elles sont une preuve de plus du génie qu'il montra dans la direction des affaires publiques de son pays ; elles sont, enfin, l'expression de la dignité qu'il mettait toujours dans l'exercice du pouvoir, et surtout une noble protestation contre sa déportation, contre le but coupable qui fit concevoir l'expédition commandée par le général Leclerc.

N'examinons pas, en ce moment, s'il ne contribua point à faire naître la pensée de cette entreprise, par les erreurs de ses vues politiques, par les rigueurs insensées de son administration despotique. Bientôt, nous porterons notre dernier jugement sur sa vie publique. Qu'il nous suffise de faire remarquer le grand sens de ces judicieuses paroles, qui lui furent sans doute inspirées par cette divine Providence qui n'a pu créer les hommes de la race noire, pour qu'ils fussent éternellement *les esclaves* de ceux de la race blanche.

Oui, T. Louverture avait raison de penser et de dire, *que la liberté ne périrait point à Saint-Domingue ;* car, s'il porta lui-même une main sacrilège sur cet arbre élevé *sans sa participation* [1], il savait, il devait savoir *qu'en dépit des gouvernemens*, sa sève était trop vigoureuse pour n'en pas produire les fruits tôt ou tard. Les racines qu'il enfonce dans le sol, c'est *le peuple* aux cent mille voix qui

---

[1] Au 29 août 1793, quand Sonthonax prononça *la liberté générale des noirs*, T. Louverture *refusait* de se so mettre à la République française et servait l'Espagne, qui maintenait *leur esclavage*.

se fait entendre lorsque l'occasion le nécessite ; ce sont *ses volontés* qui savent se réunir sous une direction suprême, afin de se forger des armes pour conquérir des droits méconnus, et balayer en quelques heures les gouvernemens les mieux assis

Il y a de plus dans ces paroles du Premier des Noirs, quelque chose de flatteur pour les hommes de sa race, pour ceux de son pays : c'est cet hommage qu'il rendit, tardivement, à la vigueur qu'il leur connaissait ; c'est cet aveu qu'il fait, *de n'être pas nécessaire, indispensable au triomphe final de ses frères.* Sachons tenir compte à sa mémoire de cette prophétie remarquable, prononcée en face de ses oppresseurs, en face du ciel et de la postérité.

A l'arrivée de *la Guerrière* devant le Cap, la famille de T. Louverture fut transbordée sur *le Héros*, avec Mars Plaisir : les officiers, y compris Gingembre arrêté au Borgne, passèrent à bord de *la Nathalie*. Ces deux navires partirent le 16 juin pour se rendre en France. Le 12 juillet, ils mouillèrent dans la rade de Brest où ils durent faire quarantaine, à cause de la mort de quelques hommes de leur équipage pendant la traversée.

Peu de jours après, le vaisseau *l'Aigle* y arriva aussi, ayant à son bord le jeune Chancy qui fut embarqué au Cap [1].

D'autres officiers, soit de l'ancien parti de T. Louver-

---

[1] Chancy, âgé de 20 ans et chef d'escadron, avait passé à l'état-major de Leclerc. Le 30 avril, étant au Cap, Leclerc lui permit d'aller aux Cayes pour régler quelques intérêts. Laplume s'était emparé d'un moulin et de quelques chevaux qui lui appartenaient : ne voulant pas les lui remettre, il signifia à Chancy l'ordre de quitter les Cayes, et le dénonça à Leclerc. C'était la même manœuvre qu'à l'égard de Rigaud. De retour au Cap au moment où T. Louverture venait d'être déporté, Chancy le fut aussi. Nous avons vu des documens qui constatent ces faits, des lettres de Chancy lui-même, datées de Toulon.

ture, soit de celui de Rigaud, furent encore déportés à la même époque, sur la frégate *le Muiron* qui les amena à Toulon.

Le chef de division Savari n'eut point pour T. Louverture, ni même pour sa femme, sa nièce et ses fils, *les égards* que réclamait leur position : le mémoire au Premier Consul se plaint de ses procédés. Le général Leclerc lui aura sans doute donné des ordres à cet effet.

CHAPITRE VI.

Jugement et exécution à mort de P. Fontaine. — T. Louverture réfute le projet qui lui fut attribué. — Proclamation du capitaine-général sur sa déportation. — Lettre au ministre de la marine. — Séquestre des biens de T. Louverture. — Il écrit de Brest au Premier Consul et au ministre de la marine. — Dégradation et déportation de Placide à Belle-Ile-en-Mer. — Sa lettre d'adieux à ses parens. — T. Louverture est débarqué du *Héros* et amené au fort de Joux. — Chancy à Ajaccio. — Le reste de la famille à Bayonne. — Beau trait du général français Ducos. — Mission du général Cafarelli au fort de Joux, ses entretiens avec le prisonnier, interrogations qu'il lui fait, et réponses. — Jugemens portés par T. Louverture sur ses généraux et autres officiers. — *Défense* pour T. Louverture contre les imputations qui lui ont été faites. — Il n'était responsable que de ses actes depuis sa soumission. — Citations de quelques passages de son Mémoire au Premier Consul. — Il lui adresse deux autres lettres. — Sa maladie, et enlèvement de Mars Plaisir du fort de Joux. — Mort de T. Louverture racontée par Antoine Métral. — Examen de cette relation. — Jugement sur la vie politique et militaire de T. Louverture. — Sa famille est transférée à Agen. — André Rigaud s'y trouve avec elle. — Évasion de Chancy, d'Ajaccio. — Mort de Pinchinat à l'infirmerie de la Force, à Paris.

Dès qu'il eut appris l'arrestation de T. Louverture, le général Leclerc fit aussi arrêter P. Fontaine, qui fut livré au jugement d'une commission militaire. Vraies ou fausses, les deux lettres qui servirent de base à l'accusation portée contre l'ex-gouverneur, motivèrent la condamnation *à mort* de son ancien aide de camp, considéré comme son complice. Ce brave officier subit sa peine avec un

grand courage : « Un instant avant sa mort, dit P. de La-
« croix, il fit par écrit ses adieux à sa famille dans les
« termes les plus touchans. Cet écrit était un chef-d'œuvre
« d'éloquence et de résignation¹. »

Nous regrettons de ne pouvoir le produire ici, pour honorer la mémoire de Fontaine; mais du moins, ces deux lignes que nous empruntons à l'historien français y suppléent en partie. Nous eussions aimé à savoir si, par-devant ses juges, l'accusé aura protesté ou non de son innocence; car, ç'aurait été un moyen d'éclaircir le fait imputé à T. Louverture.

Celui-ci, rendu en France, eut l'occasion de lire dans les journaux ce qui lui était attribué à cet égard, et il a ajouté un paragraphe à son mémoire adressé au Premier Consul, pour repousser cette accusation : « *Je n'ai jamais* « *écrit de pareille lettre*, dit-il, *et mets au défi qui que* « *ce soit de la produire,* de me citer à qui je l'ai adressée, « et de faire paraître cette personne. Au reste, cette ca- « lomnie tombe d'elle-même : si j'avais eu l'intention de « reprendre les armes, les aurais-je déposées, et aurais-je « fait ma soumission ? Un homme raisonnable, encore « moins un militaire, ne peut supposer une pareille ab- « surdité. »

Ayant lu encore une lettre de Leclerc au ministre de la marine, concernant son intention de reprendre les armes et le commandement de la colonie, quand la fièvre jaune

---

¹ Leclerc eut la pensée de déporter Fontaine en France. Une liste, *signée de lui*, porte le nom de Fontaine parmi ceux des autres officiers embarqués sur *la Nathalie*; mais il se ravisa, sans doute, et le fit juger. Cette liste dit de tous ces officiers : « Ce sont *des affidés* de T. Louverture, *couverts de crimes.* « *Aucun de ces scélérats ne mérite le moindre ménagement.* » Est-il alors étonnant que le chef de division Savari ait eu de mauvais procédés pour les prisonniers du *Héros ?*

aurait complètement paralysé les troupes françaises, T. Louverture a repoussé cette imputation en prétendant qu'il avait dit *plusieurs fois* que, Leclerc marchant contre lui, il se bornerait *à se défendre jusqu'au mois de juillet ou août*, et *qu'alors il eût commencé à son tour*; c'est-à-dire, qu'à cette époque il aurait pris lui-même la guerre offensive; mais qu'il avait réfléchi ensuite sur les malheurs de la colonie et sur la lettre du Premier Consul, et qu'il fit sa soumission.

Cette manière de se défendre est en quelque sorte un aveu des intentions qu'on lui a prêtées, surtout lorsqu'on envisage sa lettre à Dessalines, datée des Gonaïves, et qu'on se rappelle à quel point il aimait son pouvoir. Il est d'ailleurs peu de chefs qui, dans de pareilles circonstances, n'auraient pas songé à y remonter. Quand on a bu à cette coupe délicieuse de l'autorité, il est difficile de la rejeter ensuite. Prisonnier, réclamant un adoucissement à son état, il n'aurait pu convenir au surplus d'une intention coupable contre la souveraineté de la France qu'il avait déjà méconnue.

Après l'exécution de l'infortuné Fontaine, le général Leclerc publia la proclamation suivante :

Au quartier-général du Cap, le 22 prairial an X (11 juin).
Le général en chef, capitaine-général de la colonie de Saint-Domingue,
Aux habitans de Saint-Domingue.
Citoyens,

Toussaint conspirait; vous en jugerez par une lettre ci-jointe adressée au citoyen Fontaine. Je n'ai pas dû compromettre la tranquillité de la colonie. Je l'ai fait arrêter, embarquer, et je l'envoie en France, où il rendra compte de sa conduite au gouvernement français. Dans une autre lettre adressée au citoyen Fontaine, *il s'emporte en invectives* contre le général Christophe, et *il se plaint* que le général Dessalines l'a abandonné.

Il avait défendu à Sylla de mettre bas les armes, et aux cultivateurs de ne travailler à d'autres plantations qu'à celles de leurs vivres.

Il avait envoyé un de ses complices au général Dessalines, pour l'engager à ne pas se soumettre de bonne foi : le général Dessalines *me l'a déclaré*.

Il comptait beaucoup, à Saint-Marc, sur Manisset : il est arrêté [1].

J'ai sévi contre ce grand coupable, et j'ordonne aux généraux de division de l'armée *de faire rentrer de vive force*, tous les cultivateurs qui sont encore *en armes* dans les campagnes.

Les cultivateurs ne sont pas les plus coupables : ce sont ceux qui les égarent. En conséquence, tout commandant de garde nationale, tout officier, tout gérant ou propriétaire qui sera trouvé dans un rassemblement armé, *sera fusillé de suite*.

Quant à la commune d'Ennery, j'ordonne qu'elle soit désarmée sur-le-champ, pour avoir été si longtemps à se soumettre.

Le général Brunet fera de suite exécuter cet ordre.

Le chef de l'état-major fera imprimer, publier et afficher le présent ordre avec *la lettre* du général Toussaint, et l'enverra de suite à toute l'armée et dans toute la colonie.

LECLERC.

Le dernier paragraphe de cet ordre du jour implique nécessairement un machiavélisme de la part du capitaine-général, puisqu'il n'ordonna que l'impression de *la lettre* de T. Louverture, tandis qu'il lui en a attribué *deux*: ce machiavélisme consistait à gagner Dessalines et Christophe à la cause française, en leur faisant accroire que leur ancien chef s'était plaint de l'un, avait lancé des invectives contre l'autre. En même temps, il y ajoutait *en signalant* Dessalines comme lui ayant *dénoncé* le malheureux prisonnier du *Héros*. Il croyait sans doute désigner ainsi Dessalines *à l'animadversion* de l'armée et de la population indigènes : *il le leur recommandait* au con-

---

[1] Manisset fut aussi, comme Fontaine, condamné à mort et exécuté.

traire, en leur apprenant qu'il avait contribué à l'éloignement de l'homme qu'elles redoutaient. Admirable effet d'un système de gouvernement en opposition avec les principes de la morale! Ceux qui s'en servent réussissent d'abord ; mais cette arme déloyale finit toujours par tourner contre eux pour les abattre.

Nous lisons dans l'ouvrage de Thibaudeau que, le même jour, 11 juin, le général Leclerc écrivit une lettre au ministre de la marine, où il lui disait : « J'envoie en « France, avec toute sa famille, cet homme si profondé- « ment *perfide*, qui, avec tant d'*hypocrisie*, nous a fait « tant de mal. Le gouvernement verra ce qu'il doit en « faire. » Cet auteur ajoute cette réflexion, dont nous lui savons bon gré : « C'était une recommandation *peu géné-* « *reuse* de la part du vainqueur. *Un ennemi malheureux,* « *le Premier des Noirs, méritait plus d'égards*[1]. »

Enfin, le 13 juin le capitaine-général rendit un arrêté par lequel il ordonna le séquestre des biens de T. Louverture ; mais il décida en même temps que cet acte ne serait pas imprimé, pour qu'il n'acquît pas de la publicité. Cependant, le prisonnier du *Héros* a pu apprendre cette mesure ; car il s'est plaint dans son mémoire de la saisie *de ses propriétés* et de ses papiers.

Complétons une fois tous les renseignemens que nous

---

[1] T. 3, p. 134. — Le 6 juillet, Leclerc écrivit une autre lettre où l'on voit ce qui suit :

« Vous ne sauriez tenir Toussaint *à une trop grande distance de la mer, et* « *le mettre dans une prison trop sûre*. Cet homme avait fanatisé ce pays à tel « point, que *sa présence* le mettrait encore en combustion. J'ai demandé au « gouvernement ce qu'il fallait faire de ses biens. Je pense qu'il faut *les confis-* « *quer* ; je les ai fait séquestrer provisoirement. »

Ainsi, la détention rigoureuse de T. Louverture, *loin de la mer*, a été provoquée par Leclerc.

avons sur le sort fait à T. Louverture et à sa famille.

Huit jours après son arrivée à Brest, étant encore en quarantaine, il adressa au Premier Consul la lettre suivante :

A bord du vaisseau *le Héros*, 1er thermidor an X (20 juillet).

Le général Toussaint Louverture,

Au général Bonaparte, Premier Consul de la République française.

Citoyen Premier Consul,

Je ne vous dissimulerai pas *mes fautes* : j'en ai fait quelques-unes. Quel homme en est exempt ? *Je suis prêt à les avouer.*

Après la parole d'honneur du capitaine-général qui représente le gouvernement français, après une proclamation promulguée à la face de la colonie, dans laquelle il promettait de jeter le voile de l'oubli sur les événemens qui ont eu lieu à Saint-Domingue, comme vous avez fait le 18 brumaire, je me suis retiré au sein de ma famille. A peine un mois s'est écoulé, que des malveillans, à force d'intrigues, ont su me perdre dans l'esprit du général en chef, en lui inspirant de la méfiance contre moi. J'ai reçu une lettre de lui qui m'ordonnait de me concerter avec le général Brunet : j'ai obéi. Je me rendis, accompagné de deux personnes, aux Gonaïves, où l'on m'arrêta. L'on me conduisit à bord de la frégate *la Créole*, j'ignore pour quel motif, *sans d'autres vêtemens* que ceux que j'avais sur moi. Le lendemain ma maison fut en proie *au pillage* ; mon épouse et mes enfans sont arrêtés : *ils n'ont rien, pas même de quoi se vêtir.*

Citoyen Premier Consul, une mère de famille, à 53 ans, peut mériter l'indulgence et la bienveillance d'une nation généreuse et libérale ; elle n'a aucun compte à rendre ; *moi seul dois être responsable de ma conduite* auprès de mon gouvernement. J'ai une trop haute idée *de la grandeur et de la justice* du premier magistrat du peuple français, pour douter un moment de son impartialité. J'aime à croire que la balance, dans sa main, ne penchera pas plus d'un côté que de l'autre. *Je réclame sa générosité.*

Salut et respect,

TOUSSAINT LOUVERTURE.

Il écrivit en même temps celle qui suit, au ministre de la marine :

Citoyen ministre,

Je fus arrêté avec toute ma famille par l'ordre du capitaine-général, qui m'avait cependant donné sa parole d'honneur, et qui m'avait promis la protection du gouvernement français. J'ose réclamer et sa justice et sa bienveillance. *Si j'ai commis des fautes, moi seul en dois subir les peines.*

Je vous prie, citoyen ministre, de vous intéresser auprès du Premier Consul pour ma famille et pour moi.

Salut et respect, TOUSSAINT LOUVERTURE.

Ces deux lettres, d'un style simple, font déjà pressentir le mémoire qu'il adressa ensuite au Premier Consul, pour exposer sa situation et les motifs de sa conduite politique et militaire [1]. Nous aimons à trouver dans ces lettres cette sollicitude du père de famille, qui cherche à intéresser le gouvernement français en faveur de la sienne, irresponsable de tout ce qu'il pouvait lui reprocher à lui-même, — de même que nous avons aimé à trouver dans la lettre de Rigaud au ministre de la marine, à son arrivée à Brest, une sollicitude semblable pour les officiers déportés avec lui. Mais T. Louverture s'adressait *à la politique*, qu'il avait si mal comprise lui-même, et la politique n'a pas toujours des entrailles paternelles. Le Premier Consul était destiné à le savoir aussi un jour.

La quarantaine du *Héros* continua; et à sa fin, le premier d'entre ses passagers, nous voulons dire ses prisonniers, qui eut à souffrir des rigueurs du gouvernement français, fut ce Placide au noble cœur, qui crut devoir à son père adoptif le sacrifice de tout l'attachement qu'il avait pour la France, à qui il devait son éducation. Dès le 23 juillet, trois jours après les lettres de T. Louverture, le

[1] Les deux lettres ont été écrites par Placide, sous la dictée de T. Louverture.

Premier Consul rendit un arrêté qui lui enleva *le grade de sous-lieutenant*, auquel il avait été promu en 1800. La distinction entre *le grade et l'emploi* fut ainsi méconnue, violée à son égard : cette violation de la loi n'avait d'autre motif que la conduite de ce jeune homme à Saint-Domingue. *On l'honora ainsi d'un signe de réprobation.* Aussi fut-il bientôt enlevé du *Héros*, par le brig *la Naïade* qui le porta à Belle-Ile-en-Mer, où il rencontra le brave J.-B. Belley, ancien membre de la Convention nationale et des Cinq-Cents, adjudant-général, récemment déporté du Cap avec Rigaud. Ce vieillard y mourut en exil : il avait commencé à servir la France dans l'expédition de Savannah, en 1779.

Avant de s'y rendre, étant encore dans la rade de Brest, Placide adressa à T. Louverture, à sa mère, à ses parens, la touchante lettre qui suit :

Rade de Brest, 24 thermidor (12 août).

Mon cher papa et chère maman,

Je suis à bord du brig *la Naïade*; j'ignore encore mon sort ; *peut-être je ne vous reverrai jamais :* en cela je n'accuse que mon destin. N'importe où je serai, je vous prie de prendre courage, *de penser quelquefois à moi.* Je vous donnerai de mes nouvelles, si je le puis : donnez-moi des vôtres, si vous en trouvez l'occasion. Je suis très-bien ; je suis avec des personnes *qui ont beaucoup de bontés pour moi*, qui m'ont promis de me les continuer. — Isaac et Saint-Jean, *n'oubliez pas votre frère : je vous aimerai toujours.* Bien des choses à vous tous : embrassez pour moi ma cousine. Je vous embrasse comme je vous aime.

Votre fils,   PLACIDE LOUVERTURE.

C'est le sentiment filial, c'est la consolation adressée à l'homme malheureux alors, qui prit soin de Placide, de son éducation, qu'il faut chercher dans cette lettre : elle lui fait honneur, autant que le dévouement qu'il lui montra dans les récentes circonstances qui venaient de se passer. On aime à trouver la gratitude dans le cœur d'un jeune homme. Placide resta à Belle-Ile-en-Mer jusque dans le courant de 1804.

Le 13 août, à 5 heures du matin, un officier de gendarmerie et quatre gendarmes vinrent prendre à son tour T. Louverture et son domestique, Mars Plaisir, à bord du *Héros* : ils furent débarqués à Landerneau, petite ville près de Brest, où se trouvait une forte escorte de cavalerie attendant ce prisonnier d'État. Celui-ci voyagea en voiture jusqu'à Besançon, où il arriva dans la nuit du 22 au 23 août : il y fut mis en prison durant une journée; et le 24, à 2 heures du matin, on le conduisit au fort de Joux, où il fut enfermé dans un cachot.

Chancy, prisonnier à bord de *l'Aigle*, fut envoyé à Toulon où l'amiral Gantheaume eut des bontés pour lui. Le 2 novembre, avant de l'expédier à Ajaccio, avec d'autres officiers de Saint-Domingue, cet amiral s'honora en réclamant du ministre de la marine, qu'il n'y fût pas placé *aux bagnes* comme les autres.

Au retour de *la Naïade*, Madame Louverture, ses fils, Isaac et Saint-Jean, Mad[lle] Chancy, sœur du jeune officier [1], et leurs domestiques, furent embarqués pour

---

[1] Chancy, un autre frère, Madame Vernet et Mademoiselle Chancy, étaient les enfans de couleur de Mademoiselle Coco Chancy, femme noire, et du colon Chancy, habitant des Cayes. Mademoiselle Coco était nièce de T. Louverture, étant fille de sa sœur noire nommée Génevièfe, qu'il retrouva aux Cayes, en août 1800.

On raconte qu'à son entrée aux Cayes, T. Louverture fit savoir qu'il avait une sœur nommée *Géneviève*, anciennement esclave comme lui de l'habitation Breda, qui fut vendue fort jeune à un blanc, lequel l'amena dans cette ville. Comme on connaissait une femme noire de ce nom, demeurant dans le lieu des Cayes appelé *la Savanne*, des colons allèrent auprès d'elle s'informer de son

Bayonne. Cette famille fut accueillie avec beaucoup de bienveillance par les autorités de cette ville : elle y arriva le 1er septembre, dans le plus grand dénûment de toutes choses. Le 4, le général de brigade Ducos, commandant de la place, écrivit une lettre au ministre de la marine, où se trouvait cette expression d'un cœur compatissant : « *Si j'étais plus fortuné, je viendrais à leur secours.* » Il faisait savoir à quelle misère étaient réduites ces personnes. De même que le préfet Nogaret, qui réclama la sollicitude du gouvernement en faveur de la famille de Rigaud, le général Ducos honora son pays en s'honorant lui-même. La famille de T. Louverture reçut du gouvernement une allocation de 150 francs par mois.

Revenons à T. Louverture.

Il paraît qu'aussitôt son entrée au cachot, il sentit la nécessité ou la convenance de rédiger son mémoire, — ses lettres au Premier Consul et au ministre de la marine n'ayant pas empêché qu'il fût relégué à l'extrémité de la France, dans une vallée élevée où il dut ressentir le froid dès son arrivée. Il l'écrivit lui-même ; et plusieurs copies

---

origine, et lui parlèrent du général en chef ; elle se ressouvenait d'être sortie de l'habitation Breda, et d'avoir eu un jeune frère. Ces colons se virent alors sur la trace d'une découverte qui ferait plaisir à T. Louverture. « Mais, dit « Géneviève, ce ne peut être *ce petit garçon* qui serait devenu le chef de la « colonie ! »

Cependant, elle déclara que son jeune frère avait eu un doigt de la main gauche brisé dans une circonstance qu'elle relata. Aussitôt, les colons accoururent chez T. Louverture, à qui ils dirent cette particularité. Il se transporta de suite chez Géneviève ; et là, se rappelant mutuellement d'autres circonstances, le doute n'était plus permis : le général en chef avait retrouvé sa sœur ! Il la combla de caresses, ainsi que sa fille Coco et les enfans de couleur de celle-ci ; il leur fit du bien immédiatement, prit Chancy à son état-major, et amena ses sœurs auprès de Madame Louverture.

Cette conduite fait honneur à T. Louverture.

ont été faites de ce document, remarquable par le style, par la vigueur et l'élévation des pensées.

Quelques jours après, le général Cafarelli fut envoyé au fort de Joux par ordre du gouvernement. Sa mission avait pour but, — « de se rendre auprès de T. Louverture pour
« entendre *les révélations* qu'il avait annoncé vouloir
« faire au gouvernement [1], — de savoir de lui *quels*
« *traités* il avait faits avec les agens de l'Angleterre, —
« de pénétrer *ses vues politiques,* — et d'obtenir *des*
« *renseignemens* sur l'existence *de ses trésors.* »

Tel fut l'objet de cette mission, d'après le rapport du général Cafarelli, daté de Paris le 2 vendémiaire an XI (24 septembre 1802), que nous avons lu aux archives. Mais ce général ajoute dès le début : — « qu'il n'y est
« pas parvenu, parce que cet homme, *profondément*
« *fourbe et dissimulé, maître de lui, fin et adroit,* met-
« tant dans ses discours *une grande apparence de fran-*
« *chise*, avait son thème préparé, et n'a dit que ce qu'il
« voulait bien dire. »

On ne peut disconvenir que ce portrait moral du prisonnier de Joux ne soit basé sur son caractère bien connu. Néanmoins, nous pensons qu'il a parlé avec une extrême *franchise* au général Cafarelli, d'après la lecture attentive que nous avons faite du rapport de ce dernier et du mémoire qui lui a été remis par T. Louverture, pour être présenté au Premier Consul. Mais, *son caractère et ses actes* ayant fait naître *des préventions* contre lui, le général Cafarelli les partageant sans doute, il n'est pas étonnant qu'il ait conclu ainsi.

---

[1] Sa lettre du 20 juillet, de Brest, disait au Premier Consul qu'*il était prêt à avouer ses fautes* : de là la pensée qu'il voulait faire *des révélations* sur toutes les imputations dont il avait été l'objet.

CHAPITRE VI.

Pour arriver au pouvoir dans la colonie et s'y maintenir en dépit du gouvernement français, T. Louverture avait dû constamment *ruser* avec lui et ses agens, et expulser ceux-ci successivement. Ses relations avec les agens des Etats-Unis et de la Grande-Bretagne firent croire ensuite qu'il visait *à l'indépendance absolue* de Saint-Domingue : de là les préventions qui firent son malheur et qui furent cause de la détention rigoureuse qu'il a subie [1].

L'empereur Napoléon paraît avoir été *convaincu* plus tard, du contraire de ce que croyait le Premier Consul. S'il n'en était pas ainsi, pourquoi aurait-il dit au comte de Las Cases? « J'ai *à me reprocher* une tentative sur cette « colonie lors du consulat. C'était *une grande faute* que « d'avoir voulu la soumettre *par la force ; je devais me « contenter de la gouverner par l'intermédiaire de Tous-« saint.....* » C'est qu'il avait acquis *la certitude* que T. Louverture s'était franchement allié avec les colons, qu'il avait adopté leurs vues pour placer Saint-Domingue sous le protectorat de la France, en y établissant *de fait* l'ancien régime colonial, ainsi qu'il résulte de la constitution

---

[1] Nous avons lu, dans les archives du ministère de la marine, deux lettres de T. Louverture à Roume, écrites de Léogane, les 12 et 13 janvier 1800. Roume l'avait invité à faire une proclamation contre les Anglais, afin de réfuter l'accusation portée contre lui, de s'être entendu avec eux pour déclarer *l'indépendance* de la colonie. Il s'y refusa, vu les circonstances où se trouvait Saint-Domingue :

« J'agis avec les Anglais par *politique*, dit-il. Oui, citoyen agent, *je me ser-« virai d'eux* tant que je les croirai *utiles* au salut de la colonie. Je serai, en « cela, *plus adroit et plus politique qu'eux. Je n'emploierai pas le machiavé-« lisme, parce que je ne le connais pas* ; mais je les ménagerai, j'agirai avec eux « *de manière à les persuader que je suis leur dupe*, parce que je n'ai ni ne peux « employer de moyens de représailles. *Ceux que j'emploie les vaudront bien !...* « J'agis, enfin, pour conserver la colonie *à la France*, et j'espère qu'elle m'en « saura bon gré. »

Il fit effectivement ce qu'il a dit à Roume; mais les préventions subsistèrent contre lui.

de 1801 ; c'est que l'Empereur pensa alors qu'il eût suffi de maintenir T. Louverture au poste de gouverneur général, pour annuler cet acte et retenir la colonie dans une complète dépendance de la métropole. Heureusement, il fit le contraire.

Quoi qu'il en soit, le général Cafarelli eut sept entretiens successifs avec le prisonnier [1]. Dans le premier, qu'il déclare avoir été fort long, T. Louverture lui exposa sa conduite comme il l'a fait dans son mémoire. Le lendemain dans la matinée, quand il le revit, T. Louverture *tremblait* tellement par le froid, dit-il, *qu'il en était malade, et avait de la peine à parler;* c'est alors qu'il remit à Cafarelli son mémoire, en lui disant que ce document contenait tout ce qu'il avait à dire. En ayant pris lecture, Cafarelli retourna auprès de lui et lui rendit le mémoire, en ajoutant qu'il n'y avait trouvé rien *d'intéressant*, et qu'il lui fallait *des aveux plus positifs et plus vrais.* Piqué de ces paroles, T. Louverture lui demanda *avec vivacité*, dit le narrateur, ce qu'il exigeait de lui, puisqu'il doutait de sa franchise?

Le général français lui parla alors, 1° de l'expulsion successive de tous les agens de la métropole ; 2° de ses relations avec la Grande-Bretagne et les Etats-Unis ; 3° de son projet d'indépendance et de la constitution de 1801; 4° de l'incendie du Cap et de la résistance faite à l'armée expéditionnaire, en lui demandant des explications sur tous ces faits.

---

[1] Pamphile de Lacroix, qui n'a pas été à la source des renseignemens, prétend que le général Cafarelli fut envoyé *plusieurs fois* auprès de T. Louverture, pour acquérir seulement des notions sur la valeur *des trésors* cachés à Saint-Domingue, et que la seule réponse que fit toujours le prisonnier fut: *J'ai bien perdu autre chose que des trésors.* Il n'y a rien de vrai dans ce récit.

Sur le premier point, T. Louverture répondit avoir successivement rendu compte au gouvernement français, des causes qui portèrent ses agens *à se retirer* de la colonie, de même que pour ce qui concernait Roume, interné au Dondon.

Sur le second, il lui dit, relativement aux Etats-Unis, qu'il n'y avait eu d'autre convention avec eux, que celle passée par Roume et approuvée par le Directoire exécutif. Quant à la Grande-Bretagne, il dit n'avoir fait que la convention avec Maitland, dont nous avons déjà donné les stipulations à la page 140 de notre 4e volume ; à la page 174, en note, se trouve aussi mentionné le motif de l'envoi de Bunel à la Jamaïque, en deux circonstances.

Il repoussa toute idée, tout projet de sa part *pour l'indépendance* de Saint-Domingue ; mais il dit qu'en faisant la constitution de 1801, c'était *une nécessité* de la situation de cette colonie, alors que la guerre maritime existait et entravait toutes les relations avec la métropole ; que cet acte avait été l'expression de l'opinion libre des élus du peuple, bien qu'ils fussent *des hommes à sa dévotion*. Néanmoins, il reconnut *qu'il avait fait une faute en proclamant, en publiant la constitution; qu'il le reconnaissait bien*, mais que le désir de rendre la colonie florissante, *l'amour-propre, l'ambition*, et surtout *l'espérance d'être approuvé* par le gouvernement français l'y avaient décidé ; qu'il était loin de prévoir les suites que cette faute pourrait avoir, mais que ses intentions étaient droites, et qu'il avait fait le mal sans le savoir.

Relativement à l'incendie du Cap et à la résistance faite à l'armée française, il en parla comme dans son mémoire, d'après une disposition antérieure de la commission civile sur l'admission des escadres dans les ports de la colonie ;

que Christophe avait été forcé de suivre cet ordre, mais qu'*il eut tort de brûler le Cap;* qu'aucune lettre, aucune mesure n'ayant été écrite ou prise pour *l'avertir* des intentions du gouvernement, il avait résisté, surtout en apprenant ce qu'avait fait le général Rochambeau au Fort-Liberté. Toutefois, il avoua avoir donné l'ordre *d'incendier* le Port-au-Prince et les Gonaïves, et non les autres lieux.

Dans un autre entretien, le général Cafarelli l'interrogea sur l'administration de la colonie, en lui disant : *que son système peu éclairé était sévère pour les employés, vexatoire pour les cultivateurs.*

Il prétendit *le justifier* à raison des *circonstances;* qu'étant chargé de conserver la colonie à la France et de prendre toutes les mesures nécessaires, — *toutes les atrocités* qu'on lui reproche n'ont été que *l'effet de ces circonstances* et l'ouvrage même de la colonie. Il parla notamment de la mort d'Hilarion, qui fut fusillé, dit-il, *pour avoir cherché à débaucher ses domestiques et ses gardes.* Il dit que son système avait ramené l'ordre et fait prospérer Saint-Domingue, puisqu'à l'arrivée de l'expédition, tous les cultivateurs travaillaient activement; et qu'il y avait dans toutes les caisses publiques 11 millions 700 mille francs, en indiquant les sommes existantes dans chacune [1].

Il *nia* d'avoir jamais fait *enfouir* aucune somme quelconque, et repoussa à ce sujet la calomnie répandue sur l'assassinat des soldats de sa garde qui auraient été employés à cette opération; que, lorsqu'il apprit cette im-

---

[1] Au Cap, 900,000 f.; — aux Gonaïves, 200,000; — au Port-au-Prince, 3,600,000; — à Léogane, 700,000; — à Jacmel, 500,000; — à l'Anse-à-Veau, 1,100,000; — à Jérémie, 600,000; — aux Cayes, 3,200,000; — A Santo-Domingo, 900,000.

putation, il ordonna un appel général de tous les hommes qui composaient cette garde, afin de prouver le contraire. Il *nia* également qu'il eût des fonds soit aux États-Unis, soit en Angleterre, en ajoutant que lui et sa femme possédaient, pour toute fortune, 250 mille francs dont une partie fut prise par Rochambeau avec les fonds publics qu'il avait fait porter aux Cahos, et l'autre livrée à Leclerc, au Bayonnet, par un homme de couleur qui gardait là les fonds de la caisse du Cap, s'élevant à 900 mille francs; mais que *Christophe eut le temps d'en prendre la majeure partie pour lui-même*[1].

Continuant sur cet article des investigations du général Cafarelli, il déclara que *depuis quatre ans, il n'avait jamais touché ses appointemens; qu'il ne prenait point les fonds du trésor pour donner à ses proches; qu'il était riche en terres et en bestiaux;* qu'il était *honnête homme*, et qu'il *défiait* qui que ce soit de lui prouver qu'il se fût écarté en rien de la plus stricte *probité* : enfin, il cita les noms des diverses propriétés que lui et sa femme possédaient, pour appuyer ses assertions.

En parlant de son administration, il fut naturellement amené à citer les hommes qui le secondaient; et le jugement qu'il porta sur eux est fort intéressant à savoir. Selon ce qu'il a dit au général Cafarelli :

Vollée était un administrateur actif, éclairé et probe.

Bunel, trésorier général, était probe, mais peu éclairé.

Dessalines, — un général propre à l'administration, à la direction de la culture, comme à la conduite de la guerre.

---

[1] Tout en combattant contre les Français, H. Christophe ne s'oubliait donc pas ! Ceci est très-curieux à savoir.

Maurepas avait également des talens pour l'administration et la guerre.

Paul Louverture était actif, brave et intelligent.

Henri Christophe était *paresseux*, mais propre à la guerre.

Charles Bélair, Moïse, Vernet et les autres généraux n'étaient propres qu'à la guerre, *et il en faisait peu de cas*[1].

Le reste des officiers supérieurs n'étaient que *des machines*.

Après ces divers entretiens, le général Cafarelli voyant, dit-il, que T. Louverture *n'avouait rien* de tout ce qu'on lui imputait, imagina *de piquer son amour-propre* pour l'y porter. Il lui dit : — que ce serait montrer du courage,
« acquérir une nouvelle gloire, lui, le premier de sa cou-
« leur, que *de convenir* — qu'il avait chassé les agens de la
« France, organisé une armée, une administration, fait
« des traités, accumulé des trésors, rempli ses arsenaux
« et ses magasins, *pour assurer son indépendance*. — Il
« parut *s'étonner* de ce langage, ajoute ce général ; mais
« il protesta de son dévouement, de sa fidélité à la France.
« Il me fut aisé *de juger* que cet homme avait pris son
« parti, *et ne voulait rien avouer.* »

Cafarelli a signalé deux circonstances où, dit-il, T. Louverture a montré *une grande élévation d'âme* : la première, — lorsqu'on lui apporta, en sa présence, du linge qu'il avait fait faire ; il le trouva au-dessous de lui, même dans sa position [2] ; la seconde, — lorsqu'on lui demanda

---

[1] Il faut entendre ce jugement sous le rapport administratif : l'administrateur, l'organisateur dominait en T. Louverture. Il affecta de ne citer nommément ni Clervaux, ni Agé, ni Laplume.

[2] Dans son Mémoire, on lit aussi cette phrase : « On m'a envoyé de

son *rasoir.* « Il faut, a-t-il dit, que ceux qui ordonnent
« de m'enlever cet instrument, me jugent bien mal, puis-
« qu'ils soupçonnent que je manque *du courage* né-
« cessaire pour supporter mon malheur. J'ai une famille,
« et d'ailleurs, ma religion me défend d'attenter à mes
« jours. »

Enfin, le général Cafarelli a déclaré que T. Louverture lui a paru *patient, résigné,* et attendant du Premier Consul *l'indulgence qu'il croit mériter.* Il lui a dit en dernier lieu, qu'il n'avait *qu'un seul reproche à se faire :* c'était d'avoir fait *publier* la constitution de 1801, *avant la sanction* du gouvernement français. *Son espoir* était que le Premier Consul lui permettrait de vivre tranquillement sur ses propriétés.

Le rapport se termine en disant : « *Sa prison est saine*
« *et sûre : il ne communique avec personne.* J'ai recom-
« mandé la plus scrupuleuse vigilance à son égard. »

Il y a déjà longtemps que la postérité est arrivée pour Toussaint Louverture. Des jugemens divers ont été portés sur ce noir célèbre qui, du sein de l'esclavage, a su se frayer une route pour arriver au pouvoir suprême dans la colonie française de Saint-Domingue, toujours gouvernée par des blancs européens. Ces jugemens ont envisagé sa conduite politique, relativement *à la France surtout,* et sur ce point ils ont été plus ou moins *passionnés :* relativement *à son pays et à la race noire* dont il était

---

« *vieux haillons* de soldats, déjà à *moitié pourris,* et *des souliers* de même.
« *Avais-je besoin que l'on ajoutât cette humiliation à mon malheur ?* » Digne et éloquente protestation contre la méconnaissance des immenses services qu'il rendit à la France ! T. Louverture était d'une propreté recherchée dans ses vêtemens : il dut réellement souffrir de cette lésinerie exercée à son égard.

le chef, peut-être n'ont-ils pas été moins *erronés*. Nous qui nous sommes efforcé, dans nos précédens livres, de présenter sa conduite sous ces deux rapports, nous nous devons à nous-même de compléter ici ce que nous avons à en dire de nouveau. Mais auparavant, examinons ce qui ressort du rapport fait au gouvernement consulaire par le général Cafarelli, afin de passer ensuite à l'examen du mémoire rédigé par le prisonnier du fort de Joux, pour être présenté au chef de ce gouvernement.

Ce qui ressort du rapport dont s'agit, c'est *l'erreur* où jette la prévention, c'est *l'injustice* qui en est l'infaillible résultat. Ce rapport, que nous assurons avoir bien examiné, ne nous a pas paru empreint d'aucune *animosité*, encore moins de *haine* pour T. Louverture. L'homme supérieur qui a été mis en présence du prisonnier pour l'interroger et faire jaillir la vérité par sa bouche, dominé sans nul doute par tout ce qu'il en avait entendu dire, n'a pu ajouter foi aux explications qu'il a données des faits de son administration, de son gouvernement, suivant le système qu'il avait malheureusement adopté pour diriger sa conduite : de là, la conclusion du rapporteur, au grand désavantage de l'inculpé.

Supposons le général Cafarelli dégagé de toute prévention antérieure, et surtout *bien informé des faits* qui se passèrent *réellement* à Saint-Domingue et imputables à T. Louverture, il aurait vu en lui un homme dont l'ambition était à la hauteur de son génie, qui profita habilement des dispositions et des tendances du Directoire exécutif et même du gouvernement consulaire, pour se maintenir au pouvoir où il était parvenu, par l'ascendant de sa couleur sur les masses, par ses services rendus aux colons et à la France, *tels qu'on l'avait désiré de lui*. Sans doute, dans la moralité de ses sentimens, le général Cafarelli eût *blâmé* bien des actes commis par T. Louverture ; mais il l'en eût *absous* sous le rapport *politique*, à raison *des avantages* qu'en retirèrent les colons français et la France elle-même. *La politique des intérêts matériels* ne fait-elle pas *absoudre* de bien des faits *coupables aux yeux de la morale*, même dans l'Europe civilisée? Le général Cafarelli eût pris en considération, par cette raison, le théâtre où agit T. Louverture, et son rapport eût eu une autre conclusion [1].

Et d'abord, quant à *l'expulsion* des agens de la France, T. Louverture n'avait-il pas obtenu *des bill d'indemnité* du Directoire exécutif et du gouvernement consulaire? Quand on le maintenait au rang de général en chef de l'armée, quand le Premier Consul lui conféra la qualité de *capitaine-général*, bien que son arrêté à ce sujet ne lui fût pas expédié, n'était-ce pas *approuver tacitement* toutes ces violations successives de l'autorité de la métropole? N'était-ce pas lui dire qu'il pouvait en quelque sorte *oser davantage*, pourvu qu'il restât soumis à la France?

Eh bien ! qu'est-ce, au fond, que cette *constitution* de 1801 dont on se prévalait contre lui? Un dernier empiétement sur la souveraineté de la France, il est vrai;

---

[1] « Leclerc ne voulut pas envoyer en France dans le principe Toussaint, *qui y eût occupé un poste éminent*; et à quelque temps de là, il se vit contraint à le faire arrêter et à nous l'envoyer comme *prisonnier*, ce que la malveillance ne manqua pas de peindre sous les couleurs odieuses de la tyrannie et de la déloyauté, représentant Toussaint comme *une innocente victime* digne du plus vif intérêt, *et pourtant, il était éminemment criminel.* » — Mémorial de Las Cases.
Or, l'empereur Napoléon a reconnu qu'il avait fait une faute; il s'est reproché l'expédition contre Saint-Domingue : « Je devais me contenter de le gouverner par l'intermédiaire de Toussaint. » Le Premier Consul eût donc *absous* Toussaint, s'il avait été mieux avisé, si même on l'avait envoyé *dans le principe*,

mais un acte qui *consolidait* les rapports de cette puissance avec sa colonie ; qui donnait plus de droits et de garanties à ses colons, influens dans les conseils de T. Louverture ; qui recréait *la traite des esclaves noirs* à leur profit, avant que le gouvernement consulaire l'eût fait décréter.

On a voulu y voir *un acte d'indépendance*, ou tendant à l'indépendance de la colonie, parce qu'on s'était imaginé qu'il était le résultat *des relations* de T. Louverture avec la Grande-Bretagne ; mais *la convention secrète* qu'il conclut avec le général Maitland n'avait pas pour but cette indépendance ; *l'original* de cet acte était en sa possession au fort de Joux, Cafarelli l'a vu. Les *propositions* faites ensuite par le général anglais aux conférences des Gonaïves, et découvertes par le général Boudet, *n'avaient pas été acceptées* par T. Louverture ; en proclamant sa constitution, il n'avait fait, enfin, que ce que les colons avaient toujours désiré. Il eut sans doute *tort*, en la *publiant* avant d'avoir reçu *la sanction* du gouvernement consulaire, réservée cependant par cet acte ; mais *ce tort était réparable*, et les aveux de Sainte-Hélène le prouvent.

Sur ces trois actes principaux, T. Louverture parla donc *avec franchise* au général Cafarelli ; mais celui-ci douta de sa sincérité, à cause de *l'hypocrisie* de son caractère : ce vice qui avait fait sa fortune politique, fit sa perte en cette circonstance.

A l'égard de l'incendie du Cap et de la résistance qui en fut la suite, il est positivement *vrai* que depuis longtemps, à cause de la guerre maritime, il avait été résolu que des forces navales ne pourraient pénétrer dans les ports de la colonie, que d'après l'ordre de l'autorité qui la gouvernerait. Or, T. Louverture était absent de la partie française quand la flotte parut devant le Cap : Christophe ne pouvait l'admettre sans ordre du gouverneur général. Et puis, nous le répétons, pourquoi le général Leclerc n'avait-il pas fait précéder cette flotte par les fils de T. Louverture et leur précepteur, porteur de la lettre du Premier Consul? Christophe *a été blâmé pour l'incendie* du Cap, mais non pas *pour s'être refusé à l'admission* de la flotte. Quant aux autres villes incendiées, c'était le résultat de la guerre *de destruction*, opposée à la guerre *d'extermination* inaugurée au Fort-Liberté et à la Rivière-Salée.

Il est une autre objection présentée par le général Cafarelli que nous avons lue avec plaisir : c'est le reproche qu'il a fait à T. Louverture sur son système d'administration, *peu éclairé*, *sévère et vexatoire*.

A notre point de vue, comme homme de la race noire, n'ayant nous-même épargné à sa mémoire aucun reproche à ce sujet, nous sommes en quelque sorte heureux de cette conformité d'appréciation entre le général français et nous ; et nous trouvons peu concluante la réponse faite par le prisonnier de Joux. *Les atrocités* qu'il commit à l'occasion de la guerre civile du Sud, ne peuvent se justifier *par les circonstances*, de même que bien d'autres avant et après cette guerre : ainsi de l'assassinat des officiers français revenant du Sud auprès d'Hédouville, de l'assassinat juridique d'Hilarion, de Moïse, de Gautier, etc.

Mais, au point de vue du gouvernement consulaire, dont il était l'agent en allant au fort de Joux, le général Cafarelli eut *un grand tort* de reprocher à T. Louverture *sa sévérité*, *ses vexations;* car ce qui se passait *alors* à Saint-Domingue (en septembre), avait un caractère bien plus odieux : bientôt nous en parlerons. Et puis, nous avons déjà fait remarquer que la lettre du Premier Consul à l'ex-gouverneur de cette colonie, contenait *des éloges,* — « *pour avoir fait cesser la guerre civile et avoir mis* « *un frein à la persécution de quelques hommes féroces,* « pour avoir remis en honneur la religion et le culte de « Dieu, et enfin, pour avoir rendu *de grands services* au « peuple français. » La constitution coloniale *seule* reçut quelques *reproches* dans cette lettre; et encore, T. Louverture fut-il *excusé* — « par les circonstances où il s'était « trouvé, environné d'ennemis sans que la métropole pût « le secourir. »

Tous les faits *antérieurs* à l'apparition de la flotte se trouvaient donc, sinon *approuvés*, du moins *amnistiés* par le chef du gouvernement consulaire. *Il n'était pas juste d'y revenir* pour accuser de nouveau le prisonnier détenu au fort de Joux [1].

En droit et en raison, il n'avait à répondre que de sa conduite *depuis sa soumission* au général Leclerc ; car le capitaine-général, en obtenant cette soumission, avait *rapporté* la disposition de son arrêté qui le mit *hors la loi*. La lettre qu'il lui adressa à cette occasion, lui disait: « *Vous, les généraux et les troupes sous vos ordres*, ainsi « que les *habitans* de cette colonie qui sont avec vous, *ne* « *craignez point* que je recherche personne *sur sa con-* « *duite passée.* » Cela impliquait une *amnistie* des faits qui avaient eu lieu *jusqu'au 3 mai*, date de cette lettre. Il est vrai qu'elle contenait aussi cette phrase : « Je jette

---

[1] Il est entendu que nous raisonnons ainsi au point de vue de la France elle-même, de la justice qu'elle devait à T. Louverture, qui avait réellement servi ses intérêts ; mais nous réservons les reproches que la race noire avait le droit de lui faire.

« *le voile de l'oubli* sur tout ce qui a eu lieu à Saint-Do-
« mingue *avant mon arrivée.* »

C'était *escobarder l'amnistie,* évidemment avec l'arrière-pensée d'agir ensuite, non-seulement contre T. Louverture, mais aussi contre ses généraux, ses troupes,
même contre les habitans qu'il avait avec lui : déjà nous
avons fait remarquer cette intention déloyale, à propos
de l'annullation des promotions faites par l'ex-gouverneur pendant sa lutte de trois mois. Aussi avait-on déjà
déporté Rigaud et plusieurs autres officiers qui, cependant, n'avaient pas été mêlés dans cette lutte. Vainement,
le capitaine-général ajouta-t-il : « J'imite en cela *l'exemple*
« que le Premier Consul a donné à la France, après le
« 18 brumaire. » Cette déclaration, fondée sur des actes
généreux d'un grand homme, n'était, dans la pensée de
son pâle imitateur, qu'un moyen d'inspirer plus de confiance en des promesses qu'il se réservait de fouler aux
pieds.

S'il résulte, comme nous le pensons, de tout ce que
nous venons de rappeler, que T. Louverture n'avait à se
justifier que *des faits* qu'on lui imputait *depuis sa soumission,* il est clair pour tout esprit non prévenu, *qu'il
eût été très-difficile, sinon impossible, de l'accuser avec
justice;* car il était resté paisible sur ses propriétés : *aucun fait apparent* n'existait à sa charge, mais seulement
des intentions, si réellement les lettres qu'on disait adressées à Fontaine avaient été écrites par lui. Dans tous les
cas, nous avons admis et nous admettons encore, que
l'ostracisme était une mesure politique de convenance à
son égard. Eh bien ! cette mesure pouvait s'effectuer en
le déportant de Saint-Domingue, comme Rigaud, sans
nécessiter son emprisonnement dans l'un des cachots du

fort de Joux, situé sur l'une des chaînes du Jura, dans une température glaciale qui devait abréger infailliblement les jours de ce vieillard. Même dans ce fort, il pouvait être traité à l'égal de Rigaud et de Martial Besse, qui ne furent pas mis dans des cachots.

Dispensé, par les actes mêmes du gouvernement consulaire, *de se justifier sur sa conduite politique antérieure à l'expédition française,* — par les actes du capitaine-général, *sur sa conduite militaire depuis* l'apparition de cette expédition, T. Louverture, qui n'avait aucune illusion sur les vrais motifs de sa déportation et de son emprisonnement rigoureux, a cru devoir le faire tant en parlant au général Cafarelli que par le mémoire qu'il lui remit, adressé au Premier Consul.

Ce document contient en outre des passages, où la vigueur du raisonnement ne le cède en rien à la dignité des sentimens et à la fierté du personnage qui avait exercé un haut commandement dans son pays. Nous signalerons ceux qui suivent :

« Le général Leclerc a agi envers moi avec des moyens
« qu'on n'a jamais employés, même à l'égard des plus
« grands criminels. *Sans doute, je dois ce traitement à*
« *ma couleur;* mais ma couleur... ma couleur m'a-t-elle
« *empêché de servir ma patrie avec zèle et fidélité ? La*
« *couleur de mon corps nuit-elle à mon honneur et à ma*
« *bravoure ?...* J'ai été esclave, j'ose l'avouer; mais je
« n'ai jamais essuyé même des reproches de la part de
« mes maîtres... Le général Leclerc doit être franc : avait-
« il craint d'avoir un rival? *Je le compare au sénat romain*
« *qui poursuivit Annibal jusqu'au fond de sa retraite*[1]... »

---

[1] La même comparaison a été faite à Sainte-Hélène, le 29 septembre 1816,

« Si je voulais compter tous les services que j'ai ren-
« dus dans tous les genres au gouvernement, il me fau-
« drait plusieurs volumes; encore n'en finirais-je pas.
« Et *pour me récompenser de tous ces services*, on m'a
« arrêté *arbitrairement* à Saint-Domingue; on m'a *ga-
« rotté* et conduit à bord *comme un criminel*, sans égard
« *pour mon rang*, sans aucun ménagement. *Est-ce là la
« récompense due à mes travaux? Ma conduite me fai-
« sait-elle attendre un pareil traitement?* »

Il n'a pas oublié de plaider aussi la cause de sa famille, aussi maltraitée que lui, ni celle de ses officiers arrêtés en même temps :

« A supposer même que je fusse criminel et qu'il y eût
« des ordres du gouvernement pour me faire arrêter,
« était-il besoin d'employer cent carabiniers pour arrêter
« ma femme et mes enfans sur leurs propriétés, sans res-
« pect et sans égard pour le sexe, l'âge et le rang, sans
« humanité et sans charité? Fallait-il faire feu sur mes
« habitations, sur ma famille, et faire *piller et saccager*
« toutes mes propriétés? Non! Ma femme, mes enfans,
« ma famille ne sont chargés d'aucune responsabilité. Ils
« n'avaient aucun compte à rendre au gouvernement; *on
« n'avait pas même le droit de les faire arrêter....*

« Aujourd'hui, malgré mon désintéressement, *on cher-
« che à me couvrir d'opprobre et d'infamie*; on me rend
« le plus malheureux des hommes, en me privant de la
« liberté, en me séparant de ce que j'ai de plus cher au
« monde, *d'un père respectable*, âgé de 105 ans, qui a
« besoin de mes secours [1], *d'une femme adorée* qui, sans

---

d'après le Mémorial de Las Cases. - Les Romains poursuivirent Annibal jus-
« qu'au fond de la Bithynie. »

[1] Suivant les *Notes diverses* d'Isaac sur la vie de T. Louverture, qui font de

« doute, ne pourra pas supporter les maux dont elle sera
« accablée, loin de moi, et *d'une famille chérie* qui faisait
« le bonheur de ma vie....

« Toutes les personnes qui avaient versé leur sang pour
« conserver la colonie à la France, *les officiers* de mon
« état-major, *mes secrétaires*, n'ont jamais rien fait que
« par mes ordres ; tous ont donc été arrêtés *sans mo-
« tif.* »

T. Louverture demanda, à la fin de son mémoire, à être traduit pardevant *un tribunal* où il pourrait justifier sa conduite au grand jour. Il invoqua *la justice* du Premier Consul, dans un dernier paragraphe que nous donnons ici comme une sorte de *fac-simile*, non de son écriture, mais de son orthographe : on y verra la preuve que l'intelligence de l'homme, son génie même, n'ont pas besoin d'une instruction classique pour se développer. Le voici dans toutes ses incorrections, tel que nous l'avons vu et lu :

Premire Consul,
Pere de toute les militre, De fanseur des innosant, juige integre, prononcé dont sure un homme quie plus mal heure que couppable. Gairice mes plai, illé tre pro fond, vous seul pourret porter les remede saluter, et l un pé ché de ne jamai ouver, vous sete medecien, ma po sition, et més service mérite toute votre a tantion, et je conte an tier ment sure votre justice et votre balance.
                           Salut et res pec.

ce dernier le descendant d'un Roi d'Afrique, de la nation des Aradas, le prince africain, père de T. Louverture, *serait mort* esclave du comte de Noé, *avant la révolution* de Saint-Domingue ; et voilà un passage qui parle de cet homme *comme existant encore* dans la colonie, en 1802. Est-ce à Isaac ou à T. Louverture qu'il faut plutôt croire ?

Quand nous considérons les services réels que rendit T. Louverture *aux colons et à la France*, nous ne craignons pas de dire, en réfléchissant au sort qui lui a été fait, que, d'*accusé*, le prisonnier d'État du fort de Joux est devenu *accusateur* devant l'inévitable et sévère postérité : elle ne peut que condamner *l'injustice* commise envers lui.

Il s'est donc honoré aux yeux de la postérité, en protestant comme il a fait contre l'indigne traitement qu'il a subi ; il s'est honoré par les sentimens qu'il a exprimés, dans sa douleur de père de famille, en faveur de sa femme, de ses enfans, de son vieux père, tous séparés de lui pour toujours ! Il n'a pas moins montré une sollicitude honorable en faveur de ses officiers injustement arrêtés et déportés. Les hommes de sa race ne peuvent qu'applaudir à une telle conduite, à de tels sentimens.

Le 17 septembre, T. Louverture avait remis au général Cafarelli, avec son mémoire, une lettre qui l'accompagnait, adressée également au Premier Consul ; le 29, il lui en adressa encore une autre, et ce fut la dernière. Les voici :

Au cachot du fort de Joux, ce 30 fructidor an X (17 septembre).
Général et Premier Consul,
Le respect et la soumission que je voudrais être toujours gravés dans le fond de mon cœur... Si j'ai péché en faisant mon devoir, c'est sans le vouloir ; si j'ai manqué en faisant la constitution, c'est par le grand désir de faire le bien, c'est d'avoir mis trop de zèle, d'amour-propre, croyant de plaire à mon gouvernement ; si les formalités que je devais prendre n'ont pas été faites, c'est par mégarde. J'ai eu le malheur d'essuyer votre courroux ; mais quant à la *fidélité* et à la *probité*, je suis fort de ma conscience, et j'ose dire avec vérité, dans tous les hommes d'État, personne n'est plus probe que moi. Je suis un de vos soldats et premier serviteur de la République à Saint-Domingue. Je suis aujour-

d'hui *malheureux, ruiné, déshonoré* et *victime de mes services* ; que votre *sensibilité* touche à ma position. *Vous êtes trop grand de sentiment et trop juste*, pour ne pas prononcer sur mon sort. Je charge le général Cafarelli, votre aide de camp, de vous remettre mon rapport (le mémoire). Je vous prie de le prendre en grande considération. *Son honnêteté, sa franchise*, m'ont forcé de lui ouvrir mon cœur.

      Salut et respect,   TOUSSAINT LOUVERTURE.

Au cachot du fort de Joux, ce 7 vendémiaire an XI (**29 septembre**).

      Général et Premier Consul,

Je vous prie, au nom de Dieu, au nom de l'humanité, de jeter un coup-d'œil favorable sur ma réclamation, sur ma position et ma famille ; employez donc votre grand génie sur ma conduite et la manière dont j'ai servi ma patrie, sur tous les dangers que j'ai courus en faisant mon devoir. J'ai servi ma patrie *avec fidélité et probité* : je l'ai servie *avec zèle et courage*; et j'ai été *dévoué* à mon gouvernement. J'ai sacrifié mon sang et une partie de ce que je possédais pour la servir, et malgré mes efforts, tous mes travaux ont été en vain.

Vous me permettrez, Premier Consul, de vous dire avec tout le respect et la soumission que je vous dois, que le gouvernement *a été trompé entièrement* sur le compte de Toussaint Louverture, sur un de ses plus zélés et courageux serviteurs à Saint-Domingue. J'ai travaillé longtemps pour acquérir l'honneur et la gloire de mon gouvernement et pour attirer l'estime de mes concitoyens, et je suis aujourd'hui *couronné d'épines et de l'ingratitude la plus marquée, pour récompense*. Je ne désavoue pas *les fautes* que j'ai pu faire et je vous en fais *mes excuses*. Mais, ces fautes ne valent pas le quart de la punition que j'ai reçue, ni les traitemens que j'ai essuyés.

Premier Consul, il est malheureux pour moi *de n'être pas connu de vous* ; si vous m'aviez connu *à fond*, pendant que j'étais à Saint-Domingue, *vous m'auriez rendu plus de justice*; mon intérieur est bon. Je ne suis pas instruit, je suis ignorant ; mais *mon père qui est aveugle maintenant*, m'a montré le chemin de la vertu et de la probité, et je suis très-fort de ma conscience à cet égard, et si je n'avais pas eu l'honneur *d'être dévoué* à mon gouvernement, *je ne serais pas ici*, et c'est une vérité !

Je suis malheureux, misérable et victime de tous mes services. J'ai été toute ma vie en activité de service, et depuis la révolution du

10 août 1792, je suis de même consécutivement au service de ma patrie. Aujourd'hui je suis renfermé sans ne pouvoir rien faire, couvert de chagrin ; *ma santé est altérée.* J'ai réclamé auprès de vous ma liberté pour pouvoir travailler, gagner ma vie et nourrir ma malheureuse famille. Je réclame votre grandeur, votre génie pour prononcer sur mon sort ; que votre cœur soit attendri et touché sur ma position et mes malheurs.

Je vous salue avec un profond respect,

TOUSSAINT LOUVERTURE.

Ces lettres ne produisirent aucun effet. Lorsque la population noire était condamnée, dans la pensée du Premier Consul, à subir de nouveau les ignominies de l'esclavage, pouvait-il avoir aucun égard aux sollicitations douloureuses du Premier des Noirs ?

Il ne prévoyait pas alors qu'un jour arriverait où d'autres chefs d'État, non moins inflexibles dans leurs rigueurs, le condamneraient à une longue agonie sur un rocher brûlant, en face de cette Afrique dont les enfans infortunés étaient comptés parmi le bétail ; que ces chefs, eux aussi, auraient l'inhumanité de séparer un fils de son père ! Qui n'a pas été ému, au récit d'O'méara sur la joie qu'éprouva le prisonnier de Sainte-Hélène à la vue du buste de son enfant ? Si le marbre a occasionné de telles sensations dans son cœur paternel, la présence de cet enfant lui-même n'aurait-elle pas compensé la dure nécessité dictée par la politique ? Est-ce donc à dire qu'*un noir* ne doit pas souffrir autant qu'*un blanc*, de la violente séparation d'un enfant, d'une femme qu'il aime ?...

Nous nous garderons bien d'accueillir tous les bruits qui ont circulé relativement à la mort de T. Louverture au cachot de Joux ; mais il est positif que son emprisonnement prolongé dans ce lieu devait nécessairement influer sur son existence, et l'abréger plus tôt que n'eût fait la nature s'il avait été détenu ailleurs, sous une température moins humide, moins exposée au froid rigoureux qu'il ressentit sur le Jura.

Une lettre du chef de bataillon Gazagnaire, du 69ᵉ régiment en garnison au fort de Joux, en date du 5 décembre, faisait savoir au ministre de la marine : « que « T. Louverture était toujours *inquiet* sur son sort; qu'*il* « *se plaignait, comme à l'ordinaire, de maux de tête et* « *de douleurs aux jambes;* qu'il se médicamentait lui-« même, etc. »

Ce rapport aurait dû éclairer le gouvernement français, et le porter à ordonner sa translation dans un autre lieu, dans le midi de la France, par exemple. On avait eu ces égards pour Rigaud, en le transférant avec sa famille, de Poitiers à Montpellier : *on pouvait, on devait agir* de même envers Toussaint Louverture ; et en le laissant sur le Jura, c'est qu'on voulait que sa détention fût plus horrible, *sinon qu'il y mourût*[1], — de même qu'en assignant, à Sainte-Hélène, le lieu le moins sain de cette île pour être habité par l'homme qui avait fait trembler l'Europe, on voulait aussi *que son existence fût abrégée*[2].

---

[1] Nous avons sous les yeux une brochure publiée à Paris, en 1810, par *des colons* de Saint-Domingue, intitulée *Cri des colons*, en réfutation de l'ouvrage de H. Grégoire sur la *Littérature des Nègres*. Voici ce qu'ils disent de T. Louverture :

« Nous nous croyons *en droit* de prononcer et de dire, que si les Français « lui eussent rendu *la justice* qu'il méritait, *il devait être enchaîné vivant* à « un poteau, exposé dans une voierie, pour que les corbeaux et les vautours, « *chargés de la vengeance des colons*, vinssent dévorer chaque jour, non pas *le* « *cœur*, car il n'en eut jamais, mais le *foie* renaissant de ce nouveau Prométhée, » Page 243.

O colons de Saint-Domingue !....

[2] « Tantôt il fait un vent furieux mêlé de brouillard (à Longwood) qui « m'enfle le visage lorsque je sors, tantôt un soleil qui me brûle le cerveau

[1802] CHAPITRE VI. 221

C'est à peu près dans le temps où Gazagnaire faisait savoir le triste état du malheureux prisonnier, alors qu'il avait le plus besoin de l'assistance du fidèle compagnon de sa captivité, que le gouvernement français donna l'ordre d'enlever du fort de Joux son domestique, Mars Plaisir [1]. Ce fut une poignante douleur pour T. Louverture qui, malade et souffrant, avait du moins la consolation de causer dans l'intimité avec un homme de son pays, avec un frère de sa race : il l'embrassa, en le chargeant de transmettre ses derniers adieux à sa famille, en le remerciant de ses services et de son dévouement.

Cet homme, qui n'était *coupable* que d'un attachement sans bornes à son maître, à son ancien chef, fut chargé de chaînes et conduit de brigade en brigade jusqu'à Nantes, où il fut mis *en prison et au secret*. Il y resta plusieurs mois avant d'être mis en liberté dans cette ville, mais placé sous la surveillance de la police.

Un écrivain français, Antoine Métral, qui a publié en 1825 une *Histoire de l'expédition des Français à Saint-*

« faute d'ombre. Ils continuent *exprès* de me faire habiter *la plus mauvaise partie de l'île*. Lorsque j'étais aux Briars, j'avais du moins l'avantage d'une promenade ombragée et d'un climat doux ; *mais ici, on arrivera plus vite au but qu'on se propose....* » (O'méara.)

[1] Chaque jour il (le gouverneur) imagine de nouveaux moyens de me tourmenter, de m'insulter et de me faire souffrir *de nouvelles privations*. Il veut « *abréger ma vie* en m'irritant tous les jours. D'après ses dernières restrictions, il ne m'est pas permis *de parler* à ceux que je rencontre. Cette liberté n'est même pas *refusée* aux criminels condamnés à mort. On peut tenir un homme enchaîné, *renfermé dans un cachot*, au pain et à l'eau, *mais on ne lui refuse pas la liberté de parler....* Moi, j'ai été condamné *sans être entendu et sans jugement*, au mépris de toutes les lois divines et humaines ; on me retient prisonnier..., *séparé de ma femme et de mon fils...* » (O'méara, Napoléon dans l'exil.)

Qui peut lire de telles choses sans plaindre le sort du prisonnier, de l'époux et du père, sans y compâtir sincèrement, sans éprouver de l'indignation ?

Domingue, rapporte, sur le récit à lui fait par le capitaine Colomier, qui se trouvait à Pontarlier pour la remonte de l'artillerie : — que T. Louverture recevait d'abord *cinq francs* par jour pour pourvoir à sa subsistance et à tous ses besoins, et que par ordre du gouvernement cette allocation, déjà bien faible, fut réduite *à trois francs*; qu'après l'enlèvement de son domestique, le prisonnier n'eut plus la faculté de sortir du cachot pour se promener dans les cours de la prison ; qu'il était privé de boire *du café* auquel il était habitué, comme tous les habitans des Antilles ; que le gouverneur du fort de Joux, dont le nom n'est pas cité, fit un premier voyage à Neufchâtel, en Suisse, en chargeant Colomier de le remplacer durant cette absence, et lui confiant *les clés des cachots* : ce qui donna à ce dernier l'occasion de voir T. Louverture, de lui parler, de lui procurer du café, de s'assurer qu'il n'avait pour toute batterie de cuisine qu'un vase de fonte, dans lequel il préparait lui-même un peu d'aliment farineux ; que le gouverneur du fort fit un second voyage à Neufchâtel, en laissant encore Colomier chargé de son poste ; que cette fois *il lui dit d'un air inquiet, qu'il ne lui remettait pas les clés des cachots, parce que les prisonniers n'avaient besoin de rien;* qu'il revint après une absence de quatre jours, qu'alors *Toussaint n'était plus et qu'il le savait;* « que l'on voyait Toussaint sans vie, assis à côté d'une « cheminée, ayant les deux mains sur ses jambes éten- « dues, et la tête penchée du côté droit. On remarquait « dans ses traits les traces de la mort, arrivée *par suite* « *d'une douleur dévorante;* mais *l'attitude seule de son* « *corps accusait le coupable et indiquait le crime*. Le ca- « pitaine (Colomier) et le maire du pays refusèrent de « rendre par écrit témoignage de la mort de Toussaint

« survenue autrement que *par la faim*. Ils restèrent ainsi
« étrangers *à l'attentat*. Après ce refus, le gouverneur
« *supposa* quelque mal violent. Il fit appeler des chirur-
« giens pour ouvrir le cerveau ; et dans l'acte de décès, on
« inscrivit qu'il avait été frappé *d'apoplexie séreuse*, ma-
« ladie prompte, mais obscure dans ses traces [1]. »

Tel est le récit d'un témoin oculaire des faits, au dire de l'écrivain que nous citons. Mais il ajoute : « *Le crime* « que nulle part on ne peut cacher, fut connu dans les « deux mondes. Seulement on ignorait de quelle manière « *il avait été exécuté;* les uns attribuèrent cette mort *au* « *poison*, les autres *à la corde*, d'autres *au froid : le peu-* « *ple*, dont la voix égale celle de la divinité (et qui sou- « vent aussi est d'une crédulité pitoyable), ne la crut point « *naturelle*. » Enfin, cet écrivain fait cette réflexion : « Quoi qu'il en soit, Toussaint devait finir par périr *sous* « *les neiges* du Jura, non moins mortelles pour lui, que la « faim, le fer ou le poison. »

A. Métral termine ainsi par où il devait commencer ; car, à moins *de vouloir lire* avec les yeux de la *prévention* le récit qu'il a donné dans son livre, quel lecteur judicieux peut se dire *convaincu de l'existence d'un crime* dans la mort de T. Louverture ainsi relatée ? Il ressort de tout ce qu'aurait dit Colomier, que rien n'est bien prouvé à la charge d'une intention coupable de la part du gouverneur du fort de Joux. Et nous observons que, s'il est vrai qu'il pût ainsi *s'absenter* de son poste, *déléguer* ses fonctions à un capitaine de cavalerie qui n'était à Pontarlier *que*

---

[1] Pages 201 à 208 de l'édition de 1825 ; Paris, chez Fanjat aîné, libraire-éditeur.

Le gouverneur ou commandant du fort de Joux se nommait *Baille* : c'était un chef de bataillon.

pour la remonte de l'artillerie, — en s'absentant la seconde fois, ce ne serait pas *la clé* du seul cachot où était renfermé T. Louverture qu'il aurait emportée avec lui ou soustraite à Colomier ; mais bien *les clés des cachots* où se trouvaient *d'autres prisonniers,* lesquels auraient été, dans ce cas, également privés de toute nourriture pendant ces quatre jours. Pourquoi n'y eut-il pas alors d'autres victimes parmi ces prisonniers ? Il faudrait donc admettre, pour trouver coupable ce gouverneur, qu'il aurait eu la précaution de pourvoir les autres prisonniers des alimens dont ils auraient besoin pour le temps de son absence.

De tels faits *ne se supposent pas* : il faut *des preuves*, autres que les simples *inductions* dont s'agit.

Est-ce à dire que T. Louverture ne pouvait pas être frappé *d'apoplexie* à son âge ? Étant né, a-t-on dit, en mai 1743, il est mort le 7 floréal an XI (27 avril 1803); il avait donc près de 60 ans révolus. Ne remarque-t-on pas en Europe, que beaucoup d'individus meurent ainsi ou d'autres maladies, dans le cours de l'hiver ou à sa fin, lorsqu'ils sont parvenus à un âge avancé? On conçoit d'ailleurs ce qu'a dû exercer sur sa constitution l'influence d'une saison aussi rigoureuse, alors que dans ce triste réduit il n'avait pas de quoi pourvoir au chauffage de son cachot ; ce que le chagrin a dû occasionner sur son âme, brisée par la perte de la position suprême où il était parvenu, surtout par la violente séparation opérée entre lui et sa famille qu'il aimait, dont il ignorait le sort, par l'enlèvement de son domestique. Quelle qu'ait été la force d'âme qu'il avait toujours montrée au temps de sa prospérité, en reconnaissant combien ses services avaient été méconnus, que tout ce qu'il avait fait *pour les colons français, les émigrés et la France*, n'avait abouti qu'à l'amener dans un cachot humide, à deux mille lieues de son pays qu'il avait rendu florissant, *dans leur intérêt*, il a pu se laisser aller à l'abattement, au dégoût de la vie : de là sa mort *prématurée*, car il eût pu vivre plus longtemps sous un autre ciel, dans une autre atmosphère [1].

A notre avis, Toussaint Louverture n'a pas été frappé seulement par la main des hommes ; il l'a été surtout par la main de cette Providence divine dont il avait si souvent méconnu les saintes lois.

En dotant l'homme de la raison, en lui laissant son libre arbitre pour se diriger dans sa conduite, elle lui a donné en même temps la conscience pour l'avertir qu'il ne doit pas se laisser maîtriser par les mauvaises passions de sa nature, tandis que cette nature en renferme de si belles, de si nobles : en faisant ainsi un usage raisonné de ses facultés, le mérite lui reste s'il suit les voies tracées par Dieu, ou il encourt sa punition en les abandonnant.

Tel a été le sort de Toussaint Louverture, dicté par la Providence elle-même. Elle a voulu qu'il expiât dans un cachot tous les torts qu'il avait eus, tous les crimes qu'il avait commis dans sa toute-puissance, pour l'offrir en exemple à ses contemporains, à la postérité. Dans sa sagesse infinie, elle se plaît quelquefois à permettre que l'orgueil humain se développe dans une grande situation qu'entourent toutes les joies, toutes les satisfactions,

---

[1] *Le Premier des Noirs* a été enterré au village de Saint Pierre, situé au pied du fort de Joux, comme le plus obscur prisonnier ! Nous connaissons, à Paris, un anatomiste qui nous a dit avoir fait de vaines recherches pour savoir le lieu de son inhumation.

toutes les prospérités mondaines, afin de l'humilier ensuite en le précipitant du faîte des honneurs où il était parvenu. Elle n'agit ainsi que pour l'instruction *des peuples*, que pour apprendre surtout *à leurs chefs*, qu'il est de leur devoir de conformer leurs actions aux principes de la morale qu'elle a gravés dans tous les cœurs, aux préceptes de la religion qu'elle a révélée au monde ; que c'est en vain qu'ils espèrent échapper à la sévérité de sa justice, s'ils ont foulé aux pieds les sentimens qu'ils sont tenus d'entretenir pour leurs semblables.

Qu'on ne vienne pas nous reprocher ici de soutenir une thèse de théologie, à propos des humbles *Études* que nous faisons sur l'histoire de notre pays. Si nous reconnaissons la faiblesse de notre esprit, nous croyons aussi qu'il est de notre devoir de faire ressortir, autant qu'il dépend de nous, de toutes les questions que nous traitons, tout ce qui tend *à moraliser* la solution que nous en tirons. *Il faut une conscience à l'histoire pour qu'elle mérite ce nom*, a dit un grand écrivain [1]. Quelque médiocre que soit l'œuvre que nous avons entreprise, nous pensons donc qu'il faut en déduire toutes les vérités morales qui s'offrent successivement dans ce travail.

Jetons un coup d'œil rétrospectif sur la carrière qu'a parcourue Toussaint Louverture, afin d'examiner s'il a observé les préceptes de morale et de religion dont il faisait constamment un si grand étalage aux yeux de la multitude, pour mieux la dominer et assurer le succès de ses vues contre ses adversaires.

Cet homme que la nature avait doué de talens incontestables, d'un vrai génie, que les circonstances du temps ont

---

[1] Lamartine.

si bien favorisé, a-t-il réellement suivi *les meilleures voies* pour parvenir à la haute position qu'il occupait dans son pays?

Nous disons que *non* ; car à nos yeux, *le succès ne suffit pas* pour légitimer la marche d'un homme vers le pouvoir suprême ; il ne saurait justifier *les moyens* qu'emploie un tel homme, s'ils sont visiblement en désaccord avec les principes de *la morale*. Nous considérons celle-ci bien au-dessus de ce que le vulgaire considère comme *la politique*. Nous l'avons déjà dit, d'après des esprits éminens : *La base de la politique ou art social doit être l'honnête et le juste ;* et cet art, par cette définition même, doit consister en préceptes, en pratiques dont la source est la morale. *Tout ce qui est contraire à l'honnête et au juste est une violation de la morale ;* et quel que soit le succès que l'on obtient, ce succès est impur. On a réussi, il est vrai ; mais on ne s'est pas conformé *à la loi du devoir*, on l'a violée, et tôt ou tard on subit la peine encourue pour un tel oubli de ce qu'il y a de plus sacré parmi les hommes.

Appliquons ces principes à la vie politique de Toussaint Louverture.

La condition malheureuse où il naquit, — celle de l'esclavage imposé à la race noire par la race blanche, — comporte avec elle *des vices* pour ainsi dire naturels : parmi eux, *la dissimulation* tient le premier rang, à raison de la sujétion de l'esclave envers son maître. Toussaint Louverture apprit à lire et à écrire de son parrain, Pierre Baptiste, un noir du Haut-du-Cap, qui, lui, avait été élevé à l'école *des Jésuites* établis anciennement au Cap. « Pierre Baptiste lui enseigna ce qu'il avait appris à
« l'école de ces missionnaires qui, en prêchant la morale

« d'une religion divine, éclairaient et agrandissaient l'es-
« prit humain dans les diverses contrées qu'ils ont par-
« courues[1]. »

Il paraît que le néophyte adopta en même temps ce qu'on a toujours reproché *aux Jésuites : — une hypocrisie consommée*, qui affecte les dehors de la religion, de la dévotion, afin de mieux cacher ses vues. Qui mieux que Toussaint Louverture réunit *la dissimulation et l'hypocrisie ?* Ces vices étaient sans doute l'effet de sa condition antérieure à la révolution et de son éducation ; il n'est pas moins vrai qu'il se distingua sous ce rapport.

La révolution éclate à Saint-Domingue, et c'est à cet homme, âgé alors de 48 ans, sachant lire et écrire, quoique imparfaitement, possédant déjà une expérience acquise par l'attention que son esprit méditatif donnait aux conversations journalières des nobles contre-révolutionnaires entre eux, sous le toit de ses maîtres ; c'est à lui qu'ils s'adressent pour remuer les ateliers d'esclaves dans des vues de contre-révolution. Alors commence *son éducation politique*. Inutile de répéter ici ce que nous avons successivement relaté de lui dans tout le cours de sa carrière, et que nous avons résumé, en présentant *ses antécédens* dans notre 4e livre. On a vu aussi, dans le 5e, comment il a donné suite à toutes ses idées antérieures, pour réaliser le plan des contre-révolutionnaires dont il fut le premier agent.

C'est à ce plan, exécuté avec une audace et une résolution peu communes, qu'on doit attribuer son renversement du pouvoir. Il est évident que l'organisation politique de son gouvernement et surtout *l'abus* qu'il fit de sa puissante autorité, étaient trop contraires *aux intérêts*

---

[1] Notes diverses sur la vie de Toussaint Louverture, par son fils Isaac.

réels de la race noire pour ne pas susciter d'invincibles répugnances à ses frères : son propre neveu Moïse fut celui qui osa en manifester le plus ; il périt. D'un autre côté, cette *organisation*, et non pas *l'abus* de son autorité, était trop contraire *à la souveraineté* de la France sur sa colonie, pour ne pas attirer sur sa tête la foudre que lui lança le gouvernement consulaire, dans les circonstances les plus favorables. Sans appui du côté de la race noire qu'il avait violentée, il devait succomber dans cette lutte.

Nous avons déjà reconnu tous *les vices* et toutes *les qualités* qui distinguaient Toussaint Louverture. Ses vices ont été : la dissimulation, l'hypocrisie, l'astuce, la fourberie, le machiavélisme, la vanité, l'orgueil, la méfiance, l'égoïsme. Ses qualités furent : l'audace, l'énergie, la résolution, la fermeté, la prudence, l'intégrité dans le maniement des deniers publics, une grande intelligence des choses, l'amour de l'ordre, une activité prodigieuse, une ambition insatiable qui fut à la hauteur de son génie. Avec une telle nature, favorisé comme il l'a été par la politique réactionnaire du gouvernement français, il était impossible que dans les circonstances où il se trouva, il ne réussît pas dans toutes ses vues *personnelles*. Mais, malheureusement pour sa gloire, il joignit à tous ses vices, à toutes ses qualités, *un cœur de bronze* pour *quiconque* contrariait ses desseins. En se montrant *inexorable*, il fit ressortir surtout *les vices* de son caractère ; car les hommes ne les pardonnent point dans ceux qui les gouvernent et qui se prévalent de leur autorité *pour assouvir leurs passions*, tandis qu'ils ont droit de compter sur les qualités, sur les vertus de quiconque devient chef. Aussi, *l'opinion qui fait la force réelle des gouvernemens*, manqua-t-elle à Toussaint Louverture dans le moment où il en avait le plus besoin : il n'avait pas même celle de la portion de l'armée qui combattit avec lui,

Toutefois, si nous avons reconnu *les fautes* qu'il commit, *les torts* qu'il eut ; si nous avons dû flétrir *ses crimes*, reconnaissons aussi ce que son passage au pouvoir a laissé *de bien et de remarquable* dans son pays. Les peuples ne sont-ils pas réduits à accepter presque toujours leurs gouvernans, comme un composé *de bien et de mal ?* Où trouver un seul homme parfait ?

Toussaint Louverture a légué à son pays une organisation militaire et un système d'administration civile, financière et judiciaire, qui, à quelque chose près, ont dû être conservés par les divers gouvernemens qui y ont succédé au sien, depuis son indépendance de la France.

Dans sa constitution, dans les lois qui en ont été la conséquence, dans la division administrative du territoire, ils ont également puisé des principes de vigueur pour diriger la force nationale.

Sans doute, toutes ces institutions dérivaient de celles de la France, mais il les appliqua avec intelligence.

Comme homme *éclairé*, il fit sentir à ses frères que, quoiqu'ils descendent *des Africains* et doivent s'honorer de cette origine, ils doivent aussi s'affranchir de toutes leurs grossières *superstitions*, notamment du *Vaudoux*, parce que, si elles existent en Afrique, plongée dans une profonde ignorance, ce n'est pas une raison pour adopter de telles croyances qui dégradent l'homme et l'abrutissent, et qui ne peuvent que le faire *mépriser*. En faisant prévaloir sur ces ridicules croyances le culte du vrai Dieu, en honorant *la religion chrétienne* que, malheureusement, il n'observait pas assez lui-même, il leur a indiqué néanmoins que c'est par elle qu'ils pourront parvenir à un état social en rapport avec la civilisation des nations de l'ancien monde.

En contraignant ses frères *au travail*, par des mesures d'une trop grande sévérité, il a voulu leur apprendre encore que cette *obligation* imposée à l'homme par ses besoins, est l'un des moyens et le plus essentiel, de prospérité, de stabilité, d'ordre et de liberté, que les peuples doivent pratiquer pour ne pas croupir dans la barbarie. Ses mesures à cet égard ont encouru de vifs reproches de notre part : *nous les maintenons*, tout en reconnaissant que ses torts peuvent être *atténués*, en considération de l'influence que son âge a pu exercer sur ses idées, de l'influence de l'éducation despotique qu'il avait reçue dans le Nord où il prit naissance, et surtout de l'état de démoralisation où se trouvait *alors* la population laborieuse, par suite des révolutions, des agitations incessantes, de l'habitude vicieuse qu'elle avait contractée pour le brigandage.

Le despotisme qui ne se modère point lui-même, afin de ne pas dégénérer *en tyrannie*, arrive presque toujours à un résultat contraire à ses meilleures intentions en faveur des hommes qu'il gouverne. L'énergie et la rigueur qu'il emploie dans ses procédés, en lui aliénant les cœurs, sapent ses institutions par leurs bases et produisent souvent une réaction désastreuse. Il faut sans doute être *ferme* dans l'exercice de tout pouvoir, de toute autorité ; mais il faut aussi *de la modération* pour en assurer la durée.

N'oublions pas à ce sujet, pour *expliquer*, et non pas *justifier*, pas même *excuser les actes cruels* de la domination de Toussaint Louverture, ce qu'a dû exercer sur ses idées, l'exemple tracé aux révolutionnaires de Saint-Domingue par ceux qui dirigèrent la révolution française dans la funeste et horrible période de la Terreur. Avec cet esprit *d'imitation* qu'il montra ensuite, en se modelant à certains égards sur la personne du Premier Consul, — tant les colons lui avaient persuadé qu'il était *le Bonaparte de Saint-Domingue*, — il est permis de croire qu'il s'était imaginé aussi, qu'il fallait adopter le système cruel des Terroristes, pour vaincre toutes les résistances et ramener l'ordre et la tranquillité dans la colonie. S'il a réuni ces idées à celles que lui fournissait son caractère naturellement absolu, il n'est pas étonnant qu'il ait abusé de son pouvoir.

Enfin, la guerre qu'il fit aux Français, par un sentiment d'orgueil et pour conserver surtout sa position, servit d'exemple aux hommes de sa race pour entreprendre celle qui les délivra de leur joug : en cela, il rendit un immense service à son pays. Même en devenant *victime* de la tâche qu'il avait entreprise de reconstituer l'ancien ordre colonial, il le servit ; car, s'il fut sacrifié par la France, *l'injustice* qu'elle commit envers lui, eu égard à ce qu'il avait accompli pour elle et ses colons, *son agonie, sa triste fin*, contribuèrent à éclairer ses frères sur la conduite qu'ils avaient à tenir. Désormais, ils savaient qu'ils ne pouvaient plus compter *sur les sentimens* de cette métropole, qu'une lutte *à mort* était ouverte contre eux, et que pour conserver leur liberté, il fallait de toute nécessité s'affranchir complètement de sa domination.

Respectons donc, par toutes ces considérations, le jugement de la Providence dans la chute de Toussaint Louverture. Mais, comme hommes sujets aux faiblesses et aux erreurs de notre nature, soyons généreux envers sa mémoire, oublions tous les torts de celui qui brilla d'un vif éclat dans notre pays, qui y jeta des semences de bien à côté du mal, et qui contribua puissamment, par ses talens et son génie, à relever la race noire de la condamnation injuste portée contre elle, par la race blanche intéressée à la mésestimer.

Après la mort de Toussaint Louverture, sa famille fut transférée de Bayonne à Agen, au mois d'août 1803. Elle continua de recevoir une pension du gouvernement français. Le 8 janvier 1804, le jeune Saint-Jean mourut à Agen : cet enfant de 13 ans avait conçu un vif chagrin de la fin déplorable de son père. Dans la même année, Madame Louverture obtint du gouvernement que Placide vînt résider auprès d'elle. Cette dame mourut en 1816, à l'âge de 67 ans. Ses vertus la rendirent toujours respectable, en France comme à Saint-Domingue.

C'est à Agen que vinrent aussi résider André Rigaud et sa famille, après qu'il eut été retiré du fort de Joux, par la protection de Louis Bonaparte. Il se fit un devoir de témoigner toujours la plus vive sympathie à la famille de son ancien rival.

Cette famille, qui était jusque-là dans le département du ministère de la marine et des colonies, passa, le 1er janvier 1807, dans celui de la police générale et fut soumise à sa surveillance.

Chancy avait eu le bonheur de s'évader d'Ajaccio, et retourna dans son pays après son indépendance.

Pendant que Toussaint Louverture approchait dans son cachot du terme de son existence, le malheureux Pinchinat, qui avait déjà subi un emprisonnement au Temple, en 1801, était de nouveau jeté, le 9 mars 1803, dans la prison de Sainte-Pélagie, par ordre du gouvernement. Nous avons déjà dit comment ce mulâtre, distingué par son esprit supérieur, par des services rendus à son pays, fut successivement traîné de Sainte-Pélagie à la Conciergerie, et de la Conciergerie à Sainte-Pélagie, pour aboutir à la mort, *sur un grabat*, à l'infirmerie de la Force, autre prison de Paris. Cet événement arriva le 30 avril 1804, un an après le décès de Toussaint Louverture qui, lui, rendit le dernier soupir *sur la paille !*....

CHAPITRE VII.

Invasion de la fièvre jaune et ses cruels effets. — Réunion du conseil colonial. — Sentimens libéraux du préfet colonial Benezech, sa mort. — Projets manifestés par les colons. — Conduite courageuse de H. Christophe. — Leclerc maintient en vigueur les règlemens de T. Louverture sur la culture. — La fièvre jaune dissout le conseil colonial. — Leclerc organise le gouvernement colonial. — Mesures fiscales. — Défense faite aux notaires de passer des actes de vente de moins de 50 carreaux de terre. — Mesures de police. — Pendaisons, noyades et fusillades contre la population indigène. — Règlement sur les délits et les peines. — Arrêté des Consuls défendant aux noirs et aux mulâtres d'entrer en France. — Réflexions à ce sujet. — Règlement de Leclerc sur l'ordre judiciaire et sur le culte catholique. — Arrivée de troupes de France. — Leclerc ordonne le désarmement général des cultivateurs. — Vues secrètes des chefs de l'armée coloniale en y donnant leur concours. — Mouvemens insurrectionnels qu'il occasionne. — Noble conduite du général Devaux. — Révolte de Charles Bélair. — Révolte d'autres chefs de bandes dans le Nord. — Pétion et Dessalines agissent contre eux. — Conférences entre ces deux chefs, leurs vues, leur entente. — Charles Bélair se rend après la capture de sa femme. — Dessalines les dénonce et les envoie à Leclerc. — Une commission militaire est formée pour les juger au Cap. — Arrivée de nouvelles troupes de France.

Lorsqu'à la fin d'avril, Leclerc se décidait à traiter sérieusement de la soumission de Christophe et de T. Louverture, l'armée française avait déjà perdu 5000 hommes dans les combats et en avait autant dans les hôpitaux, blessés ou malades. Alors il n'en était arrivé de France que 23 mille : c'était donc près de la moitié de cette force hors de ligne.

Dans le courant du mois de mai, *la fièvre jaune* fit invasion en même temps au Cap et au Port-au-Prince, où se trouvaient réunis un plus grand nombre de troupes et d'Européens venus avec elles dans la colonie. Les ravages de cette peste furent tels dès le début, qu'on a vu, à tort ou à raison, imputer à T. Louverture le plus grand espoir d'en profiter pour reprendre les armes. Au moment où il était arrêté et déporté, l'épidémie enlevait les généraux Debelle et Hardy, une foule d'officiers et de soldats. C'était dans les premiers jours de juin, dans ce mois où la chaleur devient intense dans le pays. On était réduit à ne plus rendre les derniers honneurs aux militaires et aux particuliers. « Des tombereaux, dit P. de Lacroix, fai-
« saient à minuit leurs rondes lugubres. Ils ramassaient,
« dans chaque rue, les morts qu'on mettait aux portes
« des maisons. » Il en était de même dans les hôpitaux où les militaires étaient soignés.

Dans le même temps, le capitaine-général Leclerc, débarrassé de T. Louverture, convoqua au Cap *le conseil colonial* dont nous avons vu la formation par sa proclamation précitée du 25 avril, pour aviser aux moyens de restauration des cultures principalement, pour l'aider de ses conseils dans l'administration générale. Ce corps fut présidé d'abord par le préfet colonial Benezech, homme vertueux qui n'avait que des vues honnêtes et qui eut la bonhomie de croire à la sincérité des déclarations faites au corps législatif, au nom du gouvernement français ; il pensait qu'il ne s'agissait pas de rétablir l'esclavage à Saint-Domingue comme ailleurs. Mais, dès les premières séances du conseil, les colons grands propriétaires, qui presque tous avaient été influens auprès de T. Louverture, laissèrent percer leur vues pour seconder la pensée intime du gouvernement. Benezech, et H. Christophe qui était membre du conseil, les combattirent et réussirent à faire rejeter toutes autres propositions que celle relative au maintien du fermage des habitations séquestrées, tel qu'il s'observait sous le régime de T. Louverture. Aussitôt l'adoption de cette mesure, Benezech mourut, le 12 juin, de la fièvre jaune.

L'intérim de sa préfecture fut donné à Deraime, sous-préfet du département du Nord, qui hérita de ses fonctions, mais non pas des sentimens philantropiques qui le distinguaient; et d'ailleurs, comment s'opposer aux vues du gouvernement? Les colons, Belin de Villeneuve en tête, donnèrent pleine carrière à leur désir de voir rétablir promptement l'ancien régime colonial [1]. Dans une séance du conseil, ils s'écrièrent tous : *Point d'esclavage, point de colonies!* Dans leur plan, cependant, *les anciens libres* devaient jouir, *disaient-ils*, des mêmes droits politiques que les blancs. C'était un leurre offert aux députés noirs et jaunes du conseil, pour qu'ils aidassent, ainsi que leur classe, au rétablissement de l'esclavage.

H. Christophe eut le courage de repousser ces propositions, en s'écriant à son tour : « *Point de liberté, point de colonies!* » Il attaqua ensuite tout le plan des colons, qui, voyant que la poire n'était pas mûre, eurent l'air de le retirer. Il paraît que Christophe eut la franchise de faire des observations à ce sujet à Leclerc, pour le prémunir contre les colons. On doit lui tenir compte de ce dévouement généreux ; car c'était s'exposer à une subite déportation en France.

[1] Belin de Villeneuve était propriétaire d'une grande sucrerie au Limbé : peu avant la révolution, en 1777, il reçut des lettres *de noblesse* de Louis XVI, pour avoir introduit des améliorations importantes dans la fabrication du sucre.

Cette opposition porta Leclerc à prendre un mezzo-termine, en attendant qu'il pût mieux faire. Le 1er juillet, il rendit un arrêté qui maintint, à peu de chose près, les règlemens publiés par T. Louverture, notamment celui du 12 octobre 1800. A ce sujet, nous lisons dans l'ouvrage de Thibaudeau :

« Quant *à l'état des noirs,* la guerre avait résolu *le*
« *problème.* Il était *évident* qu'on n'avait l'intention de
« leur laisser *que la portion de leur liberté* qu'on ne pour-
« rait plus leur reprendre. *Les noirs n'étaient pas sous*
« *Leclerc plus malheureux que sous le sceptre de fer de*
« *Toussaint Louverture;* mais ils obéissaient *avec répu-*
« *gnance* à un chef qui n'était pas de leur couleur [1]. »

Ils obéissaient avec autant de répugnance sous T. Louverture ; mais ce chef de leur couleur était dans une position telle, après ses succès contre Rigaud, que les noirs étaient *contraints d'obéir* sous la verge et le bâton, aidés de la féroce baïonnette.

Le développement de la fièvre jaune fut si grand, que le conseil colonial perdit plusieurs de ses membres et fut dissous par l'épidémie elle-même. Le commissaire de justice Desperoux était mort aussi le 5 juin [2]. Des trois grands fonctionnaires de la colonie, il ne restait que le capitaine-général qui devait bientôt payer le même tribut au climat des Antilles. En attendant, il fit remplacer *en titre* Benezech par Mongirault, qui était commissaire du gouvernement à Santo-Domingo, et Desperoux par Minuty, qui remplissait les mêmes fonctions au Cap.

---

[1] Tome 3, p. 335.

[2] Le lendemain, Benezech déjà atteint de la maladie depuis six jours, écrivit au ministre de la marine ; il lui annonça la mort de Desperoux en prévoyant la sienne avec un sang-froid étonnant : sa veuve et une de ses filles moururent en mer, à leur retour, par la même maladie.

On a vu dans notre 5ᵉ livre, que cette organisation du pouvoir dans les colonies avait été adoptée en 1801, par rapport à la Guadeloupe [1].

Le capitaine-général réunissait toutes les attributions des anciens gouverneurs généraux, qui étaient fort étendues. Après avoir *consulté* le préfet colonial et le commissaire de justice, sans être astreint à suivre leurs avis, il pouvait à volonté, *suspendre* l'exécution des lois et règlemens existans.

Le préfet avait dans ses attributions l'administration civile et la haute police intérieure, l'instruction publique, les cultes, etc., de même que les anciens intendans.

Le commissaire de justice exerçait les anciennes attributions de ces derniers, relativement aux tribunaux et à tout l'ordre judiciaire.

Mais cette organisation avait été fixée dans la supposition d'un temps calme : il est clair que dans un temps de guerre, le capitaine-général, général en chef de l'armée, devait encore primer sur les deux autres fonctionnaires, en absorbant leurs attributions.

C'est ce qui arriva. Par un arrêté du 20 juin, le capitaine-général, considérant que la colonie était encore *en état de siége* par suite de la guerre à peine achevée, conféra à l'autorité militaire la plupart des attributions respectives du préfet colonial et du commissaire de justice. *Le gouvernement militaire* fut ainsi institué sur une large échelle. Il faut aussi reconnaître que dans les vues du rétablissement de l'esclavage, cette décision devenait une nécessité de la situation.

Le conseil colonial étant dissous, le capitaine-général

---

[1] Un arrêté consulaire, concernant l'administration de Saint-Domingue, fut rendu le 4 novembre 1801.

devenait sous un tel régime *le législateur unique* de la colonie. Le 21 juin, il rendit un arrêté qui divisa le territoire en deux parties : — celle de *l'Ouest*, comprenant l'ancienne colonie française subdivisée en trois départemens : du *Nord*, de *l'Ouest* et du *Sud*, ayant pour chefs-lieux le Cap, le Port-au-Prince et les Cayes : — celle de *l'Est*, comprenant l'ancienne colonie espagnole subdivisée en deux départemens : *l'Ozama* et *le Cibao*, chefs-lieux Santo-Domingo et Saint-Yague. Le département de *Louverture* (Artibonite) se trouva ainsi supprimé. Les *quartiers*, comme dans l'ancien régime, remplacèrent les *arrondissemens;* les *paroisses* conservèrent leurs limites.

Les quartiers et les paroisses furent commandés par des officiers militaires, et dans chaque paroisse il y eut *des conseils de notables* en place des *administrations municipales*. Chaque département eut un sous-préfet, sous les ordres du préfet colonial qui nommait les membres des conseils de notables : leurs attributions furent à peu près celles qu'avaient les administrations municipales sous le régime précédent. Le service des postes fut rétabli sur le même pied, celui des ports également.

Outre l'ordonnateur en chef venu de France, qui avait pour attributions le casernement, la solde, l'entretien et la nourriture des troupes, et le service des hôpitaux, le capitaine-général confia encore au fameux Idlinger, l'administration des domaines et des revenus financiers qu'il avait eue sous T. Louverture. Il modifia son arrêté du 31 mars, en affranchissant *de tous droits à l'importation* les navires *français* et les marchandises de toutes sortes qu'ils apportaient de la métropole. Un nouveau tarif établit des droits *à l'exportation* sur tous les produits de la colonie, pour tous les navires, nationaux ou étrangers.

Six ports seulement furent ouverts au commerce : — le Cap, le Port-au-Prince, Santo-Domingo, les Cayes, Jacmel et Jérémie[1]. L'importation, par tous les navires quelconques, de bœufs, de mulets et de bois de construction, fut permise *franche de droits* dans les ports du Cap, du Môle, du Port-au-Prince et de Jacmel.

Les biens des émigrés et des absens, et ceux que T. Louverture avait fait séquestrer, passèrent aux domaines coloniaux ou nationaux.

Le système des douanes dans les ports ouverts au commerce extérieur fut maintenu comme dans le régime précédent. Il est à remarquer que le département du Sud était *le plus florissant*, non-seulement parce qu'il avait été préservé des ravages de la guerre de trois mois, mais par suite de l'ordre que Rigaud y avait établi ; car à l'arrivée de l'expédition, les Français y trouvèrent, dans les magasins de l'État, plus de douze millions de valeurs en denrées du pays[2]. C'est ainsi qu'on a vu le chiffre du numéraire existant dans les caisses du Sud, déclaré supérieur à celui du Nord et de l'Artibonite, par T. Louverture lui-même dans l'un de ses entretiens avec le général Cafarelli.

On conçoit que la nouvelle du succès de l'expédition,

---

[1] Les trois premiers ports furent ouverts au commerce national et étranger, les trois derniers au commerce national seulement. Rochambeau ouvrit ensuite celui des Cayes aux deux commerces : il permit, en même temps, aux étrangers d'exporter toutes sortes de denrées, tandis que Leclerc avait restreint leurs exportations à quelques-unes seulement.

[2] Pamphile de Lacroix, t. 2, p. 109. — Ces denrées provenaient, sans doute, des biens de tous les proscrits du Sud ; mais nous avons prouvé, dans notre 3e volume, que, sous l'administration de Bauvais et de Rigaud, une partie de l'Ouest et du Sud était mieux cultivée que l'Artibonite et le Nord : le régime modéré qu'ils y établirent obtenait plus du noir cultivateur que le despotisme brutal établi dans les autres départemens. Qu'on se rappelle les cris de détresse poussés par Sonthonax !

étant parvenue en France et aux États-Unis, dut faire affluer les navires de commerce dans les ports de la colonie. Aussi l'abondance y régnait *à cette époque*, et ces navires trouvaient des produits qu'ils exportaient avec avantage.

Tout souriait donc à l'autorité du capitaine-général. Et comme, dans son aveuglement et son engouement *pour les colons grands propriétaires*, de même que dans l'*intérêt de son aristocratie militaire*, T. Louverture avait tracé *des précédens contraires aux intérêts des noirs cultivateurs*, Leclerc ne trouva rien de mieux à faire que de les adopter, puisqu'il poursuivait le même but.

Ainsi, après avoir proclamé son règlement de culture, en donnant une très-grande force d'action aux autorités militaires et à la gendarmerie, Leclerc *défendit* aux notaires, ainsi que *son prédécesseur*, de passer des actes de vente de moins de 50 carreaux de terre. C'était encore pour empêcher que *les cultivateurs* ne devinssent *petits propriétaires*, et pour les contraindre à exploiter les grandes habitations. Il y ajouta, en *défendant* à ceux d'une habitation, *de se marier* aux femmes d'une autre habitation que celle où ils travaillaient. *Se marier* était le terme légal employé par respect pour les bonnes mœurs ; mais comme généralement les rapports des deux sexes étaient fondés sur le concubinage, les officiers militaires savaient qu'en vertu de cet acte, il fallait également les empêcher.

Les *passeports* et les *cartes de sûreté*, adoptés par le régime de fer de T. Louverture sur le modèle tracé par le régime révolutionnaire de la France, vinrent ajouter à ces mesures et les compléter. Aussi, quand la gendarmerie rencontrait *des cultivateurs* sur les grandes routes, non munis de ces choses, elle ne se faisait aucun scrupule *de les sabrer* vigoureusement. Afin de donner une direction intelligente au service de cette gendarmerie, Leclerc nomma le général Clauzel inspecteur de ce corps. Il eut tort de placer à ce poste le brave Clauzel, et il méconnut en cela le vœu de son armée; car les soldats français y avaient *élu* le général Brunet.

Tant de mesures prises *contre les cultivateurs* devaient inévitablement exciter un sourd mécontentement parmi eux. Au moindre signe de leur indignation contre les nouveaux venus, en qui ils avaient tant espéré, on les arrêtait, on les hissait *aux arbres* dans les campagnes, ou *aux potences* que le capitaine-général fit dresser dans les villes et bourgs; on les *fusillait*, on les *noyait*, à bord des bâtimens de guerre.

Il faut ici *rendre à César ce qui est à César*, en disant que Rochambeau eut *l'honneur* de cette initiative.

Cette rage de destruction semblait être une vengeance exercée en raison de la mortalité occasionnée par *la fièvre jaune*: elle avait bientôt enlevé les généraux Clément, Pambour, Tholozé, Ledoyen, l'adjudant-général Perrin, le colonel du génie Maubert, sans compter d'autres officiers de moindre importance et les soldats[1]. Des troupes arrivées en juin et au commencement du mois d'août, ne tardèrent pas à alimenter le terrible fléau qui les accablait.

Le 29 juillet, le capitaine-général publia un règlement portant classification *des délits et des peines*, en matière

---

[1] Tholozé et Maubert moururent *six jours après* leur arrivée au Cap, à la fin de juin. A cette époque, Desfourneaux fut *renvoyé* en France après avoir été employé peu de temps à Saint-Yague. Que d'ostracismes successifs ce général n'a-t-il pas subis à Saint-Domingue! Il est vrai qu'il fut toujours le même homme.

de simple police, de police correctionnelle et criminelle : il était basé sur les lois de la métropole. Mais dans ses dispositions additionnelles, se trouvaient des articles qui défendaient à tout citoyen de porter *ni nom*, *ni prénom*, autres que ceux exprimés dans son acte de naissance ou de reconnaissance de sa filiation, et d'ajouter aucun *surnom* au nom propre sous lequel il était distingué *avant le premier janvier* 1793, à moins qu'une reconnaissance de filiation légale et authentique n'eût été faite *postérieurement* à cette époque. Ceux qui enfreindraient cette défense, devaient être condamnés à 6 mois d'emprisonnement et à une amende de 66 francs : en cas de récidive, la peine était double. La même défense était faite aux fonctionnaires publics, de désigner de tels individus autrement que ne le prescrivaient les dispositions précitées, sous peine d'être interdits de leurs fonctions pendant 6 mois, destitués en cas de récidive et condamnés à une amende de 100 francs. Tout citoyen pouvait dénoncer de telles contraventions, justiciables en police correctionnelle la première fois, et au criminel en cas de récidive. Il est entendu que c'étaient *des commissions militaires* qui formaient ces deux juridictions. T. Louverture en avait tracé si bien l'exemple, que son successeur n'avait qu'à l'imiter.

On conçoit dans quel but cet arrêté fut pris et contre qui il était dirigé. Nous avons parlé des lois ou ordonnances coloniales qui défendaient *aux mulâtres* de porter les noms de leurs pères blancs, alors même que ceux-ci les faisaient élever et prenaient soin d'eux ; et nous avons dit aussi qu'après le décret de l'assemblée législative, du 4 avril 1792, qui reconnaissait *l'égalité politique* des hommes de couleur, mulâtres et noirs affranchis, avec les blancs, bien des mulâtres avaient pris le nom de leurs pères. D'un autre côté, parmi *les noirs* déclarés libres dès le 29 août 1793 et confirmés dans ce droit par le décret de la convention nationale, du 4 février 1794, il y en avait qui ajoutaient à leurs noms propres, ceux de leurs anciens maîtres, depuis ces actes qui les admettaient au rang de *citoyens français*. Or, dans le Nord, selon l'usage créole, on disait, par exemple, avant la révolution, *Pierre à Gallifet*, pour désigner un esclave du colon Gallifet; dans l'Ouest et le Sud, l'usage créole supprimait la préposition *à*, et l'on y aurait dit simplement *Pierre Gallifet*. Cette habitude avait donc été maintenue. Le règlement de Leclerc fut ainsi dirigé contre *les mulâtres et les noirs*, pour qu'ils ne portassent pas le nom *des blancs*. Il acheminait tout doucement de cette manière vers l'ancien régime.

Mais, ce qu'il y a de singulier et ce qui explique fort bien *les instructions* qu'il avait reçues du Premier Consul, c'est que, dans ce même mois, le 2 juillet, le gouvernement français avait déjà pris un arrêté ainsi conçu :

Les Consuls de la République, sur le rapport du ministre de la marine et des colonies ; le conseil d'État entendu,

Arrêtent :

1. Il est *défendu* à tous étrangers *d'amener* sur le territoire continental de la République (en France) *aucun noir, mulâtre, ou autres gens de couleur, de l'un et de l'autre sexe*.

2. Il est pareillement *défendu à tout noir, mulâtre, ou autres gens de couleur, de l'un et de l'autre sexe*, qui ne seraient point au service, (*militaire*, sans doute), *d'entrer à l'avenir* sur le territoire continental de la République, sous quelque cause et prétexte que ce soit, à moins qu'ils ne soient munis d'une autorisation spéciale *des magistrats* des colonies d'où ils seraient partis, ou, s'ils ne sont pas partis

des colonies, sans autorisation du ministre de la marine et des colonies.

3. *Tous les noirs ou mulâtres* qui s'introduiront, après la publication du présent arrêté, sur le territoire continental de la République, sans être munis de l'autorisation désignée à l'article précédent, *seront arrêtés et détenus jusqu'à leur déportation*.

4. Le ministre de la marine et des colonies est chargé de l'exécution du présent arrêté, qui sera inséré au Bulletin des lois.

Le Premier Consul,   BONAPARTE.

Comme on voit, il y avait corrélation parfaite entre le règlement du capitaine-général de Saint-Domingue et l'arrêté des Consuls. Au 29 juillet, il ne pouvait guère avoir appris l'arrêté du 2 : à cette époque, il n'y avait point *de steamers transatlantiques;* c'était donc par suite de *ses instructions* qu'il avait publié son règlement.

Le gouvernement consulaire, poussé par la faction coloniale, revenait ainsi aux fameuses ordonnances de Louis XVI, que nous avons signalées dans notre 1er livre. Tandis que le capitaine-général *déportait en France*, des noirs et des mulâtres, militaires il est vrai, — le ministre de la marine *déportait de France* les hommes de même couleur qui se seraient aventurés à y venir *sans autorisation* [1]. Cette condition, du moins, était déjà une dérogation aux anciennes ordonnances royales qui n'en admettaient pas du tout.

Le progrès des lumières, les sentimens d'une douce philanthropie ont encore mieux fait à cet égard; car, depuis longtemps déjà, *noirs et mulâtres* ont la faculté de

---

[1] Devenu capitaine-général, Rochambeau fit un arrêté, le 28 décembre, par lequel il déclara *ne pouvoir observer celui des Consuls*, attendu qu'il aurait une foule de mulâtres et de noirs à envoyer en France. Il paraît, cependant, qu'il se ravisa ensuite, car il aima mieux *les faire pendre ou noyer*, pour en débarrasser Saint-Domingue.

venir admirer les merveilles de la civilisation, dans cette France toujours si libérale, si généreuse, lorsqu'elle est laissée à ses propres instincts; de venir y séjourner, y résider sous la protection de ses lois, en jouissant de l'exquise urbanité de ses mœurs.

Une réflexion naît cependant de l'acte des Consuls que nous venons de citer. Conçoit-on l'influence qu'il a dû exercer à Saint-Domingue, de même que la loi du 20 mai sur le rétablissement de l'esclavage, quand on en eut connaissance? Capitaine-général, généraux, amiraux, officiers de tous grades, soldats, marins, *et surtout colons de tous rangs*, n'étaient-ils pas en quelque sorte invités, par ces actes, à mettre en pratique toutes les rigueurs, toutes les horreurs susceptibles d'en aggraver les dispositions? Désormais, que devenaient à leurs yeux les noirs et les mulâtres de cette colonie, sinon *des bêtes féroces* qu'il fallait à tout prix subjuguer ou détruire?

Nous savons déjà, par Pamphile de Lacroix, que Leclerc avait communiqué ses instructions au général Boudet; mais est-il possible qu'il ne les ait pas communiquées aussi à Rochambeau et aux autres principaux généraux? Les mesures qu'il avait déjà prises à l'égard de Rigaud, de T. Louverture et des officiers subalternes, se trouvant confirmées par des actes où la colère du gouvernement de la métropole se montrait inexorable, *la chasse aux tigres* (de M. Bignon) devenait un moyen de se recommander à son estime. Les Rochambeau, Lavalette et Panis, dans l'Ouest; les Darbois et Berger, dans le Sud; les Brunet et Boyer, dans le Nord, sans compter d'autres individus moins importans, le comprirent ainsi.

Mais il était réservé à des âmes d'élite, à des cœurs généreux, de comprendre autrement leur devoir envers l'humanité *et même leur patrie :* de ce nombre étaient les généraux Desbureaux, Boudet, Devaux, Pamphile de Lacroix, Clauzel, Thouvenot, Claparède, Jacques Boyé et d'autres encore. Ceux-ci honorèrent le nom français, dans cette lutte *à mort* entreprise contre des hommes auxquels *la France* avait reconnu tous les droits qu'ils tiennent de la nature.

Quoi qu'il en soit, suivons le capitaine-général Leclerc dans son organisation de la colonie confiée à son autorité.

Le 24 juillet, il fit un règlement sur le notariat. Déjà, il en avait fait un autre sur l'ordre judiciaire, en créant des tribunaux d'appel au Cap, au Port-au-Prince, aux Cayes, à Santo-Domingo. Des tribunaux de première instance furent également établis dans diverses villes, et leur composition fut la même que celle des tribunaux créés par le régime de T. Louverture. Mais, comme on avait besoin *de fonds,* les officiers ministériels militant près d'eux furent taxés à payer des rétributions à la caisse publique. C'était arriver à une sorte de vénalité pour ces offices qui devenaient ainsi une propriété pour les occupans. Il est entendu que d'anciens juges colons et d'autres Européens occupèrent seuls toutes ces charges.

Le 18 août, un nouvel arrêté modifia celui du 21 juin, en donnant la dénomination de *l'Artibonite* au département qui s'appelait *l'Ouest.*

Comme avait fait T. Louverture, la religion catholique apostolique et romaine fut le seul culte autorisé dans la colonie, tout en y permettant la liberté de conscience.

Un *vicaire apostolique*, l'abbé Cibot, fut établi dans le Nord, un autre, l'ancien préfet Lecun, fut reconnu pour les deux autres départemens de l'Artibonite et du Sud. L'ancienne partie espagnole continua d'être sous la juridiction spirituelle de l'évêque Mauvielle.

A propos de toute cette organisation, il est convenable de citer ici une appréciation du général Pamphile de Lacroix :

« S'adonnant sans relâche, dit-il, à l'établissement du
« nouveau mode d'administration et à l'organisation du
« nouvel ordre judiciaire, le capitaine-général Leclerc *crut*
« *trouver* dans un grand nombre d'agens *une digue pour*
« *contenir la masse entière des noirs;* mais ces agens,
« *moissonnés* par le climat, ou *inactifs* par son influence,
« laissaient tomber *en désuétude* l'action de leur autorité,
« et chaque jour voyait naître des arrêtés dont l'inexécu-
« tion n'était pas assez remarquée *par nous....* »

Cependant, à la mi-août, environ 4000 hommes arrivèrent de France. Ce renfort eût pu sans doute suppléer un peu *à la désuétude des arrêtés, à l'inaction* forcée des agens, si ces malheureux soldats envoyés si loin de leur pays, dans un but si coupable, n'étaient destinés eux-mêmes à subir l'influence mortelle de ce climat destructeur : la plupart allèrent grossir le nombre des moribonds dans les hôpitaux du Cap.

On vit alors *les femmes indigènes* de cette ville, oubliant généreusement tout le mal qu'on faisait déjà à leurs frères, se dévouer avec une énergie surhumaine pour soigner les malades dans ces hôpitaux et dans la ville, leur prodiguer tout leur temps pour aider les médecins, les chirurgiens dans leur œuvre. Leclerc ne put se soustraire au devoir de leur adresser des félicitations et des remercîmens, en même temps qu'il témoignait sa satisfaction aux officiers de santé.

Néanmoins, les arrestations, les pendaisons, les noyades, les fusillades continuèrent leur train : il fallait atteindre le but!

Le capitaine-général avait déjà ordonné aux cultivateurs de venir livrer *leurs armes* aux chefs-lieux des cantons, et peu d'entre eux avaient obéi à cet ordre. Au plus fort de l'épidémie, *il n'osa*, dit P. de Lacroix, brusquer leur désarmement par des moyens violens; mais quand il eut vu que *l'auxiliaire* des noirs continuait ses ravages, il s'y résolut. Comment faire cependant avec si peu de troupes européennes? Il fallut recourir aux troupes coloniales, — « pour tirer parti, dit le même auteur, *du bon
« esprit* dans lequel *paraissait être* encore la masse des
« chefs de couleur,... » c'est-à-dire noirs ou jaunes. On était alors aux premiers jours de juillet.

En conséquence, le capitaine-général augmenta considérablement la composition du corps de la gendarmerie, afin d'y faire entrer ces troupes coloniales pour *un tiers*; et, pour se les affectionner, il décida que chaque homme recevrait, par jour, une demi-piastre de haute paye. Mais, dit l'historien de l'expédition : « On n'eut jamais les
« moyens d'alimenter *en Européens* le cadre de cette
« gendarmerie; un soldat *admis la veille* dans ce corps
« *était porté le lendemain au cimetière*. Quel calcul humain n'aurait pas été mis *en défaut* par une mortalité
« semblable ! »

Comment! on ignorait donc en France en quel peu de temps, les 6000 hommes envoyés de-là avec les commissaires civils Polvérel et Sonthonax avaient été la plupart moissonnés par la fièvre jaune ! On y ignorait encore comment les troupes anglaises avaient péri promptement par cette maladie, que si la Grande-Bretagne avait tenu en sa possession quelques villes durant cinq ans, c'était au moyen des troupes noires et de couleur que ses généraux avaient formées dans la colonie ! Non, on n'a pu l'ignorer; mais on était d'abord si certain du mécontentement de la population indigène sous T. Louverture, et ensuite si persuadé de la puissance magique du nom de la France sur son imagination, que l'expédition de la fin de 1801 fut jugée infaillible dans ses succès. Oui, elle l'eût été, mais à une condition: c'était d'apporter *la vraie liberté, la bonne foi, une sincérité* sans bornes envers cette population qui n'avait soupiré qu'après l'apparition des forces protectrices de la France, pour être débarrassée du dictateur qui l'opprimait.

Toutefois, *certains chefs* de l'armée coloniale, *qui avaient leurs vues secrètes*, ne refusèrent point leur concours au désarmement des cultivateurs. Ils savaient qu'il fallait faire pénétrer dans ces masses, *la certitude* qu'on voulait les replacer réellement *dans l'esclavage*: en leur ôtant les armes qu'elles tenaient en leurs mains depuis dix ans, c'était le meilleur moyen de les convaincre. Comme les exécutions à mort déjà commencées n'atteignaient encore que des individus, cela ne suffisait point; et pour parvenir à la réalisation de leurs vues secrètes, ces chefs avaient nécessairement besoin du concours des cultivateurs des campagnes: delà leur dévouement *apparent* aux intentions du capitaine-général. Sans parler de Pétion, Dessalines, qui a montré de si grandes rigueurs dans ce désarmement, ne s'était-il pas vu pourchasser dans les montagnes de Jacmel, à l'arrivée de l'expédition, quoiqu'il employât tous les moyens pour persuader les cultivateurs de ces cantons, qu'elle venait dans le but du rétablissement de l'esclavage ?

Les officiers supérieurs qui exécutèrent le désarmement furent Dessalines, Christophe, Clervaux, Maurepas, Pétion, Macajoux, Magny et Jean-Louis Louverture, neveu de Toussaint, dans les diverses localités où ils se trouvaient, — dans l'Ouest, l'Artibonite et le Nord. Ils réussirent à faire rentrer dans les arsenaux plus de trente mille fusils, d'après P. de Lacroix. Cet auteur fait la remarque que, dans l'Ouest, il n'y eut que les *villes* et quelques quartiers des campagnes qui remirent leurs armes. L'opération n'avait donc pas été dirigée seulement contre les cultivateurs: elle le fut aussi contre les noirs et les mulâtres des villes, qui formaient la garde nationale.

Pétion était au Port-au-Prince avec la 13e, lorsqu'il reçut l'ordre d'aller dans les montagnes de l'Arcahaie pour cette opération.

Dans le Sud, elle réussit complètement par les soins de Laplume, Néret et d'autres chefs secondaires.

Leclerc fut si joyeux du résultat obtenu, qu'il adressa *des félicitations publiques* à tous ces officiers de l'armée coloniale. Il y comprit le général Boyer et les chefs de bataillon Grandseigne, Erré et Mouchet, quatre Européens. Boyer, dans la péninsule du Môle, mit tant d'atrocités dans l'exécution de cette mesure, que les soldats français eux-mêmes le surnommèrent *le cruel*. Christophe ne mérita pas moins ce surnom, pour la fureur qu'il déploya dans les campagnes du Nord : de même que ce général français, il faisait *pendre* sans pitié tous les cultivateurs qu'il soupçonnait avoir caché leurs armes.

Rassuré par le succès obtenu, le capitaine-général se rendit à la Tortue avec sa femme et sa maison militaire. Il avait pris en passion le séjour enchanteur de cette petite île où la température est si douce. Baignée de tous côtés par la mer, exposée aux vents alisés durant l'été qui brûle Saint-Domingue, elle offrait au couple uni pour de si hautes destinées, un asile contre la peste qui enlevait journellement des officiers supérieurs. Là, Leclerc se reposait des fatigues de son laborieux gouvernement.

Tandis qu'il y était, des mouvemens insurrectionnels se manifestèrent sur divers points à la fois, occasionnés par le désarmement. — Aux Baradères, *Janvier Thomas*; à Saint-Louis du Sud, *Auguste* ; à Torbec, *Samedi Smith*, essayèrent vainement de s'organiser; ils furent refoulés dans les bois par Laplume et Néret. — Dans l'Ouest, *Lamour Dérance* et *Lafortune* réussirent mieux avec leurs grosses bandes, déjà organisées et habituées à guerroyer, puisqu'ils ne s'étaient jamais soumis à T. Louverture : ils vinrent faire des incursions du côté de Léogane et même jusqu'au Petit-Goave. — Dans l'Artibonite, il n'y eut d'abord que de simples mouvemens sans suite. — Dans le Nord, aux Moustiques, d'autres mouvemens eurent lieu. A Plaisance, *Sylla*, qui s'était manifesté dès l'arrestation de T. Louverture et qui avait été pourchassé, remua de nouveau. Tous ces chefs de bandes étaient *des noirs*.

« Il est pénible de penser, dit P. de Lacroix, que les
« tentatives insurrectionnelles qui rallumaient *la guerre à*
« *mort* à Saint-Domingue, *furent attisées par l'instiga-*
« *tigation d'une politique étrangère* occupée alors de re-
« nouveler les discussions en Europe... Une frégate *an-*
« *glaise* avait plusieurs fois rangé de près la côte du
« Sud, et l'on apprit qu'elle avait communiqué avec la
« bande de Lafortune peu de jours avant sa levée de
« bouclier. »

L'accusation portée contre les Anglais, d'avoir été les

auteurs de tous les maux de Saint-Domingue, est devenue *une vraie manie* sous la plume des écrivains français, ou plutôt *un calcul* pour dissimuler les fautes de leurs divers gouvernemens et des agens qu'ils employaient dans cette colonie. L'administration inintelligente et barbare de ces derniers, pénétrés d'ailleurs des instructions qu'ils recevaient, soulevèrent la population noire, et ces écrivains ont toujours voulu nier ce résultat. Est-ce que des hommes qu'on opprimait par toutes sortes de mesures vexatoires et cruelles, avaient besoin d'aucune suggestion étrangère pour reconnaître les mauvais desseins conçus contre eux? Quand des noirs de la Jamaïque se soulevèrent *contre l'oppression anglaise* et campèrent dans ses montagnes Bleues, furent-ils instigués à cela par une politique étrangère? Ils ne virent, comme ceux de Saint-Domingue, que la méchanceté exercée à leur égard par l'affreuse cupidité de la race blanche.

Lamour Dérance et Lafortune, restés partisans de Rigaud sous le règne de T. Louverture, ne se soumirent aux Français qu'en apprenant le retour de Rigaud. Mais, lorsqu'ils apprirent sa déportation pour de si puérils motifs et avec des circonstances si déloyales, ils se retirèrent dans leurs montagnes pour recommencer la lutte au moment opportun. Et quel moment était plus convenable que celui où ils savaient les troupes blanches moissonnées par la fièvre jaune? C'est alors qu'ils agirent, alors que Leclerc faisait encore désarmer les cultivateurs, évidemment pour pouvoir les replacer dans l'esclavage. Ils n'avaient donc pas besoin des insinuations des Anglais, non plus que les autres chefs de bandes dans d'autres localités; et d'ailleurs, Lamour Dérance et Lafortune avaient vu accourir vers eux des hommes de couleur du

Port-au-Prince et de la Croix-des-Bouquets, qui se virent contraints de fuir de ces lieux, pour ne pas être pendus ou noyés par Rochambeau.

Au Port-au-Prince se trouvait le général Devaux, en qualité de commandant de l'arrondissement. Ce loyal Français, ayant des sentimens bien différens de ceux de Rochambeau, son chef immédiat, accueillait avec fraternité la population indigène : il se dégoûta bien vite des horreurs que faisait commettre son chef, et demanda au capitaine-général l'autorisation de retourner en France. Rochambeau lui-même n'était pas satisfait d'avoir sous ses ordres un officier dont les sentimens et la conduite contrastaient tant avec les siens. Leclerc consentit à l'éloignement de Devaux, de la colonie. Un tel homme gênait le plan de l'expédition. Devaux se rendit d'abord aux Gonaïves.

Pétion, qui avait opéré le désarmement des cultivateurs dans les montagnes de l'Arcahaie, s'y trouvait encore avec la 13e demi-brigade, quand il reçut l'ordre de Rochambeau de se porter à Plaisance, où les mouvemens insurrectionnels de Sylla faisaient concentrer d'autres troupes coloniales. Lorsqu'il passa près des Gonaïves, le général Devaux vint le joindre et arriva avec lui et son corps à Plaisance. Là se trouvait Brunet, et Pétion y prit cantonnement. Il paraît que le général Devaux, en prenant congé de cette troupe d'élite, pour aller s'embarquer au Cap, lui adressa un discours énergique où il l'engageait à conserver soigneusement *ses armes*, pour défendre *sa liberté* menacée par le nouvel ordre de choses. C'était dire à chacun de ces anciens soldats de Rigaud, ce qui était déjà dans leur pensée et dans celle de leur chef actuel. On était alors aux derniers jours de juillet.

Dans cet intervalle, Leclerc était retourné au Cap. A peine il avait quitté la Tortue, qu'une insurrection s'y manifesta par l'incendie des habitations et le meurtre des blancs. Le colonel Labattut, qui y commandait, réussit à ramener l'ordre, parce qu'il était aimé de cette population qu'il administrait avec douceur : il ménagea le sang des insurgés, encourut la disgrâce de Leclerc et fut dégradé. Les noirs furent condamnés à payer une somme assez importante, pour être employée aux reconstructions des propriétés qu'ils avaient incendiées [1].

Depuis la déportation de T. Louverture, Charles Bélair songeait à le venger en se plaçant à la tête d'une insurrection. Retiré dans la commune des Verrettes, il s'y prépara en se mettant en rapport avec des hommes qui devaient seconder cette entreprise. C'étaient Jérôme, aux Verrettes, Destrade, Jean-Charles Courjolles, Jean-Toussaint Labarre, Jean Dugotier, à l'Arcahaie, *tous noirs*, et Larose, *homme de couleur*, chef de bataillon de la 8ᵉ : ce dernier réunit des soldats de ce corps, et les autres des cultivateurs des montagnes des Verrettes et de l'Arcahaie. En s'organisant, C. Bélair avait la prétention d'être *le général en chef* des indigènes, et il en prit le titre. Or, c'était cette prétention qui devait lui attirer les foudres de Dessalines, son ennemi personnel, qui se réservait lui-même ce rôle, et qui, il faut le dire, l'était réellement de fait depuis la mort de Moïse. Ce mouvement eut lieu dans le mois d'août.

---

[1] Labattut, ancien négociant du Cap, était devenu propriétaire de toute l'île de la Tortue en 1785, en l'achetant du duc de Praslin. Voyez Moreau de Saint-Méry, t. 1ᵉʳ, p. 731. Les noirs de cette île étaient donc ses anciens esclaves : de là les ménagemens qu'il eut pour eux. C'était *un bon colon*, chose assez rare.

Mais bientôt la désunion survint entre lui et Larose, qui se sépara de lui pour agir de son côté. Sa femme, d'un caractère impérieux, avait contribué à cette désunion ; elle dominait le caractère faible de Charles Bélair. Malgré cette circonstance, Jérôme attaqua le bourg des Verrettes d'où il fut repoussé vigoureusement par Faustin Répussard, homme de couleur qui y commandait pour les Français. Cet insuccès contraignit Charles Bélair à passer sur la rive droite de l'Artibonite, dans la paroisse de la Petite-Rivière où se tenait Dessalines. Larose lui-même y passa aussi, abandonnant les montagnes de l'Arcahaie. Ce fut une bonne fortune pour Dessalines qui, avisé tout d'abord des projets de Charles Bélair, les laissait continuer par celui dont il était jaloux, les encourageait même secrètement, dit-on, pour pouvoir le perdre et se débarrasser d'un concurrent.

Mais tandis que l'insurrection de Charles Bélair éclatait, d'autres insurgés étaient dirigés dans le Nord, par *Sans-Souci*, *Sylla*, *Macaya*, *Mavougou*, *Va-Malheureux* et *Petit-Noël Prieur*, tous noirs, anciens affidés de T. Louverture, qui avaient plus ou moins pris part dans sa lutte de trois mois ou qui étaient habitués à obéir à sa voix, dans les mouvemens insurrectionnels qu'il ordonna successivement contre Sonthonax, Hédouville et Roume[1]. Cette fois, le désarmement des cultivateurs et les rigueurs employées à cette occasion furent cause de leur influence sur ces campagnards qu'ils soulevèrent. Après avoir agi du côté du Dondon, ils se concentrèrent vers le massif des

---

[1] On se rappelle le post-scriptum de la lettre de T. Louverture, du 17 juillet 1799, écrite à H. Christophe (t. 4, p. 107), où il est fait mention de Noël Prieur. Celui-ci était un ancien esclave du colon Prieur, de la paroisse du Dondon.

montagnes qui forment les paroisses de Plaisance, d'Ennery, du Limbé, du Borgne et du Gros-Morne, en laissant quelques-uns de leurs lieutenans pour agir vers la Marmelade, la Grande-Rivière et le Dondon.

Ce mouvement de concentration, qui consistait à faire de Plaisance la base de leurs opérations, prouvait l'intelligence qui les guidait ; car, ainsi que le dit Moreau de Saint-Méry, — « Plaisance est l'une des paroisses les « plus importantes de la partie française, parce qu'elle est « située dans un point destiné, par sa nature, à servir de « moyen de communication entre la partie du Nord, la « partie de l'Ouest et le reste de la colonie, et même à « assurer à divers points de la partie du Nord une com- « munication entre eux. » Le général Leclerc l'avait compris ainsi, quand, dès l'ouverture de sa campagne contre T. Louverture, il fit occuper Plaisance par Desfourneaux, et ensuite par Clauzel et Brunet. T. Louverture lui-même avait conçu l'idée de se rendre maître de ces montagnes, dans son plan de diversion pendant que les Français se concentraient contre la Crête-à-Pierrot. On a vu que Sylla, par ses ordres évidemment, s'y tenait toujours. Il est donc permis de croire que les chefs des bandes insurgées, en prenant les armes *au mois d'août*, époque que T. Louverture avait assignée pour être celle de mouvemens offensifs de sa part, et convergeant tous sur Plaisance, suivaient en cela le plan qu'il avait médité, et dont il fut accusé avec quelque apparence de vérité.

Quoi qu'il en soit, le général Brunet ordonna à Pétion de combattre les insurgés. Il obtint bientôt quelques succès contre Sans-Souci qu'il chassa du Pilate ou Bas Plaisance ; mais en faisant des prisonniers parmi eux, Pétion agit avec cette humanité qui le caractérisait, et qui, dans cette circonstance *comme toujours*, est de la meilleure politique : Pétion respecta leur vie, et permit même à la plupart de se sauver. Cette conduite contrastait trop avec les rigueurs exercées précédemment par Brunet sur les malheureux qu'il atteignit, pour n'avoir pas été appréciée par eux tous ; et c'est ce qui explique le respect que les noirs du Nord montrèrent ensuite pour Pétion, quand il eut pris les armes à son tour contre les Français.

En ce moment le général Dessalines arrivait aussi dans la paroisse de Plaisance avec des troupes coloniales, pour aider à la répression des insurgés : il en avait reçu l'ordre. Là, *pour la première fois* depuis l'arrivée de l'expédition française, il se rencontrait avec Pétion.

Ce n'est pas ce que prétend Boisrond Tonnerre, dans ses mémoires : il affirme que leur première entrevue eut lieu *à la Petite-Anse*, immédiatement après la déportation de T. Louverture, lorsqu'il est certain que Pétion était encore au Port-au-Prince avec la 13e ; et il fait l'honneur à Dessalines d'avoir pris *l'initiative* pour conseiller à Pétion *de prendre son parti*, de même qu'il aurait tenu ensuite le même langage à Clervaux et à Christophe. Cependant, cet auteur convient après que Dessalines et Pétion se virent à Plaisance, « que les malheurs communs avaient *rap-*
« *proché* ces deux hommes ; que là, *ils se communiquent*
« *l'un à l'autre leurs sentimens sur ce qui se passait*, et
« Dessalines crut devoir *prévenir* Pétion sur les dan-
« gers qu'il courait, s'il rentrait au Cap avec sa troupe. »
L'une des deux assertions détruit nécessairement l'autre ; car si, déjà à la Petite-Anse, Dessalines avait engagé Pétion *à prendre son parti*, c'est qu'alors ils se seraient entendus.

Le fait est, que c'est *dans l'entrevue de Plaisance* qu'ils se communiquèrent réciproquement leurs pensées. Pétion, encore adjudant-général comme au moment qu'il abandonna l'armée de T. Louverture pour passer auprès de Rigaud, reconnaissant en Dessalines un officier supérieur sur qui désormais l'armée coloniale devait fixer les yeux, sentait d'ailleurs le besoin *de justifier* sa conduite politique dans la guerre civile du Sud, pour pouvoir opérer son rapprochement de Dessalines. A cet effet, *il fit les premières avances.* Comme homme plus éclairé, décidé à agir avec tout le désintéressement que nécessitait le salut de la race noire, *il devait les faire* pour amener la conviction dans l'esprit de l'ancien ennemi qu'il avait combattu lors de sa défection, et qu'il venait tout récemment encore de combattre à la Crête-à-Pierrot.

Pétion entama la conversation sans hésiter sur les circonstances et les motifs qui l'avaient forcé à abandonner l'armée de T. Louverture, rejetant sur celui-ci, comme de raison, les malheurs de cette époque déplorable, par son engouement pour les colons et les émigrés qui l'avaient ensuite payé d'une si horrible ingratitude. Le raisonnement de Pétion fut d'autant plus goûté par Dessalines, qu'il lui dit encore : « Mais, le général Toussaint pouvait-
« il, devait-il plus compter sur la sincérité des blancs, lui,
« leur ancien esclave, quand moi, je ne pus obtenir l'ami-
« tié de mon père, parce qu'il trouvait que ma couleur
« portait trop le signe de la couleur noire? » A ces paroles facilement comprises, Dessalines saisit sa main avec effusion, et lui dit : *Tu as raison, mon fils*[1].

---

[1] Pétion, quoique quarteron, étant fils d'un blanc et d'une mulâtresse, avait la couleur d'un brun foncé; mais les plus beaux cheveux noirs tombant en boucles indiquaient bien sa filiation européenne. Son père, Sabès, ne l'aimait pas et lui préférait sa sœur, qui avait une peau très-blanche : ce qui le

Le *pacte d'alliance* était dès-lors signé entre ces deux hommes. Mais, restait à savoir quelles étaient *les vues* de Pétion sur l'avenir. Il importait à Dessalines, qui nourrissait des desseins secrets comme nous l'avons déjà dit, de s'assurer si Pétion le considérerait comme devant être *le chef suprême* qui remplacerait T. Louverture, à la déportation duquel il avait tant contribué. Il ne fut pas difficile à Pétion de pressentir ce qu'il désirait savoir, à propos des obstacles qu'il entrevoyait dans l'ambition de quelques généraux, pour un concert entre eux tous, si, comme ils s'y préparaient déjà, comme les noirs des campagnes leur traçaient l'exemple, il fallait enfin reprendre les armes contre les Français pour aboutir à un résultat qui ne pouvait être que *l'indépendance*. Pétion le rassura, en le persuadant que nul autre que lui ne réunissait autant de titres au choix de l'armée coloniale et de la population indigène.

Étant ainsi d'accord, ils durent néanmoins remettre l'exécution de leurs projets à un moment plus opportun, pour avoir le temps de s'aboucher avec les autres généraux; de nouvelles circonstances devenaient nécessaires. En attendant, ils résolurent de continuer à combattre les chefs de bandes qui, par la prétention de leur priorité dans la lutte, allaient être un grand embarras pour la réalisation de ces projets. On verra en effet, qu'il fallut les soumettre par la force ou se défaire de quelques-uns, parce que chacun d'eux représentait en quelque sorte *une*

---

porta à ne jamais prendre son nom, comme firent beaucoup d'autres mulâtres, pour celui de leurs pères.

Les particularités de son entrevue avec Dessalines, à Plaisance, furent racontées à des citoyens du Sud par Jean-Louis François, chef de bataillon de la 13e. Francisque, l'un des capitaines de ce corps, a confirmé ce récit.

tribu africaine, et ne pensait à organiser l'insurrection que sous cet aspect barbare.

Ce que nous disons ici se trouve confirmé par Boisrond Tonnerre, quoiqu'il ait placé la défection de Dessalines *avant* celle de Pétion : ce qui est contraire à la vérité. Voici ce qu'il dit de ce qui survint *après leur prise d'armes :*

« Pétion, qui sentait tout l'embarras de sa position et
« de celle de sa troupe (dans le Nord), résolut de se
« joindre au général Dessalines, *qu'il regardait comme*
« *le général en chef, depuis l'embarquement de Toussaint*
« *Louverture. Il n'en était pas de même de tous les chefs*
« qui, dans une calamité semblable, prêtaient à l'ambition
« du commandement une oreille assez complaisante pour
« s'abuser sur les résultats qu'entraînerait le choix d'un
« chef autre que Dessalines. D'ailleurs, Dessalines possé-
« dait seul ce qu'on pouvait appeler *la force armée ;* lui
« seul encore était capable de discipliner des hommes qui,
« déjà terrorisés par les supplices et les noyades, ne sa-
« vaient plus que combattre dans les bois, où ils se défen-
« daient en cherchant à vendre cher une vie pleine d'a-
« mertumes et d'opprobres, et qui ne survivaient à la li-
« berté que pour se venger. Toutes ces considérations,
« jointes au peu d'ensemble et d'accord qui régnaient dans
« les troupes nouvellement soulevées, engagèrent Pétion
« à se réunir aux forces commandées par Dessalines. Par
« une suite de l'ambition qui dévorait déjà les comman-
« dans de l'insurrection du Nord, plusieurs d'entre eux
« avaient fait scission avec les généraux Christophe et
« Clervaux ; les malheureux se divisaient avant d'avoir
« pu se réunir. Les Congos et presque la généralité des
« noirs de la Guinée, étaient maîtres des quartiers de la

« Grande-Rivière, du Dondon et de la Marmelade, et dis-
« posés à combattre également les troupes du pays qui ve-
« naient d'abandonner les Français, et les Français eux-
« mêmes. Pétion n'ignorait pas qu'il aurait à combattre ce
« parti qui prétendait avoir à sa tête le seul général en
« chef. Ils prétendaient avoir à leur tête le seul général en
« chef, et Sans-Souci, Noël (Prieur), Jacques Tellier, chefs
« de bandes, se disputaient entre eux ce titre. »

A part l'antériorité que donne Boisrond Tonnerre à la défection de Dessalines sur celle de Pétion, tout ce qu'il relate dans ce passage est vrai. Mais c'est à *Plaisance* qu'ils arrêtèrent entre eux le concert qui a donné l'impulsion à la guerre de l'indépendance. Pétion n'avait rien à redouter de Dessalines, du moment qu'il lui eût manifesté sa pensée de le reconnaître pour *général en chef* de cette entreprise. On verra bientôt que *ce fut lui* qui décida Clervaux et Christophe à la défection, comme à reconnaître aussi l'autorité de Dessalines : par la suite, il entraîna d'autres officiers supérieurs dans les mêmes vues ; son exemple, ses antécédens, la grande réputation militaire dont il jouissait, tout concourut à ce résultat salutaire.

Ce point historique étant fixé, reprenons la suite des événemens.

Dessalines, peu après cette entrevue, poursuivit lui-même Sans-Souci, et fit poursuivre Petit-Noël Prieur par les 4e et 7e coloniales du côté du Limbé. Tous ces chefs de bandes qui avaient gravité sur Plaisance, furent refoulés en ce moment.

Mais, Charles Bélair et Larose étaient encore dans la paroisse de la Petite-Rivière. On était alors à la fin du mois d'août. Dessalines y retourna pour avoir raison de celui qu'il jalousait.

Le général français Quentin, qui commandait à Saint-Marc, donna l'ordre à Faustin Répussard de poursuivre les deux chefs insurgés, et requit Dessalines de le seconder. Ils se mirent en campagne contre eux.

Tandis que Faustin Répussard capturait Madame Charles Bélair sur le Corail-Mirault où son mari l'avait laissée, Dessalines atteignait Larose à Plassac, au-dessus de la Crête-à-Pierrot, et réussissait à gagner tous les soldats de la 8ᵉ qui étaient avec lui. Larose se jeta dans les bois. Dessalines le ménagea, en souvenir de sa conduite à Léogane et à la Crête-à-Pierrot.

Désolé de la capture de sa femme, Charles Bélair se décida à venir se livrer à Faustin Répussard, dans la crainte aussi de tomber au pouvoir de Dessalines qui le poursuivait, après avoir chassé Larose. Lui et sa femme furent assez crédules pour espérer leur pardon du capitaine-général. Ils furent envoyés à la Petite-Rivière, auprès de Dessalines qui s'y était rendu, et qui les fit escorter aux Gonaïves, d'où ils furent envoyés au Cap, quelques semaines après.

Heureux de cette capture, Dessalines adressa la lettre suivante au capitaine-général :

Au quartier-général de l'Artibonite, le 23 fructidor, an X
(10 septembre).

Le général de division Dessalines, au capitaine-général Leclerc.
Mon général,

J'ai actuellement *les preuves certaines* que Charles Bélair était *le chef* de la dernière insurrection : ces preuves viennent de m'être rendues évidentes par les officiers de la 8ᵉ, qui me paraissent *plus malheureux que coupables* dans ces événemens. A Dieu ne plaise, cependant, *que j'excuse* aucun de ceux *qui ont osé se révolter* contre le gouvernement. *J'ai pour tous ceux qui ont suivi le scélérat Charles Bélair dans sa criminelle révolte la plus profonde indignation.* C'est

Charles qui a fait *assassiner* son secrétaire chez lui[1], et *sa féroce femme* n'a pas peu contribué *aux actes de barbarie qui se sont commis sur nos malheureux camarades. Que Charles et sa femme soient donc punis.* Charles ne s'est séparé de Larose, que parce qu'il voulait aller au Doco, et que Larose ne le voulait pas : tels sont les motifs de leur division[2]. *Charles doit être regardé comme chef de brigands et puni comme tel.* Ce n'est *qu'à nos marches et manœuvres,* et au zèle infatigable des officiers et des troupes que je commandais, que nous devons *l'arrestation de ce scélérat, qui est indigne de votre clémence.*

Je vous envoie la présente lettre par un courrier extraordinaire.

Tout au gouvernement et à vous, avec le plus profond respect,

DESSALINES.

On le voit : les erremens de la politique cruelle de T. Louverture étaient dès-lors adoptés par son terrible lieutenant. Se frayer la route du pouvoir suprême, en immolant tous les concurrens qui peuvent l'entraver, c'est un procédé devant lequel l'ambition ne recule pas. Charles Bélair ne pouvait échapper à son malheureux sort; s'il ne fût pas pris alors, il aurait toujours succombé par la suite, parce qu'entre lui et Dessalines il y avait une rivalité insurmontable. Il est certain qu'il avait aspiré au rôle de général en chef et qu'il en prit le titre éphémère, à la naissance de son insurrection : or, ce rôle était *plus légitime* en Dessalines, d'après le principe *de l'ancienneté militaire* établi par T. Louverture lui-même, dans sa constitution de 1801 : nous l'avons fait remarquer alors.

---

[1] Ce secrétaire de Charles Bélair était un jeune blanc qui tomba malade. Sous prétexte qu'elle ne pouvait continuer à en prendre soin, Sannite, femme de ce général, le fit sacrifier par des soldats de la 8ᵉ qui suivaient Larose et son mari. Cette femme dominait ce dernier, qui, à l'arrivée de l'expédition française, avait sauvé la vie à bien des blancs qui sortirent avec lui de l'Arcahaie.

[2] C'est Larose, au contraire, qui voulait aller au Doco ou Bahoruco.

C'est pour cette raison que périrent, dans l'année 1803, Sans-Souci et Lamour Dérance, qui essayèrent de se constituer les chefs de la guerre de l'indépendance, outre que l'organisation africaine qu'ils prétendaient donner à cette lutte, en faisait une nécessité de suprême détermination politique.

La lettre de Dessalines fut de suite publiée par ordre du capitaine-général, qui pensait ainsi *le compromettre* aux yeux de l'armée coloniale, comme il s'agissait lors de la déportation de T. Louverture, afin de lui ôter toute influence sur cette armée; mais Charles Bélair n'exerçait aucun prestige; il avait trop paru être un jeune favori de l'ancien gouverneur : d'ailleurs sa révolte était évidente. Une commission militaire fut immédiatement formée au Cap pour le juger ainsi que sa femme, aussitôt qu'ils y arriveraient.

Nous avons dit qu'environ 4000 hommes étaient arrivés de France dans le courant du mois d'août; mais ils n'avaient pas tardé à gagner les hôpitaux. En septembre, il en arriva d'autres qui subirent le même sort. On conçoit que de malheureux soldats, qui avaient plus ou moins souffert des fatigues de la mer, et qui étaient forcés de combattre des insurgés fuyant souvent de morne en morne, ne pouvaient conserver leur santé au milieu d'une atmosphère empestée. Le capitaine-général Leclerc était donc réduit à compter davantage sur le concours des chefs de l'armée coloniale et de leurs troupes, pour la répression des insurrections. Leur dévouement apparent le fortifiait dans cet espoir; le sacrifice de Charles Bélair par Dessalines y ajouta. Mais nous arrivons au moment où toutes ses illusions allaient s'évanouir.

CHAPITRE VIII.

Leclerc se rend à D'Héricourt et envoie Pétion au Dondon. — Il y combat contre les insurgés, qui le forcent à entrer à la Petite-Anse avec Christophe. — Actions dans l'Ouest contre les insurgés. — Mort de Lamartinière. — Prise de l'Arcahaie par Larose. — Les insurgés de cette partie reconnaissent l'autorité de Lamour Dérance. — Réflexions sur les prétentions des Africains. — Crimes commis par Rochambeau. — Les insurgés du Nord sont victorieux. — Révolte de Capois au Port-de-Paix. — Il rallie les insurgés de cette partie. — Lettre de Brunet à Leclerc, sur Dessalines et Maurepas. — Supplices au Cap. — Charles Bélair et sa femme y sont fusillés. — Proclamation de Leclerc. — Le général Boudet est envoyé en France. — Christophe lui confie son fils. — Ses dispositions. — Dessalines va au Cap. — Son entretien avec Leclerc. — Clervaux et Pétion au Haut-du-Cap. — Paroles de Christophe et de Clervaux. — Leclerc fait entrer la 6ᵉ au Cap. — Défection de Pétion. — Il entraîne Clervaux et Christophe. — Belle conduite de Pétion. — Il va avec Clervaux au Morne-Rouge et à D'Héricourt. — Il y rallie Petit-Noël Prieur. — Marche contre le Haut-du-Cap. — La 6ᵉ est désarmée et embarquée. — Attaque et prise du Haut-du-Cap. — Défection de Christophe. — 1200 hommes de la 6ᵉ sont noyés. — Réflexions à ce sujet. — Geffrard s'échappe du Cap et va joindre Pétion. — Mort du général Dugua.

Pendant que Dessalines et Pétion refoulaient les insurgés des montagnes de Plaisance, le général Leclerc était venu sur l'habitation D'Héricourt avec deux régimens européens et la 40ᵉ coloniale, pour être plus à proximité du théâtre où ils agissaient. Il manda Pétion avec la 13ᵉ, et leur fit le meilleur accueil. Ensuite, il envoya Pétion au Dondon, où d'autres insurgés de la bande de Sans-Souci tenaient les troupes françaises en échec. Yayou les commandait ; il guerroyait dans les montagnes entre le Dondon et la Grande-Rivière. Après avoir rencontré Christophe qui était campé à Grand-Pré, entre Limonade et le Quartier-Morin, avec les 1re, 2e et 5e coloniales, Pétion se rendit au Dondon, puis dans les montagnes de la Grande-Rivière, où il dut combattre contre Yayou : il revint de nouveau au Dondon. Assailli dans ce bourg par les insurgés, n'ayant point de nourriture pour sa troupe, il fut forcé de rejoindre Christophe à Grand-Pré, où ce dernier était dans les mêmes privations. Cette circonstance les contraignit tous deux à gagner le bourg de la Petite-Anse. Mais ils laissèrent ainsi les insurgés maîtres de ces quartiers. Sans-Souci et d'autres chefs de bandes s'enhardissaient dans la lutte : ils finirent par chasser entièrement toutes les troupes qui occupaient les bourgades de l'intérieur, et à les refouler au Cap.

De leur côté, ceux qui avaient été un moment sous les ordres de Charles Bélair, s'étaient de nouveau réunis dans les montagnes de l'Arcahaie sous la direction de Destrade. En vain Rochambeau les fit-il attaquer par le général Pageot qu'il avait mandé de Jacmel : Pageot ne fut pas plus heureux que Lavalette qui, d'abord, les avait poursuivis pendant la présence de Charles Bélair ; il dut retourner au Port-au-Prince en déconfiture.

En ce moment de nouveaux insurgés se levaient dans les montagnes de Léogane. Lamartinière fut envoyé contre eux avec la 3e coloniale ; il les refoula du côté de Jacmel et revint au Port-au-Prince. Mais ils se placèrent sous les ordres de Métellus, ce brave noir sergent du régiment de Faubert, devenu officier dans ce corps pendant la guerre civile du Sud. Métellus leur donna une direction intelligente et campa dans les montagnes entre Léogane et Jacmel. Sanglaou et Cangé, nouveaux chefs d'insurgés dans la plaine de Léogane et dans les montagnes du Grand-Goave, parurent dans ces circonstances. Sanglaou était un noir, et Cangé un mulâtre.

Rochambeau, Lavalette et Pageot sortirent du Port-au-Prince pour aller les combattre et se diriger à Jacmel, dont l'arrondissement ne tarda pas à se mettre aussi en insurrection, par les excès commis par Dieudonné Jambon. Après avoir repoussé une attaque contre la ville de Léogane, Rochambeau renvoya Lavalette au Port-au-Prince et continua avec Pageot pour Jacmel où ils arrivèrent, non sans avoir été harcelés par les insurgés.

De cette ville, Rochambeau se rendit par mer aux Cayes pour stimuler Laplume, Néret et Berger, en leur communiquant ses fureurs. Laplume et Néret ne voyaient qu'une chose : obéir aveuglément aux autorités françaises. Sans portée politique, isolés dans le Sud du contact des chefs qui, dans le Nord et l'Artibonite, visaient à une prochaine levée de boucliers, ils ne prévoyaient rien au-delà de leur devoir actuel.

Rochambeau revint bientôt au Port-au-Prince : il avait signalé sa présence à Jacmel par une action atroce, en faisant mourir une centaine d'hommes de la 8e dont Dieudonné Jambon suspectait la fidélité. Rochambeau les fit embarquer sur un navire de guerre : on les plaça dans la cale en fermant hermétiquement les écoutilles, après y avoir allumé *du soufre;* ces malheureux furent asphixiés et leurs cadavres jetés ensuite dans la mer. C'est à ce barbare qu'on doit imputer ce genre de mort, qu'il inventa dans sa rage d'extermination et qui fut employé si souvent sous son gouvernement.

De retour au Port-au-Prince, il envoya Lamartinière avec la 3e contre Lamour Dérance. Celui-ci ayant échappé aux poursuites dirigées contre lui, Lamartinière revint en ville et fut de nouveau expédié avec son corps à l'Arcahaie, pour combattre Destrade qui menaçait ce bourg. C'est dans cette campagne que ce brave officier trouva une mort obscure, en poursuivant des hommes qu'il affectionnait au fond du cœur, en servant un gouvernement qu'il haïssait : séparé de sa troupe dans les montagnes de l'Arcahaie, il eut la tête tranchée de la main de Jean-Charles Courjolles, l'un des lieutenans de Destrade.

Il paraît que Lamartinière avait reçu avis de Dessalines, pour s'insurger au moment où il prendrait les armes lui-même : trop fidèle à sa parole donnée, d'attendre le mouvement de ce général, il se vit contraint d'agir d'après les ordres qu'il recevait de Rochambeau. Il manqua de tact néanmoins ; car il aurait dû envoyer un émissaire auprès de Destrade, pour l'avertir de ses intentions, l'engager à ne pas résister sérieusement, à éviter sa troupe pour couvrir sa responsabilité, jusqu'au moment où ils auraient pu se joindre dans un but commun. Une pareille conduite eût été légitime en considération de la férocité que montrait Rochambeau ; elle eût conservé pour la guerre de l'indépendance, l'un des plus courageux officiers de cette époque.

Quand on se rappelle la valeur qu'il montra dans la défense de la Crête-à-Pierrot et dans l'évacuation de ce fort, on ne peut refuser des larmes à la mémoire de ce jeune héros qui périt misérablement, après avoir bravé les efforts de toute l'armée française. N'est-ce pas une cruelle ironie de la part du Destin, que de protéger la vie de tels guerriers contre mille dangers, contre mille morts sur le champ de bataille, pour les condamner ensuite à finir si tristement leurs jours?

Avant la mort de Lamartinière, Larose, qui avait dû se retirer du côté du Mirebalais, après avoir été chassé de Plassac par Dessalines, était venu offrir son concours à Destrade, en l'engageant toutefois à aller grossir les bandes de Lamour Dérance, qu'ils reconnaîtraient pour *général en chef*. Cette proposition, accueillie par Destrade, ne fut pas goûtée par ses gens qui ne voulaient pas abandonner leurs pénates : son acquiescement lui nuisit dans leur esprit, et il les vit déférer le commandement à Larose qui, en sa qualité d'ancien militaire, leur inspirait plus de confiance pour la conduite de cette guerre. Larose ne put cependant les porter à suivre ses idées de réunion à Lamour Dérance; mais il organisa ces bandes, résista à Lamartinière, et, après sa mort, finit par s'emparer du bourg de l'Arcahaie : toute la 3e coloniale passa dans ses rangs. La prise de ce bourg intercepta toutes communications entre le Port-au-Prince et Saint-Marc [1]. Ce résultat accrut la hardiesse des insurgés, qui se recrutèrent dans la commune des Verrettes.

De leur côté, Métellus, Thomas Marie-Jeanne, Adam, Mathieu Fourmi, nouveaux chefs d'insurgés, Sanglaou, Lamour Dérance, se répandirent dans les montagnes du voisinage du Port-au-Prince, dans la plaine du Cul-de-Sac, dans celle de Léogane, pendant que les cultivateurs de Marigot se soulevaient à leur tour. Tous ces chefs de bandes reconnurent l'autorité de Lamour Dérance, de

---

[1] L'Arcahaie tomba au pouvoir de Larose, le 25 octobre. Robes, qui s'était signalé là, en 1799, par ses cruautés contre les hommes de couleur, fut tué dans cette affaire.

même que Larose, et Cangé et Gilles Bambara dans les montagnes du Petit-Goave.

Cette soumission devait nécessairement nuire à la direction à laquelle prétendait Dessalines, dès qu'il se serait décidé à se mettre à la tête des indigènes contre les Français. Aussi, pour parvenir à triompher de la résistance qu'il trouva en Lamour Dérance et en ses subordonnés, lui a-t-il fallu le concours du dévouement éclairé de Pétion, lorsque celui-ci passa dans l'Ouest. Pétion réussit à l'y faire reconnaître comme le véritable et unique général en chef.

C'était, d'ailleurs, *l'obligation* imposée aux anciens chefs militaires de l'armée régulière, de reconnaître et de faire admettre par la population en armes, celui qui avait le plus haut grade dans cette armée, qui était connu par ses talens militaires et par son courage éprouvé. Nous les verrons tous comprendre leurs devoirs envers la patrie qu'ils fondèrent pour la race noire ; et ils furent d'autant plus méritans envers elle, que Lamour Dérance, de même que les chefs de bandes dans le Nord, répugnaient à reconnaître aucune supériorité, non-seulement dans *les mulâtres*, mais même dans *les noirs* qui n'étaient pas nés comme eux en Afrique. *Tout créole*, à leurs yeux, était indigne de commander en chef.

Sous un certain rapport, on doit *excuser* ces hommes ignorans ; car, tandis qu'ils se levaient partout contre les Français, les chefs et les troupes coloniales servaient d'auxiliaires à ceux-ci et les traquaient dans les bois, sans qu'ils pussent comprendre leurs motifs secrets. L'initiative de la résistance à l'oppression européenne leur étant due, il était naturel qu'ils eussent cette ambitieuse prétention. Mais, il est évident que chacun d'eux voulant l'organiser, selon les idées bornées qu'ils tenaient de la tribu africaine à laquelle ils appartenaient dans leur pays natal, ils ne seraient jamais parvenus à s'entendre : *ils devaient donc subir le joug que les lumières doivent toujours imposer à l'ignorance, dans ses propres intérêts.*

Il ne s'agit pas en cela de la *couleur* des hommes, mais de leur *capacité*. En Afrique même, ce sont *les plus capables* qui gouvernent.

Dieu n'a pas destiné un homme éclairé, intelligent, à se soumettre à celui qui ne l'est pas. L'esprit doit commander au corps ; c'est dans la tête que résident toutes les facultés qui font de l'homme un être supérieur parmi tous ceux de la création. *Les hommes instruits, éclairés d'une nation quelconque, doivent donc avoir la direction de ses affaires :* ils forment la tête du corps social, *les masses* n'en sont que les membres qui exécutent les déterminations de la volonté. Renversez cet ordre naturel, dicté par la raison, et il n'y aura qu'une confusion anarchique dans la société civile.

Ainsi l'on vit les plébéiens de l'ancienne Rome se retirer sur le Mont-Sacré, par une funeste jalousie contre l'ordre des patriciens, mais ramenés ensuite à l'obéissance par l'ingénieux apologue de l'estomac et des membres du corps humain, qui fut exposé à leur raison et à leur patriotisme.

Si les insurgés commettaient des atrocités contre les blancs qui tombaient en leur pouvoir, de leur côté les Français placés sous les ordres de Rochambeau n'en commettaient pas moins. Le Port-au-Prince surtout vit organiser sur une large échelle l'assassinat des indigènes sous les formes les plus hideuses. Les gibets étaient toujours garnis d'individus ; à bord des navires de guerre on noyait, on étouffait de nuit des centaines de malheureux.

A cette époque, une femme mulâtresse, nommée Henriette Saint-Marc, fut accusée de connivences avec les insurgés de l'Arcahaie et pendue sur la place du marché près de l'église. Peu après, un mulâtre du nom de Mahotière, le fut également pour avoir refusé de fournir au service de la gendarmerie un cheval qui lui servait de monture : afin de colorer ce crime d'un prétexte, on l'accusa d'être l'espion de Lamour Dérance.

Toutes ces victimes de la fureur de Rochambeau montrèrent un courage digne de la cause dont elles étaient de vrais martyrs, et n'inspirèrent que plus de haine à celle de la France. Si la scélératesse ne caractérisait pas l'âme de Rochambeau, on pourrait se demander s'il n'avait pas *le dessein secret* d'exaspérer cette population, pour la porter à rompre définitivement avec la métropole. Il eut encore l'indignité de donner *un bal* dans la soirée du jour de l'exécution de l'infortunée Henriette, et d'y inviter des femmes indigènes. C'était ajouter le sarcasme au crime.

Aussi, à son exemple et par ses ordres, Lavalette, commandant de l'arrondissement du Port-au-Prince, — Panis, commandant de la place, l'un des affreux *septembriseurs* qui souillèrent la révolution française, en 1792, en immolant de nombreuses victimes dans les prisons de Paris, rivalisaient-ils de rigueurs et de cruautés avec le commandant en chef des départemens de l'Ouest et du Sud. Aux Cayes, Berger, commandant de la place, — à Jérémie, Darbois, commandant de l'arrondissement, ajoutaient chaque jour de nouveaux crimes aux crimes de la veille.

Entre *les noirs*, défendant *leur liberté*, et *les blancs*, voulant les remettre *dans l'esclavage*, de quel côté étaient la raison et *l'excuse* de toutes les horreurs commises de part et d'autre?...

Tandis que Christophe faisait de vains efforts pour dissiper les bandes de Sans-Souci du côté du Dondon et de la Grande-Rivière, et qu'il était, au contraire, refoulé en désordre jusqu'au Cap,—aux Moustiques, dans la péninsule du Nord, les insurgés obtenaient les mêmes avantages contre Brunet, Boyer, et Maurepas qui servait la France avec zèle : une nouvelle insurrection éclatait aussi dans la commune des Gonaïves.

Brunet, revenu au Pendu, canton du Gros-Morne, y fit pendre des cultivateurs sans même s'assurer s'ils étaient insurgés : c'était le moyen de les contraindre à l'être. Resserré par eux, il appela Maurepas à son secours. Ce dernier vint en effet avec des soldats de la 9ᵉ coloniale. Mais en son absence de la commune du Port-de-Paix, Capois prit les armes à son tour et alla s'emparer de cette ville, où il massacra tous les blancs qui tombèrent sous sa main : les femmes et les enfans seuls furent épargnés. Brunet et Maurepas, secondés par le commandant René Vincent, marchèrent sur le Port-de-Paix pour le reprendre. Ils réussirent à se rendre maîtres du fort Lavoaux et d'une partie de la ville; mais Capois tint ferme au Grand-Fort, jusqu'au moment où le général Dugua fut envoyé par le capitaine-général avec quelques centaines d'hommes, au secours de Brunet.

Capois évacua la position en emportant les munitions qui s'y trouvaient. Il devint dès-lors le chef des insurgés de toute la péninsule du Nord. Après la soumission de

Maurepas, il avait passé à l'état-major du capitaine-général qui l'autorisa cependant à résider au Port-de-Paix. En prenant les armes, il le fit de concert avec Nicolas Louis, qui abandonna Maurepas. Lorsqu'il évacua le Grand-Fort, Etienne Bauvoir, Jacques Louis et Alain, deux frères de Nicolas Louis, tous officiers de la 9e, saisirent ce moment pour aller joindre leur ancien camarade d'armes du même corps.

Cette défection servit de *prétexte* à Brunet pour opérer, quelques jours après, l'arrestation de Maurepas, de Bodin, de René Vincent et de nombre de militaires de la 9e qu'il voulut bien soupçonner de connivence avec les insurgés ; la plupart furent noyés dans la rade du Cap. Mais comme la défection de Capois ne s'effectua que dans *les derniers jours* de septembre, il est convenable de rapporter ici le projet que ce général nourrissait auparavant contre Maurepas, et qui est produit dans une lettre de lui à Leclerc : elle fut écrite du Gros-Morne, *avant* l'insurrection de Capois, et alors que Brunet appelait Maurepas auprès de lui, pour l'aider contre les insurgés de cette commune. Cette lettre est du 20 septembre ; la voici :

« *Ne croyez pas*, mon général, que j'aie en Dessalines
« *une confiance aveugle*; je sens *que vous avez besoin de*
« *lui*, et que si vous n'aviez pas un homme *de sa trempe*
« *et de son caractère, il faudrait en chercher ou en for-*
« *mer un*, afin de tout *terminer* (*exterminer* s'entend
« mieux) dans la colonie : voilà mon opinion sur son compte.
« *Il a mis en moi toute sa confiance, et son appui près de*
« *vous. Je lui ferai tout faire: il a beaucoup d'amour-*
« *propre ; il aime son pays, il veut la liberté*, ou ce qu'il
« croit être la liberté de sa couleur (des noirs) : le mot *es-*

« *clavage* le révolterait immanquablement. J'approuve
« tout ce qu'il me propose. *Mais je sais lui faire faire ce*
« *que je veux*, surtout quand il est avec moi. Si vous pou-
« vez vous passer de lui huit jours, je le ferai venir près
« de moi ; *je lui démontrerai la perfidie de Maurepas* ; il
« en sera *convaincu* et me proposera lui-même *de l'arrê-*
« *ter* et de vous l'envoyer pour le faire juger. Alors *il se*
« *lie lui-même* plus fortement *au but* de notre campa-
« gne, et il devient de plus en plus la terreur des traîtres
« et un épouvantail *plus efficace* pour les cultivateurs. »

Il résulte de cette lettre que, si Dessalines parut à Brunet avoir beaucoup *d'amour-propre*, ce dernier prouve qu'il avait lui-même une extrême *présomption*, en pensant que Dessalines était *sa dupe*. C'est lui au contraire qui était celle de Dessalines ; car celui-ci *alimentait* l'insurrection du Gros-Morne et du voisinage, *en envoyant* parmi les insurgés *des militaires* de la 4e coloniale pour les diriger. Brunet prouve encore toute *la perfidie* de son caractère, par le projet qu'il avait conçu dès-lors de faire arrêter l'infortuné Maurepas, *sans motif*, puisqu'il l'aidait avec zèle et dévouement. Il prouve enfin *la duplicité* de Leclerc à l'égard de Dessalines, par les conseils qu'il donnait à Brunet, *de n'avoir point confiance en lui*.

Mais nous aimons toutefois à trouver dans cette lettre, le témoignage rendu à l'amour de Dessalines pour son pays et ses frères, quoique, à vrai dire, il considérait *la liberté* au point de vue *des despotes*. Nous aimerions à savoir aussi ce que pensa Brunet, quand Dessalines eut pris les armes contre les Français. Cet événement, qui fit connaître son caractère, dut *dégriser* Brunet de l'illusion où il était [1].

---

[1] Longtemps après les événemens accomplis, l'empereur Napoléon a vu

Après le succès de Capois au **Port-de-Paix**, l'insurrection devint générale dans tout le Nord : les cultivateurs des plaines se joignirent à ceux des montagnes. Les Français ne pouvaient plus se tenir que dans les villes et les bourgs du littoral. Le capitaine-général prit alors la résolution d'y concentrer les troupes valides, et d'organiser la garde nationale, pour les défendre. Le général Boudet, revenu de la Guadeloupe, avait le commandement du département du Nord.

Pendant que Brunet, en possession du Port-de-Paix, ordonnait des exécutions *à mort* comme faisait Rochambeau au Port-au-Prince, — au Cap, le capitaine-général lui-même agissait comme ses lieutenans.

« On recourut *alors*, dit P. de Lacroix, aux expédiens
« de la faiblesse ; on *adopta* le faux système *des supplices*
« pratiqués dans l'Ouest. *Les exécutions* se renouvelant
« chaque jour, chaque jour éclaira de nouvelles déser-
« tions. La preuve qu'on *abusait* des exécutions, c'est que
« plus elles se multipliaient, moins on imposait aux révol-
« tés. Les noirs montraient *à la potence* le courage avec
« lequel affrontent la mort les martyrs d'une secte ou
« d'une opinion qu'on opprime. »

Le faux système des supplices régnait déjà au Cap ; mais, dans les circonstances où l'insurrection se généralisait dans le Nord, on lui donna plus d'activité : voilà la vérité.

« Effrayé sur l'avenir, dit encore le même auteur, on
« s'abandonnait à des propos *indiscrets* et à des regrets
« *inutiles*. On osait dire que le capitaine-général avait
« eu tort de ne pas se *débarrasser*, avec Toussaint

---

clair, quand il a dit de Leclerc : « *Il fut dupé par les généraux noirs.* »
D'après cette lettre de Brunet, n'eurent-ils pas raison ?

« Louverture, *de tous les chefs noirs et de couleur.* »

Ce fut dans cette situation des choses et des esprits que le couple infortuné, Charles Bélair et sa femme, arriva au Cap. L'ordre du capitaine-général était qu'ils fussent jugés six heures après. La commission militaire était *présidée* par le général de division *Dugua*, chef de l'état-major de l'armée, et avait pour ses autres membres les généraux de brigade *Clervaux*, *Dubarquier* et *Claparède*, et le chef de brigade *Abbé*, commandant de la garde d'honneur de Leclerc. L'adjudant-général *Jacques Boyé* remplissait les fonctions de rapporteur ou accusateur public. Ainsi, sur 6 membres concourant au jugement, *un seul*, Clervaux, était indigène, mulâtre.

Les accusés, d'ailleurs *convaincus* par le fait de révolte à main armée contre l'autorité de la France, furent condamnés, — Charles Bélair, comme auteur principal de la révolte, à être *fusillé* en sa qualité de militaire, et Sannite, son épouse, comme complice et vu son sexe, à être *décapitée*. Ce jugement porte la date du 13 vendémiaire an XI, ou 5 octobre 1802.

Dans la journée même, il reçut son exécution derrière le cimetière du Cap, à la Fossette. Charles Bélair reçut la mort avec calme et courage [1]. Son épouse, présente à ce moment suprême, l'exhorta à mourir en brave. C'était une femme énergique. Lorsqu'on voulut lui bander les yeux, elle s'y refusa : on ne put davantage la contrain-

---

[1] « Charles n'eut pas assez de résolution pour se retirer au Bahoruco, d'où il eût pu se ruer dans les plaines. » Histoire d'Haïti par M. Madiou, t. 2, p. 330.
Notre compatriote a oublié, sans doute, qu'il y eût rencontré Lamour Dérance et Lafortune, ennemis acharnés de T. Louverture et de tous ses lieutenans. Charles Bélair, déjà jalousé par Dessalines, eut tort de prétendre à être général en chef : il ne pouvait plus se sauver.

dre à subir le supplice de la décapitation ; il fallut la fusiller comme son mari. Elle fut tout aussi courageuse que lui à supporter sa peine.

Cette exécution, celle de cette femme surtout, excita un sentiment de pitié mêlé d'horreur, comme à l'exécution d'Henriette Sain.-Marc au Port-au-Prince, comme à celle de Victoire dans la même ville, sous T. Louverture. Les mœurs du pays ont toujours répugné au supplice des femmes. Cependant, en plaignant le malheureux sort de Charles Bélair et de sa femme, on ne peut que reconnaître qu'il était basé *sur la loi*, et que Sannite, d'un caractère hautain, influençait, dominait l'esprit faible de son mari : elle avait eu le tort aussi de commettre *un crime inexcusable*, en faisant sacrifier le jeune Français qui était secrétaire de Charles Bélair.

Malgré *le texte* du jugement publié alors dans *la Gazette officielle* de Saint-Domingue, et ensuite dans *le Moniteur universel* de France, on lit dans les Mémoires de Pamphile de Lacroix, tome 2, pages 217 et 218.

« Charles Bélair, traduit devant une commission mili-
« taire *présidée* par le général Clervaux, *et toute composée*
« *d'officiers noirs ou de couleur*, fut condamné *à l'una-*
« *nimité*, ainsi que sa femme, à être fusillé. Le jugement
« fut mis à exécution *par des troupes coloniales qui sem-*
« *blaient remplir avec joie une si pénible corvée.* »

Est-ce *à l'inexactitude* des renseignemens recueillis par cet auteur, qu'il faut attribuer une si grande altération de la vérité historique, ou bien *à cette partialité* que nous avons si souvent signalée de sa part, dans le but évident d'essayer toujours de détourner de la tête *de ses compatriotes*, la responsabilité et l'odieux de tous les actes commis par eux ? Cette commission militaire eût-elle été composée comme il le dit, qu'elle eût dû remplir son devoir en présence *du fait existant d'une révolte à main armée* contre la domination française ; *les juges blancs* qui la formaient *réellement en majorité* ne pouvaient faire eux-mêmes autrement. Pamphile de Lacroix *n'a pu ignorer* les particularités *vraies* de la fin tragique de Charles Bélair et de son épouse, puisque quelques pages plus loin il avoue être venu au Cap *peu de jours après*, sortant du Fort-Liberté, où il commandait. Il y a donc eu *intention et intention coupable*, dans la manière dont il a narré cet épisode : il fallait représenter *noirs et mulâtres* comme une espèce *d'assassins juridiques*, exerçant leur fureur contre l'un d'entre eux.

Quand on ose se faire *historien* et qu'on trouve des documens certains *sur les faits*, il faut dire *la vérité*, même contre le parti politique dont on soutient les droits [1].

Le lendemain de l'exécution de Charles Bélair et de sa femme, le général Leclerc fit publier une proclamation dont nous donnons ici un extrait :

Une insurrection a éclaté dans le Nord de Saint-Domingue ; *des commandans de quartiers*, regrettant l'autorité et le pouvoir dont ils ne se sont servis que pour commettre des injustices, ont fait naître *des inquiétudes* aux cultivateurs *sur leur sort futur*.

Ils ont profité de l'époque où *une maladie cruelle* exerçait ses ravages dans l'armée de Saint-Domingue, et ils ont renouvelé les incencendies et *les assassinats* qui ont signalé notre entrée à Saint-Domin-

---

[1] On peut trouver étonnant que nous accusions si souvent P. de Lacroix *de partialité*, quand nous l'avons présenté comme l'un des généraux qui montrèrent *de la modération* ; mais nos reproches s'adressent à *l'auteur d'un livre*, qui adopta un mauvais système afin de dissimuler souvent les torts de ses compatriotes.

gue. Les insensés! Ils ne connaissent pas la force de la France. Ils ont donc oublié comment le torrent français a envahi Saint-Domingue, il n'y a pas un an ; ils ne savent donc pas que *cette maladie cruelle* sur laquelle ils ont fondé leur espoir *a cessé ses ravages*; que ces braves devant qui ils ont fui tant de fois *vont bientôt être en état* de courir à de nouveaux lauriers ; ils ne savent pas qu'une armée nouvelle, égale à celle déjà venue à Saint-Domingue, *est en route pour les écraser*, s'ils sont rebelles, *et les protéger*, s'ils sont soumis.... *O vous qui sacrifiez une population nombreuse à votre ambition, calculez-vous vos moyens ?... Si vous persistez dans vos projets criminels, craignez la vengeance nationale : vous aurez le sort de Charles Bélair et de son infâme épouse.*

Troupes coloniales, *je sais que des scélérats ont cherché à vous séduire....*

Soldats de l'armée, marins de l'escadre, vous voilà arrivés bientôt au terme de vos peines. *La maladie cruelle* qui a moissonné vos compagnons d'armes *va cesser ses ravages*. Une armée sortie des ports de France va se réunir à vous. La saison vous permettra d'agir, *et malheur à ceux qui ne seront pas soumis.*

Quant à moi, je justifierai la confiance du gouvernement français ; et avec le concours de la brave armée que j'ai l'honneur de commander, je remplirai l'attente de la nation française.

Quelles que fussent les assurances qu'il s'efforçait de donner à ses soldats et aux marins de l'escadre, le capitaine-général ne pouvait pas parler aussi éloquemment à leur imagination, que *la fièvre jaune* qui continuait ses ravages: tantôt il leur disait *qu'elle avait cessé*, tantôt il disait seulement *qu'elle allait cesser*. Cette effroyable maladie était si loin de terminer son cours, que trois semaines après elle enlevait le capitaine-général lui-même.

Cette proclamation, mal digérée, en s'adressant *aux troupes coloniales*, contenait contre *les séducteurs* une menace qui devait hâter l'explosion retardée jusque-là.

Déjà, soit pour éloigner de la colonie le général Boudet qui était regretté dans l'Ouest et le Sud depuis que Rochambeau l'avait remplacé, soit pour utiliser réellement la capacité d'un militaire qui, par la connaissance qu'il avait des colonies, pourrait mieux exposer la situation des choses au Premier Consul, Leclerc s'était décidé à faire partir ce général pour France, le 27 septembre.

Christophe avait saisi l'occasion de son départ pour lui confier son fils *Ferdinand*, afin de le faire élever convenablement : nouvelle preuve que la loyauté du général Boudet avait commandé l'estime générale. Jusque-là, Christophe, de même que Clervaux, était *irrésolu* sur le parti qu'il fallait prendre. Il savait que Sans-Souci, Petit-Noël Prieur et les autres chefs des insurgés le haïssaient ; il ne songeait pas à s'insurger lui-même pour se trouver exposé à leur brutalité et à leur vengeance; car, hautain et orgueilleux, il méprisait ces hommes ignorans qu'il venait de poursuivre à outrance, comme s'il ne se ressouvenait plus de sa belle lettre du 22 avril où il plaida leur cause. Aimant le luxe et toutes les commodités d'une vie sensuelle, il lui répugnait encore de se jeter dans les bois, pour recommencer la guerre pleine de difficultés et de privations qu'il avait faite avec T. Louverture [1] ; son at-

---

[1] On se rappelle que T. Louverture l'a accusé d'avoir enlevé à son profit la majeure partie des 900 mille francs de la caisse du Cap ; ayant ainsi refait sa fortune. Il ne pensait qu'à jouir.

Son fils Ferdinand fut placé à l'hospice *des Orphelins*, à Paris, le 23 décembre 1803 ; étant malade, il fut envoyé à l'hôpital de cet établissement, situé à la barrière de Sèvres, et il y mourut le 5 octobre 1805. Sa tante, nommée Marie, qui l'avait accompagné, mourut à la Salpêtrière. Dans la même année 1805, Christophe avait chargé un capitaine américain d'enlever Ferdinand et de le lui ramener ; ce marin vint à Paris, mais sachant que la police le recherchait, il se sauva.

Clervaux avait confié aussi son fils *Rémi* à M. Coisnon. Ces deux enfans furent d'abord placés au collége de la Marche : l'insurrection de leurs pères les en fit retirer ; cependant, on prit soin de celui de Clervaux comme de celui de Christophe. Nous aimons à rendre ce témoignage, d'après les documens que nous avons lus.

tachement *obligé* à la France n'avait que ces motifs. Quoi qu'en ait dit Boisrond Tonnerre, il ne paraît pas que Dessalines lui ait communiqué les projets qu'il avait conçus avec Pétion ; c'est ce dernier qui eut la franchise de s'ouvrir à lui, et qui l'entraîna, comme il entraîna Clervaux.

Dans les premiers jours du mois d'octobre, mais après l'exécution de Charles Bélair, il paraît, selon P. de Lacroix, que « Dessalines vint au Cap renouveler au ca« pitaine-général Leclerc ses protestations de fidélité et « de dévouement. Cet homme, dit cet auteur, *aussi faux* « *que cruel*, ne cessa, durant son séjour, de parler avec « horreur des révoltés *et d'annoncer qu'il avait soif de* « *leur sang*. Dans un moment d'essor de toute son indi« gnation, où l'agitation de ses membres peignait encore « plus de rage que ses paroles, le général en chef lui dit « *avec transport :* que les troupes qu'il attendait de « France allaient le mettre à même *de porter un coup ter*« *rible.— Il faut,* s'écria Dessalines en fureur, *que ce soit* « *un tremblement de terre général.* »

S'il est vrai que cet entretien eut lieu entre Leclerc et Dessalines, nous ne trouvons pas moins *de fausseté et de cruauté* dans les paroles du capitaine-général que dans celles de son interlocuteur. La lettre précitée de Brunet, du 20 septembre, a déjà prouvé à quel point Leclerc était *faux* envers Dessalines qu'il caressait, *pour le porter* à des actes barbares.

Maintenant, quelle était la cause du *transport* qu'il éprouva à l'idée de la prochaine arrivée de troupes françaises? Quel était *ce coup terrible* qu'il comptait porter, et contre qui? Contre *les insurgés* seulement ? On aurait tort de croire qu'il ne pensait qu'à eux : *les chefs prin*-

cipaux de l'armée coloniale eussent passé comme les autres [1].

Dessalines eut donc raison de *l'endormir* par ses paroles véhémentes ; car, c'est dans ce dernier voyage au Cap qu'il convint avec Pétion de commencer immédiatement leur levée de boucliers. Il se rendit ensuite dans l'Artibonite pour agir sur son terrain le plus convenable, où il avait préparé ses mesures.

Clervaux et Pétion occupaient alors le bourg du Haut-du-Cap, avec les 6e, 10e et 13e demi-brigades coloniales. Christophe était cantonné sur l'habitation Saint-Michel, près de la Petite-Anse, où il y avait un fort, avec les 1re, 2e et 5e demi-brigades. Tous ces corps de troupes étaient peu nombreux.

Selon P. de Lacroix, venu au Haut-du-Cap pour voir le général Boudet avant son départ, il y aurait rencontré chez lui Clervaux et Christophe, et ce dernier lui aurait parlé avec une extrême franchise sur la cause de l'insurrection du Nord et des autres localités. Il l'aurait attribuée aux inquiétudes conçues, depuis qu'on avait connaissance de la loi sur le rétablissement de l'esclavage et de la traite, aux propos qui se tenaient publiquement par les colons et d'autres Français, et à la juste défiance que faisait naître cet état de choses dans l'esprit de la population noire. P. de Lacroix « ayant cherché à le rassurer,
« il lui répondit que, s'il ne croyait pas *à la sincérité des*
« *sentimens* du général Leclerc et des autres généraux, *il*
« *ne serait pas parmi eux.* »

[1] Est-ce que *des regrets*, au dire de P. de Lacroix, ne furent pas exprimés, de ce que Leclerc ne se fût pas débarrassé *de tous les chefs noirs et de couleur ?* Soumis à l'influence des colons et de ses alentours, Leclerc se livrait avec transport à l'idée de profiter des troupes attendues de France pour exécuter ce plan. Il eût d'ailleurs rempli le devoir qui lui avait été prescrit.

On ne pouvait parler plus *catégoriquement*, pour nous servir d'un terme que Christophe employait souvent, et qui peignait bien son caractère, car il ne savait pas feindre. Lui et Clervaux donnèrent des conseils au général français, pour le moment où il retournerait à son commandement au Fort-Liberté, afin de ne pas tomber au pouvoir des insurgés répandus sur toute la route du Cap à cette ville : Christophe le fit même accompagner par plusieurs de ses guides, et bien lui en valut, car il fut attaqué pendant la nuit. On lui devait ce témoignage d'estime.

P. de Lacroix rapporte encore que dans ce même temps, la frégate *la Cocarde* arriva au Cap avec *des noirs* déportés de la Guadeloupe, et que plusieurs d'entre eux se jetèrent à la mer et allèrent augmenter la défiance de la population ; que *des mulâtres*, également déportés de la Guadeloupe à Santo-Domingo, y furent *vendus* publiquement [1]. Il ne garantit pas toutefois ce dernier fait, qui nous étonnerait de la part du général Kerverseau qui se montra toujours si libéral : néanmoins, la nouvelle en parvint au Cap alors que l'esprit des chefs noirs et mulâtres était en fermentation.

C'est ce qui expliquerait ces paroles prononcées par Clervaux, au dire de P. de Lacroix :

« La veille (de sa prise d'armes), étant chez Madame
« Leclerc, il s'était écrié, dans un accès d'emportement :
« — J'étais libre autrefois, je ne dois aux circonstances
« nouvelles que d'avoir relevé ma couleur avilie ; mais si
« je croyais qu'il fût jamais ici question *d'esclavage*, à
« l'instant même je me ferais *brigand*. »

[1] La *Cocarde* avait à son bord 232 noirs et mulâtres ; 2,000 autres furent aussi déportés sur cinq frégates, dont le capitaine Lebozec avait le commandement supérieur. (Documents du ministère de la marine.)

Brigand était le terme dont se servaient les Français pour qualifier *les insurgés*. Il disait vrai à certains égards, à raison des actes de brigandage qu'ils commettaient. Mais, de quelle expression *ces brigands* auraient-ils pu se servir pour qualifier *les Français*, leurs ennemis, *qui les noyaient, les pendaient, les fusillaient, les étouffaient* dans la cale des navires, *et qui*, plus tard, *les firent dévorer par des chiens* amenés de Cuba? Il est probable que, ne sachant pas mieux que nous la langue française, ils auraient été fort embarrassés de trouver une expression convenable [1].

Toutefois, remarquons, à la louange de Clervaux, que *ce mulâtre* n'entendait pas séparer sa cause de celle *des noirs*, ses frères. Ancien libre de Saint-Domingue, que lui importait, non plus qu'à Christophe et à Pétion, la considération dont il eût joui dans cette colonie, si les noirs qu'ils avaient guidés dans la conquête de la liberté, devaient redevenir esclaves? Nous aimons ensuite à consigner dans nos pages cette exclamation courageuse, non moins hardie dans la circonstance que les déclarations positives de Christophe; car elles les exposaient tous deux à une arrestation immédiate.

C'est ce qui serait arrivé probablement, si l'homme qui devait exercer une grande influence sur les destinées de son pays, et qui était aussi maître de sa parole que de ses actions, si Pétion, audacieux autant que résolu, n'eût précipité la levée de boucliers qui les sauva tous.

---

[1] D'après le dictionnaire de Bescherelle, nous voyons qu'en 1815 : « On donna le nom de *Brigands de la Loire* aux glorieux débris de nos armées, qui, après la défaite de Waterloo, s'étaient retirés derrière la Loire. » Ainsi, les passions politiques sont toujours les mêmes, soit qu'il s'agisse pour elles de flétrir, à leur point de vue, *les blancs ou les noirs*.

Avisé des paroles prononcées par Clervaux, le capitaine-général donna l'ordre de faire entrer au Cap tout le corps de la 6ᵉ coloniale, fort de 1200 hommes, qu'il avait commandé comme colonel, et sur lequel il exerçait de l'influence. Il y fit entrer aussi le chef de bataillon Jacques Clervaux, frère du général, qui était employé au Haut-du-Cap. C'était annoncer des dispositions hostiles contre le général Clervaux lui-même. Revenu au Haut-du-Cap, où étaient sa famille et tous ses effets, Clervaux ne semblait pas apercevoir le dessein formé évidemment contre lui. Mais Pétion veillait pour lui et pour eux tous.

« Malgré la véhémence du propos du général Cler-
« vaux, dit P. de Lacroix, *il paraît avéré qu'il hésitait,*
« *et que sa désertion ne fut entraînée que par les menées*
« *du chef de brigade Pétion. Ce chef, froidement auda-*
« *cieux, ordonna,* dans la nuit du 26 au 27 fructidor (il
« faut lire plutôt 21 au 22 vendémiaire)¹, aux troupes
« coloniales (10ᵉ et 13ᵉ), de chavirer et d'enclouer l'ar-
« tillerie du Haut-du-Cap; de désarmer *et de renvoyer en*
« *ville les canonniers européens.* Après avoir tout mis en
« en marche, il se rendit auprès du général Clervaux,
« et lui annonça que les troupes coloniales étaient en dé-
« fection, qu'on en avait l'avis au Cap, et que pour ne
« pas s'exposer à payer de leur tête cette défection, il ne
« leur restait rien de mieux à faire que de la partager....
« Cette défection spontanée *affecta* d'autant plus le gé-
« néral Leclerc, qu'il apprit *qu'elle était l'œuvre de Pé-*
« *tion;* il le connaissait homme à ne pas s'être jeté dans
« le parti des insurgens *en étourdi ou en désespéré.* »

¹ P. de Lacroix s'est trompé en fixant cette défection dans la nuit du 13 au 14 septembre : elle eut lieu du 13 au 14 octobre. Nous avons lu des documens officiels à ce sujet.

Ce jugement porté par Leclerc sur Pétion était fondé ; ses propres observations sur ce caractère froid qui pesait tout avec une haute intelligence, qui était aussi résolu qu'impassible ; la connaissance qu'il avait sans doute de tous ses antécédens révolutionnaires ; celle qu'il avait acquise de sa conduite depuis l'arrivée de l'expédition, par les rapports obligés des officiers généraux sous lesquels il servait, notamment Boudet et Pamphile de Lacroix : tout concourait à lui démontrer que la défection de Pétion ne pouvait être que le résultat d'un accord entre lui et les autres chefs de l'armée coloniale qui se trouvaient dans le Nord. Cependant, comme nous l'avons dit, *ce n'est qu'entre Pétion et Dessalines* qu'il y eut concert préalable pour la prise d'armes qui devait décider des destinées de Saint-Domingue. Pétion était assez fixé sur les intentions du gouvernement consulaire à l'égard de la race noire tout entière, depuis qu'à Paris il avait pénétré, que l'envoi de Rigaud et des autres officiers dans l'armée expéditionnaire n'avait d'autre but que d'en faire un drapeau de défection contre T. Louverture ; les paroles qu'il adressait à ses camarades dans la traversée, sans s'ouvrir complètement à eux ; celles qu'il prononça à la vue de l'incendie du Cap ; celles qu'il prononça encore après avoir lu l'acte de Leclerc relatif à la déportation de Rigaud, prouvent évidemment les idées qu'il mûrissait dans son esprit.

Rigaud ayant été déporté, Pétion se voyait désormais *le chef* de l'ancien parti politique qu'il avait dirigé ; car il savait que nul autre que lui ne pouvait prétendre à ce rôle. Mais, en ce moment, T. Louverture n'était pas encore soumis, quoique la prise de la Crête-à-Pierrot faisait prévoir sa prochaine soumission. Cet événement étant consommé peu après, Pétion avait trop de perspicacité pour ne pas reconnaître que le rôle politique de T. Louverture était aussi bien fini que celui de Rigaud. Et alors, à qui mieux qu'à Dessalines était réservée la direction du parti politique de l'ex-gouverneur ? Nous avons déjà énuméré tous ses titres à cette position ; ils ne pouvaient échapper à la clairvoyance de Pétion. La déportation de T. Louverture vint confirmer cette appréciation. Les deux anciens chefs n'étant plus dans la colonie, les deux nouveaux se trouvaient avantageusement placés pour guider le mécontentement des deux partis qu'ils représentaient. Ayant eu occasion de s'estimer mutuellement, tant dans la guerre civile du Sud que dans celle qui venait d'avoir lieu, il ne leur restait plus qu'à se voir pour s'entendre dans un but commun. La circonstance de leur réunion à Plaisance fut une occasion toute favorable : Pétion sentit que c'était à lui de prendre l'iniatitive à cet égard ; il le fit avec un généreux dévouement à la race noire, et, dirons-nous, une pieuse abnégation. Il le devait à son pays, à ses frères ; et il porta la conviction dans l'esprit de Dessalines, la persuasion dans son cœur qu'animait déjà une noble ambition. Dès-lors, *l'unité haïtienne* était en germe : les injustices, les crimes que commettait journellement la race **blanche** devaient développer cette précieuse semence sur le sol fécond de la Liberté.

Etait-ce ensuite à Clervaux, à H. Christophe, que Pétion ou Dessalines devait s'ouvrir prématurément ? Quoique ces deux généraux fussent aussi bien disposés à servir la cause de leur race, leur caractère, plus encore que leurs idées politiques, devait mettre Dessalines et Pétion dans une sorte de défiance vis-à-vis d'eux. Clervaux n'était qu'un brave soldat. Christophe avait une morgue qui le rendait quelquefois intraitable; plus éclairé que Dessalines, ayant plus de formes et d'habitudes sociables que lui, il se croyait un homme bien supérieur à lui : au siége de Jacmel, en 1800, quoique *colonel* soumis au *général* Dessalines qui dirigeait cette guerre, il lui avait plus d'une fois fait sentir ses prétentions à cet égard. T. Louverture dut alors intervenir souvent entre eux.

Il n'y avait donc réellement que Pétion qui pût entraîner Christophe. La douceur de ses manières, son affabilité, sa physionomie bienveillante, la supériorité de son esprit qui savait si bien ménager l'amour-propre de tous, ses talens militaires, la grande réputation qu'il s'était faite par ses exploits guerriers, son attachement bien connu pour tous ses frères noirs et jaunes : tout contribuait à lui donner une influence décisive sur l'esprit de Clervaux et de Christophe. A l'égard du premier, le témoignage de Pamphile de Lacroix parle assez haut; cet auteur n'a rien avancé dans cette circonstance qui ne soit fondé sur la vérité historique. Quant à Christophe, c'est Pétion lui-même qui va nous donner la preuve de son influence sur la détermination qu'il prit; et ici, nous sommes forcé de devancer ce que nous aurons à dire plus tard.

En 1815, Christophe ayant envoyé des députés auprès de Pétion, à l'occasion d'une mission française à Haïti, Pétion répondit au général Prévost qui lui avait adressé une lettre au nom de son *Roi et maître :*

« Vous me parlez, Monsieur le général, d'amnistie, de
« pardon, d'oubli du passé, d'autorité paternelle, de mo-
« narque, de grades, de distinctions, de titres de noblesse
« héréditaire! Nous étions bien éloignés *de ces idées bi-*
« *zarres et inconvenantes, quand je sollicitai le général*

« Christophe à sortir du Cap, pour se soustraire à la po-
« tence, et quand je réveillai sa méfiance contre les Fran-
« çais qu'il connaissait si mal, que peu de temps avant
« *il avait confié son fils* au général Boudet pour le con-
« duire en France [1]. »

Une telle assertion de la part de Pétion ne peut être révoquée en doute : un homme de sa trempe ne se vante jamais de ce qu'il n'a pas réellement fait.

Mais, ce n'est point avec ces généraux seuls qu'il prépara sa défection. La 13ᵉ avait pour chefs de bataillon Jean-Louis François, ce noir si honorable, et Coco Herne ; des officiers tels que Papalier, Francisque, etc., partageaient avec ces chefs de bataillon toute la confiance de Pétion, et ils furent initiés à son projet dès que l'instant fût arrivé de l'exécuter. Il n'est pas un seul de ces anciens soldats de Rigaud qui n'eût été digne d'une confidence à ce sujet. Et croit-on qu'il ait fallu beaucoup de peine à Pétion pour persuader également Jean-Philippe Daut, colonel de la 10ᵉ, et ses officiers et tout son corps, de la nécessité de lever l'étendard de l'insurrection contre les Français ? Il eût suffi de l'exemple tracé par la 13ᵉ pour les entraîner ; mais, accessible à tous ses compagnons d'armes, partageant avec eux tout ce qu'il possédait ; d'une douceur sans égale dans son commandement, Pétion savait obtenir de ses subordonnés une obéissance qui allait même au-devant de ses vœux ; car elle était inspirée par l'estime, la confiance et l'amour que ses procédés

---

[1] Il résulte de ces paroles de Pétion, que c'est peu de jours avant sa levée de boucliers du 13 octobre qu'il s'ouvrit à Christophe, puisque Boudet partit le 27 septembre. Ce fut, sans doute, immédiatement après la proclamation menaçante de Leclerc, qui suivit la mort de Charles Bélair ; elle ne pouvait échapper à la pénétration de Pétion, lorsqu'il avait tiré si bon parti du mot prononcé par *l'estimable* Chaudry.

faisaient naître pour sa personne. C'était moins au chef qu'on obéissait, qu'au frère qu'on avait à sa tête.

Aussi, voyez avec quelle magnanimité il agit à l'égard des canonniers européens et d'autres Français qui servaient dans les rangs de la 13e ! Après avoir harangué les noirs et les mulâtres, pour leur démontrer la justice de la cause qu'ils allaient défendre, en se ralliant aux premiers insurgés que la Liberté avait armés, il s'adressa à ces blancs : « Quant à vous, leur dit-il, cette cause n'est pas
« la vôtre. Après avoir reconnu et proclamé nos droits,
« les droits que nous tenons de Dieu, la France veut nous
« replacer dans l'esclavage et dans toutes les ignominies
« que comporte la servitude. *Nous l'abjurons dès aujour-*
« *d'hui : elle n'est plus notre patrie !* Le sort des armes en
« décidera. Dieu nous soutiendra dans notre entreprise,
« nous la plaçons sous sa suprême protection. Vous re-
« tournerez auprès du général Leclerc : *c'est là qu'est*
« *votre drapeau.* »

On vit alors un trait de dévouement sublime *aux droits de l'homme*, de la part *d'un Français* qui était capitaine dans la 13e. Gabriel Véret, né à Beauvais, chef-lieu du département de l'Oise, (cette ville où la valeur d'une Héroïne honora toutes les femmes de son pays [1]), était venu à Saint-Domingue avec les troupes qui accompagnèrent Polvérel et Sonthonax. Véret avait servi dans le Sud, où Polvérel proclama la liberté générale : il était parvenu au grade d'officier dans la 3e demi-brigade que commandait Dartiguenave, et dans ce corps il avait pris part à la guerre entre Rigaud et T. Louverture ; il se trou-

---

[1] *Jeanne Hachette*, qui contribua à la défense de Beauvais, en 1472, contre le duc de Bourgogne. Heureux pays, belliqueuse nation, qui compte même les femmes parmi ses guerriers !

vait capitaine dans le bataillon de Bardet qui fit défection au fort Bizoton. Lorsque Pétion eut fait son allocution aux Français qu'il allait renvoyer au Cap, Véret lui dit : « Votre cause est celle *de l'humanité* ; je l'ai toujours dé- « fendue avec vous tous. *Moi aussi, je suis un soldat de* « *la Liberté, et j'abjure la France comme vous*, puisqu'elle « est devenue *injuste* envers vous. Recevez-moi dans « vos rangs. »

Emu, transporté de joie, Pétion le prit dans ses bras, le pressa contre son cœur, aux grands applaudissemens de toute la 13e où Véret comptait un ami dans chaque officier, dans chaque soldat. Quelque temps après, Dessalines, général en chef des indigènes, le promut au grade de chef de bataillon dans la 16 demi-brigade, et ensuite adjudant-général [1].

Si Pétion *ennoblit* la cause des noirs et des mulâtres, par l'admission de Véret dans leurs rangs, par *le respect qu'il montra pour le droit des gens,* pour la cause contraire, en renvoyant les autres Français à Leclerc, — Dessalines ne prouva pas moins, par l'estime qu'il eut pour Véret, et malgré ses regrettables fureurs contre les blancs, qu'il n'entendait pas exclure *à jamais* de son pays les hommes de la race européenne : d'autres faits démontreront notre assertion.

Après avoir si noblement relevé *le défi méprisant* jeté à toute la race noire depuis six ans, Pétion fit enclouer les canons qui garnissaient les postes du Haut-du-Cap, en

[1] Véret devint général de brigade sous Boyer, et mourut aux Cayes le 13 mai 1833, toujours aimé et honoré de ses compagnons d'armes et de tous les citoyens. Borgella, alors commandant de cet arrondissement, lui fit faire de magnifiques funérailles.

prenant seulement un obusier et deux pièces de campagne : artilleur, il savait l'avantage qu'il pouvait tirer de ces bouches à feu. Il fit défiler ses troupes pour se rendre au Morne-Rouge, ce canton de la paroisse de l'Acul, qui fut le foyer de la conjuration de Boukman, en 1791. Dans la journée du 14 octobre, il se porta sur l'habitation D'Héricourt, dépendante de celle de Noé, située dans la paroisse de la Plaine-du-Nord.

C'était là que T. Louverture avait pris la résolution de résister à l'armée française, en recevant l'étrange lettre de Rochambeau qui lui apprenait qu'il avait passé *au fil de l'épée* les soldats de la garnison du Fort-Liberté : là, il lui avait répondu aussi : « Je combattrai jusqu'à la mort « pour venger celle de ces braves soldats. » N'est-ce pas une singularité remarquable, que les circonstances y amenèrent Pétion pour le porter aux mêmes résolutions? Car son dessein primitif était alors de se rendre de-là dans l'Artibonite, afin de rejoindre Dessalines qui avait dû se prononcer déjà, et d'agir de concert avec lui.

Mais, aussitôt son arrivée à D'Héricourt, Petit-Noël Prieur y vint avec ses bandes de Congos, sortant des montagnes du voisinage. Furieux de la guerre que les troupes coloniales leur avaient faite, il les apostropha en leur reprochant le concours qu'elles avaient prêté aux Français. A son point de vue, il avait raison de s'en plaindre. Il fallut toute l'énergie de Pétion et l'attitude martiale de la 10e et de la 13e pour en imposer à ces barbares. Mais Pétion les rassura néanmoins, en leur disant que désormais leur cause était *une et indivisible ;* et pour leur en donner la preuve, il proposa à Petit-Noël de se joindre à lui et Clervaux afin de marcher contre le Cap. C'était le moyen le plus efficace de l'endoctriner ; il fut fasciné par Pétion. Celui-ci déféra dès-lors le commandement supérieur à Clervaux qui était général de brigade. La haine de ces Congos pour Christophe était telle, que Pétion leur ayant dit qu'ils réuniraient leurs forces à celles de ce général, ils accueillirent ses paroles avec des hurlemens affreux; et Petit-Noël promit de le tuer à la première rencontre.

Le général Clauzel, qui avait remplacé le général Boudet dans le commandement du département du Nord, était au Haut-du-Cap dans la nuit du 13 au 14 octobre. Pétion ne pouvait tenter de lui faire aucun mal, lorsqu'il renvoyait au Cap d'autres Français; et d'ailleurs, Clauzel avait su lui inspirer de l'estime par sa conduite, de même que le général Claparède qui commandait la place du Cap[1].

Dans la matinée du 14 octobre, le capitaine-général Leclerc se porta au Haut-du-Cap pour ordonner des dispositions de défense, dans la prévoyance que Pétion et Clervaux pourraient y revenir. En ce moment, il fit occuper tant dans ce bourg qu'aux environs du Cap, dans la Bande du Nord, divers postes, et notamment ceux de Jeantot et de Pierre-Michel. La réserve fut placée à l'hôpital des Pères. Les forces dont il pouvait disposer consistaient en 2000 hommes environ, y compris la garde

---

[1] En 1838, j'eus l'occasion de faire la connaissance du maréchal Clauzel, à Maisons-Lafitte où je dînai avec lui. Je lui parlai de l'opinion favorable qu'avait Pétion de lui et du général Claparède, et il me témoigna lui-même la plus haute estime pour Pétion, en me disant que tous les généraux français de l'expédition avaient remarqué en lui un officier distingué. Nous causâmes beaucoup de cette époque. A quelques jours de là, je rencontrai le général Claparède dans les salons du général Bernard, ministre de la guerre : il vint à moi et me serra la main; il avait su du maréchal Clauzel ce que j'avais dit à ce dernier. Lui aussi m'exprima toute son estime pour Pétion.

nationale. Le général D'Henin commandait les dragons de cette garde nationale.

Christophe n'avait pas bougé de la position de Saint-Michel qu'il occupait près de la Petite-Anse, sur la route qui conduit au Cap. Le général Leclerc envoya auprès de lui un officier porteur de l'ordre de marcher contre Clervaux et Pétion, et reçut pour réponse qu'il pouvait compter sur lui, « qu'il allait se mettre en mesure de ne point « obéir *aux mulâtres* qui paraissaient vouloir profiter des « troubles de la colonie pour *en usurper* le gouvernement. « Il ajouta qu'il allait aussi prendre les moyens de se dé- « faire de Sans-Souci et de Macaya, dont les bandes res- « serraient le Cap[1]. » Mais Leclerc apprit bientôt que quelques heures après, Christophe avait dit qu'il avait les moyens *de rabaisser sa fierté*, et qu'en attendant il resterait *spectateur bénévole* des événemens. Le fait est, qu'il redoutait Sans-Souci, Macaya et Petit-Noël. On a vu que ce n'était pas sans raison : il ne se sentait pas de force à braver leur haine dans ce premier moment. Du reste, il trompait Leclerc.

Ces paroles de Christophe et la défection de Pétion et de Clervaux, portèrent Leclerc à désarmer la 6ᵉ coloniale et à embarquer ces 1200 hommes sur les navires de guerre. L'amiral Latouche Tréville les commandait. Leclerc avait déjà soustrait ce corps à l'influence de Clervaux ; maintenant, en le désarmant et l'embarquant tout entier à bord des navires de guerre qui servaient *aux noyades*, ce n'était pas seulement une mesure *de précaution;* c'était annoncer *une arrière-pensée détestable*. On va voir bientôt ce qui advint à tous ces braves officiers et

[1] Pamphile de Lacroix, t. 2, p. 235.

soldats qui s'étaient soumis des premiers aux Français avec Clervaux, à Saint-Yague, et qui ne les avaient jamais combattus.

Le 15 octobre, Clervaux, Pétion et leurs troupes avaient repris la route du Haut-du-Cap, avec Petit-Noël et ses bandes. 5000 hommes, dit on, se trouvaient réunis pour attaquer ce point; mais la plupart d'entre eux étaient mal armés, indisciplinés et disposés à n'obéir qu'à leur chef, impatient lui-même de l'autorité militaire de Clervaux. A onze heures de la nuit, le combat s'engagea et dura jusqu'à quatre heures du matin, le 16.

Quoique les Français, commandés par le général Clauzel, combattissent avec courage, ils ne purent empêcher que le Haut-du-Cap, les forts Pierre-Michel et Jeantot ne restassent au pouvoir des indigènes. Dans ce dernier fort, leur résistance avait été plus longue : il était commandé par le chef de brigade Anhouil [1]. Les Français rentrèrent au Cap ou occupèrent les positions qui avoisinent le plus cette place.

C'est alors seulement que Christophe se prononça. Laissant une partie de ses troupes à Saint-Michel, il vint au Haut-du-Cap avec l'autre, et se joignit à Clervaux et Pétion. En le voyant, Petit-Noël entra en fureur, l'accabla d'injures et lui fit des menaces. Mais Christophe était aussi brave qu'il méprisait Petit-Noël et ses gens : il leur

---

[1] J'ai lu des pièces authentiques, officielles, qui établissent ces faits, et parlent de l'heure de l'attaque et de la durée du combat. P. de Lacroix s'est trompé, en disant que l'attaque commença à une heure du matin, et que les indigènes furent tout-à-fait repoussés du fort Jeantot : ils en restèrent maîtres à la fin. Il convient, du reste, qu'ils replièrent les troupes françaises du Haut-du-Cap, et s'emparèrent du fort Pierre-Michel, et finit par dire qu'ils se déterminèrent à *la retraite*, en laissant sur le terrain un assez grand nombre de morts. — T. 2, p. 235 à 237.

en imposa par son attitude. Clervaux et Pétion surtout réussirent à calmer ces barbares, en leur démontrant que le temps des rancunes était passé, qu'il fallait unir leurs efforts contre l'ennemi commun qui ne manquerait pas de profiter de leurs divisions : ces paroles sensées furent comprises. Le Cap fut cerné de tous côtés, et Christophe agit contre la Petite-Anse qu'il bloqua aussi.

Au moment de l'attaque du Haut-du-Cap, ou alors que les Français étaient repoussés de ce point, on se livra à bord des navires de guerre à un acte affreux : les 1200 hommes de la 6ᵉ furent tous noyés, et Jacques Clervaux subit aussi le même sort ou fut poignardé.

Examinons comment P. de Lacroix relate ce fait horrible :

« Dans un écart produit par le sentiment *de la fai-*
« *blesse*, *la terreur* de succomber sous le poids du nom-
« bre fit recourir, à bord des bâtimens, à une mesure
« *atroce* dont le général Leclerc *avait* repoussé l'idée
« *avec horreur*, en apprenant l'exécution qu'on s'en était
« *déjà* permise dans l'Ouest.... *Les équipages* étaient
« tellement affaiblis ou encombrés de malades, que *la*
« *vue* de ces détachemens *noirs*, bien plus nombreux
« qu'eux, *les fit frémir*. Ce ne fut qu'un cri *de terreur*
« au moment où les insurgés replièrent nos troupes du
« Haut-du-Cap ; *on crut* à bord tout perdu. Dans un pre-
« mier mouvement *de terreur*, le sentiment de la conser-
« vation fit retentir la rade de ce cri *du désespoir* : —
« *Tuons ce qui peut nous tuer. Les droits de l'humanité*
« furent impitoyablement *outragés*. Dans la cruelle alter-
« native *d'être dévorés par des tigres, les matelots le de-*
« *vinrent eux-mêmes*. Les flots engloutirent en un in-
« stant mille à douze cents malheureux qu'un sort parti-

« culièrement contraire avait *isolés* des leurs. La guerre
« *des couleurs* fut *dès-lors* et pour longtemps *réinaugurée*
« à Saint-Domingue. Elle y avait toujours été une guerre
« *à mort, — les noirs n'ayant pas pour habitude de faire*
« *quartier à leurs prisonniers.*[1] »

Le général Rochambeau et ses troupes qui s'emparè-
du Fort-Liberté, le 4 février, étaient-ils *des noirs*, et
firent-ils *quartier* aux soldats et officiers faits prisonniers
alors? Le général Hardy, qui enleva le poste de la Rivière-Salée, le 5 février, en marchant sur le Cap, était-il
un noir et fit-il non plus *quartier* aux prisonniers? Plus
tard, ce même général était-il *devenu un noir* quand il
passait *au fil de l'épée*, tantôt 200, tantôt 600 prisonniers, d'après le témoignage même de P. de Lacroix?
Cette guerre *des couleurs* n'existait-elle pas *dès-lors?*
Pourquoi ce mot de *tigres* appliqué *aux noirs*, si on les
considérait comme *des hommes*, *sans faire attention à
leur couleur?* C'est encore la même expression que nous
avons relevée dans l'ouvrage de Bignon.

Et qui peut faire accroire qu'en ordonnant l'embarquement de toute la 6°, le général Leclerc ou l'amiral Latouche Tréville n'avait pas fait *museler ces tigres?* On
les aurait laissés *libres* à bord des navires de guerre!
Cette *terreur des équipages*, dont nous voyons trois fois
l'expression, fut-elle bien *réelle*, et l'amiral et ses officiers
ne participèrent point à ce crime qui engloutit 1200 hommes à la fois? Si le général Leclerc lui-même avait d'a-
bord repoussé l'idée *des noyades* de Rochambeau, il est
certain qu'on *noyait* au Cap avant cet effroyable événement : en envoyant ces infortunés à bord, c'était dire ce

---

[1] *Mémoires*, t. 2, p. 237 et 238.

qu'on devait en faire ; et cela, au moment où Pétion venait de renvoyer au Cap les canonniers français !...

Quand vous retracez l'histoire, avouez donc et flétrissez *les crimes* commis par n'importe qui !... Excusons toutefois le général Pamphile de Lacroix ; car sa tâche était plus que pénible, plus que difficile ; et s'il s'efforça *de dissimuler le crime*, du moins il n'en commit pas lui-même. Nous le disons à sa louange.

C'est après l'expulsion des Français du Haut-du-Cap, que Pétion vit arriver auprès de lui l'un des plus valeureux officiers de Rigaud, — Nicolas Geffrard, destiné à être le héros de l'indépendance dans le Sud.

Après la prise de la Crête-à-Pierrot, il s'était rendu au Port-au-Prince et de-là à l'Anse-à-Veau, dans l'intention d'aller aux Cayes. Mais, apprenant que pour lever le séquestre apposé sur ses biens depuis la fin de la guerre civile, il fallait une décision du préfet colonial, il se rendit au Cap afin de l'obtenir. Là, se trouvaient Courroy et Cariot, deux blancs qui avaient servi aux Cayes et qui le connaissaient : ils le dénoncèrent, dans ce moment de l'insurrection générale du Nord. Prévenu à temps, Geffrard fut se cacher à bord d'un caboteur et y rencontra Lys jeune et N. Brouard, ses amis du Sud. Ne prévoyant pas pouvoir éviter son arrestation, causant avec eux de cette probabilité, il eut un moment de désespoir ; il saisit un pistolet pour se faire sauter la cervelle. Heureusement, Lys accourut et arracha cette arme de ses mains. Ces deux amis le persuadèrent de venir à terre pour rester avec eux dans la même maison qu'ils occupaient : déguisé en matelot, il s'y rendit dans la soirée et s'y tint renfermé. On le cherchait de tous côtés. Sur ces entrefaites arriva la prise d'armes du Haut-du-Cap ; et dans le tumulte qui survint lors du combat du 15 au 16 octobre, il se déguisa encore et réussit à rejoindre Pétion [1]. Celui-ci avait dès-lors un autre lui-même à ses côtés : c'est assez dire, pour exprimer l'heureuse acquisition que faisait la cause indigène.

Le général Dugua, chef de l'état-major de l'armée française, fut emporté par la fièvre jaune le 17 octobre. Ce brave militaire, qui avait fait les campagnes d'Italie et d'Egypte, blâmait à ses derniers momens les erreurs et les torts de son gouvernement.

---

[1] Bonnet était au Cap aussi : dans la crainte d'être arrêté, il partit pour Saint-Yague de Cuba.

CHAPITRE IX.

Situation de l'armée française à la mi-octobre. — Proclamation de Leclerc sur la prise d'armes du Haut-du-Cap. — Mesures ordonnées par lui. — Arrestation de Maurepas, etc., au Port-de-Paix. — Mort de Dommage au Cap. — Pamphile de Lacroix évacue le Fort-Liberté. — Conduite de Toussaint Brave en cette circonstance. — Dessalines se déclare contre les Français, et s'empare de la Crête-à-Pierrot. — Massacre d'un bataillon de la 12e coloniale à Saint-Marc. — Dessalines prend les Gonaïves. — Il attaque Saint-Marc infructueusement. — Il établit son quartier-général à l'Artibonite. — Il réorganise ses troupes. — Mort de Leclerc au Cap. — Ses dernières volontés. — Il désigne Rochambeau pour lui succéder. — Daure, préfet colonial, prend l'intérim du gouvernement colonial. — Ses actes. — Évacuation du Port-de-Paix par Brunet. — Rochambeau se fait installer au Port-au-Prince. — — Combats des indigènes contre le Cap, leurs succès et leurs revers. — Ils abandonnent le Haut-du-Cap. — Modération du préfet Daure. — Arrivée de Rochambeau au Cap. — Il fait noyer Maurepas et d'autres indigènes. — Danger couru par J. P. Boyer sur le vaisseau *le Duguay-Trouin.* — J. Boyé obtient qu'il soit mis en liberté.

Renfermé dans la ville du Cap, par le succès des indigènes à la bourgade qui en est éloignée d'une lieue, le général Leclerc, qui était aussi courageux que brave, dut aviser aux mesures que nécessitait sa position. Ses troupes, décimées par la fièvre jaune, étaient réduites à un petit nombre de combattans, dans un moment où le Nord, l'Artibonite et l'Ouest étaient livrés à une insurrection générale, — le Sud seul étant alors à peu près soumis à son autorité ; car les quelques chefs de bandes qui étaient dans les bois n'exerçaient aucune influence sur la population.

Dans le Nord, il y avait 3500 hommes valides, 1200 malades au Môle et 4000 à la Tortue. Dans l'Ouest, 2400 valides et 2000 malades tant au Port-au-Prince qu'à Jacmel. Dans le Sud, 1300 valides, peu de malades. Dans l'Est, 1300 valides et point de malades. Des renforts étaient attendus de France, mais ils n'arrivèrent qu'un mois après. Heureusement pour les Français, la population noire et jaune des villes et bourgs du littoral les soutenait alors, malgré les fureurs exercées contre elle : ils durent encore à son concours d'avoir pu prolonger la lutte jusqu'à la fin de 1803.

Ce peu de forces européennes exigeait donc leur concentration dans les principaux points à conserver, en attendant l'arrivée des nouvelles troupes qui étaient en mer, et qui permettraient des mesures offensives.

Le capitaine-général ordonna l'évacuation des points secondaires sur les autres. On se concentra au Cap, au Môle et à la Tortue, dans le Nord. Le Fort-Liberté dut être évacué par le général Pamphile de Lacroix. Le général Brunet reçut l'ordre d'abandonner le Port-de-Paix : ce qu'il ne fit pas de suite. Au Môle se trouvait le général Thouvenot : il continua à garder cette ville. Le général Dubarquier fut envoyé à la Tortue.

Au Cap se trouvaient réunis, auprès de Leclerc, l'amiral Latouche Tréville, et les généraux Clauzel, Claparède, D'Henin, Watrin et Boyer, ce dernier devenu chef de l'état-major après la mort de Dugua.

Les généraux Rochambeau et Lavalette étaient au Port-au-Prince ; Pageot à Jacmel ; Quentin à Saint-Marc. La ville de Léogane, les bourgs de la Croix-des-Bouquets et du Mirebalais étaient aussi en possession des Français, ainsi que le Grand-Goave, le Petit-Goave et tout le Sud. Le général Desbureaux, qui était aux Cayes, nommé inspecteur-général des troupes, quitta cette ville aux ordres de Laplume pour se rendre au Cap, mais dans le courant de novembre.

Le général Kerverseau se tenait toujours à Santo-Domingo. Toute la partie de l'Est était restée paisible depuis l'arrivée de l'expédition : 15 à 20 mille noirs ne furent pas un obstacle; ils n'avaient rien à démêler avec les Français, non plus que les autres habitans.

18.000 hommes étaient morts ou de maladie, ou dans les combats, environ 8,000 étaient dans les hôpitaux. Près de 8,500 restaient encore, disséminés sur toute la surface de Saint-Domingue [1].

Dans cette situation, le capitaine-général publia la proclamation suivante :

Au quartier-général du Cap, le 28 vendémiaire an XI (20 octobre).
Le général en chef, capitaine-général,
Aux habitans de Saint-Domingue.

Une insurrection inouïe a été commise. *Des lâches comblés des bienfaits du gouvernement ont abandonné leurs postes pour se rendre aux rebelles*; ils ont osé attaquer la capitale de la colonie; et déjà ils avaient calculé *le pillage* qu'ils devaient faire et désigné *les victimes* qu'ils devaient immoler [2]. Ils ont été trompés dans leurs criminelles espérances. Tous les citoyens sont devenus soldats; ils se sont réunis aux braves de l'armée de Saint-Domingue, et les rebelles ont été repoussés avec une perte considérable.

[1] Nous donnons ces chiffres d'après des documens *officiels*. P. de Lacroix s'est trompé en portant celui des morts à 24,000 hommes, et celui des combattans seulement à 2 mille et quelques cents, sur toute la surface de Saint-Domingue. T. 2, p. 239.

[2] Le *pillage* qu'enviaient *ces lâches* était celui *des bouches à feu* : les victimes qu'ils devaient immoler arrivèrent sans accident au Cap, par leurs soins généreux. Et que devinrent les 1200 hommes de la 6e ?....

Dans ces circonstances, pour ne point compromettre la possession de la colonie, j'ai ordonné que l'armée se réunît dans les places principales, que les hôpitaux et les poudres fussent évacués sur les points où ils peuvent être à l'abri de toute insulte. J'ai ordonné que les citoyens *fidèles à la France* (noirs et jaunes) fussent admis dans les villes où se rassemble l'armée : c'est là que nous attendrons les troupes qui nous sont annoncées de France et qui nous serviront à reconquérir la colonie et *à punir les traîtres et les rebelles.*

Mais, de ce que l'armée se concentrait, de ce que les malades étaient évacués sur la Tortue, de ce que des munitions et des vivres étaient embarqués, des malintentionnés ont cherché à induire que l'armée allait évacuer Saint-Domingue, et ils ont répandu ce bruit. Si l'armée se concentre, je vous en ai déduit les motifs; si les malades sont évacués sur la Tortue, c'est que la tranquillité, si utile à leur rétablissement, leur est refusée au milieu du tumulte des armes, et que d'ailleurs le local des hôpitaux était nécessaire pour l'établissement des troupes et des manutentions; si les munitions sont embarquées, c'est qu'il n'existe pas au Cap un seul magasin à poudre, et que dans des circonstances comme celles où nous sommes on ne doit pas laisser l'existence de la ville à la merci d'un furieux ; si on embarque des vivres, c'est qu'il faut fournir des alimens aux malades et aux convalescens qui sont en grand nombre à la Tortue.

Citoyens, soyez calmes. Confiance et ralliement au gouvernement : voilà quelle doit être votre devise. L'armée vous a promis de ne point vous abandonner; elle tiendra parole.   LECLERC.

C'est toujours une fâcheuse position pour un gouvernement, d'être forcé à expliquer, à justifier ses mesures contre les bruits semés par la malveillance. Cette proclamation prouve que le capitaine-général n'avait plus lui-même une grande confiance dans le résultat de cette lutte, ouverte si injustement contre la race noire ; et elle justifie l'assertion de P. de Lacroix, sur l'impression produite en son esprit par la défection de Pétion surtout. Il y a en effet des hommes dont la valeur personnelle détermine toute une situation.

Cependant, Leclerc, soit de sa propre initiative, soit par les conseils des colons, prit une mesure dont il espérait quelque fruit. Sachant la haine que les premiers insurgés portaient à Christophe et aux autres chefs de l'armée coloniale qui les avaient récemment combattus, que chacun de ces chefs de bandes prétendait à diriger les choses *à l'africaine*, il crut qu'il parviendrait à semer la division *entre les rebelles et les traîtres*, et *entre les rebelles* eux-mêmes. Les *rebelles* étaient les premiers insurgés, *les traîtres* étaient Pétion, Clervaux, Christophe et les troupes qui leur obéissaient. Comptant sur la simplicité des premiers, il publia un acte en vertu duquel il garantissait *la liberté* à tous les noirs émancipés déjà en 1793 et 1794, et qui se réuniraient aux Français pour combattre l'insurrection. Afin de seconder la mesure, des colons offrirent à des noirs qui leur avaient jadis appartenu, et leur firent passer *gratuitement des actes notariés*, par lesquels ils leur *donnaient* la liberté.

Mais c'était déclarer implicitement, que l'intention du gouvernement de la métropole avait été et était encore de *rétablir l'esclavage*, puisque les actes des anciens commissaires civils et le décret de la convention nationale ne suffisaient pas pour garantir la liberté des noirs. Leclerc *sanctionna* les quelques actes notariés qui furent passés, en *promettant* à ces prétendus nouveaux libres de leur donner à chacun, au rétablissement de l'ordre, *quatre* carreaux de terre *en propriété*. C'était une vraie folie, qui ne peut s'expliquer que par les embarras de sa position. Les noirs ne furent pas si fous pour compter sur l'efficacité de tels actes : ils continuèrent à guerroyer.

La promesse captieuse que fit le général Leclerc, relativement à la délivrance des concessions de terre aux noirs, avait *deux torts :* le premier, de vouloir susciter des ennemis à Pétion, auteur de la défection de Clervaux et de Christophe ; le second, d'être prématurée, et surtout sans sincérité. Il était réservé à ce mulâtre de réaliser les vues de Polvérel à cet égard ; et il fut plus sincèrement *juste* et plus *libéral* que le capitaine-général, en délivrant au moins *cinq* carreaux de terre à chacun des noirs concessionnaires, dans la République qu'il fonda quatre ans après.

Avant de se rendre au Cap, le général Brunet arrêta et y envoya Maurepas et sa famille, Bodin, colonel de la 9e, d'autres officiers et soldats de ce corps, et le chef de bataillon René Vincent. Ces hommes l'avaient aidé contre Capois, mais il les accusa de rester dans une inaction coupable.

Maurepas et sa famille furent placés sur la frégate *la Guerrière :* il en était de même des officiers supérieurs de la 9e : les autres et les soldats furent jetés sur d'autres navires.

Dans ces circonstances, ou peut-être auparavant, arriva de Jérémie le colonel Dommage qui avait été arrêté par Darbois, et qui fut accusé de conspiration. Il fut livré au jugement d'une commission militaire qui le condamna *à être pendu, pour avoir été pris,* dit le jugement, *les armes à la main :* rien n'était plus faux. Dommage était paisible à Jérémie où il avait respecté la vie des colons à l'arrivée de l'expédition ; mais son ancien secrétaire, un blanc nommé Savary, l'avait dénoncé à Darbois comme ayant le projet d'organiser une insurrection. Si cette intention existait de sa part, Darbois qui, fidèle aux pratiques de Rochambeau, agissait *sans gêne* à Jérémie, l'eût fait juger sur les lieux. L'infortuné Dommage ne fut pendu qu'après la mort de Leclerc; mais il avait donné l'ordre d'exécution. C'est le préfet colonial Daure qui reçut cette mission, désagréable pour lui.

En évacuant le Fort-Liberté, le général Pamphile de Lacroix put reconnaître que *les noirs* sont accessibles, comme tous autres hommes, à tous les sentimens d'honneur et de générosité, lorsqu'on sait leur inspirer de la confiance par une conduite honorable: telle avait été la sienne, et *à cette occasion* il leur a rendu justice dans la personne du chef de brigade Toussaint Brave et des troupes noires qui servaient sous lui au Fort-Liberté. Il avait une garnison de 80 hommes blancs de la 77e demi-brigade, au fort Delpuech, situé près de Vallière, à huit lieues du Fort-Liberté: ne voulant pas les abandonner, il envoya Toussaint Brave les dégager pour les ramener auprès de lui. Ce noir remplit son attente, après avoir guerroyé en route contre les bandes de Sans-Souci, et en perdant une centaine d'hommes des 1re, 5e, 6e et 7e coloniales, qu'il commandait dans cette expédition. Mais, de retour au Fort-Liberté, Toussaint Brave apprit l'affreuse noyade de la 6e dans la rade du Cap; comme de raison, il ne voulut pas suivre Pamphile de Lacroix dans cette ville: ayant plus de 800 hommes sous ses ordres, il le laissa effectuer son embarquement avec environ 200 soldats français et la majeure partie de la population du Fort-Liberté. Sans doute, le général français eût pu se défendre vaillamment, mais l'abstention de Toussaint Brave prouve notre assertion: il ne chercha pas à venger ses camarades d'armes.

Pamphile de Lacroix avait détruit ou avarié le plus qu'il put, des 80 milliers de poudre, et des provisions d'eau-de-vie, de viande et de biscuit qui existaient dans la citadelle appelée anciennement *Fort-Dauphin*, puis *Fort-Liberté*, et alors désignée sous le nom de *Fort-Dampierre*, pour avoir reçu les restes mortels de l'un des généraux français de l'expédition, mort en cette ville de la fièvre jaune. Rendu au Cap avec la population indigène qui l'avait suivi (la plupart des mulâtres et des noirs étant restés avec Toussaint Brave), il reçut un bon accueil du général Leclerc ; mais celui-ci lui dit *ces paroles qui firent saigner son cœur :* « Général, qu'avez-vous fait ? vous « arrivez avec une population *de couleur* quatre fois plus « nombreuse que les détachemens européens que vous me « ramenez. Vous ne savez donc pas *que ce sont des tigres,* « *des serpens* que vous apportez dans notre sein[1] ? »

Et ce capitaine-général venait d'offrir *aux noirs* la garantie de leur liberté, s'ils voulaient unir leurs forces aux siennes ! Des femmes, des enfans devenaient à ses yeux *des tigres, des serpens,* parce qu'ils avaient la peau *jaune ou noire !*...

Pamphile de Lacroix, qui avait d'autres sentimens à l'égard de cette population et qui venait d'éprouver la loyauté de Toussaint Brave, dut gémir vraiment des étranges paroles prononcées par son chef ! Excusons ce malheureux capitaine-général ; car au 20 octobre, il était sur le point d'être atteint par la fièvre jaune : ses déceptions étaient d'ailleurs si grandes !

A peine P. de Lacroix était-il arrivé au Cap, qu'il dut repartir pour se rendre à Saint-Yague qu'on croyait menacé par Clervaux, d'après un faux avis parvenu à Leclerc.

Toussaint Brave, maître du Fort-Liberté, reconnut

---

[1] Pamphile de Lacroix, t. 2, p. 248.

l'autorité de Sans-Souci : c'était une nécessité de sa position et que commandait la défense commune. Il ne tarda pas à faire une tentative du côté de Monte-Christ ; il fut repoussé par la population de ce quartier, aidée d'une partie des mêmes soldats de la 77e demi-brigade que, peu avant, il avait retiré du fort Delpuech.

En quittant le Cap, Dessalines avait passé à Plaisance et au Gros-Morne. Dans cette dernière commune il rallia Paul Prompt et Magny qui avaient soulevé les cultivateurs. Rendu dans la plaine des Gonaïves, près de cette ville, il vit le général Vernet qui en commandait l'arrondissement, et lui donna ses instructions pour agir contre les Français, d'accord avec les insurgés sous les ordres de Comus et de Julien Labarrière, dès que lui-même aurait enlevé la Petite-Rivière et la Crête-à-Pierrot. Passant un instant aux Gonaïves, il apprit d'un homme de couleur nommé Simon Duvrai, que l'adjudant-général Huin avait l'intention de l'arrêter. Il fut audacieusement s'en plaindre à lui-même : Huin prétendit le contraire, et Dessalines sortit de la place. Se dirigeant à la Petite-Rivière, il fit réunir des cultivateurs sous les ordres de Cottereau, ce noir qui s'était trouvé avec lui à la Crête-à-Pierrot, afin de l'assister dans son entreprise.

En entrant à la Petite-Rivière, il y trouva le chef de bataillon Andrieux qui commandait ce bourg et le fort de la Crête-à-Pierrot, ayant avec lui quelques centaines d'hommes de troupes françaises. Cet officier avait l'ordre de l'arrêter s'il s'y présentait, car on savait déjà la prise d'armes du Haut-du-Cap. On était alors au dimanche 17 octobre. Un mulâtre de ce bourg, nommé Saget, avait appris ces dispositions, et il l'en avertit.

Dès son arrivée, l'abbé Videau, curé de la paroisse, l'invita à déjeûner au presbytère : c'était là que son arrestation devait s'effectuer. Dessalines, ne pensant pas sans doute que ce prêtre était d'intelligence avec Andrieux, accepta son invitation et alla chez lui : cet officier y était. Au moment de se mettre à table, une femme de couleur nommée Madame Pageot, servante du curé, vint servir de l'eau à Dessalines pour se laver les mains : il la connaissait depuis longtemps et la traitait de *commère*. Cette femme savait également le projet d'arrestation, puisque des soldats français étaient cachés dans les appartemens du curé [1] ; elle saisit ce moment pour faire à Dessalines un signe significatif, exécuté avec la plus grande dextérité : ce signe consistait à retirer ses deux bras en arrière par un mouvement subit. C'était pour faire entendre à Dessalines qu'on allait le garotter comme un criminel, les bras liés derrière le dos.

Fin Renard, toujours éveillé comme *la Pintade*, ainsi que le dit Boisrond Tonnerre, d'ailleurs avisé déjà par Saget, Dessalines comprit *sa commère*, et au lieu de se mettre à table, il feignit d'avoir besoin de donner un ordre à l'un de ses officiers et sortit précipitamment du presbytère : ses mouvemens étaient toujours brusques. Le curé l'appelle ; il lui répond qu'il va revenir à l'instant. Mais il a déjà monté sur son cheval que des guides tenaient à la porte du presbytère, et ceux-ci le suivent. La place d'armes était en face : rendu là, Dessalines tire deux coups de pistolet en appelant les indigènes *aux armes !* A ce signal, Cottereau envahit le bourg avec ses cultivateurs [2].

---

[1] L'église et le presbytère sont situés à l'extrémité occidentale du morne de la Crête-à-Pierrot, et non loin de ce fort.

[2] J'ai entendu raconter ainsi tous ces faits par le respectable Simon, noir

Cette journée du dimanche 17 octobre était des plus propices à la réunion de ces cultivateurs, leur habitude étant de se rendre dans les villes et bourgs à un pareil jour.

Tandis que le chef de bataillon Andrieux montait avec précipitation au fort de la Crête-à-Pierrot, l'abbé Videau était à cheval gagnant à franc étrier le bourg des Verrettes qui en est éloigné de deux lieues. A chacun son affaire : celle d'Andrieux était d'être au milieu de sa troupe, pour résister si c'était possible ; celle de M. l'abbé, de fuir au plus vite le terrible *Jean-Jacques* qui, quelques mois auparavant, avait opéré sous ses yeux le massacre de 200 blancs dont il a déjà été question.

Dessalines, appuyé de quelques soldats venus avec lui et desnuées de cultivateurs rassemblés par Cottereau, se porte au pied de la Crête-à-Pierrot dont les canons avaient sonné l'alarme. Il enjoint à Andrieux de l'abandonner sur-le-champ. Malgré sa bravoure, les dispositions du capitaine-général, de concentrer toutes les forces dans les villes du littoral, lui étant connues, Andrieux se vit à regret forcé de quitter ce fort pour se rendre à Saint-Marc. Dessalines ne l'attaqua point ; mais, sur sa route, il eut à combattre contre un détachement de la 8° coloniale, déjà placé en embuscade par ordre de ce général qui, en venant dans ce but, avait tout prévu. Andrieux parvint à Saint-Marc d'où le général Quentin avait envoyé un escadron de dragons à son secours, en entendant le canon d'alarme.

L'arrivée de l'abbé Videau aux Verrettes y avait sonné

---

de l'Artibonite, qui fut trésorier à Saint-Marc sous le règne de Dessalines, et ensuite sénateur de la République d'Haïti.

l'alarme aussi, par le récit qu'il fit de ce qui venait de se passer à la Petite-Rivière. Aussitôt, Faustin Répussard prit la résolution de se rendre à Saint-Marc. Il avait sous ses ordres un bataillon de Polonais et un autre de la 12⁰ coloniale commandé par Désiré, ce même noir qui était à Jérémie avec Dommage. Les soldats de la 12⁰ laissèrent percer leur satisfaction de la nouvelle des événemens de la Petite-Rivière et leur désir de prendre parti avec Dessalines ; mais leur commandant montra de l'hésitation. Lorsque Faustin Répussard arriva à Saint-Marc avec la garnison des Verrettes, le rapport fut fait au général Quentin des dispositions des militaires de la 12⁰ à s'insurger ; et tout ce bataillon, y compris son chef, fut mis à mort dans cette ville. Le capitaine Apollon, qui devint plus tard colonel de ce corps, fut le seul qui réussit à s'évader en se précipitant dans la mer : il nagea et gagna la rive hors de l'enceinte de la place.

En possession de la Crête-à-Pierrot et des munitions qu'il y trouva, Dessalines envoya l'ordre à Vernet d'attaquer les Gonaïves, tandis qu'il se disposait à venir l'appuyer. Vernet voulut user d'un stratagème, en y faisant pénétrer le colonel Gabart avec la 4⁰ coloniale pour agir contre les Français, pendant que les insurgés de Comus et de Jean Labarrière attaqueraient la place. Mais ces derniers ne donnèrent pas le temps à Gabart d'exécuter cette manœuvre ; ils allèrent se faire battre et se débandèrent. A son tour, Gabart se présente en répondant au *qui vive* : 5⁰ *demi-brigade légère !* parce que la 4⁰ avait été incorporée dans cette troupe française. Sur le point d'entrer dans la place, un de ses officiers prononça un mot qui donna l'éveil aux Français : ils tirèrent sur la 4⁰ qui fut mise un instant en déroute. Gabart, bouillant d'ardeur, rétablit le combat en prenant un des drapeaux qu'il planta sur les remparts ; ses soldats le suivant, les Français furent acculés à la mer : il était nuit. Ils finirent par évacuer la place en s'embarquant sur les navires qui étaient dans le port. Huin ne leva pas l'ancre sans faire canonner les indigènes.

Dessalines, qui avait été retardé dans la route par un excès de fatigue, arriva alors aux Gonaïves. Là, il reçut une lettre du général Quentin qui lui disait : « Qu'il avait « appris son insurrection contre les Français, mais qu'il « ne pouvait ajouter foi à une telle nouvelle, ne pensant « pas qu'il pût tenir une conduite aussi opposée *à ses* « *vrais intérêts et à ceux de ses frères*. »

Dessalines lui répondit : « J'ai arboré l'étendard de la « révolte, parce qu'il est temps d'apprendre *aux Fran-* « *çais, qu'ils sont des monstres* que cette terre dévore « *trop lentement* pour le bonheur de l'humanité. J'ai « pris la Petite-Rivière et les Gonaïves, demain je mar- « che contre Saint-Marc[1]. »

C'est aux Gonaïves, où T. Louverture fut embarqué, où son brave lieutenant proclama l'indépendance de son pays de la France, que le hasard l'amena à faire cette réponse !

Le gant avait été jeté à toute la race noire : il venait d'être relevé avec énergie et fierté, à trois jours d'intervalle, par deux de ses vaillans défenseurs. Au *Haut-du-Cap*, — à une lieue de cette ville où commença, six ans auparavant, l'injuste système de réaction perfidement conçu pour amener la ruine commune des deux branches

---

[1] Mémoires de Boisrond Tonnerre.

de cette race, — *un mulâtre*, représentant sa classe et devenu son chef, accepta résolûment cette responsabilité devant la postérité. A la *Crête-à-Pierrot*, — dans le lieu même qu'il avait illustré tout récemment par sa bravoure et son courage, — *un noir*, représentant sa classe aussi et devenu son chef également, accepta avec non moins de résolution que son frère la même responsabilité.

Et cependant, ces deux hommes avaient été ennemis ; une politique machiavélique les avait armés l'un contre l'autre, ils s'étaient fait une guerre acharnée ! Mais, dans cette guerre même, ils avaient appris à se connaître, à s'estimer mutuellement. Devenus l'un et l'autre les nouveaux chefs de ces anciens partis politiques, ils se réunissaient maintenant pour accabler l'ennemi commun qui avait trop compté sur la perpétuité de leurs divisions.

Sont-ce là des faits imputables uniquement aux hommes ? Peut-on ne pas y reconnaître une volonté providentielle qui inspirait Dessalines et Pétion, afin que leur union produisît le salut de leur race ?

Et quel enseignement pour les gouvernemens qui s'imaginent que le meilleur moyen *de dominer* les peuples qu'ils dirigent, est *de les diviser !* Il est un temps pour le succès d'un pareil système ; mais, à la fin, il s'écroule devant la clairvoyance des peuples. Dirigez, administrez, gouvernez les hommes dont Dieu vous a confié les destinées, *en les réunissant* autour de vous : voilà votre œuvre, votre tâche, la seule qui vous soit dévolue ; leur gratitude vous récompensera de toutes vos peines. Mais si vous adoptez le système contraire, vous ne recueillerez que leur haine, et une haine implacable.

Voilà, en définitive, le résultat de la guerre civile allumée entre Rigaud et Toussaint Louverture. Les lieutevans de ces deux chefs sont réunis : ils vont maintenant diriger tous les efforts de leurs frères, et des circonstances extérieures faciliteront bientôt leur œuvre patriotique.

Comme il l'avait annoncé au général Quentin, Dessalines marcha contre Saint-Marc avec peu de troupes régulières et des cultivateurs mal armés. Avec de telles forces, il n'était pas possible d'enlever cette place : c'était ce qui se passait autour du Cap. Il avait écrit à Larose qui était à l'Arcahaie, de venir l'assister avec ses gens ; mais cet indocile lui refusa tout concours, ayant encore le ressentiment de ce qu'il avait essuyé à Plassac et ne voyant en lui qu'*un traître*, pour avoir livré Charles Bélair à Leclerc : du reste, il obéissait à Lamour Dérance. Après avoir passé huit jours devant Saint-Marc et avoir combattu, Dessalines fut contraint de se retirer à la Petite-Rivière.

Cet insuccès le porta naturellement à réfléchir sur la nécessité de réorganiser des troupes. Celles qui existaient sous T. Louverture avaient subi des pertes successives depuis l'arrivée de l'expédition française ; les défections, la dissémination de ces corps anciens dans les divers départemens, avaient introduit une véritable anarchie dans l'armée coloniale ; et les prétentions élevées par les chefs de bandes constituaient une nouvelle anarchie encore plus déplorable. Pour les dompter et donner une direction unique à la guerre qui allait aboutir à l'indépendance du pays, il fallait donc qu'il soumît à la discipline militaire toutes les forces vives qu'il réunirait sous ses ordres. C'est la condition nécessaire, indispensable, de tout succès. Des cadres subsistaient, d'anciens officiers étaient là tout prêts ; il n'y avait qu'à garnir les uns, à employer les autres. Mais il fallait aussi *une volonté de fer*, pour ainsi parler, afin de réussir dans cette œuvre, et Dessalines *seul* pouvait l'avoir.

« La terreur qu'avait inspirée le nom français, dit à ce
« sujet B. Tonnerre, régnait encore dans les campagnes;
« les anciens soldats et les cultivateurs ne sortaient pas
« encore de leurs retraites; Dessalines avait peu de mu-
« nitions. Il prend la résolution la plus patriotique, ne
« balance pas *entre le salut public et la mort de quelques*
« *lâches*. Il ordonne que de nombreuses patrouilles par-
« courent la plaine et les mornes pour y rassembler les
« hommes en état de porter les armes, *fait faire feu* sur
« tous ceux *qui refusent* de marcher, et parvient, en
« moins de huit jours, à former quatre demi-brigades
« qu'il exerce tous les jours au maniement des armes. »

Que l'on s'imagine ce que durent produire de pareils moyens, avec les antécédens connus de l'homme qui les ordonnait!

Les 4e, 7e et 8e coloniales furent ainsi réorganisées; la 14e demi-brigade créée [1], ainsi qu'un corps spécial, devenu plus tard la 20e demi-brigade, qui fut nommé *les polonais*, parce qu'il entra dans sa formation beaucoup de vrais *africains* qui parlaient le langage créole le plus grossier, et par allusion aux Polonais venus avec l'armée française, dont les indigènes ne pouvaient comprendre le langage : idée bizarre qui caractérise bien l'esprit de Dessalines, mais qui fut cause en grande partie que les Polonais restés dans le pays furent préservés du massacre de 1804 et reconnus *Haïtiens*. Il avait un autre motif: tout récemment, dans l'assassinat des soldats de la 12e à

---

[1] Sous T. Louverture, la 13e demi-brigade fut le dernier corps créé après la guerre civile du Sud.

Saint-Marc, les Polonais avaient montré une répugnance louable à exécuter les ordres barbares du général Quentin. Créer un corps de *polonais noirs*, c'était donc, de la part de Dessalines, un témoignage d'estime et de bienveillance donné aux infortunés enfans de la Vistule.

Gabart, Montauban, Cottereau, Magny furent reconnus colonels des 4e, 7e, 8e et 14e demi-brigades, Joseph Jérôme celui *des polonais*. Des officiers de mérite, Pierre-Toussaint, Jean-Louis Longuevalle, Jean-Louis Boisneuf, Marinier, Pierrot Michel, Philippe Guerrier, Jean Charles, les uns mulâtres, les autres noirs, devinrent les chefs de bataillon de ces corps. Charlotin Marcadieu, destiné à donner un jour le bel exemple d'un dévouement rare, fut fait colonel d'un régiment de cavalerie, et eut Paul Prompt pour chef d'escadron, en attendant l'organisation complète de ce corps. Des postes furent confiés à ces divers chefs pour se garder de toute entreprise de la part des Français.

Naturellement, cette première organisation, ce noyau *de l'armée nationale*, reconnut en Dessalines, *le général en chef* unique qui devait désormais diriger toutes les opérations de la guerre : ses titres à cette haute position étaient visibles à tous les yeux. Bientôt après, la jonction de Pétion avec lui vint confirmer et sanctionner cette qualité de *Chef suprême des Indigènes*, en l'homme qu'il avait déjà reconnu pour tel.

Dessalines fixa son quartier-général dans l'Artibonite, sur le théâtre où la plus grande résistance avait été faite à toute l'armée française réunie, où sa valeur héroïque lui avait conquis sa position actuelle. Il se tenait tantôt à la Petite-Rivière, pour ainsi dire à la Crête-à-Pierrot, tantôt sur l'habitation Laville ou sur celle de Marchand, dont il fit plus tard le siége de son gouvernement, en jetant les fondemens de sa ville impériale : ces deux habitations sont limitrophes.

Retournons au Cap.

On conçoit que les fatigues d'un gouvernement aussi pénible que celui de Saint-Domingue, surtout dans ces derniers temps ; les mécomptes qui survinrent et le peu d'espoir qu'ils laissèrent de vaincre et de soumettre désormais toute une population qui allait recevoir l'impulsion de la résistance de ses chefs naturels, durent contribuer à prédisposer la constitution du général Leclerc, à subir l'influence de la peste qui régnait autour de lui. En effet, le 30 vendémiaire an XI (22 octobre), il ressentit un violent mal de tête accompagné de fièvre : la maladie parut se calmer au bout de cinq jours, il reprit le travail ; alors parurent tous les symptômes du *mal de Siam*, et le 11 brumaire (2 novembre), à une heure du matin, il expira, à l'âge de 30 ans.

Il avait conservé tout son courage et toute sa présence d'esprit jusqu'au dernier moment. Le colonel Neterwood, son premier aide de camp, et le médecin Peyre reçurent ses dernières volontés. Elles portaient : 1° que le général Rochambeau le remplacerait comme général en chef et capitaine-général, en attendant les ordres ultérieurs du Premier Consul ; 2° que le général Watrin succéderait à Rochambeau dans le commandement des départemens de l'Ouest et du Sud ; 3° que le général Clauzel continuerait à commander celui du Nord ; 4° que le général Brunet irait relever le général Thouvenot au Môle et que ce dernier viendrait au Cap ; 5° enfin, que Madame Leclerc partirait pour la France aussitôt après sa mort, sur le vaisseau *le Swiftshure*, et qu'elle serait accompagnée du médecin Peyre et de ses aides de camp.

Nous admirons cette force morale dans un homme, un chef qui se sent mourir et qui pourvoit ainsi à la sécurité du pays et de l'armée qui ont été confiés à son commandement ; mais quel legs ce testament militaire et politique faisait à la colonie de Saint-Domingue, en désignant Rochambeau pour y succéder ! Nous le disons ainsi au point de vue de la France elle-même ; car si, d'un côté, il avait toute la vigueur nécessaire pour prendre les rênes du gouvernement colonial, de l'autre, il était celui des généraux français qui pouvait le mieux inspirer aux indigènes le désir de se séparer de la France. Au reste, cette résolution était déjà prise par les chefs qui venaient de se prononcer : peu importait donc que ce fût Rochambeau ou tout autre à sa place. Probablement, il était le plus ancien des généraux de division après Leclerc.

On lit dans Pamphile de Lacroix : « Peu avant sa mort, « il exprima *des regrets sur les faux erremens* qui avaient « dirigé les conseils du gouvernement dans *le but* de son « expédition. *Il gémit d'une entreprise faite sur des* « *hommes et par des hommes dignes d'un meilleur sort*, « à raison *des services* qu'ils avaient déjà rendus et qu'ils « auraient pu rendre encore à la France. Ces regrets furent touchans. »

Il y a lieu de croire à la véracité de ces paroles, quand on a vu que *d'autres regrets*, suscités par un sentiment *de justice* qui honore la mémoire d'un haut personnage, ont été exprimés à ce sujet sur une île, en face de l'Afrique et de ses enfans. Abjurons donc aussi tout ressentiment envers la mémoire du général Leclerc : un cercueil couvert du crêpe funèbre doit exercer son influence sur le souvenir et le cœur des hommes.

Le *Swiftshure* partit du Cap le 10 novembre avec le corps embaumé du défunt, Madame Leclerc et les aides de camp de son mari. Il arriva à Toulon où de grands honneurs funèbres furent rendus aux restes mortels du capitaine-général de Saint-Domingue. Il en fut de même à Marseille où ils furent transportés, à Lyon et à Paris, et là, placés au Panthéon.

Au Cap se trouvait l'ordonnateur en chef Daure qui, le 27 septembre, avait reçu sa nomination de préfet colonial par le gouvernement consulaire. Dans la circonstance et vu l'absence du général Rochambeau qui était au Port-au-Prince, il eut au Cap l'intérim de la capitainerie-générale. Son premier soin fut d'expédier un navire de guerre annoncer la mort de Leclerc à ce général, en lui notifiant ses dernières volontés qui le désignaient comme son successeur. Il expédia en même temps le chef de brigade du génie Bachelu, en France, avec des dépêches pour le ministre de la marine et des colonies, en mettant l'embargo sur tous les navires de commerce durant quinze jours.

Se faisant assister par le général Clauzel et l'amiral Latouche Tréville, pour donner plus de poids à son autorité intérimaire, Daure et eux publièrent une proclamation, le 2 novembre, qui annonçait la mort du général Leclerc et l'avènement de Rochambeau à sa place.

A cette nouvelle, le cœur des colons s'épanouit de joie : Leclerc n'était pas l'homme qu'il leur fallait, croyaient-ils ; c'était Rochambeau ! Les Français, vrais amis de leur pays, conçurent des craintes pour l'avenir de la colonie, d'après les précédens de ce général et en voyant les principaux chefs noirs et mulâtres dans l'insurrection. La population de ces deux couleurs comprit que de nouvelles fureurs allaient éclater contre elle; mais les hommes politiuqes qui avaient arboré l'étendard de la résistance, purent calculer dès-lors qu'une partie de leur œuvre était accomplie par le Destin, qui *investissait* Rochambeau du commandement en chef. Le Premier Consul sanctionna *son décret*, le 13 nivôse an XI (3 janvier 1803), en apprenant la désignation faite par Leclerc [1].

Quant au nouveau capitaine-général, en l'apprenant aussi, il se fit installer à l'église du Port-au-Prince, dans une cérémonie où Lecun déploya toutes les pompes de la religion catholique. Inutile de dire que ce prêtre, qui avait eu des paroles si louangeuses pour T. Louverture, *ancien esclave et noir*, en trouva bien d'autres pour célébrer, exalter l'avènement *d'un blanc* qui était le fils d'un maréchal de France. A l'exception *de la couleur et du génie*, Lecun voyait sans doute en lui *bien des traits de ressemblance* avec T. Louverture ; car il était de petite taille et maigre, et avait beaucoup de vivacité dans les yeux. Il en avait encore d'autres, que sa conduite jusqu'alors a pu faire apprécier déjà, et que ses actes, *comme chef de la colonie*, firent encore mieux découvrir.

Le préfet colonial continua l'intérim, en attendant l'arrivée au Cap de Rochambeau. Ordonnateur en chef en même temps, il put constater en quel état se trouvaient les finances. La *recette*, dans ces derniers temps, n'allait pas à 500 mille francs par mois; la *dépense* était de 3 millions. On devait trois mois de solde aux troupes ; il

---

[1] Son arrêté qui confirma Rochambeau arriva au Cap le 5 ventôse (24 février 1803.)

n'y avait pas 300 mille francs dans toutes les caisses publiques. De là, la nécessité de se créer des ressources, en frappant à toutes les portes dans les îles, notamment à la Jamaïque, pour avoir de l'argent en donnant des traites sur la France. Ce fut le nouveau capitaine-général qui eut à remplir cette tâche ; le précédent en avait déjà tiré pour 16 millions, son successeur en tira pour 44 millions successivement.

Ce ne fut que le 4 novembre qu'on apprit au Cap, que Dessalines avait levé l'étendard de l'insurrection.

Le 4 aussi, Clervaux, Christophe, Pétion, et Paul Louverture qui avait réussi à se joindre à eux en abandonnant les Français au Port-Margot, attaquèrent les avant-postes du Cap et y refoulèrent le général Clauzel. « Malgré « le feu soutenu de notre artillerie, les révoltés s'établi- « rent et se maintinrent en position.... Le général D'He- « nin fut blessé, et l'on fut réduit *à une défensive res- « serrée* qui n'embrassait entièrement *que l'enceinte de « la ville*[1]. »

Mais le 2, le général Brunet y était arrivé avec 1,600 hommes des garnisons du Port-de-Paix et du Borgne. Il repartit de suite pour le Môle, d'où le général Thouvenot vint diriger l'artillerie du Cap. Le général Watrin en partit le 5 pour le Port-au-Prince.

Dans la nuit du 7 au 8, les indigènes voulurent tenter d'enlever le Cap : ils n'avaient pas beaucoup de munitions, et la place avait alors 4,200 hommes ; force considérable dans une telle circonstance[2]. Ils furent complètement

---

[1] P. de Lacroix, t. 2, p. 250. Cet auteur s'est trompé en fixant cette affaire au 28 octobre : nous avons lu des pièces officielles qui la portent au 4 novembre. Il y eut des escarmouches le 26 octobre, le 1er et le 2 novembre.

[2] Nous avons également lu des pièces officielles à ce sujet. P. de Lacroix dit même que les transports, *le Jeune-Édouard* et *l'Aristide*, arrivèrent le 29

repoussés et battus, et abandonnèrent les forts Pierre-Michel et Jeantot, en brûlant le bourg du Haut-du-Cap dans leur retraite.

Le 5 novembre, Daure avait pris un arrêté qui créa des compagnies franches, composées *de noirs et de mulâtres* du Cap, pour aider à la défense de cette ville. A cette occasion, il fit mettre en liberté *Carbonne*, homme de couleur, qui devint plus tard secrétaire ou aide de camp de Dessalines : il avait été arrêté et mis en prison. Daure en fit autant à l'égard de *René Vincent*, et ils furent tous deux placés dans les compagnies franches, comme *sous-officiers*, parce que l'arrêté du préfet s'opposait à ce que ces hommes fussent officiers.

Au moment où *le Swiftshure* partait pour la France, Daure écrivit au ministre de la marine : il était disposé à y envoyer Maurepas, et fut retenu par un scrupule regrettable ; il différa pour attendre la décision de Rochambeau.

Ce que nous venons de dire à l'égard de la droiture des sentimens du préfet Daure, repose sur des pièces officielles que nous avons lues. Mais citons ici un auteur qui appuie nos assertions, et qui, certes, n'est pas suspect *de trop de modération* à l'égard des Français : c'est de Boisrond Tonnerre qu'il s'agit.

« Daure, dit-il, était plus fait *pour ramener les esprits;*
« il avait des talens et plus de mœurs que Rochambeau ;
« *il n'aimait pas le sang*, et en épargnant celui des noirs,
« il eût rendu ceux-ci plus avares de celui de ses compa-
« triotes. »

vendémiaire (21 octobre), avec 522 hommes de la 83ᵉ de ligne. Ce serait donc 2,200 hommes de renfort qui seraient arrivés au Cap, car le général Watrin y vint avec 100. Un état porte à 614 hommes seulement la force de la 10ᵉ et de la 13ᵉ demi-brigades au moment où Pétion et Clervaux se prononcèrent au Haut-du-Cap.

En effet, Daure eut des égards pour Maurepas et sa famille détenus à bord de *la Guerrière*, de même que pour René Vincent et Carbonne.

Mais Rochambeau arriva au Cap le 17 novembre : dès-lors il n'y avait plus d'espoir pour eux, ni pour les autres militaires indigènes embarqués sur les divers navires de guerre. Il fit transférer Maurepas et sa famille sur le vaisseau *le Duguay-Trouin*, et arrêter René Vincent qu'on y mit aussi.

On a raconté la fin tragique de Maurepas de différentes manières ; mais disons ce que nous en savons, d'après J.-P. Boyer qui faillit mourir en même temps que lui, et qui nous le raconta.

Quelques semaines après la prise d'armes de Pétion, Boyer fut arrêté au Port-au-Prince où il était sans emploi : son intimité avec Pétion en était la seule cause. Il fut mis en prison et dans la nuit, on le conduisit à bord de la frégate *la Poursuivante* où il rencontra, également arrêtés, Moreau et Marc Coupé : ce dernier, ex-aide de camp de T. Louverture, revenait du Sud où des affaires de famille l'avaient appelé. De la frégate, tous les trois furent embarqués sur une petite goëlette qui les amena au Cap : Rochambeau y était déjà rendu. Le capitaine de cette goëlette eut des égards pour Boyer et Moreau, mais non pas pour M. Coupé qui, probablement, lui avait été désigné comme ayant servi près de T. Louverture. Au Cap, ils furent conduits au bureau de la place et de-là en prison et mis au cachot : peu d'heures après, on les transféra à bord du *Duguay-Trouin* que montait l'amiral Latouche Tréville, et ils y trouvèrent Maurepas, sa famille et d'autres prisonniers.

Étant en prison, Boyer avait écrit à Jacques Boyé, adjudant-général, ancien colonel de la légion de l'Ouest ; cet officier aimait tous les hommes de couleur et les noirs, ayant servi avec eux : il apprit ainsi la triste position de Boyer. Il vint sur le vaisseau, le vit, lui apprit que sa détention n'avait eu lieu que par rapport à ses liaisons avec Pétion. Il le recommanda aux officiers du vaisseau et même à l'amiral, en lui promettant d'agir pour qu'il fût relaxé. Mais pendant une nuit, Boyer entendit appeler un nommé Pierrette qu'on fit monter sur le pont pour y joindre Maurepas : il fut excessivement agité par ce sinistre appel, puisque c'était habituellement le signal des noyades. Dans son inquiétude, il monta aussi sur le pont sans être appelé et se dirigea sur le devant du vaisseau : en ce moment, on noyait Pierrette, Maurepas et sa famille.

Un de ces bourreaux de mer vint alors appeler Boyer à son tour ; comme il ne répondait pas, étant encore sur le pont, le bourreau s'approcha de la place où il se tenait toujours à côté de M. Coupé, et demanda à celui-ci : *Où est Boyer?* M. Coupé lui répondit qu'il ne savait où il avait passé. *Eh bien ! monte toi-même.* Le malheureux Coupé le suivit et fut noyé peu d'instans après Maurepas[1].

On en avait assez pour cette nuit. Boyer revient à sa place et ne voit pas son voisin habituel ; il demande tout

---

[1] Dans son manifeste de 1814, H. Christophe relate les circonstances de la mort de Maurepas de la même manière que M. Madiou (Histoire d'Haïti, t. 2, p. 355 et 356); mais il l'attribue à Leclerc, tandis que cet auteur l'impute à Brunet, et dit que ce fait eut lieu *dans le canal de la Tortue*. Boisrond Tonnerre, dont les mémoires ont été écrits en 1804, l'attribue aussi à Brunet, en disant : « Ce tigre l'arrêta, et ce malheureux *fut noyé dans la rade du Cap* « avec une partie de sa famille. »

Nous avons lu des pièces *officielles* émanées du préfet Daure, qui disent que Maurepas fut embarqué et noyé à bord du *Duguay-Trouin*, confirmant ainsi le récit de Boyer.

bas aux autres prisonniers ce qu'est devenu M. Coupé ; ils lui répondent qu'on l'a fait monter sur le pont, après l'avoir appelé lui-même. Ce qui avait été une imprudence de sa part, devint ainsi la cause de son salut. Des femmes indigènes du Cap venaient assez souvent à bord du vaisseau apporter des provisions aux prisonniers ; Boyer pria l'une d'elles d'aller raconter ces faits à J. Boyé : elle revint lui dire qu'il allait s'occuper de suite de le faire mettre en liberté : ce qui eut lieu dans la journée. En descendant au Cap, son premier soin fut d'aller remercier son protecteur, son ancien ami, qui le fit loger chez un officier du génie, en lui recommandant de ne pas trop se produire dans la ville. Cet officier le présenta au colonel Moulut, chef de ce corps, qui l'accueillit : c'était un homme fort éclairé et de beaucoup d'humanité. Boyer continua de résider au Cap sans être inquiété [1].

Mais le colonel Bodin, de la 9e coloniale et les autres militaires de ce corps qui étaient détenus sur les navires de guerre, furent tous noyés à cette époque dans la rade du Cap, de même que René Vincent, par ordre de Rochambeau.

Ce barbare semblait, par tous ces crimes, tirer vengeance des ravages de la fièvre jaune ; car dans le même temps, elle enleva les généraux Jablonoski et Mayer, et l'adjudant-général Guibal.

[1] On voit dans ces faits, les motifs de l'estime qu'eut J.-P. Boyer, président d'Haïti, pour J. Boyé, de la confiance qu'il eut en lui lorsqu'il le chargea d'une mission diplomatique, en 1823, auprès du gouvernement de Louis XVIII, et dans laquelle ce digne Français discuta si bien les intérêts des Haïtiens : il était alors au service de la Russie. Boyer correspondait avec lui, et l'avait engagé à venir en Haïti ; il lui donna des témoignages de considération et de gratitude. Etant au Port-au-Prince, J. Boyé était logé chez A^{te} Nau, trésorier général de la République, qui avait été quartier-maître dans la légion de l'Ouest.

CHAPITRE X.

Premières mesures prises par Rochambeau. — Il publie deux arrêtés consulaires, et fait reprendre le Fort-Liberté par le général Clauzel. — Il envoie le général Noailles chercher *des chiens* à Cuba. — Le général Desbureaux retourne en France. — Conduite de Pétion dans le Nord. — Attitude courageuse de Christophe envers Sans-Souci. — Pétion rejoint Dessalines à l'Artibonite. — Il est nommé général de brigade, ainsi que Gabart. — Faits d'armes de Capois, de Toussaint Brave, de Larose et d'autres chefs insurgés. — Cangé reconnu général de brigade par Lamour Dérance. — Crimes commis dans le Sud et tentatives infructueuses d'insurrection. — Pétion en marche dans l'Ouest. — Il prend le Mirebalais. — Combat de Pierroux, au Cul-de-Sac, où il est battu. — Il rencontre Lamour Dérance dans la plaine de Léogane. — Gérin y accourt auprès de Pétion et de Geffrard. — Siége de Léogane et combats. — Geffrard part pour le Sud avec la 13e. — Pétion persuade Cangé et ses officiers en faveur de l'autorité supérieure de Dessalines. — Il retourne auprès du général en chef. — Sa conduite à l'Arcahaie envers Larose. — Il trace les fortifications de Marchand. — Position respective des Français et des indigènes insurgés, à la fin de décembre 1802.

Jusqu'ici, nous avons relaté bien des crimes commis depuis l'arrivée de l'expédition française à Saint-Domingue ; mais notre plume est-elle assez exercée, assez puissante, pour retracer ceux qui eurent encore lieu *sous le règne de la barbarie, de la cruauté, de la férocité*, qui s'inaugura par l'avènement de Rochambeau au gouvernement de cette colonie ?[1]

[1] « Les sauvages sont *barbares* quand ils ne laissent la vie *à aucun de leurs*

Dans les deux époques précédentes, nous avons *flétri* ceux que nous nous sommes cru en droit de reprocher aux fureurs injustes de Toussaint Louverture ; mais de quel terme nous servirons-nous pour vouer à l'exécration de la postérité les faits imputables à Rochambeau, sorti d'un pays civilisé dont les mœurs sont si douces, dont les instincts sont si généreux ? Impuissant à trouver le terme le plus convenable, nous nous efforcerons de les *stigmatiser*, pour imprimer à sa mémoire la honte qu'il encourut par la noirceur de son âme.

Et qu'on ne croie pas que le sentiment national nous égare dans la sévérité de notre langage ; car nous aurons à produire des actions abominables de cet homme, même au détriment de ses propres compatriotes. Sa conduite fut telle, qu'elle fit naître l'idée d'une conjuration parmi des généraux français dont le but était de l'arrêter et de le déporter en France [1].

Toutefois, rendons justice à ses talens militaires, à son activité, son courage, sa bravoure, son énergie. Dans les circonstances où il prit les rênes du gouvernement colonial, il fit preuve de toutes ces qualités pour répondre à ce qu'elles exigeaient de lui ; il continua de les montrer jusqu'à la fin, mais aussi il montra tous les vices qui les ternissaient.

Il se rendit au Cap le 17 novembre. Le 19, de nouvelles

« *prisonniers*; — *cruels*, quand ils leur font endurer *des tourmens horribles*; « — *féroces*, quand ils *dansent* autour de leurs bûchers. » Dict. des synonymes, par M. Guizot.

Rochambeau agit comme les sauvages : on verra ce qu'il fit à Saint-Domingue, dans la plénitude de sa puissance.

[1] Dans mon entretien avec le digne maréchal Clauzel, à Maisons-Laffitte, il me parla de cette conjuration dont il était le chef, et le général Thouvenot le complice.

troupes y arrivèrent de France. Ces renforts, si impatiemment attendus par Leclerc, portèrent son successeur à réorganiser les demi-brigades mutilées dans les combats, ou décimées par la fièvre jaune qui perdait depuis peu de son intensité; il les fondit les unes dans les autres. Il choisit pour commandant de sa garde d'honneur le colonel Neterwood qui avait été le premier aide de camp de Leclerc : c'était un Suédois au service de la France.[1] Le colonel Sabès, ancien aide de camp de Boudet, remplaça dans le commandement de la place du Cap, le général Claparède qui passa à celui des troupes destinées à agir hors de cette ville. Le général Watrin étant mort de la fièvre jaune, le 22 novembre, quinze jours après son arrivée au Port-au-Prince, le général Brunet quitta le Môle à la mi-décembre pour s'y rendre et le remplacer dans le commandement des départemens de l'Ouest et du Sud.

Rochambeau étendit sur tous les points l'organisation des compagnies franches créées au Cap par le préfet Daure : il se donna ainsi une force nouvelle composée de noirs et de mulâtres. Ceux-ci ne voyaient pas encore, parmi *les brigands,* une direction unique capable de leur inspirer le désir de se faire eux-mêmes *brigands;* beaucoup d'entre eux le firent plus tard, quand ils virent des hommes tels que Pétion et Geffrard seconder Dessalines dont l'autorité était si redoutée, en souvenir de sa conduite sous T. Louverture.

Ces mesures de réorganisation portèrent Rochambeau à annoncer à l'armée que son devoir était de reconquérir les divers points qui avaient été abandonnés dans le Nord, l'Artibonite et l'Ouest, car le Sud était encore intact.

---

[1] Le chef de brigade Abbé, qui avait commandé celle de Leclerc, venait de partir pour France, envoyé en mission par Daure.

Successivement et jusqu'en avril 1803, de nouvelles troupes arrivèrent de France et renforcèrent cette armée de 12 mille hommes depuis la mort de Leclerc, car la rupture de la paix d'Amiens, au mois de mai, ne permit plus à la France d'en envoyer.[1]

Des officiers de tous grades, des fonctionnaires publics, étaient déjà retournés en France avec la permission de Leclerc; en conséquence de l'état des choses, Rochambeau décida que les militaires réellement invalides auraient seuls cette faculté.

Il fallait pourvoir à la subsistance de la garnison et des habitans du Cap : le droit établi de tout temps, et encore sous T. Louverture, sur les bêtes à cornes qu'on introduisait de la partie espagnole dans l'ancienne colonie française, avait été maintenu jusque-là ; Daure venait de le supprimer. Mais afin de faire de Monte-Christ, voisin du Cap, l'entrepôt de cet approvisionnement, le capitaine-général plaça ce bourg et tout son territoire dans le département du Nord. Par les soins du général Pamphile de Lacroix, le Cap reçut beaucoup de ces bestiaux.

Comme nous l'avons déjà dit, l'état des finances était déplorable. Excepté le Sud, les autres départemens étant en insurrection, fort peu de denrées entraient dans leurs villes : de là peu d'exportations, et avec cela le pillage organisé dans les douanes. Des mesures administratives furent prises, dans le but principal de diminuer ces fraudes et la contrebande. Un nommé Deneyre, administrateur à Jérémie, fut sans doute moins adroit que d'autres: pris en flagrant délit, il fut arrêté par ordre de Rocham-

---

[1] Pamphile de Lacroix a donné un état général des troupes venues sous Leclerc, s'élevant à 35,131 hommes. Nous avons vu un autre état portant ce chiffre à 47,286 en tout, sous les deux gouvernemens.

beau, mis en prison aux Cayes et jugé. Non-seulement le capitaine-général ne put arrêter ce désordre financier, mais il finit lui-même par s'y livrer tout à son aise, et pour favoriser ses concubines [1].

Leclerc n'avait permis l'exportation, par navires étrangers, que de certaines denrées, telles que sirop, mélasses, rhum, etc., comme dans l'ancien régime. Ces navires étaient forcés d'enlever le numéraire pour compléter leur retour, dans un moment où l'on en avait le plus grand besoin, et où l'insurrection entravait la production des choses exportables. Rochambeau fut amené à leur accorder les mêmes facultés qu'aux navires français qui exportaient tout ce qui était à leur convenance.

S'il prenait des mesures qui durent paraître vigoureuses aux yeux du gouvernement consulaire, ce gouvernement en prenait aussi en France, qui devaient réagir sur son esprit violent.

Aux officiers de l'armée coloniale déjà déportés, Leclerc avait joint le général Martial Besse, embarqué sur *la Comète*, et de nombreux noirs et mulâtres qui arrivèrent à Brest, presque en même temps que Richepanse y envoya Magloire Pélage, et beaucoup d'autres de la Guadeloupe. Il y avait encombrement dans ce port, de ces infortunés éloignés de leur pays respectifs; et des lettres de Leclerc, de la fin d'août, en annonçaient encore 1500 à 2000, *qu'il se proposait* de déporter, tandis qu'on en attendait autant de la Guadeloupe.

Il est juste de dire que parmi ces déportés à Brest, se trouvaient des prêtres de Saint-Domingue et d'autres

---

[1] Madame Valabrègue, Madame et Mademoiselle Lartigue, et d'autres encore, passaient pour telles.

blancs qui avaient paru trop inféodés à T. Louverture, tels que Noblet, Figeac, Bernard, Barada, etc. : là se trouvaient aussi Bernard Borgella, Collet, Gaston Nogérée, Viart ; ils étaient tous en détention, comme les noirs et les mulâtres. Leclerc désigna Bernard Borgella comme « un vil adulateur de T. Louverture, et un traître à son « pays. » Des colons du Port-au-Prince envoyèrent une adresse qui le peignait au contraire comme « un bon et « excellent citoyen, qui avait sauvé les blancs par sa con- « descendance envers lui. »

Dans cet état de choses, le conseiller d'Etat Joseph Cafarelli, préfet maritime, appela l'attention du ministre de la marine sur tous les déportés, en les classant par catégories, selon les lettres d'envoi.

Le 19 vendémiaire, an XI (11 octobre), un arrêté consulaire prescrivit d'envoyer la plupart des noirs et mulâtres désignés comme *brigands, aux bagnes* des îles de Corse et d'Elbe, pour y être employés *aux travaux publics*. En 1803, il y fut créé des compagnies attachées *au génie*, où les officiers des deux couleurs, *presque brigands*, furent employés : ce fut surtout à Ajaccio et à Porto-Ferrajo[1].

Si ces rigueurs étaient *provoquées*, il faut le dire, par les généraux Leclerc et Richepanse, et par cette qualifi-

---

[1] C'est pour s'être trouvés dans ces deux îles que plusieurs d'entre eux purent ensuite s'évader sur des navires américains et se rendre à Haïti : de ce nombre furent Dupuche, Quayé Larivière, Chancy, Brunache, Borno Déléard, Papilleau, Bellegarde, Dupont, etc.

Dupuche fut signalé comme « ayant des moyens, *grand ami de Pétion*, qui « est le chef et l'âme de la dernière insurrection ; mais, c'est un *scélérat*. »— Dupont, « grand partisan de la liberté des noirs. » — Quayé Larivière, « a des « moyens, mais il est dangereux. »

Tous ces hommes s'honoraient d'être *citoyens français* ; mais ils avaient pris *la liberté* au sérieux.

cation de *brigands*, on doit rendre justice d'un autre côté aux sentimens d'humanité que montrèrent plusieurs fonctionnaires dans la métropole.

En parlant au ministre de la marine, de treize négresses et de quatre de leurs enfans, le préfet Joseph Cafarelli lui disait : « Ces gens sont sans vêtemens, sans res-« sources, et vraiment leur sort fait pitié. » De B. Borgella, il disait : « C'est un vieillard infirme, accablé de « chagrins, dont l'âge et la situation excitent la pitié et « l'intérêt. » On reconnaît ensuite qu'il se faisait *un plaisir* de transmettre au ministre, des mémoires adressés par ce vieillard, par Collet, Martial Besse, Magloire Pélage, dans lesquels ils exposaient leur conduite.

Le brave général Devaux, arrivé alors avec deux vaisseaux sur lesquels se trouvaient *des noirs*, attesta chaleureusement que ces hommes avaient été ramassés dans les rues et sur les quais du Cap, pour compléter les équipages de ces vaisseaux, qu'ils n'avaient commis *aucun crime* ; il réclama qu'ils fussent traités avec humanité : parmi eux étaient plusieurs, âgés de seize ans au plus.

Le ministre Decrès lui-même, dans un rapport aux consuls, du 23 vendémiaire (15 octobre), leur disait : « que la plupart des déportés étaient sans vêtemens, sans « ressources, qu'il était *nécessaire* de leur en donner vu « l'approche de l'hiver. »

A Porto-Ferrajo, dans l'île d'Elbe, le commissaire général Briot, écrivait à ce ministre, le 10 thermidor, an XI (29 juillet 1803), un rapport en faveur d'Annecy, ex-député au Conseil des Anciens, qui était *aux bagnes, les fers aux pieds*. Ce noir, si recommandable, avait subi au Cap les persécutions de T. Louverture, et Leclerc l'avait déporté comme *brigand;* il avait pour compagnon d'infortune, le chef d'escadron Desruisseaux, ancien commandant de place à la Croix-des-Bouquets. Briot les recommanda au ministre, et il ajouta « que *tous* « *les noirs* détenus à Porto-Ferrajo faisaient preuve d'une « patience, d'une douceur *dignes d'intérêt.* »

L'historien éprouve une grande satisfaction, son cœur est soulagé, en relatant de tels faits : ils honorent leurs auteurs !

Mais retournons auprès de Rochambeau. Voyons ce qu'il faisait au Cap.

Un arrêté consulaire lui parvint à cette époque : il le fit publier avec pompe. Cet acte portait la date du 30 vendémiaire, an XI (22 octobre) ; en voici le dispositif :

Art. 1er. Tout *grade*, *titre*, *appointement*, qui n'a pas été *donné ou reconnu* par le gouvernement, *est nul* et ne peut motiver aucun règlement de compte.

2. La colonie de Saint-Domingue s'étant mise *en rébellion* contre la métropole, depuis le 30 vendémiaire an VII (21 octobre 1798), lors de la retraite forcée du général Hédouville de cette colonie [1], *aucun individu* qui a été employé *ne peut*, depuis cette époque jusqu'au jour où il a été rétabli dans ses fonctions par le général Leclerc, *compter ses grades, emplois ou services dans la colonie*, soit pour traitement d'activité, soit pour retraite ou pension de retraite.

3. (Cet article concernait la Guadeloupe : cette île fut aussi considérée comme s'étant mise en rébellion contre la métropole, le 29 vendémiaire an X (21 octobre 1801), par le renvoi du capitaine-général Lacrosse).

[1] On se rappelle que le rapport du général Cafarelli, sur ses entretiens avec T. Louverture, est du 24 septembre, et qu'il a dit avoir lu *l'original* de la convention prise entre ce dernier et Maitland, à la Pointe-Bourgeoise, peu avant l'expulsion d'Hédouville. C'est donc à raison de ces faits qu'il était *en rebellion.*

4. *Aucun individu* breveté par le gouvernement, *étant resté* soit à Saint-Domingue, soit à la Guadeloupe, pendant les deux époques indiquées aux articles 2 et 3, *ne peut prétendre* à des décomptes *pour services antérieurs* aux époques fixées aux articles précédens, *s'il n'est muni d'un certificat* des généraux en chef, *qui atteste sa fidélité à la métropole lors du débarquement de l'armée* dans les deux colonies respectives.

Cet arrêté avait le singulier mérite d'avoir été rendu le jour anniversaire de la fuite, et du général Hédouville et du capitaine-général Lacrosse, dans les deux colonies. Il était en parfait accord avec celui par lequel Leclerc avait annulé tous les grades conférés par T. Louverture pendant sa lutte de trois mois; mais, rendu par le gouvernement consulaire, il devait être encore plus étendu.

En considérant Saint-Domingue *en rébellion* depuis le congé donné à Hédouville, cet arrêté rendait victimes de ce fait, commis par T. Louverture, tous les militaires, tous les fonctionnaires civils employés dans la colonie, comme s'ils pouvaient et devaient en être responsables; il avertissait d'ailleurs admirablement, qu'on ne devait avoir *aucune foi* dans les paroles et les promesses du gouvernement et de ses agens ; car, ce gouvernement avait maintenu T. Louverture en fonction, *approuvé ses actes*, *secondé* ses moyens d'action contre Rigaud, pendant leur guerre civile, et tout récemment encore il venait *de louer* T. Louverture, à propos de cette guerre, par la lettre à lui adressée. Et maintenant, il revenait sur tout ce passé, il donnait un effet rétroactif à sa mesure[1] !

Que cette mesure eût été dirigée contre *les noirs et les*

---

[1] Dès le 24 mai 1801, Forfait, ministre de la marine et des colonies, écrivit

mulâtres, cela eût paru tout naturel ; mais elle l'était aussi contre *les blancs* qui avaient servi sous T. Louverture depuis quatre ans, et qui, le voyant dans les bonnes grâces (apparentes) du gouvernement de la métropole, s'imaginaient qu'ils servaient aussi les vues de ce gouvernement. En cela, l'arrêté avait un caractère *d'impartialité* dont il faut lui tenir compte ; mais, il faut le dire, ce n'est pas *la vraie politique* qui l'avait dicté, c'est *l'injustice*. Et comme, au 22 octobre, le général Cafarelli venait de faire son rapport sur ses entretiens avec le malheureux prisonnier du fort de Joux, on peut juger, par cet acte que nous venons d'analyser, s'il était possible que son sort s'adoucît.

Un autre arrêté du même gouvernement avait précédé celui-là : daté du 6 septembre, il était tout favorable à la restauration des colons sur leurs biens. Un *sursis* de cinq années leur fut accordé, contre toutes poursuites en paiement des dettes énormes qu'ils avaient contractées envers le commerce national ; il fut fixé jusqu'au 1er vendémiaire an XVI (24 septembre 1807). Sage et conciliant dans ses motifs, il n'avait que le tort de compter sans les éventualités du temps. Rochambeau s'empressa de le publier aussi pour fortifier l'espoir des colons présens à Saint-Domingue, faire naître celui des absens et les attirer dans la colonie.

Éprouvant lui-même l'espoir d'y assurer la domination de la France, par l'arrivée des troupes au Cap deux jours

---

de sa propre main, au bas du rapport fait sur une demande que présenta Pétion, alors à Paris, pour obtenir la confirmation de son grade d'adjudant-général, conféré par Southonax en 1797 : « *L'intention du Premier Consul est de ne confirmer aucun de ces grades.* » L'arrêté du 22 octobre 1802 était donc conçu depuis longtemps ! Il n'est pas étonnant alors que Chaudry ait conçu lui-même l'idée d'envoyer Pétion à Madagascar.

après lui, le capitaine-général résolut d'ouvrir la campagne pour reprendre les points occupés par les indigènes sur le littoral.

Les généraux Clauzel et Lavalette partirent du Cap avec plusieurs bataillons d'infanterie et un d'artillerie sur un vaisseau, deux frégates et une corvette. Le 1ᵉʳ décembre, cette flotille pénétra dans la baie du Fort-Liberté. Toussaint Brave n'y avait qu'un bataillon de la 1ʳᵉ demi-brigade et des cultivateurs armés; il fit toute la résistance possible, mais il dut céder aux forces supérieures qui l'attaquèrent, aidées de la canonnade des navires de guerre : en se retirant, les indigènes mirent le feu aux maisons jusque-là préservées de l'incendie.

On conçoit que Rochambeau dut s'empresser d'annoncer ce succès de son gouvernement. Sa proclamation à ce sujet parla avec emphase de la puissance de la France (ce qui était fondé) et de son intention de renforcer l'armée expéditionnaire par de nouveaux envois de troupes. Mais, un mois après, les bruits de rupture de la paix avec la Grande-Bretagne parvinrent au Cap; ils refroidirent cet enthousiasme, — la guerre avec ce colosse maritime devant, sinon supprimer toute autre expédition, du moins entraver considérablement les bonnes dispositions du gouvernement à cet égard.

C'est immédiatement après la prise du Fort-Liberté que le capitaine-général résolut de faire remplir une mission à la Jamaïque et à la Havane, par le général Noailles (Louis-Marie de) : elle avait un double but. Rochambeau voulait d'abord se procurer *de l'argent* à quelque prix que ce fût. A la Jamaïque, Noailles devait négocier un énorme emprunt *de plusieurs millions*, au moyen de lettres de change sur la France : elles furent données en blanc par l'ordonnateur en chef et visées par le capitaine-général. Le négociateur contracta effectivement avec un négociant de cette île, lui délivra ces lettres de change comme si l'argent avait été reçu intégralement, tandis que les versemens ne devaient commencer qu'au mois de juillet 1803 ; la prime accordée s'élevait à 12 pour cent. Il est facile de concevoir qu'un ordonnateur aussi intègre que l'était Daure eut la main forcée par Rochambeau pour une telle affaire. Cet emprunt parut si étrange au Premier Consul, bon administrateur des deniers publics, qu'il ordonna de refuser le paiement de ces lettres de change [1].

Le second objet de la mission de Noailles était de se rendre à la Havane, pour y réclamer une somme de 400 mille piastres qui y était déposée, provenant d'un prêt fait peu auparavant par le Vice-Roi du Mexique au général Leclerc, qui lui avait envoyé à cet effet un fonctionnaire, lequel mourut à la Havane. Mais, en même temps, Noailles était chargé d'y acheter *des chevaux* pour la cavalerie, et *des chiens* destinés à faire la chasse aux indigènes en insurrection, qui tendaient de fréquentes embuscades aux Français.

Le fils d'un maréchal de France conçut l'idée de se mettre en rapport avec *des éleveurs de chiens*, par l'intermédiaire d'un noble descendant des Noailles ! Et ce Noailles oublia ainsi son origine, celle de son illustre famille, datant déjà de plus de trois cents ans; il consentit à aller débattre avec de tels êtres le prix de ces animaux

---

[1] Voyez le mémorial de Sainte-Hélène, au 21 septembre 1815. L'empereur Napoléon a victorieusement démontré les raisons qu'eut le Premier Consul pour agir ainsi. Il s'agissait de 60 millions de francs.

qu'il accompagna lui-même à Saint-Domingue, pour traquer des hommes qui défendaient leur liberté naturelle! Quelle dégradation! quelle ignominie!... Renouveler au 19e siècle le spectacle des cruautés commises dans le 16e par les conquérans espagnols, sur les infortunés aborigènes de l'île d'Haïti!...

Noailles toucha la somme déposée à la Havane; mais *il prouva* qu'il avait dépensé *près d'un million de francs*, tant pour ses dépenses personnelles dans le cours de ce voyage, que pour l'achat de 106 chevaux et de quelques centaines de chiens.[1] Rochambeau lui avait recommandé de choisir ces chiens *parmi ceux de la race la plus favorable pour faire la guerre aux nègres*. Il n'est donc pas étonnant qu'ils aient été payés *si cher*: ils étaient destinés à rendre tant de services!

Cette honteuse affaire, ce marché inhumain prouve combien les hommes tiennent à leurs antécédens, à leurs anciennes opinions. On se rappelle la lettre de Rochambeau, que nous avons produite dans notre 3e livre (page 218 et 219), où il disait au ministre de la marine, en 1796: « Je ne crains pas *de prédire*, qu'après avoir donné la « liberté *aux noirs*, on sera obligé de leur faire la guerre « pour les rendre un jour à la culture. » Ce jour étant arrivé, se trouvant le chef de la colonie, il mettait à exécution ses idées antérieures. Dans cette même lettre, il accusait aussi ceux qu'il appelait *les dilapidateurs*, — « de vouloir

---

[1] « Dans sa rage insensée, il fit venir de Cuba, *à grands frais*, une multitude de dogues; ils furent amenés par un Français, nommé Noailles, d'une illustre famille... » — Manifeste de H. Christophe, en 1814.

Noailles, devenu négociant, envoya au Cap une cargaison de cette marchandise en février 1803, et apporta le reste au Port-au-Prince, dans le mois de mai. C'est le 6 février qu'il signa, à la Havane, le marché qu'il conclut avec les éleveurs de ces chiens: la somme *dépensée* s'éleva à 927,000 francs.

« *dégoûter les officiers blancs* venus d'Europe, *afin de « travailler plus sûrement le pays en finances;* » et maintenant, il faisait lui-même ce qu'il leur reprochait.

Aussi, le général Desbureaux, qui se montra si humain, si honnête homme aux Cayes, *dégoûté* de ce qu'il voyait, demanda-t-il à partir pour la France : il agit comme le général Devaux, qui ne put supporter au Port-au-Prince ce qui se passait sous ses yeux.

Aussi, a-t-on prétendu que l'intègre préfet Daure, ordonnateur en même temps, écrivit à son tour au ministre de la marine, pour lui *prédire la perte* de Saint-Domingue.

Mais les colons pensèrent autrement que ces hommes honorables : aussitôt la prise du Fort-Liberté, ils écrivirent à ceux de Paris, pour les porter à obtenir du Premier Consul de maintenir Rochambeau. Voici un extrait de leur adresse, trouvée en 1804, dans les minutes du notaire Cyr-Prévost, au Port-au-Prince :

Messieurs et chers concitoyens,

Lorsque la France, comblant enfin *nos vœux les plus chers*, envoya à Saint-Domingue ses vaisseaux et ses soldats, pour reconquérir cette infortunée colonie, elle était loin de croire qu'il fût possible que le succès le plus éclatant ne couronnât pas cette entreprise. Vous aurez cependant appris dans quel excès de calamités et de désolation nous nous sommes encore vus successivement entraînés. Notre position a été telle, que nous avons pu craindre l'évacuation et un nouvel abandon de la part de la France.

C'est dans ces circonstances affreuses que la mort du capitaine-général Leclerc a mis les rênes du gouvernement de Saint-Domingue entre les mains du général Rochambeau.

Dès ce moment, *la confiance renaît, les colons se regardent comme sauvés*. Il semble que chacun d'eux vient de renouer un nouveau pacte dans son cœur avec la mère-patrie. Saint-Marc, place importante de l'Ouest, qui allait être évacuée, non-seulement se raffermit, mais même encore, sur les ordres subits du général Rochambeau, envoie des secours en hommes au Port-au-Prince, dont tous les environs étaient infestés *de brigands*. Le Sud éprouve les mêmes impulsions, et les plans des malveillans y sont déconcertés. Le général en chef ne tarde pas à se rendre au Cap; à peine il y paraît... l'armée prend une attitude plus militaire, la garde nationale se multiplie et trouve de nouvelles forces. Le Fort-Dauphin est repris; *le nom seul de Rochambeau fait trembler les brigands;* partout ils abandonnent leurs postes, et ils laissent enfin respirer la partie du Nord. Alors *la colonie entière* a reconnu, dans le général Rochambeau, l'homme qui a défendu la Martinique contre les Anglais, l'homme qui fut embarqué par Sonthonax et ses adhérens, *à cause de ses vues favorables au système indispensable* à Saint-Domingue; l'homme, enfin, qui, *depuis son arrivée* avec cette dernière expédition, *n'a cessé d'émettre les opinions les plus saines et les plus conséquentes*; tous les colons s'écrient donc d'une voix unanime : « *Rochambeau est le chef qu'il faut* « *à Saint-Domingue, et que réclame la chose publique......* » Un chef éloigné *par ses principes et sa moralité*, de ces *vaines abstractions* d'une fausse philosophie, *inapplicables* dans un pays dont le sol ne peut être fécondé que *par des Africains*, *qu'une discipline sévère doit comprimer....* Obtenez, Messieurs et chers concitoyens, du Premier Consul Bonaparte *ce que nous désirons avec tant d'ardeur*, et nous osons vous promettre que Saint-Domingue *renaîtra de ses cendres*, et versera encore, dans le sein de la métropole, des produits qui augmenteront son commerce, et seront pour elle une nouvelle source d'abondance et de prospérité.

Après avoir dit ce que fit ce nouveau chef de la colonie, de la mi-novembre à la fin de décembre, voyons ce que firent les indigènes en divers lieux :

Quand Pétion, Clervaux et Christophe abandonnèrent le Haut-du-Cap, le 8 novembre, leurs munitions étaient épuisées. En vain Pétion en avait fait demander à Sans-Souci qui possédait quelques milliers de poudre, et qui se tenait vers la Grande-Rivière sans prendre part à leur lutte autour du Cap. Pétion s'était vu contraint d'aller en personne au Fort-Liberté pour en demander à Toussaint Brave, qui l'accueillit et lui en donna un millier de livres. Ces difficultés incessantes et toujours à prévoir avec Sans-Souci, Petit-Noël et les autres chefs de Congos, le décidèrent à quitter le Nord pour se réunir à Dessalines. Néanmoins, afin de témoigner d'une manière toute particulière à Petit-Noël, sa satisfaction personnelle de ce qu'il avait cédé à ses avis, à D'Héricourt, il lui fit cadeau de l'obusier et des deux pièces de 4 qu'il avait pris au Haut-du-Cap dans la nuit du 13 octobre. Ce don lui concilia tous ces hommes que l'ignorance égarait.

Il dut encore user de son esprit conciliant pour arrêter la fureur de ces Congos. Au moment de se séparer de Clervaux et de Christophe, vers la Grande-Rivière, il vit arriver Sans-Souci avec ses nombreuses bandes. Cet homme voulut contraindre ces trois chefs et leurs troupes à le reconnaître pour *général en chef*. Faire un refus catégorique, c'eût été commencer le combat. Clervaux et Christophe n'étaient pas éloignés de cette résolution; mais, plus sage et plus adroit qu'eux, Pétion feignit de se soumettre à l'autorité de Sans-Souci, en lui montrant une figure sereine, et ne paraissant pas s'émouvoir nullement de cette ridicule prétention : c'était le seul moyen d'empêcher ce qui eût été un malheur déplorable; et par-là, il sembla stipuler pour ses deux camarades. Dans l'excès de son orgueil et de sa vanité, Sans-Souci, jouant tout de bon le rôle qu'il s'était donné, proclama Pétion *général de brigade*, croyant le gagner mieux aux intérêts de son ambition, et avec lui tout le corps de la 13e. Mais, en même temps, il déclara qu'il voulait *la tête* de Christophe qui, prétendait-il, était encore dévoué aux Français; et il ordonna à ses bandes d'envelopper les 1re,

2ᵉ et 5ᵉ demi-brigades, très-affaiblies par la guerre et les désertions : ces corps étaient placés sous les ordres directs de Christophe, et c'était avec eux qu'il avait traqué Sans-Souci avant sa défection. Ce barbare voulait immoler tous ces soldats et leurs officiers, comme leur général.

Pétion intervint encore pour le calmer. Avec ce ton qui persuadait toujours, il lui fit sentir que si, de part et d'autre, les indigènes n'oubliaient pas leurs luttes antérieures pour se rapprocher les uns des autres et combattre *les blancs*, ce serait assurer le triomphe de ces derniers ; il se donna en exemple, en rappelant qu'il avait été du parti de Rigaud, qu'il avait combattu alors contre Christophe et Clervaux ; mais que maintenant il se réunissait à eux pour résister aux blancs et assurer la liberté de tous ses frères. Ces paroles sensées, prononcées bien entendu *en créole* pour être comprises par Sans-Souci, Africain comme la plupart des siens, réussirent à le calmer. On prétend qu'il dit ensuite à Pétion, dans son langage semi-barbare : « Vous regretterez un jour de m'avoir empêché « de tuer Christophe. »

Nous ne savons pas s'il faut ajouter foi à une telle prédiction, qui aurait été un remarquable pressentiment de la part de Sans-Souci ; mais, quoi qu'ait fait Christophe par la suite, ce ne pouvait être pour Pétion une cause *de regrets*. Lorsqu'un homme fait ce qui est *actuellement juste*, il n'en éprouve, il ne doit jamais en éprouver, puisqu'il a rempli *son devoir* : à chacun la responsabilité de ses actes devant l'histoire et la postérité.

Certes, Pétion n'ignorait pas les antécédens de Christophe, notamment au siège de Jacmel ; mais en 1802, il s'agissait d'un oubli général du passé de tous pour triompher de leurs puissans ennemis, et ce n'est pas un esprit aussi supérieur, un cœur aussi généreux, qui pouvait se rappeler les faits antérieurs pour agir contrairement au bien public. Même en 1815, quand il rappela à Christophe, dans sa lettre au général Prévot, qu'il l'avait soustrait *à la potence* en réveillant sa méfiance contre les Français, on ne trouve pas un mot *de regret;* il se borna à lui démontrer l'absurdité de sa fatuité et de ses ridicules prétentions *royales.*

Nous aimons d'ailleurs à voir Pétion intervenir si loyalement pour désarmer la haine de Sans-Souci ; car c'est à l'incendie du Cap ordonné par Christophe qu'il faut attribuer le salut des officiers que portait la frégate *la Vertu:* sans cet événement, ils eussent tous péri à Madagascar. Les paroles prononcées par Pétion à la vue de ce saisissant spectacle, prouvent qu'il reconnaissait l'immense service que leur rendait Christophe. A une autre époque, d'autres faits seront produits de la part de ces deux hommes, qui prouveront que l'accomplissement *d'un devoir actuel* est toujours une chose profitable au bien public.

Cependant, Christophe qui était aussi courageux qu'énergique et qui savait se faire respecter, se sentant supérieur à Sans-Souci, et par son rang et par son intelligence, violent d'ailleurs, ne put supporter davantage l'arrogance de cet Africain : brandissant son sabre, il s'avança sur lui en l'interpellant de déclarer s'il ne le reconnaissait pas comme *général*, au-dessus de lui. Christophe avait un port majestueux, une belle stature ; c'était l'un des plus beaux officiers de l'armée coloniale ; à ces avantages physiques, il réunissait des manières aisées et ce ton du commandement qui a toujours distingué les officiers du Nord. Par cette sortie vigoureuse, il interdit

Sans-Souci : subjugué par l'ascendant d'un homme civilisé et d'un ancien supérieur, l'Africain lui dit : « *Général*, « que voulez-vous faire ? — Tu m'appelles *général*, tu « me reconnais donc pour ton chef, car tu ne l'es pas toi-« même. » Sans-Souci n'osa pas répliquer, malgré la présence de ses bandes ; car il craignit, non sans raison, que Pétion, Clervaux et leurs troupes soutiendraient *l'autorité* dans la personne de Christophe : le barbare fut vaincu.

En ce moment, le colonel J.-P. Daut engagea Pétion à quitter une fois le Nord pour se rendre dans l'Ouest, leur lieu natal. « Laissons, lui dit-il, *les gens du Nord* s'arran-« ger entre eux ; allons *dans notre pays* pour y combattre « les blancs. » Il ordonna aussitôt à la 10e de défiler. Passant par la Ravine-à-Couleuvre, il se rendit auprès de Dessalines qui l'accueillit et dont il reconnut l'autorité supérieure.

Quant à Pétion, qui n'avait pas cet esprit *de localité*, il ne voulut pas partir sans avoir préalablement obtenu de Sans-Souci, la promesse formelle de ne plus chercher querelle *au général* Christophe, en lui représentant d'ailleurs tout le mal qui résulterait de ces divisions dangereuses. Il lui inspira tant d'estime et de confiance, que Sans-Souci lui fit de vives instances pour rester encore dans le Nord ; mais Pétion lui déclara qu'il fallait de toute nécessité qu'il joignît le général Dessalines.

Ne fut-ce pas un triomphe bien honorable pour cet homme, si célèbre dans nos fastes, d'avoir su commander le respect, l'estime et la confiance de tous ces anciens ennemis contre lesquels il avait lutté sous les ordres de Rigaud ? Par son ascendant, il domina, il entraîna Clervaux et Christophe, deux généraux de T. Louverture, en les convainquant de la nécessité de reconnaître l'autorité suprême de Dessalines ; il persuada Petit-Noël, il agit non moins efficacement sur l'esprit de Sans-Souci et de tous leurs officiers secondaires, parmi lesquels était Yayou, qui devait un jour subir lui-même l'influence de ce caractère supérieur. Bientôt on le verra encore dans l'Ouest, entraîner les convictions et inspirer Geffrard pour aller les réunir dans le Sud.

Après s'être séparé en paix de ses compagnons d'armes et des Congos, Pétion se rendit avec la 13e à la Petite-Rivière, où il trouva Dessalines : on était dans les derniers jours de novembre. Dessalines, on le comprend, lui fit l'accueil le plus cordial : ils se racontèrent mutuellement les événemens qui avaient eu lieu depuis leur dernière entrevue ; et Pétion ne négligea pas de lui exposer le péril qui existait dans les prétentions des premiers insurgés du Nord. J.-P. Daut lui avait déjà dit ce qui s'était passé en sa présence.

Reconnaissant en Dessalines, *le général en chef des indigènes* armés pour assurer la liberté de tous, Pétion fut promu par lui au grade de *général de brigade*, dû bien légitimement aux services qu'il venait de rendre. L'acte de Sans-Souci n'influa en rien sur cette promotion ; elle était la conséquence de ces services et de leur entente depuis l'entrevue de Plaisance.

Dès-lors, *la fusion* s'opéra entre les deux anciens partis politiques qui avaient ensanglanté Saint-Domingue, mais qui allaient désormais féconder ce sol d'un sang plus judicieusement versé. L'exemple tracé par Pétion dans le Nord et l'Artibonite, et bientôt après dans l'Ouest, ne pouvait qu'être imité dans le Sud, puisque Geffrard, Jean-Louis François, Coco Herne, Papalier, Francisque et tant d'autres officiers, et toute cette fameuse 13e demi-brigade, composée des débris des troupes de ce département, étaient présens à la Petite-Rivière.

Récompensant aussi les services de Gabart, cet autre brave qui mérita le surnom de *Vaillant,* Dessalines le promut au grade de *général de brigade,* le même jour que Pétion y fut élevé.

Pendant que ces choses se passaient dans le Nord et l'Artibonite, Capois réorganisait la 9e demi-brigade au Port-de-Paix. Chef reconnu de tous les insurgés de cette péninsule, il fit faire une tentative contre la ville du Môle, dont on ne put s'emparer. L'insuccès des insurgés porta le général Brunet à envoyer l'adjudant-général Grandseigne contre le bourg de Bombarde, afin de dégager les blancs de cette paroisse. Cet officier réussit, et il les achemina sur le Môle : assailli ensuite par une foule de cultivateurs, il fut contraint à y retourner lui-même avec ses troupes, dans le plus grand désordre.

De son côté, après avoir été chassé du Fort-Liberté, Toussaint Brave s'était placé dans la baie de Mancenille ; de-là, il lançait des barges armées contre les caboteurs qui apportaient du Cap des approvisionnemens à la garnison du Fort-Liberté. Rochambeau envoya une frégate avec des troupes, qui chassèrent les indigènes de ce point, et brûlèrent leurs barges. Revenu dans la plaine qui avoisine cette ville, Toussaint Brave fut encore attaqué par la garnison ; après un combat où il montra toute son intrépidité, il fut forcé d'abandonner la plaine et de se retirer vers les montagnes.

A l'Arcahaie, Larose faisait preuve d'une énergie remarquable. Persistant dans sa résolution de méconnaître l'autorité de Dessalines, il organisa ses troupes et fit des promotions, comme s'il était un général. C'était du reste une nécessité, car on ne fait pas la guerre convenablement avec des bandes indisciplinées. Le canton de Boucassin était encore occupé par les Français, sous les ordres d'un brave officier, nommé Poix, qui s'y était retiré quand Larose s'empara de l'Arcahaie. Celui-ci entreprit de l'en déloger : il y réussit, mais après avoir essuyé une vive résistance. Toutes ses mesures avaient été prises pour couper la retraite de Poix sur le Port-au-Prince : Poix se vit contraint de passer par les montagnes pour se rendre au bourg du Mirebalais, commandé par le vieux noir Paul Lafrance, qui avait sous ses ordres le chef d'escadron David-Troy, commandant de la gendarmerie.

De l'Artibonite, Dessalines envoyait des émissaires qui travaillaient l'esprit des soldats de Larose; les relations établies entre cette plaine et l'Arcahaie facilitaient ces manœuvres. Jean-Charles Courjolles, l'un des lieutenans de Larose, les secondait ; craignant de tomber victime de son zèle, il s'enfuit et se retira auprès du général en chef. Son exemple fut suivi par un officier de quelque influence, nommé Robert : ce fut assez pour déterminer des défections parmi les anciens soldats de l'armée coloniale, qui, ainsi qu'eux, devaient naturellement préférer le commandement supérieur de Dessalines à celui de Lamour Dérance, *ce nègre marron* qu'ils avaient toujours traqué sous ses ordres, du temps de T. Louverture.

Larose, égaré par l'orgueil et la rancune, ne put reconnaître sa fausse position. Afin de se donner un nouveau relief par les armes aux yeux de ses troupes, il les dirigea contre la plaine du Cul-de-Sac, d'abord en attaquant un poste français établi sur l'habitation Robert, située dans le canton des Varreux; il l'enleva. Mais aussitôt, il en fut chassé par le chef de brigade Gilbert Néraud, qui commandait la Croix-des-Bouquets. Revenant à la charge, Larose s'empara encore du poste établi sur l'habitation Sibert, destinée à une célébrité malheureuse : attaqué de nouveau par Néraud et Saint-James, il fut refoulé avec de grandes pertes dans la paroisse de l'Arcahaie. Ces revers firent tomber son prestige : d'autres de ses lieutenans, Auguste et Jean-Toussaint Labarre, allèrent se soumettre à Dessalines, et des soldats les suivirent. En vain Larose faisait bonne contenance contre la fortune du général en chef; son pouvoir d'opinion chancelait : peu après, Pétion vint y mettre un terme.

Les insurgés des autres quartiers de l'Ouest agissaient également dans les mois de novembre et de décembre.

Au pied du morne de la Coupe, sur l'habitation Frère, deux nouveaux chefs de bandes, Germain Frère et Caradeux, établirent un camp où vinrent se réfugier des cultivateurs de la plaine du Cul-de-Sac. Ils reliaient leurs opérations à celles d'Adam, dans le morne l'Hôpital. S'étant postés à la source Turgeau, qui fournit l'eau aux fontaines du Port-au-Prince, ils en détournèrent le cours : ce qui nécessita une sortie contre eux par la garnison et la garde nationale de cette ville; ils en furent chassés, et les Français y établirent à leur tour un poste pour assurer à la ville ce besoin de première nécessité.

Du côté de Léogane, Sanglaou, Beauséjour, Pierre Louis et Mathieu Fourmi se réunissaient de manière à resserrer les Français dans l'enceinte de cette ville. Cangé, ancien chef de bataillon dans les troupes du Sud, quitta les montagnes du Grand-Goave et vint se placer dans la plaine de Léogane, sur l'habitation Sarrebousse, dans le but de donner une direction à ces chefs de bandes qui obéissaient comme lui à Lamour Dérance. En sa qualité de militaire, il reconnut qu'il fallait organiser des troupes et les discipliner pour faire la guerre : ce à quoi ne songeaient pas les autres chefs de bandes qui, du reste, étaient placés sous l'influence des idées étroites de Lamour Dérance ; celui-ci espérait lui-même plus d'efficacité dans les fétiches dont se servaient ses sorciers africains.

Pendant une absence momentanée de Beauséjour, premier chef des insurgés de la plaine de Léogane, Cangé donna un grand repas où il prodigua le bœuf, le mouton, le porc rôtis, les vivres du pays, et surtout *le tafia* ; tous les insurgés y furent conviés, et les danses créoles et africaines vinrent ajouter aux plaisirs de la table.

Cangé avait son plan : il laissa son monde s'amuser et s'enivrer ; alors il fit sonner *le lambi* pour réunir autour de lui ces bandes déjà préparées à tout accepter de sa part. Se faisant orateur, il les harangua et leur dit : Que sans organisation militaire, sans tactique, elles feraient difficilement la guerre aux blancs. L'exemple des Français servait de terme de comparaison, et d'ailleurs, les insurgés étaient enchantés de leur hôte : ils applaudirent à ses judicieuses observations. Cangé nomma immédiatement Sanglaou et Mathieu Fourmi, colonels de deux demi-brigades qu'il forma, en leur laissant le choix des officiers : ce qui était aussi adroit que juste, car ces deux chefs de bandes devaient avoir leurs créatures à satisfaire. Il forma aussi un corps de cavalerie dont il confia le commandement à Pierre Louis. Des acclamations bruyantes couvrirent ces choix qui étaient agréables.

Mais ce n'était pas le seul but de Cangé ; ce mulâtre

avait espéré de la part de ses joyeux convives *un acte de convenance*, et ils ne le comprenaient pas. Le *lambi* se fit entendre de nouveau, on se réunit autour de l'organisateur : « Mais, dit-il, j'ai formé des régimens, j'ai nommé des colonels, que suis-je donc moi-même ? — *Vous êtes général*, répondit une voix dans la foule. — Eh bien ! criez donc : *Vive le général Cangé !* » Et les insurgés de crier selon ses désirs.

Chacun était satisfait, depuis le général jusqu'au dernier soldat ; mais Beauséjour avait été oublié : *les absens ont tort*. Dans son dépit, il prit la résolution de ne plus se mêler de rien et se confina dans les mornes. Peu de jours après cette scène militaire où Cangé joua si bien son rôle, Lamour Dérance vint dans la plaine de Léogane : il le confirma dans le grade qu'il s'était fait donner par les insurgés. Il paraît cependant que *ce général en chef* n'avait pas été bien satisfait de cette promotion faite en dehors de ses attributions ; mais Cangé était trop fin pour ne pas se faire pardonner cette licence : il se rendit nécessaire et devint le conseiller de Lamour Dérance [1]. En retournant du côté de Jacmel d'où il était venu, il ordonna à Cangé d'attaquer Léogane. Lamour Dérance voulait enlever Jacmel : le 10 décembre, il y donna un assaut, mais ses bandes, que dirigeaient Magloire Ambroise, Lacroix et Macaque, furent repoussées, malgré le courage qu'elles montrèrent dans cette affaire.

Cangé contraignit les Français à se renfermer dans la place de Léogane qu'il bloqua. Mais, au lieu de poursuivre

---

[1] Boisrond Tonnerre dit de Cangé : « Il est peu d'hommes qui se fussent tirés aussi heureusement d'une position aussi critique que l'était la sienne ; et il lui a fallu la politique la plus adroite pour ne donner aucune prise sur lui de la part d'un homme aussi soupçonneux que Lamour Dérance. »

cette entreprise, il laissa une partie de ses gens autour de cette place et se porta avec l'autre jusqu'au Pont-de-Miragoane, après avoir guerroyé dans les mornes du Petit-Goave contre Delpech, commandant de cette ville, qui voulait l'empêcher de passer. Il paraît qu'il avait le dessein d'insurger le département du Sud, où des crimes avaient été commis tout récemment ; mais, par sa faute, il fut battu au Pont par un détachement de troupes françaises et un autre de compagnies franches, composé de mulâtres et de noirs que commandait Pérou, noir ancien libre. Ces derniers étaient disposés à faire défection pour se joindre à lui : ils lui envoyèrent l'un d'eux qu'il fit sacrifier dans un moment d'ivresse ; ils se vengèrent en aidant les Français à l'assaillir. Cangé s'enfuit et ne s'arrêta que dans la plaine de Léogane.

Lorsque Rochambeau n'était que commandant en chef de l'Ouest et du Sud, ce dernier département souffrait déjà des crimes de Darbois et de Berger. Laplume, aux Cayes, — Néret, à Aquin, isolés du contact des hommes supérieurs qui agissaient dans l'Artibonite, subissant d'ailleurs la pression des colons et des officiers français, ne pouvaient que satisfaire à leurs vues de destruction des indigènes [1]. Peu avant que Cangé vînt au Pont-de-Miragoane, Laplume avait ordonné l'arrestation, au Petit-Trou des Baradères, de Lemoine, commandant de ce bourg, de Bardet, qui y commandait la gendarmerie, de Gérin et d'autres hommes de couleur, sous le prétexte

---

[1] Quoique Boisrond Tonnerre les ait accusés d'avoir trop suivi les inspirations de Rochambeau, il a atténué ces accusations en disant : « On sut, dans plusieurs occasions, faire de Laplume et de Néret les assassins de leurs compatriotes. »

qu'ils conspiraient. Lemoine, Bardet et les autres furent noyés à l'Anse-à-Veau : Gérin ne dut qu'à la protection de Segrettier qui s'y trouvait, d'avoir échappé à la mort ; il se sauva et se cacha dans les mornes.

Telle fut la récompense accordée à Bardet qui, au fort Bizoton, s'était rangé avec son bataillon de la 13e du côté des troupes du général Boudet. Ainsi il en eût été de Clervaux au Cap, ainsi il en fut de toute la 6e. On conçoit que l'avènement de Rochambeau au gouvernement colonial dut ranimer le zèle de ses sicaires dans le Sud, qu'il ne dut pas manquer d'y envoyer de nouveaux ordres sanguinaires, puisqu'au Cap même il fit noyer Maurepas, Bodin et les officiers et soldats de la 9e. Berger, commandant de la place des Cayes, avait rempli la prison de noirs et de mulâtres qu'on noyait successivement ou qu'on pendait.

Ces atrocités portèrent une cinquantaine d'indigènes, commandés par un noir nommé Joseph Darmagnac, à se révolter aux Cayes mêmes : ils s'emparèrent du quartier de l'Ilet où ils se retranchèrent. Cet effort ne pouvait réussir : ils furent tous faits prisonniers et périrent. Ce fut un motif pour Berger, si cruel, de supposer que la majeure partie des indigènes de la ville étaient de connivence avec ceux que le désespoir seul avait armés : les noyades, la potence vidèrent la prison, et des arrestations eurent lieu sur ceux qui ne s'y trouvaient pas : c'est alors que périt le brave Vendôme qui fut pendu.

Braquehais, natif des Cayes, s'y était rendu après la soumission de Christophe : il fut noyé dans ces circonstances. Mais les lettres énergiques qu'il écrivit pour ce général perpétueront sa mémoire, car les tyrans ne sauraient anéantir *la pensée* qui exprime des sentimens honorables. Les tyrans persécutent, proscrivent, immolent leurs victimes ; mais *l'esprit, les idées* de ces martyrs leur survivent ! [1]

A Saint-Louis, *vingt-deux* officiers noirs et mulâtres, parmi lesquels était Lefranc, cet ancien colonel sous Rigaud, avaient été embarqués sur la frégate *la Clorinde* mouillée dans la rade : ce navire était commandé par un digne Français nommé Lebozec. Berger y envoya un de ses infâmes exécuteurs, Kerpoisson, lieutenant de port aux Cayes, avec ordre « de prendre *les dix-neuf* prison-« niers qui doivent se trouver sur la frégate et de les « noyer. » Lebozec ne voyant pas portés les noms de ceux qu'il était tenu de livrer d'après cet ordre, oppose cette fin de non-recevoir à Kerpoisson : « J'ai reçu 22 pri-« sonniers et non pas 19 ; lesquels demandez-vous ? — « *Tous*, répond le bourreau, et surtout Lefranc. — Je « ne suis pas un bourreau ; je ne me joue pas de la vie de « mes semblables. Allez prendre de nouveaux ordres qui « m'indiquent les personnes qu'on demande, et je vous « les remettrai. Quant à Lefranc, il est ici par les ordres « du général Laplume, et je ne le remettrai qu'à son « ordre. » [2]

Kerpoisson s'empressa de retourner aux Cayes pour faire son rapport : un nouvel ordre lui fut donné pour prendre les 22 prisonniers, y compris Lefranc ; Laplume céda à ce que voulait Berger. Cette fois, Lebozec ne pouvait refuser, et ces hommes furent tous noyés.

La tentative infructueuse de Cangé au Pont-de-Miragoane avait porté Laplume et Néret à renforcer la garnison de ce bourg pour s'opposer à une nouvelle irruption des insurgés de l'Ouest dans le Sud. Un homme de

---

[1] Braquehais était aide de camp de Martial Besse en 1797.
[2] Mémoires de Boisrond Tonnerre.

couleur, du nom de Bellegarde Baudoin, commandant de la garde nationale du canton de Belle-Rivière, dans cette paroisse, reçut l'ordre de s'y transporter avec ses gens. Mais il les porta à se révolter et s'entendit à cet effet avec Gilbon, chef des insurgés de Baynet : réunissant leurs troupes, ils vinrent à Miragoane, s'en emparèrent, prirent des munitions et se retirèrent sans faire aucun mal à qui que ce soit. C'était une belle action dans un temps si fertile en cruautés, et d'autant plus méritoire, que Pierre Viallet, commandant de ce bourg, se montrait cruel envers ses frères noirs et mulâtres. Néret, apprenant ce fait, employa tous ses soins pour gagner Bellegarde Baudoin à la cause française ; celui-ci fut assez faible pour s'y laisser prendre, il alla le joindre. Après son départ, les insurgés choisirent un noir pour les commander ; il se nommait Léveillé : la plupart d'entre eux étaient des mulâtres propriétaires à la Belle-Rivière.

Néret vint les attaquer et fut battu : il accusa Bellegarde, qui était avec lui, d'être d'intelligence avec ses anciens compagnons, et il voulut le faire arrêter. Nouveau transfuge, Bellegarde prit la fuite et revint se faire pardonner la faute qu'il avait commise. Léveillé se porta à la montagne du Rochelois où il recruta les cultivateurs pour se renforcer et s'établit près du Pont-de-Miragoane. Retournant de nouveau au Rochelois, il combattit contre le chef de bataillon Ferbos, de l'ancienne garnison de Jérémie, que Néret avait détaché d'Aquin contre les insurgés : vaincu et blessé, Ferbos se retira à Aquin. On eut l'indignité de l'accuser d'avoir ménagé les insurgés, et, tout blessé qu'il était, il fut noyé à Aquin. Néret laissa consommer cet horrible crime, s'il ne l'ordonna pas lui-même. Ainsi mourut ce brave officier qui fit la guerre contre Rigaud avec ce même Néret, dans l'armée de T. Louverture ; qui, à l'arrivée des Français, avait contribué, à Jérémie, à préserver les blancs de cette ville de tout excès ! Désiré, noir qui l'avait aidé en cela, était déjà assassiné à Saint-Marc avec le bataillon de la 12e.

Le succès de Léveillé lui rallia Gérin qui, après sa fuite de l'Anse-à-Veau, avait gagné des noirs et des mulâtres de ce quartier à la cause de l'insurrection. Ancien chef de bataillon, intrépide et sachant faire la guerre, il était une acquisition utile pour Léveillé et ses bandes. Mais alors, il n'était pas possible de pénétrer de nouveau dans le Sud : ils se réfugièrent dans les montagnes entre le Petit-Goave et le Fond-des-Nègres.

Le Mirebalais, placé sous les ordres de Paul Lafrance, que soutenait David-Troy, servait aux Français à entretenir les communications entre le Port-au-Prince et l'ancienne colonie espagnole. Las Caobas était occupé par un officier européen nommé Luthier. Jusqu'alors, aucune insurrection n'avait eu lieu dans ces quartiers ; mais Dessalines avait fait garder la Petite-Montagne, par un noir du nom de Guillaume Fontaine. Paul Lafrance essaya de l'en déloger, fut battu complètement, et perdit la vie dans la déroute : sa tête fut tranchée et envoyée à Dessalines, à la Petite-Rivière. David-Troy prit alors le commandement du Mirebalais. Ancien officier sous Rigaud, il n'avait pas émigré avec ses compagnons ; il avait été témoin de toutes les horreurs commises après la guerre civile du Sud, et se trouvait au Port-au-Prince à l'arrivée du général Boudet : conservant une profonde rancune contre T. Louverture et Dessalines, il servait les Français avec zèle. Il était employé au Mirabelais, parce qu'il naquit dans ce quartier et qu'il pouvait exercer de l'influence sur les indigènes; il les retint en effet sous l'obéissance de la métropole, car la population des anciens libres avait beaucoup souffert des crimes commis à l'occasion de la guerre civile.

Toutefois, Pétion pouvait conserver l'espoir de l'entraîner par son exemple, celui de Geffrard, de Jean-Louis François et de toute la 13e, à se rallier sous l'autorité de Dessalines. En quittant le Nord pour se réunir au général en chef, Pétion avait certainement l'intention de venir dans l'Ouest user de toute son influence sur les anciens officiers de l'armée coloniale, sur la population indigène dont il était connu par ses antécédens : dans sa pensée, Geffrard était l'homme qui devait rallier le Sud à Dessalines, car le général en chef n'y était connu que par des excès. C'eût été ne rien faire pour la cause indigène, que de se borner à rester dans l'Artibonite, lorsque, d'une part, les Congos du Nord refusaient obéissance à Dessalines, et que, de l'autre, Lamour Dérance s'érigeait aussi en général en chef, et était obéi par tous les chefs de bandes de l'Ouest. C'était à Dessalines à briser les résistances du Nord, où son influence personnelle pouvait mieux s'exercer, comme ancien officier de cette partie, et à Pétion et Geffrard à briser celles de l'Ouest et du Sud.

D'accord entre eux sur tous ces points, l'opération essentielle que leur indiquaient les circonstances, consistait à ce que Pétion pénétrât dans l'Ouest pour ouvrir la route du Sud à Geffrard. Si Dessalines lui-même y venait, il se serait trouvé immédiatement en face de Lamour Dérance. Pétion avait l'avantage sur lui d'être connu de cet Africain, comme un ancien officier de Rigaud, dont la déportation l'avait porté à reprendre les armes contre les Français; sa présence ne pouvait donc offusquer cet homme qui avait grandi.

En conséquence de cet état de choses, Pétion partit de la Petite-Rivière en décembre, ayant sous ses ordres la 13e, commandée par Geffrard, la 10e, commandée par Jean-Philippe Daut, et un bataillon de la 7e, commandé par Marinier. Les militaires de la 10e et leur colonel étaient tous des hommes du Mirebalais, où il fallait d'abord agir. Ce bourg était fortifié depuis l'occupation anglaise: deux forts le dominaient. En arrivant dans son voisinage, Pétion envoya le capitaine Francisque auprès de David-Troy, pour lui proposer de se réunir à lui, sous l'autorité de Dessalines. Aucun parlementaire ne pouvait être plus agréable à David-Troy, que Francisque; mais à sa répugnance personnelle se joignait celle des indigènes, et l'opposition des Français qui étaient là : cette mission échoua. David-Troy répondit à Francisque, qu'il ne pouvait pas se soumettre à Dessalines, qui avait exécuté avec tant de zèle les ordres barbares de T. Louverture, à l'occasion de la guerre civile du Sud. Il ne comprenait pas la position de son pays ni l'avenir de sa race; car, que faisaient les Français depuis leur arrivée? Quel espoir pouvait-on avoir en eux? Ensuite, il y avait injustice à tout reprocher à Dessalines, lorsqu'il était prouvé qu'il avait épargné bien des hommes qui fussent tombés victimes. Ces reproches démontraient une faible portée politique en David-Troy, et qu'il se laissait dominer par une aveugle rancune.

Au retour de Francisque, Pétion disposa l'attaque. Geffrard eut l'ordre d'enlever le fort David avec la 13e, Jean-Philippe Daut celui de la Crête avec la 10e, tandis que Pétion était à la réserve, formée de la 7ᵉ. Après une vive résistance, les deux forts furent pris, et le bourg lui-même resta au pouvoir de Pétion. David-Troy rallia sa troupe et se retira à Las Caobas.

Dirigeant sa marche par le canton des Grands-Bois, Pétion descendit au Cul-de-Sac, sur l'habitation Thomazeau, située dans le canton de la Grande-Plaine : son but n'était pas de perdre son temps à attaquer les nombreux postes français qui couvraient cette plaine. Il était parvenu du côté opposé, sur l'habitation Lamardelle; mais un détachement ennemi y étant venu en reconnaissance, il alla occuper l'habitation Pierroux dont la position était plus défendable. L'alarme avait sonné à la Croix-des-Bouquets et au Port-au-Prince; il était à craindre que Pétion ne parvînt à soulever les cultivateurs du Cul-de-Sac, jusque-là soumis aux Français : infanterie, cavalerie, artillerie légère, furent déployées contre lui ; environ mille hommes de cette première arme, plus de quatre cents cavaliers et quatre pièces de canon. Dans le premier choc, les indigènes repoussèrent l'ennemi; mais n'ayant plus de munitions, écrasés par la mitraille, ils furent défaits et mis en déroute. Pétion ne put rallier sa troupe qu'au pied des mornes.

On peut comprendre facilement cette pénurie de munitions chez les indigènes : où en auraient-ils pris en suffisante quantité pour en être toujours pourvus? Et comment faire la guerre avantageusement sans poudre? Si les Français se montraient braves sur tous les champs de bataille, c'est une qualité qu'on ne saurait jamais dénier à cette nation belliqueuse; mais ils avaient encore sur les indigènes ce grand avantage d'être toujours bien pourvus de tout, d'être disciplinés et d'avoir une tactique supérieure : de là, leurs succès. Pamphile de Lacroix qui a eu des troupes coloniales sous ses ordres, leur a assez rendu justice pour qu'on ne doute pas de leur courage à la guerre ; et d'ailleurs la Ravine-à-Couleuvre, la Crête-à-Pierrot, les Trois-Pavillons, le Haut-du-Cap et le Cap même, l'attestent suffisamment.

Boisrond Tonnerre raconte ainsi les procédés de Dessalines manquant de cartouches pour ses troupes : « C'é-
« tait dans ces momens que son génie lui faisait trouver
« des ressources et de l'encouragement dans le sein de la
« pénurie même. Il parcourait les rangs, choisissait les
« anciens militaires dont la témérité lui était connue,
« donnait *deux cartouches* à chacun en les exhortant
« *d'aller vider la giberne d'un blanc.* C'est ainsi que
« l'homme fait pour commander, sait tirer parti de la
« gêne et faire un point d'honneur d'un acte de néces-
« sité. »

Parmi les troupes françaises qui chassèrent Pétion du Cul-de-Sac, se trouvaient des indigènes du Port-au-Prince et de la Croix-des-Bouquets : ils ne furent pas les moins brillans dans cette affaire. L'un d'eux, dans la déroute de la 13e, prit l'un des drapeaux de ce corps : ils étaient encore *tricolores* comme ceux des Français ; seulement on en avait arraché *le coq gaulois* qui les décorait. Ce drapeau porté en triomphe au Port-au-Prince, fit penser que les indigènes sous les ordres de Dessalines, n'avaient nulle idée *d'indépendance, de nationalité distincte;* on publia cette opinion : bientôt on verra ce qu'elle produisit.

Pétion s'étant rendu au camp Frère, y trouva Germain et Caradeux, qui l'accueillirent avec sa troupe. Il se dirigea ensuite dans la plaine de Léogane, par la colline de la Rivière-Froide et le Morne-à-Bateau.

Comme le Mirebalais n'avait pas été gardé, David-Troy y revint et s'établit de nouveau dans ce quartier. Le général Brunet, déjà rendu au Port-au-Prince, envoya le général Fressinet avec une forte colonne contre les insurgés des environs de cette ville : ils furent chassés du camp Frère et des autres positions où ils se trouvaient, mais qui ne furent pas occupées par les Français. Cependant, le bourg de la Croix-des-Bouquets étant bien fortifié, quelques postes suffisaient dans les points importans pour garder la plaine du Cul-de-Sac ; des blockhaus, fortement construits, en assuraient la défense.

Peu après le retour de Cangé à Sarrebousse, de son expédition vers le Pont-de-Miragoane, plusieurs des mulâtres et des noirs qui servaient les Français à Léogane sous le commandant de la place Laucoste, étaient venus le joindre : c'étaient Marion, ancien capitaine de la légion de l'Ouest, Mimi Baude, Heurtelou, les deux Brisson et Colin. Lamour Dérance y étant venu, promut Marion au grade d'adjudant-général, et Mimi Baude à celui de colonel : il reconnaissait en eux, comme en Cangé, d'anciens officiers sous Bauvais et Rigaud[1]. Le 14 décembre, Lamour Dérance fit attaquer Léogane : les indigènes ne purent prendre la place, mais ils s'emparèrent du poste Bineau et du fort Ça-Ira, qui leur fut livré par Banglo, capitaine noir qui le commandait. Ce résultat tint la ville entièrement cernée.

En arrivant dans la plaine, Pétion se rendit sur l'habi-

---

[1] C'est ici l'occasion, pour nous, d'exprimer un sincère regret d'avoir omis de citer les noms de Cangé, Marion, Mimi Baude, Lamartinière, A˙ Nau, Brice Noailles, Labée, Ducroc, D. Martin, Langlade, Zénon, Desvallons, parmi les mulâtres qui servaient sous Bauvais et Rigaud, et dont la page 131 de notre 4e volume fait mention. Ils méritaient de figurer à côté des autres ; et parmi les noirs : Taco, Badiau, Gilard, Ulysse, Barre Pérac, Coco Pouillac, Dharan.

tation Darbonne où Lamour Dérance tenait son quartier-général. Ce chef lui fit bon accueil ainsi qu'à ses officiers et à leurs troupes : c'étaient encore d'anciens partisans de Rigaud en faveur duquel il avait constamment résisté à T. Louverture[1]. Pétion s'attacha à se faire bien venir dans l'esprit de Lamour Dérance, pour ne pas être contrarié dans son projet de faire passer Geffrard dans le Sud. On a prétendu qu'il essaya de le porter à reconnaître l'autorité de Dessalines; mais nous doutons qu'un homme expérimenté comme l'était Pétion, eût compromis son œuvre par une telle démarche. Il n'ignorait pas que sous T. Louverture, Dessalines étant commandant en chef du département de l'Ouest, il avait eu plus d'une fois l'occasion de faire traquer Lamour Dérance dans les montagnes du Port-au-Prince ou dans celles de Jacmel[2] : lui proposer, dans la plaine de Léogane, alors qu'il était tout-puissant, de reconnaître un supérieur en son ancien ennemi, c'eût été, de la part de Pétion, plus qu'une imprudence; car il aurait pu périr. Il est probable qu'il lui aura parlé, comme à Sans-Souci, de la nécessité de ne pas se heurter les uns et les autres dans une guerre entreprise pour résister aux Français. Pétion avait mieux à faire, et c'est ce qu'il fit : il prépara Cangé, Marion, Mimi Baude, etc., ses anciens compagnons d'armes du Sud, à ne reconnaître

---

[1] Ces faits et la promotion de Marion et de Mimi Baude nous portent à croire qu'il y a eu erreur ou passion de la part de Boisrond Tonnerre, quand il dit de Cangé : « Il parvint par une feinte condescendance aux ordres de Lamour « Dérance, *à préserver les hommes de couleur* comme lui et les noirs créoles, « de l'extermination des Africains. » Lamour, ainsi que les autres chefs africains, ne prétendait céder sa priorité, dans la prise d'armes contre les Français, ni aux mulâtres ni aux noirs créoles; mais nous ne pensons pas qu'il voulait les exterminer, à moins qu'ils ne voulussent méconnaître son autorité; ce qu'a fait Dessalines lui-même envers ceux qui lui résistèrent; c'est-à-dire les Africains, car les autres lui obéirent.

[2] Voyez tome 1, p. 336 et 337 de cet ouvrage.

que Dessalines pour général en chef des indigènes, dès que les circonstances leur permettraient de secouer le joug de l'autorité qu'exerçait Lamour Dérance. L'exemple qu'il avait tracé, la présence de Geffrard, de Jean-Louis François et de toute la 13e qui allaient opérer dans ce sens sur tous les esprits du Sud, ne pouvaient que les entraîner. Personnellement, Cangé avait un autre motif qui devait influer sur lui : après la guerre civile du Sud, « il « avait dû son salut à Dessalines qui l'avait reçu comme « simple grenadier dans son régiment (la 4e demi-bri-« gade). [1] »

En ce moment, Gérin, qui avait été sauvé aussi par Dessalines, ayant appris dans les hauteurs du Petit-Goave où il se trouvait avec Léveillé, que Pétion, Geffrard et les autres militaires du Sud étaient dans la plaine de Léogane, vint les y rencontrer. Comme eux, il se pénétra de la nécessité d'une franche soumission aux ordres du général en chef qu'ils avaient reconnu : l'accession d'un tel officier ne pouvait qu'être d'un grand poids aux yeux des indigènes du Sud. Dessalines recueillait donc le prix des actes d'humanité qu'il avait exercés envers les vaincus ! Pourquoi faut-il que nous ayons à constater plus tard, qu'il oublia les services de tous ces hommes qui lui prêtèrent un concours dévoué, dans l'œuvre nationale qu'il entreprit en 1802 avec tant de gloire !...

En bloquant les Français dans la ville de Léogane, Cangé avait établi plusieurs postes retranchés autour de cette ville, sur les habitations Cassagne, Dampuce et Petit. Ce dernier poste étant le principal, Pétion utilisa ses connaissances comme ingénieur en le fortifiant ; il fit occu-

---

[1] Mémoires de Boisrond Tonnerre.

per le fort Ça-Ira par Geffrard avec la 13ᵉ, car il était à prévoir que la prise de ce fort, tandis que Léogane était cerné, déterminerait les Français à envoyer des troupes à son secours : ce qui eut lieu en effet. Avant leur arrivée, une goëlette canonna le fort à boulet et mitraille : Geffrard reçut une blessure au bras, et le commandement passa à Gérin.

Bientôt arrivèrent dans la rade de Léogane une frégate, un brig, et trois goëlettes portant des troupes qui débarquèrent. Cette flotille était sous les ordres du capitaine de vaisseau Jurien (de la Gravière)[1] : elle canonna le fort Ça-Ira, tandis que les troupes l'attaquaient et que la garnison de Léogane faisait une sortie. Les indigènes furent chassés du fort ; mais Pétion accourut à leur secours avec des troupes de Cangé, rallia la 13ᵉ, et réussit à refouler une partie des Français dans la ville de Léogane : les autres périrent ou gagnèrent les navires qui se retirèrent au Port-au-Prince. Dans cette affaire, Jean-Louis François, Coco Herne, Gérin, Sanglaou et Isidor, montrèrent une grande bravoure.

Geffrard, rétabli de sa blessure, se mit en route pour le Sud avec Gérin et la 13ᵉ, en passant dans les mornes du Petit-Goave où ils rallièrent Léveillé et ses bandes. Geffrard avait reçu de Dessalines un paquet qu'il ne devait décacheter que lorsqu'il aurait enlevé l'un des bourgs du littoral du Sud : c'était son brevet de général de brigade qu'il devait ainsi gagner à la pointe de son épée.

Immédiatement après son départ, Pétion se mit aussi en route pour retourner auprès de Dessalines. Pendant

---

[1] Le même qui vint à Haïti, en 1825, avec le baron de Mackau, en qualité d'amiral. Il fut l'un des officiers de marine qui se montrèrent modérés pendant l'occupation française.

son court séjour dans la plaine de Léogane, il avait embauché tous les officiers supérieurs qui obéissaient à Lamour Dérance. En revoyant Germain Frère et Caradeux à la Coupe, il opéra la même conversion dans leur esprit. Magloire Ambroise et Lacroix, du côté de Jacmel, ne pouvaient qu'imiter Cangé lorsque le moment serait arrivé de se prononcer.

Il ne restait plus que le farouche Larose à convaincre de la nécessité d'une soumission parfaite à Dessalines; mais ce n'était pas chose facile. A peine arrivé à l'Arcahaie, Pétion essaya un moyen pour connaître ses dispositions : il lui dit qu'il avait reçu l'ordre du général en chef d'occuper ce bourg. Mais Larose, qui l'avait accueilli avec beaucoup d'égards, se révolta contre cet ordre, en reprochant à Dessalines toutes les exécutions à mort faites après la guerre civile du Sud, d'avoir concouru à la déportation de T. Louverture et livré Charles Bélair à Leclerc. Vainement Pétion voulut-il le ramener à des sentimens plus modérés ; il fit battre la générale, mit sa troupe sous les armes pour chasser Pétion de l'Arcahaie. Ce dernier prit le parti d'en sortir avec les troupes qui l'accompagnaient; mais ses paroles avaient frappé tous les hommes soumis à Larose.

Rendu à la Petite-Rivière, il fit son rapport à Dessalines qui se promit de punir Larose d'une manière exemplaire, après qu'il se serait assuré la soumission des Congos du Nord. Sa confiance en Pétion ne fut que plus grande, en apprenant que Cangé et les autres chefs de bandes avaient écouté ses conseils : désormais il pouvait espérer de réussir complètement à se faire agréer comme général en chef, puisque Geffrard allait dans les mêmes vues dans le Sud.

La position des habitations Marchand et Laville, au pied de la chaîne des montagnes des Cahos, présentant des monticules faciles à défendre, le général en chef ordonna à Pétion d'en tracer les fortifications qui furent commencées dès-lors. Si Pétion y mit les règles du génie militaire qu'il possédait, Dessalines leur donna des noms qui portaient l'empreinte de son génie particulier : il y eut les forts *Décidé, Culbuté, la Fin du Monde, Résolu, la Source* et *Innocent,* ce dernier nom étant celui de l'un de ses fils naturels.

Examinons ici la position respective des Français et des Indigènes, au moment où finissait l'année 1802.

Toute l'ancienne partie espagnole était au pouvoir des Français.

Dans le Nord, ils possédaient le Cap, le Môle, le Fort-Liberté et la Tortue.

Tout l'intérieur de ce département appartenait aux Indigènes.

Sans-Souci donnait ses ordres depuis le Borgne jusqu'aux campagnes du Fort-Liberté. Petit-Noël Prieur était son premier lieutenant; les autres chefs de bandes étaient: Jacques Tellier, Labrunit, Cagnet, Yayou, Macaya, Mavougou, Va-Malheureux et Caca-Poule (quel nom bizarre!). Toussaint Brave et Charles Bauduy, anciens militaires, étaient contraints d'obéir à ces Congos, malgré leurs sympathies pour Dessalines.

Clervaux, ayant réorganisé la 6e coloniale en partie, faisait tête à l'orage autant que possible, en s'efforçant de faire des prosélytes au véritable général en chef. Il en était de même de Christophe qui, plus haï que son collègue, se voyait réduit à l'inaction avec quelques troupes fidèles des 1re, 2e et 5e demi-brigades, sur l'habitation Milot, située au pied de la montagne du Bonnet-à-l'Évêque, pour éviter les embûches de ses ennemis personnels.

Enfin, dans la péninsule du Nord, depuis le Petit-Saint-Louis jusqu'aux portes du Môle, Capois était obéi par les insurgés de cette partie; mais il était disposé, comme ancien militaire, à reconnaître et à faire admettre par ses inférieurs l'autorité de Dessalines dès qu'il y paraîtrait.

Le général en chef lui-même dominait dans l'Artibonite, possédant la ville des Gonaïves, ayant sous ses ordres immédiats les généraux de brigade Pétion, Gabart et Vernet, et le noyau de la fameuse *armée indigène*.

Dans ce département, les Français ne possédaient que la ville de Saint-Marc.

Dans l'Ouest proprement dit, Lamour Dérance était encore obéi : — par Larose, à l'Arcahaie; — par Adam, Métellus, Germain Frère et Caradeux, dans les hauteurs du Port-au-Prince; — par Magloire Ambroise, Lacroix, Macaque et Lemaire, dans celles de Jacmel; — par Cangé et tous les officiers supérieurs qu'il avait nommés, dans la plaine de Léogane. Mais on a vu que la présence de Pétion et ses bons offices avaient secrètement sapé le pouvoir colossal de l'homme du Bahoruco, qui prétendait, ainsi que Sans-Souci, contester la suprématie de l'homme inévitable, nécessaire, des Indigènes.

Dans ce département de l'Ouest, les Français étaient en possession du bourg du Mirebalais, de celui de la Croix-des-Bouquets avec la plaine qui l'environne, de celui du Grand-Goave, et des villes du Port-au-Prince, de Jacmel, de Léogane et du Petit-Goave.

Tout le département du Sud leur était soumis, moins quelques chefs de bandes retirés dans les bois et sans influence.

CHAPITRE XI.

Dessalines fait reconnaître son autorité dans le Nord, et y organise le pouvoir des chefs militaires. — Lutte des Congos contre Christophe. — Dessalines va rétablir l'ordre. — Assassinat de Sans-Souci. — Les Congos se soulèvent et tuent Paul Louverture. — Dessalines les écrase et retire Christophe et Clervaux du Nord. — Il se porte à l'Arcahaie d'où Larose s'enfuit. — Pétion y est placé. — Ses mesures politiques. — Armemens de barges indigènes. — Clauzel prend le Port-de-Paix. — Capois attaque cette ville et envoie une expédition contre la Tortue. — Il reprend le Port-de-Paix et la Tortue. — Romain, Clervaux et Christophe attaquent le Cap et sont repoussés. — Toussaint Brave attaque le Fort-Liberté. — Geffrard prend l'Anse-à-Veau et en est chassé ensuite. — Gilles Bénech enlève Tiburon. — Insurrection dans la plaine des Cayes. — Férou en prend la direction. — Geffrard se joint à Férou et fait reconnaître l'autorité de Dessalines. — Combats entre Sarrazin et les indigènes dans la plaine des Cayes. — Magloire Ambroise attaque et cerne Jacmel. — Adoption du *drapeau indigène*. — Marche de Kerverseau au Bahoruco. — Lamarre s'empare du Petit-Goave et en expulse Delpech. — Rochambeau fait dévorer un noir par des chiens, au Cap. — Autres crimes. — Il transporte le siége du gouvernement au Port-au-Prince. — Il y donne un *bal funèbre*. — Il envoie des troupes contre Cangé, à Léogane, — contre Lamarre, au Petit-Goave. — Mort de Neterwood : les Français sont repoussés par Lamarre. — Rigueurs et projets de destruction au Port-au-Prince. — Brunet est envoyé aux Cayes. — Combats divers dans le Sud. — Geffrard fait prendre l'Anse-à-Veau. — Pétion repousse Fressinet à l'Arcahaie. — Clauzel bat Romain et Toussaint Brave à l'Acul. — Rupture de la paix d'Amiens. — Le général Boyer est fait prisonnier par les Anglais. — Pétion provoque la réunion, à l'Arcahaie, de Cangé et de ses officiers, à l'effet de leur faire reconnaître l'autorité de Dessalines. — Mesures projetées par le général en chef.

Après que Pétion eut posé dans le Nord et dans l'Ouest, les bases de l'autorité suprême de Dessalines, et

Geffrard se rendant dans le Sud à cet effet, la première opération qui était indiquée à Dessalines consistait à aller lui-même se faire reconnaître en qualité de général en chef.

Il partit de l'Artibonite vers le 2 de janvier 1803, et se rendit au Port-de-Paix où Capois et ses troupes ne firent aucune difficulté de l'acclamer. Capois fut nommé *général de brigade* : il avait réorganisé la 9e, dont le commandement fut confié à Pourcely, et les bataillons à Jacques Louis, Nicolas Louis et Beauvoir.

Se portant immédiatement dans les quartiers du voisinage du Cap, Dessalines nomma aussi *généraux de brigade*, Romain et Yayou : le premier eut le commandement du Limbé, le second celui de la Grande-Rivière. Cet acte d'autorité acheva de les détacher du parti de Sans-Souci. Christophe fut chargé de commander le Dondon, et Clervaux la Marmelade. Christophe reçut la mission secrète *de se défaire* de Sans-Souci, et Dessalines retourna à l'Artibonite.

Mais, peu de jours après, les Congos se soulevèrent contre Christophe, probablement à l'instigation de Sans-Souci. Forcé de se réfugier auprès de Clervaux, il fut aidé par celui-ci à reprendre son commandement au Dondon. Un nouveau mouvement des Congos l'en chassa encore. Informé de cette résistance, Dessalines accourut sur les lieux, employa la persuasion et l'autorité en même temps, pour annihiler l'influence de Sans-Souci, en tenant aux Congos le même langage que Pétion leur avait tenu. Cependant, il leur fit une concession adroite dans la circonstance, en retirant le commandement du Dondon à Christophe, qu'il plaça à Milot, avec la surveillance des quartiers qui s'étendaient jusqu'aux limites du Fort-

Liberté. Petit-Noël Prieur fut nommé commandant de place au Dondon, au grade de *colonel*, et le général Paul Louverture en eut l'arrondissement.

Dessalines alla voir Toussaint Brave qu'il promut au grade de *général de brigade*, avec le commandement des campagnes du Fort-Liberté et de Laxavon ; et à son retour, il visita Sans-Souci, qui s'était réfugié dans les montagnes de la Grande-Rivière. Il affecta de considérer ses anciennes prétentions à l'autorité comme l'égarement d'un défenseur de la liberté. Cette démarche lui concilia Sans-Souci et ceux qui pouvaient encore espérer en lui.

Mais, à peine Dessalines retournait-il à l'Artibonite, que Christophe, continuant son œuvre, et pour mettre à exécution l'ordre secret qu'il avait reçu, appela Sans-Souci à une conférence sur l'habitation Grandpré. Il s'y rendit sans défiance, avec quelques-uns de ses officiers. Aussitôt, Christophe les fit tous massacrer par ses soldats, à l'exception du chef de bataillon Charles Pierre. Ce crime souleva contre lui Petit-Noël et les Congos qui l'assaillirent. Chassé jusqu'à la Marmelade, Christophe et Clervaux ne purent résister au torrent des insurgés et se retirèrent aux Gonaïves. Le malheureux Paul Louverture essaya en vain de contenir dans le devoir les Congos irrités par la mort de leur chef : ils lui tranchèrent la tête.

Ces faits attirèrent Dessalines avec toutes ses forces, y compris les troupes de Christophe et de Clervaux, et ces généraux eux-mêmes. Il marcha contre Petit-Noël, enleva le Dondon et écrasa les Congos. Petit-Noël fut contraint à se cacher dans les bois. Toutefois, pour empêcher de nouveaux soulèvemens parmi ces bandes indisciplinées, Dessalines se vit obligé à retirer du Nord Christophe, qu'il plaça aux Gonaïves, près du général

Vernet, et Clervaux, qu'il ramena à la Petite-Rivière.

Tel fut le résultat de l'assassinat de Sans-Souci. Ce crime ne priva seulement pas le Nord de la présence de deux généraux qui, avec des moyens de persuasion, eussent peut-être organisé les Congos pour les maintenir sous l'autorité de Dessalines ; mais ces hommes ignorans, abandonnés à eux-mêmes, finirent par entrer plus tard en relation avec les Français affamés dans la ville du Cap, en leur fournissant des vivres et des denrées d'exportation. Il est possible qu'après la visite qu'il avait reçue de Dessalines, Sans-Souci fût resté soumis à ses ordres. On ne peut donc que déplorer ce qui parut au général en chef une nécessité commandée pour assurer son autorité. La mort de Sans-Souci occasionna celle de Paul Louverture, qui avait toujours été porté au bien et qui aurait pu être utile à la cause indigène.

Après avoir établi ainsi sa suprématie dans le Nord, Dessalines devait la fonder dans l'Ouest. Partant de l'Artibonite avec Pétion, Gabart et de nombreuses troupes, il se présenta à l'Arcahaie, d'où Larose s'enfuit dans un canot qui le porta à Mariani : de-là, ce dernier se rendit auprès de Lamour Dérance qui était alors dans la plaine de Léogane. Pétion, élevé au grade de *général de division*, pour commander le département de l'Ouest, établit son quartier-général à l'Arcahaie [1]. L'occupation de ce bourg sur le littoral, à proximité du Port-au-Prince et de la plaine de Léogane, donna à cet homme politique le moyen d'entretenir des intelligences avec des indigènes de cette première ville, les chefs de bandes qui l'avoisinaient et ceux qui obéissaient encore à Lamour Dérance

---

[1] En même temps, Dessalines envoya des brevets du même grade à Christophe, Clervaux et Vernet.

du côté de Léogane, en sapant les fondemens de son autorité. C'est ce qu'il fit, en armant des barges qui traversaient incessamment la baie du Port-au-Prince. Alors parurent notamment Boisblanc, Derénoncourt et Masson, marins audacieux qui renouvelèrent ce qu'avaient fait dans la guerre civile du Sud, Panayoty et les deux frères Gaspard : ils capturèrent des navires français dont les cargaisons profitèrent aux indigènes ; ils facilitèrent les échanges, qui s'opéraient sous voile, de denrées récoltées dans la plaine de l'Arcahaie, contre des armes et munitions que fournissaient des navires des États-Unis et de la Jamaïque.

Par les soins de Dessalines, pareilles choses s'exécutèrent du côté des Gonaïves, où commandait le général Vernet. Il en fut de même sur le littoral du Sud, lorsque les bourgs de ce département tombèrent aux mains des indigènes. Là, Bégon et Aoua se distinguèrent comme leurs collègues dans l'Ouest. L'intérêt mercantile des étrangers y trouvait son compte, car ils échangeaient des choses précieuses pour les indigènes, qui ne savaient que faire de leurs produits.

On conçoit facilement que, l'autorité de Dessalines étant reconnue par les principaux chefs de l'ancienne armée coloniale, l'impulsion qu'il leur donna devait faire de l'année 1803 une époque de guerre acharnée contre les Français. A mesure que l'organisation militaire s'opérait sur tout le territoire soumis aux indigènes, cette guerre prenait de plus en plus un caractère de gravité qui, en assurant le succès de leurs armes, devait garantir leur indépendance de leurs ennemis, surtout lorsque survint la rupture de la paix d'Amiens par la Grande-Bretagne, la France n'ayant pu alors alimenter son armée expéditionnaire par l'envoi de nouvelles troupes.

Notre intention n'est pas d'entrer dans le détail de tous les combats qui se livrèrent à partir du mois de janvier, dans lesquels on peut dire que, si les Français montrèrent leur valeur accoutumée, les indigènes ne prouvèrent pas moins de bravoure, puisqu'en général ils étaient fort mal armés, qu'ils n'avaient presque pas de poudre et que leur organisation était assez défectueuse, leurs troupes se recrutant incessamment de cultivateurs qui allaient aussitôt au feu. Signalons néanmoins les faits principaux de cette guerre.

Le 6 janvier, Rochambeau fit partir du Cap le général Clauzel sur le vaisseau *le Duquêne*, arrivé la veille avec des troupes ; une frégate et plusieurs autres navires en portaient aussi. Cette expédition, dirigée contre le Port-de-Paix, enleva cette ville aux mains de Capois, malgré la résistance qu'il fit. Capois se retira à deux lieues de là sur l'habitation Lavaud-Lapointe dont il fortifia la position sur le rivage de la mer. Clauzel laissa le commandement du Port-de-Paix au chef de bataillon Daulion et retourna au Cap. Le but de cette expédition était de couvrir l'établissement des malades placés à la Tortue et de faciliter les communications entre cette île et le Môle, entre le Môle et le Cap.

Mais, comprenant lui-même l'objet que les Français avaient en vue, Capois ordonna peu après une attaque de nuit contre le Port-de-Paix, et principalement contre le Petit-Fort, où se trouvaient les munitions ; il le savait. Tandis que Jacques Louis et Cataboix attaquaient la garnison des autres forts, Beauvoir réussit à enlever le Petit-Fort au moyen d'échelles qu'il fit placer en pénétrant dans la mer : les militaires surpris dans le sommeil furent tous massacrés, et Capois fit enlever toutes les munitions. Ce succès étant obtenu, il se retira avec ses troupes à Lavaud-Lapointe où Romain lui fit demander quelques milliers de poudre.

Concevant bientôt le projet le plus aventureux et le plus hardi en même temps, Capois ordonna à Vincent Louis, commandant au Petit-Saint-Louis, de construire des radeaux formés de planches attachées par des lianes, afin de traverser le canal de la Tortue pour se porter sur cette île. Dans la soirée du 18 février (29 pluviôse), [1] 150 hommes d'élite de la 9e, commandés par le capitaine Gardel, montèrent sur ces radeaux que remorquèrent deux embarcations. Vincent Louis arriva dans la même nuit à la Tortue : il y souleva les noirs, surprit la garnison française commandée par l'adjudant-général Boscus, enleva le fort de l'Hôpital, égorgea la plupart des malades et délivra des prisonniers indigènes, notamment le capitaine Placide Lebrun, et sa propre mère et son fils ; il va sans dire que l'incendie des établissemens éclaira ses succès. Mais Boscus, revenu de sa surprise, le repoussa dans l'intérieur de l'île et avisa le Cap de cet événement : des forces supérieures arrivèrent bientôt à son secours, et Vincent Louis et Gardel ne purent s'embarquer qu'avec quelques hommes pour se rendre au Petit-Saint-Louis. Les noirs de l'île subirent un terrible châtiment : néanmoins, dans le courant de mars ils se soulevèrent de nouveau et massacrèrent tous les malades qu'ils purent at-

---

[1] M. Madiou dit que ce fut le 6 janvier, d'après *la Gazette officielle* de Saint-Domingue publiée au Cap; nous avons lu deux rapports sur ce fait extraordinaire, qui le placent dans la nuit du 29 au 30 pluviôse. Nous préférons cette dernière date, parce que *la première* le ferait coïncider avec l'expédition du général Clauzel contre le Port-de-Paix : ce qui nous paraît difficile à concilier.

teindre. Rochambeau se vit contraint à faire retirer le reste de la Tortue pour les porter au Môle, à la fin de ce mois.

Quelques jours après, le 12 avril, Capois résolut d'attaquer sérieusement le Port-de-Paix ; après des prodiges de valeur, bien secondé par ses officiers supérieurs, il réussit à enlever les divers forts et à contraindre les Français à évacuer sur le Cap. Jetant ses regards sur la Tortue, dès le lendemain il y envoya de nouveau Vincent Louis et Beauvoir qui forcèrent les ennemis à l'évacuation de l'île. Depuis lors, aucune entreprise ne fut faite par les Français, soit contre le Port-de-Paix, soit contre la Tortue. Armant des barges au Port-de-Paix, à Saint-Louis et au Borgne, Capois empêcha le cabotage entre le Cap et le Môle : les navires de guerre seuls purent continuer les communications entre ces deux villes.

De son côté, tandis que Rochambeau partait du Cap, le 5 février, avec l'amiral Latouche Tréville sur le vaisseau *le Duquay-Trouin*, pour aller visiter la Tortue, le Môle et le Port-au-Prince, le même jour dans la nuit, le général Romain attaqua le Cap et fut repoussé : il se retira sur l'habitation Vaudreuil où il se retrancha. Le lendemain, le général Clauzel vint l'y combattre avec environ 3,000 hommes et l'en chassa après une vive résistance. Romain se rendit au Limbé. Mais, dans la nuit du 18 au 19 février, en même temps que les radeaux se dirigeaient contre la Tortue, il attaqua le Cap de nouveau. L'insuccès de la première affaire l'avait porté à demander des secours au général en chef, espérant, par les rapports de quelques émissaires, que les indigènes de la ville se déclareraient en sa faveur ; et Dessalines avait ordonné à Clervaux et Christophe de se rendre avec leurs troupes auprès de lui.

Dans l'intervalle, Rochambeau était revenu au Cap, dès le 9 février. Les environs de la place étaient fortifiés convenablement pour la couvrir d'une attaque sérieuse. Néanmoins, les généraux indigènes l'avaient dirigée avec une telle intelligence, que nous avons lu un rapport où ce fait d'armes est qualifié *d'attaque parfaitement combinée*. Le fort Bélair qui domine le Cap, et la barrière Bouteille furent pris par eux. Mais la tactique européenne, jointe à la valeur des troupes et des généraux français, réussit à les chasser après un combat de plusieurs heures et des plus meurtriers : ils ne s'arrêtèrent qu'au Morne-Rouge ; en se retirant, ils incendièrent l'hôpital des Pères.

Romain reprit sa position au Limbé, et Christophe et Clervaux retournèrent aux Gonaïves. Parmi les prisonniers faits par les Français, il se trouva un officier nommé Monfort, du 1er régiment, qui, croyant sauver sa vie, eut la lâcheté de dénoncer une foule d'indigènes du Cap comme ayant formé le projet de se joindre aux autres dans l'attaque ; et quoiqu'ils eussent combattu avec courage et dévouement dans les rangs français, Rochambeau trouva dans cette dénonciation l'occasion de les faire pendre ou noyer : il n'épargna pas Monfort lui-même.

A l'est du Cap, Toussaint Brave avait été chassé par le général Pamphile de Lacroix, de Laxavon et d'Ouanaminthe, à la mi-janvier. Dans les premiers jours d'avril, il attaqua à son tour le Fort-Liberté où il pénétra, mais il fut repoussé par les généraux Quentin et Dumont.

Geffrard étant parvenu dans la plaine du Petit-Goave, sur l'habitation Cupérier, rallia à lui tous les indigènes qui avaient pris les armes dans les cantons du voisinage.

Procédant à un commencement d'organisation, il déféra le commandement de la 13ᵉ à Coco Herne, à Jean-Louis François un noyau de corps devenu la 15ᵉ, à Gérin un autre devenu la 16ᵉ. N'ayant que fort peu de poudre, sans artillerie, il marcha d'abord sur Miragoane qu'il enleva : passant ensuite par les montagnes du Rochelois, il y rencontra un détachement français qu'il dispersa en tuant le commandant. Le 16 janvier, il parvint à l'Anse-à-Veau qu'il prit après quelques heures de combat : la garnison française, faite prisonnière, périt par la main des vainqueurs, et son commandant Bernard, adjudant-général, s'enfuit à Jérémie par mer. Geffrard décacheta alors le paquet qu'il avait reçu de Dessalines, pour n'être ouvert qu'à la prise d'un port de quelque importance. La condition était remplie, et les troupes saluèrent en lui *le général de brigade* qui allait désormais diriger toutes les opérations de l'insurrection du département du Sud : glorieux résultat, que nous regrettons néanmoins de voir terni par un acte de représailles sanglantes. Mais, bientôt nous verrons Geffrard réparer ces fureurs, par le respect qu'il porta *au droit du vaincu* à être traité, non comme *ennemi*, mais comme *homme*.

Avertis de la prise de l'Anse-à-Veau, les généraux Darbois et Laplume, secondés par l'adjudant-général Sarqueleux et le colonel Néret, ne tardèrent pas à se réunir au Petit-Trou. Marchant contre les indigènes avec des forces supérieures, bien pourvues de tout ce qui assure le succès à la guerre, ils les battirent complètement sur l'habitation Laval où Geffrard s'était rendu, à une lieue de l'Anse-à-Veau. Cette victoire, disputée avec acharnement, le rejeta jusqu'à Cupérier, à dix lieues au moins. L'Anse-à-Veau et Miragoane furent repris par les Français, qui y reçurent peu après des renforts venant du Cap, sur les vaisseaux *l'Indomptable* et *le Mont-Blanc* qui y arrivaient de France en ce moment. Darbois et Sarqueleux retournèrent à Jérémie, Laplume et Néret aux Cayes. La déroute des indigènes eut lieu le 12 février.

Mais alors, des faits importans s'étaient accomplis sur d'autres points du département du Sud. Le même jour, 16 janvier, où Geffrard prenait l'Anse-à-Veau, Tiburon tombait au pouvoir d'autres indigènes soulevés déjà contre leurs communs ennemis. On a vu que Goman était dans les bois de ce quartier dès le mois de mai 1802 ; à lui s'était rallié Nicolas Régnier, ancien chef de bataillon, comme lui, sous Rigaud ; peu après la révolte éphémère de Joseph Darmagnac, un troisième ancien chef de bataillon sous le même général, Gilles Bénech, était allé les joindre. Plus ancien que les deux autres dans le service militaire, celui-ci fut reconnu par eux comme leur supérieur, quoiqu'ils gardassent chacun le commandement des petites bandes de cultivateurs qu'ils avaient endoctrinés. Gilles Bénech, Africain, mais d'une finesse remarquable qui lui valut le sobriquet de *petit-malice*, réussit à embrigader d'autres cultivateurs et à former ainsi une troupe d'environ 2000 hommes ; il persuada à ses compagnons d'aller s'emparer de Tiburon, principalement pour se procurer des munitions. Cette place était toujours commandée par le colonel Desravines, homme de couleur que T. Louverture y avait placé ; n'ayant pas assez de forces à opposer aux insurgés, il se retira aux Irois où il fut tué par les Français, qui le *punirent* ainsi de sa fidélité à leur cause.

Dans le même mois, au Port-Salut, Vancol, Wagnac, Théodat et Bergerac Trichet, deux frères, se prononcèrent contre eux; au camp Périn, dans le haut de la plaine des Cayes, Guillaume Lafleur et Lafrédinière se prononcèrent aussi en y réunissant des cultivateurs. Lafrédinière était un de ces Français qui, comme Véret, ne connaissaient ni préjugés de couleurs ni antipathie de races : il avait été révolté des injustices de ses compatriotes. Reconnaissant tous en Férou, ancien chef de bataillon sous Rigaud, et alors commandant de la commune des Côteaux, l'homme qui pouvait les diriger dans l'insurrection à cause de son courage et de ses talens militaires, ils s'étaient abouchés avec lui, et ce mulâtre avait répondu à leur appel. A la fin de janvier ou dans les premiers jours de février, toute cette partie du Sud était insurgée. Férou, en prenant les armes contre les Français, renouvela ce qu'avait fait Pétion au Haut-du-Cap : il fit embarquer dans une chaloupe *les blancs* qui se trouvaient aux Côteaux, et les renvoya aux Cayes. Peu après, il rencontra dans la plaine un détachement de Français qu'il enveloppa et fit prisonniers : après les avoir désarmés, il les fit conduire avec leur commandant Damira jusqu'aux avant-postes des Cayes.

Noble exemple tracé vainement aux hommes qui se croyaient autorisés, par leurs ridicules préjugés de couleurs, à appeler *brigand* tout mulâtre ou noir qui prenait les armes pour résister à leur tyrannie !

Le colonel Berger n'avait pas attendu le retour de Laplume aux Cayes pour essayer de comprimer l'insurrection; il s'était porté au camp Périn contre G. Lafleur et Lafrédinière, mais il avait dû rentrer précipitamment aux Cayes, en apprenant le soulèvement de Férou. Laplume vint bientôt se mettre à la tête des troupes et marcha contre les indigènes retranchés au Morne-Fendu et à Maraudhuc.

Un combat sanglant eut lieu dans ces deux endroits, où Néret et Berger furent battus. Parmi les prisonniers qu'avait faits Férou, dans la troupe de Damira, se trouvait le mulâtre Élie Boury qu'il garda auprès de lui ; il crut pouvoir compter sur son dévouement à la cause de ses frères et lui confia même un commandement ; mais, peu avant le combat, Élie Boury, entraîné par la fatalité et conservant son inconcevable attachement à la France, abandonna Férou et fut rendre compte à Laplume et Berger de la position des indigènes. L'infâme Berger ne sut pas apprécier cette défection, ou plutôt ce retour à la cause de son pays : il fit noyer Élie Boury dans la rade des Cayes.

La victoire de Férou détermina le soulèvement général de toute la plaine des Cayes, où Bazile et Armand Berrault avaient déjà opéré dans ce sens. Mais Gilles Bénech et ses compagnons furent chassés de Tiburon le 16 février ; ils avaient eu le temps néanmoins d'en enlever toutes les munitions. Eux aussi reconnurent en Férou le chef de l'insurrection du Sud.

La nouvelle de ces heureux événemens étant parvenue à Geffrard, il vit que c'était le moment de pénétrer de nouveau dans ce département. Il en donna avis à Cangé qui vint le joindre dans les montagnes du Petit-Goave où il s'était retiré ; Cangé emmena quelques troupes avec lui et apporta des munitions dont Geffrard avait le plus pressant besoin. Ancien compagnon d'armes de Geffrard sous Rigaud, secrètement dévoué à l'autorité de Dessalines, Cangé l'assista généreusement en cette circonstance. Ils se mirent en marche sur Aquin où ils combattirent contre Néret, accouru dans ce bourg ; mais, le principal objet de Geffrard étant de se joindre à Férou, il n'insista pas contre Aquin. Passant par la route de l'Asile, dans le canton du Citronnier, il parvint le 5 mars dans la plaine des Cayes, toujours en combattant les postes français qu'il rencontra sur sa route. Il avait fait prévenir Férou de sa marche : celui-ci vint à sa rencontre avec ses troupes et leurs chefs ; elle eut lieu sur l'habitation Charpentier, à peu de distance des Cayes.

Ce fut une scène touchante entre ces divers officiers de Rigaud, qui ne s'étaient pas vus depuis juillet 1800. Leur jonction s'opérait au nom de la Liberté, pour laquelle ils avaient jadis combattu et qui les armait de nouveau. Général de brigade nommé par Dessalines, Geffrard fit comprendre à Férou et aux autres officiers la nécessité *d'oublier le passé* à son égard, comme il avait fait lui-même, comme avait fait Pétion : tous comprirent qu'ils se devaient à eux-mêmes et à leur pays, de sacrifier les anciennes animosités pour reconnaître l'autorité supérieure de Dessalines. L'œuvre de la *fusion* entreprise par Pétion recevait ainsi sa consécration dans le Sud : désormais, la cause *de l'Indépendance* était gagnée par l'union des esprits et des cœurs. Heureux et immense résultat que produisit le génie politique, uni au désintéressement le plus vrai, le plus sincère !

Dès le 6 mars, Laplume fit une sortie contre les indigènes : refoulé dans la ville des Cayes, il se vit attaqué à son tour, le surlendemain, sur tout le pourtour de la place. Cangé et Coco Herne pénétrèrent un instant dans l'intérieur, mais le pillage auquel se livrèrent leurs soldats, jetant le désordre parmi eux, ils furent chassés. Sur un autre point, le chef de bataillon Francisque avait repoussé l'ennemi des remparts sur lesquels il planta le drapeau indigène : une mitraille l'atteignit à la cuisse, et sa colonne fut repoussée. En ce moment, Geffrard ordonna la retraite et alla s'établir sur l'habitation Gérard, dans le haut de la plaine. Son quartier-général y fut fixé dèslors.

Quelques jours après, le général Sarrazin débarqua à Tiburon, à la tête de 1200 hommes de troupes qui venaient d'arriver avec lui au Cap. Sa mission était de se rendre aux Cayes pour garder cette ville menacée par l'insurrection; il espéra balayer la route de Tiburon aux Cayes, tandis que Laplume ferait une sortie pour le seconder : ce que fit en effet ce dernier. Mais Sarrazin n'y parvint qu'après avoir essuyé les plus rudes combats et perdu 500 hommes : Férou, Geffrard et leurs officiers supérieurs se distinguèrent dans ces affaires. Cangé, qui y avait pris part, se décida alors à retourner dans la plaine de Léogane, pour diriger une attaque contre cette ville.

Dans un moment de répit entre les combattans, Sarrazin, voyant tomber successivement ses soldats qu'il ne pouvait emporter, proposa au colonel Bazile de prendre soin réciproquement des blessés. Ce noir s'honora, en acceptant une proposition qui ne pouvait profiter qu'aux Français; car Sarrazin avait hâte d'arriver aux Cayes, et il ne pouvait pas s'occuper des blessés indigènes. Geffrard approuva la convention faite sous le feu; il ordonna de réunir tous les blessés ennemis auxquels on prodigua des soins égaux à ceux dont les indigènes étaient l'objet. Les attentions qu'on eut pour un chef de bataillon blessé dangereusement, excitèrent sa reconnaissance au point qu'il s'écria : « *Ils ne sont donc pas des cannibales, comme on nous le faisait accroire !* »

On aime à transcrire de tels faits, car ils honorent toujours les guerriers qui savent respecter le malheur de leurs ennemis : ce sont les meilleurs argumens en faveur d'une cause d'ailleurs juste. Il était du devoir des indigènes de faire une distinction entre les militaires français tombés en leur pouvoir, victimes d'une guerre inique entreprise par leur gouvernement, et ces êtres inhumains dont le seul plaisir était d'immoler noirs et mulâtres défendant leur liberté, même ceux qui restaient encore fidèles à la mère-patrie. Kerpoisson, le cruel Kerpoisson, digne exécuteur des atrocités de Berger, subit à cette époque le supplice dû à ses crimes. Envoyé sur une goëlette à Jérémie, pour y prendre des munitions, il fut capturé à son retour vers le cap Tiburon, par les barges de Bégon et d'Aoua : garotté, fouetté, jeté à la mer pour lui rappeler seulement les noyades qu'il exécutait aux Cayes, il fut pendu enfin aux Quatre-Chemins des Cayes ; on mit sur son cadavre un écriteau ayant ces mots : *Le crime ne reste jamais impuni.* Les 22 officiers qu'il avait arrachés des mains de l'honnête Lebozec, et tant d'autres victimes étaient solennellement vengés par cette exécution.

Dans l'Ouest, au mois de février, Magloire Ambroise fit de vains efforts, par ordre de Lamour Dérance, pour enlever Jacmel sur le général Pageot et Dieudonné Jambon. Les rivalités entre les officiers secondaires nuisirent aux succès qu'il eût pu obtenir, mais il continua de cerner étroitement la place.

Un imprimé publié au Port-au-Prince parvint à Pétion dans ce même mois, par l'un de ses émissaires. En rendant compte du combat de la plaine du Cul-de-Sac, où les Français avaient pris un drapeau de la 13ᵉ demi-brigade, on remarquait « que les indigènes avaient conservé *le* « *drapeau tricolore* de la France, ce qui indiquait de leur

« part qu'ils voulaient rester *Français*, qu'ils n'avaient
« aucune idée de rendre le pays *indépendant* de la métro-
« pole ; qu'ils combattaient seulement *pour la liberté*
« *qu'ils croyaient menacée*. » Mais on se trompait au
Port-au-Prince, et fort heureusement pour décider Dessalines à l'adoption d'un autre drapeau significatif.

Dès 1794, les couleurs arborées par l'assemblée coloniale, et encore le drapeau tricolore de la France révolutionnaire, n'avaient été envisagés par les hommes de la race noire, que comme le symbole *de l'union entre les blancs, les mulâtres et les noirs*. En prenant les armes contre les Français, en 1802, les indigènes avaient retranché de leurs drapeaux *le coq gaulois* qui les surmontait, et qu'ils considéraient comme le vrai emblême de la France; leur intention alors n'était pas *de proscrire les blancs* de la société civile et politique qu'ils prétendaient former après leur triomphe. L'admission de Véret au Haut-du-Cap, celle de Lafrédinière dans le Sud, l'idée même d'un corps de *polonais noirs* créé dans l'Artibonite, tout indiquait une tendance à s'adjoindre *tout blanc* dont les sentimens seraient une garantie de sécurité : *les vrais Polonais* faits prisonniers et bien des Français furent, en effet, admis plus tard comme citoyens du pays.

Mais néanmoins, dans la circonstance dont s'agit, Pétion sentit la nécessité urgente de l'adoption d'un drapeau qui fût un signe de ralliement pour les indigènes, et distinct de celui des Français : c'était au général en chef à le choisir, à l'ordonner aux officiers généraux. Pétion lui envoya cet imprimé accompagné de ses réflexions. Dessalines prescrivit alors de retrancher la couleur *blanche* du drapeau dont on se servait : le drapeau *indigène* devint bicolore, *bleu et rouge*, et ces couleurs restèrent placées verticalement comme dans le drapeau français. L'ordre fut envoyé immédiatement à tous les généraux d'opérer ce changement : d'autres modifications eurent lieu plus tard ; il en sera question en leur temps.

Les Français purent comprendre alors, que les indigènes entendaient bien positivement *se séparer absolument* de la France, puisque le signe de ralliement n'était plus le même dans les camps opposés. A ce sujet, nous avons vu un procès-verbal dressé le 29 floréal an XI (19 mai), dans la rade du Port-au-Prince, par l'amiral Latouche Tréville, à propos d'une barge indigène capturée lorsqu'elle sortait de l'Arcahaie pour se rendre du côté de Léogane. On y trouva *un drapeau indigène*, ayant cette devise : *Liberté ou la mort*. L'amiral dressa cet acte avec une sorte de solennité, pour constater le fait ; il en envoya copie à Rochambeau : ce qui prouve qu'il attachait une grande importance dans l'adoption d'un nouveau drapeau par les indigènes.

Tandis que le général Sarrazin était aux prises avec les indigènes dans la plaine des Cayes, le général Kerverseau, qui s'était lassé sans doute de son rôle passif à Santo-Domingo, vint dans les montagnes du Maniel ou du Bahoruco, le 15 mars, et dispersa à coups de fusil les nègres-marrons de ce lieu qui obéissaient à Lafortune et Lamour Dérance. Ces hommes, pour qui l'indépendance de toute autorité régulière avait toujours été une sorte de culte, y avaient quelque poudre, des fusils et des pistolets dont le général français s'empara ; et quoiqu'il fît aussi ravager les plantations qu'il découvrit, son expédition ne pouvait aboutir à aucun résultat important, en raison de l'impossibilité de soumettre ces indépendans. Il continua à rester vers les anciennes limites des deux colonies, dans la pensée non justifiée de préserver la partie de l'Est, des incursions des indigènes qui n'y songeaient pas.

Un autre fait bien plus important se passa le même jour dans un autre quartier de l'Ouest. Au Petit-Goave, où commandait Delpech, homme de couleur, se trouvait aussi Lamarre, ancien capitaine des dragons de l'escorte de Rigaud : jusque-là, Lamarre prêtait son concours à Delpech et aux Français qu'il servait avec zèle. Mais, à la fin, il se fatigua d'être l'instrument d'une domination fondée sur l'injustice et le crime : l'exemple de ses anciens compagnons d'armes exerça son influence sur cet esprit résolu et courageux. D'autres jeunes hommes comme lui étaient aussi au Petit-Goave, et il avait toute leur confiance : c'étaient les deux frères Eveillard, Robert Desmarattes, Romain, Frémont, les trois frères Brouard, dont le père, honorable vieillard plus que sexagénaire, n'était pas moins énergique. Lamarre leur communiqua son projet auquel ils adhérèrent. Après avoir averti Cangé, déjà de retour dans la plaine de Léogane, pour qu'il pût le secourir, il attendait l'effet de cet avis, quand les conjurés furent tous dénoncés à Delpech. Celui-ci résolut leur arrestation, au moyen des troupes françaises qui étaient dans la place : la frégate *la Franchise*, commandée par le capitaine Jurien, était mouillée dans la rade. Prévenu du dessein de Delpech, qui ordonna une revue à cet effet, Lamarre harangua les noirs et les mulâtres organisés en compagnies franches, avec cet accent qui électrise toujours les braves, quand c'est un brave lui-même qui s'adresse à eux. Ils étaient en ce moment au fort qu'ils occupaient habituellement; Delpech et les troupes françaises se trouvaient sur la place d'armes qui est en face. Lamarre ordonne aux siens de faire feu sur elles, en même temps que des pièces de canon vomissent la mitraille dans leurs rangs. Dans l'impossibilité de résister à une attaque aussi soudaine, Delpech et les Français gagnent le rivage et les chaloupes de la frégate envoyées aussitôt pour les recueillir : la frégate canonna le fort ensuite ; mais une pièce de 24 jeta tant de boulets à son bord, qu'elle leva l'ancre et se rendit au Port-au-Prince.

Maître du Petit-Goave par cette action audacieuse, Lamarre fut aussi en possession de toutes les munitions de guerre : ce qui était une bonne fortune en ce temps-là. Gilles Bambara vint aussitôt augmenter ses forces avec les bandes qui campaient dans les montagnes ; et Cangé lui-même accourut au Petit-Goave dont il donna le commandement à son conquérant. Lamarre se rangea naturellement, pour le moment, au nombre des officiers qui obéissaient à Lamour Dérance.

Sa conduite en cette circonstance fut le prélude de tous les hauts faits que nous aurons à relater de ce courageux mulâtre.

Lorsque Rochambeau quitta le Cap un instant, dans les premiers jours de février, pour aller au Port-au-Prince, c'est que le 27 janvier il avait reçu la nouvelle de la prise de l'Anse-à-Veau par Geffrard. Après avoir stimulé le zèle de Brunet et fait envoyer ses ordres à Darbois et à Laplume, il était retourné au Cap. Le 17 février, il prit la résolution de transporter le siége du gouvernement au Port-au-Prince, afin de mieux surveiller les opérations de la guerre qui s'étendait dans le Sud, jusqu'alors à l'abri de l'insurrection ; mais l'attaque dirigée contre le Cap par

Romain, Christophe et Clervaux, dans la nuit du 18 au 19, en même temps que Vincent Louis et Gardel descendaient à la Tortue, le contraignit à y rester encore quelques semaines.

On conçoit que ces divers faits des indigènes portèrent sa férocité à son paroxisme. Ce fut alors qu'arriva au Cap la première cargaison *de chiens* expédiés de la Havane par Noailles. Bien que ces animaux fussent destinés originairement à flairer les indigènes, dans les sorties qu'on faisait contre eux, pour découvrir surtout les nombreuses embuscades qu'ils tendaient à leurs ennemis, Rochambeau ne put résister à une autre idée que lui suggéra sa barbarie : c'était d'essayer la voracité des chiens sur les indigènes. S'il réussissait à en faire dévorer tout vivans, *l'utilité de ces dogues* serait mieux appréciée, puisqu'ils serviraient à deux fins : par là, le haut prix auquel Noailles les avait portés serait justifié.

Dans ce but atroce, Rochambeau fit dresser un cirque dans l'avant-cour du couvent des jésuites, qui avait été longtemps le palais du gouvernement. Ce couvent, on le sait, était situé tout près de la place d'armes et de l'église du Cap, — de ce temple où les chants de la religion catholique louaient Dieu, créateur et père de tous les hommes, *quelle que soit leur couleur*. C'est là qu'un poteau, placé au milieu du cirque, servit à attacher *un homme noir* destiné à la pâture des chiens. Pour mieux exciter ces animaux, on les fit jeûner plusieurs jours.

Au jour et à l'heure fixée pour *le spectacle*, on vit le capitaine-général Rochambeau, entouré d'un nombreux état-major, suivi de tous les colons, *hommes et femmes*, entrer dans le cirque et se placer sur les gradins de l'amphithéâtre.

Mais on remarqua *l'absence* des généraux Clauzel,

Claparède et Thouvenot, et du préfet Daure : nobles cœurs, vrais Français dignes de ce nom glorieux, ils témoignèrent par leur abstention l'horreur que leur inspirait cet impie et dégoûtant spectacle ; ils protestèrent ainsi, au nom de leur pays civilisé, contre la cruauté de leur chef !

C'était sur la place d'armes voisine du cirque, qu'Ogé et Chavanne avaient été rompus vifs ! Après *les mulâtres* venait le tour d'*un noir :* le patient était un jeune domestique du général Pierre Boyer, chef de l'état-major depuis la mort de Dugua, et déjà surnommé *le cruel* par les soldats français.

Les chiens sont emmenés ; ils flairent la victime, et reculent comme épouvantés de porter leurs dents meurtrières sur le corps *de l'homme.* En vain les bourreaux de bas étage les excitent, ils reculent toujours, quoique affamés. Alors, *le cruel* Pierre Boyer conçoit une idée digne de lui ; il voit qu'il faut éveiller l'appétit carnassier des dogues *par le sang ;* descendant dans l'arène, *il dégaîne son sabre et en perce les entrailles de la victime ; il prend lui-même un chien et le conduit contre son fidèle domestique !...* La vue du sang anime le dogue que la faim dévore ; il commence la curée à laquelle tous les autres participent. Des cris, des applaudissemens d'une joie frénétique éclatent à l'instant du côté des barbares spectateurs, et la musique militaire ajoute encore à cette scène infernale.

Bientôt le jeune noir n'était plus qu'un squelette ! [1]

---

[1] Dans son ouvrage intitulé : *De la littérature des Nègres*, l'évêque H. Grégoire dit :

« J'ai ouï assurer que, lors de l'arrivée des chiens de Cuba à Saint-Domingue, « on leur livra, par manière d'essai, le premier nègre qui se trouva sous la

Rochambeau et ses pareils se retirèrent alors, satisfaits de l'essai qui avait triomphé de la répugnance de sa meute. Le capitaine-général ne douta plus du succès qu'il en obtiendrait désormais contre les indigènes. En ce moment, les noirs de la Tortue guerroyaient encore ; il envoya une vingtaine de ses dogues à l'officier français qui y commandait, avec l'ordre de les nourrir avec *la chair de nègre ou de mulâtre*.

Néanmoins, les noyades ne cessèrent point. Ce fut dans ce temps-là que Rochambeau fit précipiter dans les flots de la rade du Cap, Madame Paul Louverture et son fils Jean-Pierre Louverture.

Seize officiers noirs et mulâtres furent portés sur un îlot de la Grange, où ils furent attachés à des arbres, pour y périr de faim et de la piqûre des insectes qui abondent dans ce lieu.

A bord des bâtimens de guerre, on pendait d'autres indigènes aux vergues avant de jeter les cadavres à la mer ; on en mettait d'autres dans de grands sacs pour

« main ; la promptitude avec laquelle ils dévorèrent cette curée *réjouit des
« tigres blancs à figure humaine.* »
Dans l'ouvrage déjà cité des colons de cette île, en réfutation de celui-là, sous le titre de *Cri des colons,* ils écrivirent ce qui suit à propos de ce passage :
« Quand il s'agit de charger d'une nouvelle iniquité *les malheureux colons,*
« les négrophiles ne sont pas à un anachronisme près. *Le fait* que cite l'évêque
« Grégoire, *dont nous avons aussi entendu parler, est arrivé* à une époque
« où, *s'il existait encore quelques colons* à Saint-Domingue, *ils étaient frappés*
« *de la nullité la plus absolue, et n'avaient aucune part à ce qui se passait.* »
Le fait reste donc avéré ! Si ces colons en ont repoussé la responsabilité, ils ne l'ont pas nié ; au contraire, ils l'affirment. Au reste, l'emploi des chiens *à la guerre* fut pratiqué en Europe même, *entre blancs,* dans le moyen âge : Henri VIII, roi d'Angleterre, en fournit 400 à Charles-Quint contre François Ier. A la Jamaïque, en 1795, les Anglais s'en servirent contre les noirs des montagnes Bleues; mais ils n'en firent pas dévorer dans un spectacle, comme au Cap.

les y engloutir. Un nommé Chevalier allait être pendu ainsi avec sa femme ; il montra de la faiblesse à la vue du supplice : cette femme releva son courage en se passant elle-même la corde au cou et lui disant : « *N'es-tu pas « heureux de mourir pour la cause de la liberté ?* » Une autre femme noire, voyant ses deux jeunes filles tremblantes de peur, leur adressa ces paroles éloquentes, où l'énergie du courage ne le cédait en rien à la tendresse maternelle : « *Mes enfans, la mort vous dispensera de « porter des esclaves dans vos entrailles !* »

L'ancien abbé *de La Haye*, qui avait été pendant longtemps curé du Dondon et qui joua un grand rôle en cet endroit dans l'insurrection des noirs, fut noyé par ordre de Rochambeau : il avait été trop favorable à la liberté des noirs, à l'égalité politique des mulâtres, pour ne pas payer de sa vie ses sentimens libéraux.

Labattut, autre Français, subit des persécutions d'un autre genre. Leclerc l'avait déjà dégradé de son commandement à la Tortue, pour avoir eu trop de douceur envers les noirs de cette île. Rochambeau l'accusa d'être en connivence avec eux, le fit arrêter et emprisonner ; mais c'était pour le contraindre à lui passer *une vente* de plusieurs centaines de carreaux de terre à la Tortue : l'acte de cette prétendue vente fut passé par Cormaud et Moreau, deux notaires du Cap. Remis en liberté à cette condition, ce vieillard jugea que la prudence lui commandait de se retirer aux États-Unis ; il s'y rendit.

Voilà les specimens des faits commis à Saint-Domingue, par le capitaine-général qui hérita de la succession de Leclerc, et qui reçut sa confirmation le 24 de ce même mois de février où ces choses eurent lieu !

Les événemens qui se passaient dans le Sud et dans

l'Ouest étaient trop graves, pour que Rochambeau continuât à séjourner au Cap : il savait d'ailleurs qu'il y laissait en Clauzel, un général capable de faire face aux éventualités de *la guerre* dans le Nord. Le 17 mars, il quitta cette ville et fut rendu au Port-au-Prince, le 20. Il y arriva avec une nouvelle fureur contre *les mulâtres* particulièrement. Pétion, campé à l'Arcahaie ; Geffrard et Férou, réunis dans la plaine des Cayes ; Lamarre, maître du Petit-Goave ; Cangé s'acharnant contre Léogane : tous ces mulâtres étaient des monstres dont il fallait purger la colonie *par le fer*. Quant à Delpech, il lui fit l'honneur *de le déporter* en France.

Le soir de son arrivée, le Port-au-Prince fut illuminé en signe de réjouissances. Se livrant à toutes les débauches imaginables avec ses nombreuses maîtresses, il donna aussitôt un grand bal au palais du gouvernement, pour leur donner *un spectacle* d'un nouveau genre. Les femmes des principales familles de couleur et noires y furent invitées ; elles se seraient gardées de ne pas s'y rendre. Après qu'on eut dansé jusqu'à minuit, Rochambeau invita ces femmes indigènes à passer dans une autre salle : plusieurs étaient resplendissantes de lumière, celle-ci était éclairée par une *lampe sépulcrale*, et tendue *d'une draperie de deuil* parsemée *de têtes de mort* représentées en toile blanche ; et *des cercueils* étaient placés aux angles. Des sicaires apostés entonnèrent aussitôt *les cantiques sacrés des funérailles.*

Qu'on juge de l'effroi *des femmes indigènes*, à la vue d'un tel spectacle, en entendant de tels chants ! Qu'on juge aussi des ricaneries joyeuses *des femmes blanches* qui entouraient Rochambeau ! C'étaient la plupart de celles qui avaient applaudi aussi aux excès de Toussaint

Louverture, quand la guerre civile du Sud lui en eut fourni l'occasion. Rochambeau, *le représentant* de l'autorité de la France, ajouta à cette scène en disant *aux femmes indigènes* : « Vous avez assisté aux funérailles de « vos époux et de vos frères ! »

Le cruel ! il tint parole : des arrestations, des exécutions à mort commencèrent dès le lendemain matin.

Lamarre venait d'expulser Delpech du Petit-Goave ; et en ce moment, Cangé tentait encore d'enlever Léogane après avoir pris le fort Ça-Ira.

Le capitaine-général ordonna une expédition de troupes contre chacun de ces points. Le 27 mars, la frégate *la Poursuivante* se présenta sur la rade de Léogane avec quelques centaines d'hommes qui reprirent le fort et dégagèrent la ville, en refoulant Cangé dans la plaine.

Le soin de la reprise du Petit-Goave fut confié au chef de brigade Neterwood. Il s'embarqua avec la majeure partie de la garde d'honneur qu'il commandait et d'autres troupes, sur le vaisseau *le Duguay-Trouin*, la frégate *l'Union* et plusieurs navires de transport. Des *chiens* du premier envoi fait par Noailles avaient été emmenés du Cap : une cinquantaine de ces animaux furent aussi de l'expédition.

Le 29 mars, la flotille fut aperçue des mornes du Tapion, se dirigeant vers la baie du Petit-Goave. Déjà, Lamarre avait fait transporter les munitions au fort Liberté situé sur la montagne, à peu de distance de la ville ; il incendia celle-ci et se retira au fort avec toute sa petite troupe, à laquelle se joignit courageusement le vieillard Brouard, rajeuni à la vue de la lutte qu'il fallait soutenir. Dans l'ancien régime, il avait servi dans la maréchaussée ou gendarmerie du temps ; c'était un habile tireur comme l'étaient presque tous les mulâtres de cette époque. Sa présence au milieu de ses fils eût suffi pour communiquer à tous ces jeunes hommes une énergie digne de la circonstance, si la valeur de Lamarre et la leur propre ne suffisaient pas. Cependant, l'Africain Gilles Bambara, qui était aussi au fort Liberté avec quelques hommes de sa bande, s'effraya de la situation et se retira avec eux, au moment où Neterwood s'avançait.

Cet intrépide officier était descendu le 30 mars sur les ruines fumantes du Petit-Goave : il était midi. Sans abri contre le soleil ardent de Saint-Domingue, se fiant à son courage et à la valeur de sa troupe d'élite, il marcha aussitôt, en deux colonnes, contre les indigènes. Celle qu'il commandait en personne arriva la première au fort Liberté qu'elle attaqua avec impétuosité : repoussée par une fusillade bien nourrie, elle revenait sans cesse à la charge; enfin, Neterwood reçut à la tête une blessure mortelle qui occasionna la déroute. Bientôt, la seconde colonne arriva à son tour et subit le sort de la première. Clermont, jeune frère de Lamarre, se distingua en sortant du fort avec une partie de ses compagnons à la poursuite des fuyards. Le vieux Brouard, plein de vigueur, fit son coup de fusil comme les jeunes gens : *il fut le dernier à cesser de tirer*, a dit Boisrond Tonnerre dans ses mémoires [1].

On vit *les chiens*, effrayés de la fusillade, harceler les soldats français dans la déroute, contribuant ainsi au succès des indigènes. Dressés à la poursuite *des nègres*

[1] J'ai connu ce brave défenseur du fort Liberté, qui est mort au Petit-Goave presque centenaire. Son âge avancé, sa conduite toujours honorable, le souvenir glorieux de son courage, le rendaient respectable aux yeux de tous, et le firent jouir du privilége d'appeler tous les hommes de cette époque par leur nom, même Pétion, quoiqu'il fût le Président d'Haïti.

fugitifs, mais ignorant *les préjugés de couleur*, ils croyaient remplir leur rôle en s'acharnant contre *les fuyards*, qui, en cette circonstance, étaient *des blancs*[1].

La flotille retourna au Port-au-Prince avec les débris des troupes et le brave Neterwood, qui y mourut des suites de sa blessure.

La déconfiture de cette expédition, où périrent la plupart des militaires de sa garde d'honneur, et la mort de leur chef, firent entrer Rochambeau dans une nouvelle fureur contre les noirs et les mulâtres du Port-au-Prince, en qui il crut apercevoir une satisfaction marquée de ce résultat. Ces hommes formaient des compagnies franches ou garde nationale que commandait *un colon modéré*, nommé Lespinasse ; celui-ci le détourna du projet qu'il avait de les anéantir, en lui déclarant positivement qu'il ne souffrirait pas un tel attentat sur une troupe qui rendait de grands services aux Français, contre les indigènes insurgés des environs de la ville[2]. Mais Rochambeau fit

---

[1] C'est sans doute ce fait qui a porté le dictionnaire de Bescherelle à dire : « L'expédition française de Saint-Domingue a renouvelé l'essai des chiens de guerre ; mais, *par la fraude des vendeurs, cet essai ne réussit pas.* »
Noailles fut, alors, un mauvais *marchand* : sa noble origine le destinait, d'ailleurs, à des choses plus glorieuses. A la fin de ce volume, nous signalerons sa vaillance, digne de sa famille et de sa patrie.

[2] Quelque temps après, le général Lavalette reprit le projet homicide de Rochambeau. Afin de le mettre à exécution, il ordonna *un tir à la cible* au sud du Port-au-Prince, du côté du cimetière extérieur actuel ; il fit faire des cartouches *blanches* pour être délivrées à la garde nationale, appelée également à participer au tir : les troupes françaises auraient saisi ce moment pour assaillir les mulâtres et les noirs. Averti de ce barbare projet, le commandant Lespinasse leur fit charger leurs fusils avec des cartouches à balles, qu'il leur donna avant de se rendre au tir ; il leur en distribua d'autres pour garnir leurs gibernes. Arrivé sur les lieux, au moment où Lavalette ordonna la distribution des cartouches blanches, Lespinasse lui dit : « C'est inutile ; leurs fusils sont chargés et leurs gibernes garnies, mais ils ne prendront aucune part au tir. » Lavalette fut déconcerté.

arrêter et emprisonner *aux fers*, la mère de Lamarre, Madame veuve Pellerin, et toute sa famille. Ces femmes furent généreusement secourues par un autre colon nommé None, dont les démarches obtinrent ensuite leur mise en liberté.

Pendant qu'on exerçait ces rigueurs contre sa famille, Lamarre était élevé au grade de colonel par Lamour Dérance qui vint au Petit-Goave le complimenter de sa victoire.

Le préfet Daure arriva au Port-au-Prince deux jours après le capitaine-général. Le 31 mars, après cette affaire et sur la connaissance acquise des faits qui s'étaient passés dans la plaine des Cayes, il écrivit une lettre au ministre de la marine, dans laquelle nous avons remarqué ce passage : « Ce sont *des soldats* et non des cultivateurs, « qui sont *brigands* à Saint-Domingue. Ils sont com-« mandés *par des officiers instruits, des mulâtres* « *braves;* enfin, 50,000 *noirs ou mulâtres* sont armés « contre nous. » Cet honnête fonctionnaire critiquait spirituellement le mot de *brigands*, appliqué aux hommes qu'on avait contraints à prendre les armes pour défendre leur liberté; il avertissait le gouvernement consulaire de la difficulté, sinon de l'impossibilité, de soumettre désormais cette population : et alors, la paix d'Amiens n'avait pas encore été rompue !

En effet, l'amiral Bedout venait d'arriver au Port-au-Prince, le 29 mars, avec plus de 2,000 hommes. Toujours énergique, Rochambeau fit partir le général Brunet, le 6 avril, pour aller prendre le commandement des Cayes

---

J'ai su ce fait par mon père, qui était alors dans cette garde nationale. Lespinasse était père lui-même de plusieurs mulâtres : peu de colons lui ressemblaient, malheureusement pour eux!

et la haute direction de la guerre dans le Sud. Arrivé le 10 à Jérémie, Brunet conçut un beau plan de campagne qui, *en réussissant*, eût amené la déconfiture de Geffrard et de Férou.

Darbois se portait aux Baradères pour pénétrer dans la plaine des Cayes, par les montagnes de Cavaillon; Marfranc devait y entrer par la route de Plymouth débouchant au camp Périn; le général polonais Spithal et les adjudans-généraux Lefèvre et Bernard débarqueraient à Tiburon pour renouveler la marche de Sarrazin; enfin, celui-ci sortirait des Cayes afin de compléter la manœuvre. Dans ce but, Brunet se rendit promptement dans cette ville.

Mais Geffrard ménageait assez d'intelligences sur tous les points pour être avisé à temps des projets et de la marche de l'ennemi. Il le prévint, en envoyant Gérin dans les hauteurs de Cavaillon; Coco Herne et Thomas Durocher (noir de Jérémie qui s'était réuni à Geffrard avec des cultivateurs armés), dans la route de Plymouth; et Férou, Jean-Louis François et Bazile, sur celle de Tiburon. Lui-même resta dans la plaine des Cayes pour faire face à Sarrazin.

Bientôt, les deux colonnes sorties de Jérémie furent battues. Le polonais Spithal avait été déjà frappé par la fièvre jaune et mourut à Tiburon. Brunet y envoya des Cayes l'adjudant-général Sarqueleux pour prendre le commandement de sa colonne. A son tour, il vint se faire battre dans la forte position des Karatas occupée par Férou : Bernard y perdit la vie, et Sarqueleux mourut aussi en arrivant aux Cayes avec les débris de ses troupes. Sarrazin fut cerné dans la plaine par Férou, après sa victoire ; il ne dut son salut qu'à une sortie opérée par Brunet en personne. Peu après, celui-ci fit de nouveau sortir des Cayes le même Sarrazin contre Geffrard, qu'il attaqua au pont Dutruche; mais, secondé par Férou et Gérin, Geffrard le refoula dans la ville.

Geffrard était donc parvenu, par lui-même et par ses braves lieutenans, à neutraliser, anéantir les combinaisons de Brunet. Il ne s'arrêta pas à cela: il envoya Gérin à la tête d'une colonne contre l'Anse-à-Veau où Brunet venait d'expédier le général Sarrazin. Après quelques combats, Sarrazin capitula et se rendit à Jérémie avec les troupes françaises sous ses ordres. Déjà Miragoane et le Petit-Trou avaient été abandonnés, de même que Saint-Michel, Aquin et Saint-Louis. Cavaillon et tous les autres bourgs du littoral du Sud jusqu'à Tiburon, étaient aussi au pouvoir des indigènes. Les Cayes, Jérémie et les autres bourgades des environs obéissaient aux Français.

La présence de Brunet aux Cayes y rendait inutile celle de Laplume et de Néret: on les envoya au Port-au-Prince, d'où ils furent déportés en France. Mais Laplume fut débarqué à Cadix, où il mourut quelque temps après. Néret parvint à Bordeaux. Ces deux hommes n'avaient pu comprendre leurs devoirs envers leur pays.

Darbois laissa Sarrazin à Jérémie et passa aux Cayes pour commander l'arrondissement.

Dans l'Ouest, Rochambeau envoya le général Fressinet pour s'emparer de l'Arcahaie; mais il fut repoussé par Pétion, le 28 avril.

Dans le Nord, après avoir défendu le Cap contre Romain, Christophe et Clervaux, en février, le général Clauzel avait su maintenir une garnison à l'Acul, pour y faire cultiver des vivres. A la fin d'avril, Toussaint Brave vint prêter son concours à Romain dans le but de s'emparer de ce bourg et de détruire ces plantations. Clauzel marcha contre eux par terre, en même temps qu'il envoyait d'autres troupes débarquer à la baie de l'Acul : il réussit à refouler au Limbé les deux généraux noirs et à conserver cette position devenue si utile à l'alimentation du Cap.

Depuis que Rochambeau avait quitté cette ville, Clauzel, Claparède et Thouvenot avaient fait cesser tous les crimes ; par leurs sentimens de justice et d'humanité, ils maintenaient les indigènes dans la fidélité à la France, et ceux-ci combattaient avec ardeur contre les insurgés. C'est ce qui peut expliquer la tendance des Congos du Nord, à venir peu après opérer des échanges de vivres, de légumes et d'autres denrées avec les Français au Cap : ce qu'ils firent ensuite sur une plus large échelle.

Mais les choses avaient pris une tournure si défavorable à la cause française, que Rochambeau se décida à envoyer en France le général Boyer, chargé d'exposer au Premier Consul la situation de la colonie, de presser l'envoi de nouvelles troupes, avec tout ce qui serait nécessaire à leur entretien, surtout de l'argent, puisque la colonie ne fournissait plus aucune ressource. C'était, au fait, une mission qui devait annoncer *l'agonie* de Saint-Domingue. Tous les fonctionnaires civils furent invités à produire les demandes qu'ils auraient à faire, pour les branches de service dont ils étaient chargés.

Le préfet Daure, en même temps ordonnateur en chef, écrivit à cette époque une lettre au Premier Consul lui-même ; il lui fit un tableau vrai de la situation de la colonie, qui justifiait ses prévisions quand il vit passer les rênes du gouvernement entre les mains de Rochambeau ; il y

disait : « Le Nord est détruit ; le Sud est en feu ; la cam-
« pagne du général Brunet est manquée ; il a été forcé de
« se renfermer dans la ville des Cayes ; dans l'Ouest, les
« Grands-Bois et le Cul-de-Sac seuls fournissent encore
« quelques faibles ressources, etc. »

Le 26 février, on avait reçu de Rochefort avec des troupes, environ 1500 mille francs ; mais cette somme avait été employée à payer en partie un arriéré considérable. En juin suivant, une somme à peu près égale arriva avec des traites sur France, formant en tout 3 millions : ce fut le dernier envoi venu de la métropole.

En Europe même, il se passait des événemens qui devaient influer grandement sur les destinées de Saint-Domingue. Le 16 mai, la rupture de la paix d'Amiens était un fait constant. La guerre recommençait donc entre la Grande-Bretagne et la France, et désormais celle-ci ne pourrait plus ravitailler sa colonie livrée à une insurrection générale.

Le général Boyer, parti dans ces circonstances, fut fait prisonnier par les Anglais. Ils acquirent ainsi la connaissance entière de la situation de Saint-Domingue, par les documens tombés en leur pouvoir, et se préparèrent à en profiter.

Dans ce même mois de mai, les combinaisons politiques de Pétion, qui ne s'endormait pas à l'Arcahaie, obtinrent un succès décisif pour la cause indigène. Avisé des événemens si heureux du Sud, il jugea que le moment était arrivé d'assurer à Dessalines la prépondérance de l'autorité dans l'Ouest sur Lamour Dérancé. Dans ce but patriotique, il envoya des émissaires, — *des hommes de confiance*, comme eût dit T. Louverture, — proposer à Cangé de venir à l'Arcahaie avec ses principaux officiers, afin de voir le général en chef et de s'entendre avec lui sur les opérations qu'il jugerait convenables pour le succès des armes indigènes. Pétion prévint Dessalines de cette disposition, et il se rendit à l'Arcahaie. Là, se trouvèrent Cangé, Lamarre, Mimi Baude, Marion, Sanglaou, Cadet Baude, Isidor et plusieurs autres officiers. Les barges commandées par Derénoncourt et Masson les avaient transportés, par le canal entre l'Arcahaie et Léogane.

L'autorité suprême de Dessalines fut solennellement reconnue par tous ces hommes qui avaient été du parti politique de Rigaud, alors que dans le Sud Geffrard venait de la faire reconnaître également par Férou et ses compagnons. Cependant, Lamour Dérance avait été un constant partisan de Rigaud et de tous les mulâtres ; mais, entre lui et Dessalines, il n'y avait pas à hésiter. Ces deux chefs étaient *noirs ;* et lorsque tous *ces mulâtres* (excepté Sanglaou et Isidor) se décidaient en faveur de celui qui avait si énergiquement, souvent si cruellement soutenu la cause de T. Louverture contre eux, ils prouvaient d'une manière bien convaincante, qu'en soutenant eux-mêmes la cause de Rigaud, ce n'était point par rapport *à sa qualité de mulâtre, à sa couleur. L'avenir de la race noire* à Saint-Domingue avait été leur seul mobile en 1799 ; en 1802 et 1803, c'était encore le seul esprit qui les animait.

Et peut-on ne pas admirer la haute intelligence, le noble désintéressement de Pétion dans ces deux situations, surtout dans la dernière? Auteur de cette œuvre politique, gage de conciliation entre les deux anciens partis qui versèrent si inutilement leur sang dans la guerre civile du Sud, cet homme célèbre, ce grand citoyen a donc acquis des droits à la reconnaissance de son pays ; car il a compris et rempli son devoir envers tous ses frères. Et nous ne sommes pas encore arrivés à l'époque où il a agi comme chef d'Etat !...

Dans cette réunion présidée par Dessalines, il fut convenu que Cangé et ses lieutenans garderaient encore une apparence de soumission à Lamour Dérance, jusqu'à ce qu'on pût secouer le joug qu'il imposait dans l'Ouest, au moyen du fétichisme qui égarait la plupart des Africains de cette partie. Il fallait arriver à leur faire admettre sans violence l'autorité de Dessalines qui n'avait que trop sévi contre les cultivateurs de ce département. Il fut encore convenu que Cangé se porterait au Cul-de-Sac, tandis que le général en chef l'envahirait, après avoir enlevé le Mirebalais aux mains des Français. Par ces dispositions, on espérait renfermer ceux-ci au Port-au-Prince, pour les contraindre plus tard à déguerpir.

C'est au retour de Cangé et des autres officiers à Léogane, que fut capturée la barge où l'on trouva le drapeau indigène mentionné dans ce chapitre.

CHAPITRE XII.

Cangé est battu au Cul-de-Sac par es Français. — Mort de Mimi Baude. — Dessalines enlève le Mirebalais et arrive dans cette plaine. — Il y prend deux postes et fait incendier la plaine. — Cangé et Gabart sont battus en allant contre la Croix-des-Bouquets. — Dessalines organise les 11e et 12e demi-brigades. — Rochambeau se transporte au Cap, d'après l'ordre du gouvernement consulaire. — Fressinet va à Jérémie, Sarrazin vient au Port-au-Prince. — Le préfet Daure part pour France. — Des croisières anglaises bloquent divers ports. — Mesures prises par Rochambeau. — Magnytot, nouveau préfet, arrive au Cap. — Dessalines va dans la plaine des Cayes. — Son langage à l'armée indigène. — Il fait des promotions et organise sept corps de troupes. — Il emploie Boisrond Tonnerre auprès de lui. — Il écrit au curé des Cayes et retourne dans l'Ouest. — Cangé prend Léogane. — Dessalines communique avec un vaisseau anglais dans la baie du Port-au-Prince. — Il organise des corps de troupes à Léogane, devant Jacmel et au Petit-Goâve. — Il retourne au Cul-de-Sac. — Les Congos échangent des produits avec les Français près du Cap. — Romain est battu deux fois près de cette ville. — Latouche Tréville part pour France. — Fuite des colons et mesures de Rochambeau. — Clauzel et Thouvenot conspirent pour le déporter en France. — Dénoncés par Magnytot, ils sont arrêtés et déportés. — Magnytot et Claparède sont déportés peu après. — Fressinet évacue Jérémie et est fait prisonnier par les Anglais. — Férou y entre. — Geffrard consent à une suspension d'armes avec Brunet. — Il va à Jérémie où arrive Bonnet, venant de Cuba. — Bonnet est expédié à Dessalines, qui le nomme adjudant-général. — Lettre de Dessalines à Gérin sur la suspension d'armes de Geffrard. — Examen à ce sujet. — Les Français évacuent le Fort-Liberté, où entre Toussaint Brave. — Dessalines va à la Petite-Rivière. — Promotions de Gabart et de J.-P. Daut. — Les Français évacuent Saint-Marc. — Gabart livre cette ville au pillage. — Dessalines va dans le Nord et revient à Saint-Marc. — Cangé et M. Ambroise obtiennent la capitulation de Jacmel et y entrent. — Belle conduite qu'ils y tiennent. — Désunion au Port-au-Prince entre les officiers français. — Sarrazin et Colbert s'enfuient. — Réfutation d'un fait attribué à Pétion et relatif à Lavalette.

Ainsi que Dessalines l'avait prescrit, de retour dans la

plaine de Léogane, Cangé s'empressa de réunir le plus de troupes qu'il pût pour se rendre au Cul-de-Sac, en en laissant suffisamment contre la ville toujours occupée par les Français. Marchant avec ses meilleurs officiers, Lamarre, Marion, Sanglaou, Mimi Baude, il arriva au camp Frère. Au lieu d'attendre que le général en chef eût le temps lui-même de pénétrer au Cul-de-Sac, il se disposa à attaquer la Croix-des-Bouquets; et dans ce but, il partit du camp Frère en divisant sa troupe en deux colonnes: l'une sous ses ordres, l'autre sous ceux de Mimi Baude; elles arrivèrent sur les habitations Borgella et Jumécourt.

La Croix-des-Bouquets était alors commandée par le chef de brigade Lux, qui avait remplacé Néraud, devenu commandant de la garde d'honneur de Rochambeau, depuis la mort de Neterwood. Lux était le chef de la 5e légère, un des corps les plus fameux de l'expédition française; et lui-même se distinguait par sa bravoure entre tant d'autres braves guerriers. Avisé de la marche de Cangé, il fut au-devant de ses colonnes avec deux bataillons de sa demi-brigade. Le général indigène fut battu en bien peu de temps à Borgella, par Lux en personne. Mimi Baude résista davantage à l'autre bataillon qui le joignit à Jumécourt; mais, ayant été blessé mortellement dans l'action, sa colonne rallia celle de Cangé qui retourna au camp Frère. Mimi Baude y mourut, regretté de tous: ce brave reçut les honneurs funèbres de ses compagnons d'armes.

En même temps, Dessalines partait de la Petite-Rivière avec Gabart et de nombreuses troupes. Il atteignit bientôt le Mirebalais où se trouvaient encore Luthier et David-Troy. Apprenant que des troupes françaises, sous les ordres de Kerverseau, venaient au secours de ce bourg du côté de Las Caobas, il détacha Gabart qui les battit et les refoula dans la partie espagnole. Alors, Dessalines fit attaquer les forts du Mirebalais. Après avoir repoussé les assauts des indigènes, Luthier et David-Troy opérèrent courageusement l'évacuation dans la nuit, en passant par les Grands-Bois, où un colon, nommé Viet, commandait un poste : tous ensemble se retirèrent à la Croix-des-Bouquets.

Ces faits eurent lieu dans les premiers jours de juin. Ne trouvant plus d'obstacles, Dessalines fit passer son armée par la route du Fond-au-Diable pour descendre au Cul-de-Sac. Par cette route, on découvre toute cette plaine qui était encore comme un tapis de verdure, — la plus grande partie des cultivateurs se livrant à la culture des cannes et étant soumis aux Français qui y avaient beaucoup de postes. D'un coup-d'œil, le général en chef jugea du parti qu'il fallait prendre dans la circonstance, pour dégoûter l'ennemi qu'il allait combattre. Toute sa théorie révolutionnaire se résumait en ces deux idées : *coupé têtes, brûlé cazes*, c'est-à-dire, *couper les têtes, brûler les maisons ;* ou, plus succintement, *tuer et incendier*. L'incendie du Cul-de-Sac fut dès-lors résolu dans sa pensée, et bien entendu, guerre à mort aux Français.

Sur l'habitation Lassère, vers le nord-est de la Croix-des-Bouquets, était un blockhaus : il le fit attaquer et enlever. La garnison, faite prisonnière, fut immolée : c'était le premier acte. Mais Dessalines ordonna à ses troupes d'épargner tout noir ou mulâtre qui serait pris parmi les blancs, attendu qu'on devait considérer ces indigènes comme égarés ou contraints de servir. Le lendemain, un autre poste français fut enlevé sur l'habitation Borgella, et les prisonniers subirent le sort de ceux de Lassère.

Le général en chef arriva ensuite au camp Frère où il trouva Cangé et sa troupe, réunis aux indigènes qui gardaient ce point.

La tradition rapporte qu'en arrivant dans la plaine, il avait envoyé des députés auprès de Lamour Dérance, qui se tenait alors au Grand-Fond, afin de l'assurer *de sa soumission à son autorité;* et que rendu au camp Frère, il le fit inviter à venir passer la revue de ses troupes; que Lamour Dérance y vint, en effet, avec *quelques gardes,* et adressa à Dessalines un langage plein d'arrogance ; que ce dernier, ne se sentant pas *assez de puissance* pour se défaire de Lamour Dérance, *supporta* toutes ses paroles insultantes et *le pria* même de passer la revue de ses 10,000 hommes de troupes, auxquels il avait commandé de crier : *Vive le général en chef!* pour mieux satisfaire l'orgueil de cet Africain, qui retourna au Grand-Fond après cette revue [1].

Nous n'accordons pas toujours assez de créance aux traditions populaires, pour ajouter foi à celle-ci. Si Lamour Dérance était orgueilleux de la position que les circonstances lui avaient donnée, et non pas ses absurdes superstitions, plus d'une fois aussi *il avait fui* la présence de Dessalines du temps de T. Louverture, sans trop croire à l'efficacité de ses *ouangas;* il savait qu'il avait affaire à un homme qui ne les redoutait pas, et qui faisait trancher une tête sans hésitation. D'un autre côté, Dessalines était l'être le moins endurant ; à la tête d'une armée aussi nom-

---

[1] Histoire d'Haïti par M. Madiou, t. 3, p. 33 et 34.

breuse, même en supposant un chiffre inférieur, reconnu par tous les généraux comme leur chef, entouré en ce moment de Gabart, de Cangé et des autres officiers supérieurs, *il est impossible* qu'il ait souffert une telle scène de la part de celui qu'il visait à abattre, ainsi qu'il en avait agi à l'égard de Sans-Souci. C'eût été s'exposer à perdre le prestige de son autorité aux yeux de tous. Il avait *dissimulé* envers Sans-Souci en allant le voir dans sa retraite, parce que cet homme paraissait soumis ainsi que Petit-Noël ; il avait *dissimulé* envers Leclerc, au Cap, parce qu'il pouvait y être arrêté avant son insurrection ; mais on ne peut concevoir qu'étant entouré de son armée, il eût encore *dissimulé* avec Lamour Dérance : celui-ci n'a pas dû même s'aventurer à se présenter devant lui.

Quoi qu'il en soit, Dessalines s'attacha, par de bons procédés, à gagner les cultivateurs du Cul-de-Sac à la cause indigène : eux et leurs femmes vinrent vendre leurs vivres au camp Frère ; des danses organisées entre les soldats et les femmes achevèrent le plan du général en chef. Naturellement, ce chef dut paraître plus propre à commander, que l'Africain des montagnes de la Selle et du Bahoruco ; et puis, son autorité était appuyée d'une force effective, régulière.

Après ce préalable, il vint au second acte de la résolution qu'il avait prise en voyant la plaine du Cul-de-Sac. Gabart et Cangé se mirent à la tête de deux colonnes pour incendier usines et plantations.

« Son expérience, dit Boisrond Tonnerre, les combats
« qu'il avait livrés depuis le commencement de la révolu-
« tion, lui avaient appris que rien n'est plus fait pour in-
« timider son ennemi que *le feu* ; tout-à-coup, la plaine,

« les montagnes, tout n'offre au Port-au-Prince épou-
« vanté, que l'image d'un incendie général.... »

Toutefois, le colonel Lux ne voulut pas rester spectateur passif de cette ruine ; il sortit de la Croix-des-Bouquets à la tête d'un bataillon de son corps ; mais cette fois
il fut battu par les indigènes qui le contraignirent à rentrer au bourg, alors parfaitement fortifié et entouré de
fossés.

Après leur promenade incendiaire, Gabart et Cangé
rejoignirent le général en chef sur l'habitation Moquet, où
il s'était rendu. De-là, il envoya le brave Montauban à la
tête de la 7e qu'il commandait, pour intercepter un convoi qui allait de la Croix-des-Bouquets au Port-au-Prince ;
mais arrivé trop tard sur la route, Montauban ne put
effectuer cette capture. A son retour à Moquet, et sur la
dénonciation de Germain Frère, qui avait marché avec
lui, — d'avoir évité le convoi *par lâcheté*, — Montauban
fut dégradé, remis simple grenadier ; et Philippe Guerrier, destiné à devenir un jour le chef du pays, fut nommé
colonel de la 7e.

Le lecteur remarquera cet incident, provoqué par la
délation de Germain Frère ; il fut cause d'une grande injustice envers un vaillant soldat, homme de bien dans
toute l'acception du mot ; et Germain Frère persévéra
dans ces sentimens honteux, pour induire Dessalines à
des actes qui furent en partie cause de leur mort à tous
deux.

Le Cul-de-Sac étant incendié, Dessalines voulut tenter
la prise de la Croix-des-Bouquets. Dans ce but, il envoya
Gabart et Cangé à la tête de quelques troupes, en continuant de rester au quartier-général de Moquet. Mais ces
généraux apprirent bientôt qu'un convoi était parti du

bourg pour le Port-au-Prince : cette ville se ravitaillait ainsi de vivres plusieurs fois par semaine. En s'en emparant dans la savane Oblond, voisine de la Croix-des-Bouquets, les troupes indigènes se livrèrent au pillage. Lux avait entendu la fusillade qui eut lieu entre le détachement du convoi et les indigènes : il sortit aussitôt du bourg avec une partie de la 5ᵉ et deux pièces d'artillerie légère. Après un rude combat, où Gabart fut dangereusement blessé, Lux chassa les indigènes qui retournèrent en désordre à Moquet. Dessalines quitta ce point et se porta de nouveau au camp Frère.

Là, il s'occupa de l'organisation des 11ᵉ et 12ᵉ demi-brigades, en nommant Frontis colonel du premier de ces corps, et Germain Frère colonel du second. Des chefs de petites bandes occupèrent différens postes aux environs du Port-au-Prince.

On ne concevrait pas l'inaction de Rochambeau dans cette ville, pendant que Dessalines faisait incendier la plaine du Cul-de-Sac, et que Lux seul combattait contre ses troupes, si l'on ne savait que dès le milieu de mai *la fièvre jaune* avait reparu de nouveau parmi les Français : l'hôpital du Port-au-Prince était encombré de malades qui périssaient comme en 1802 [1].

Aussi, dans son Histoire de France, Bignon, expliquant les causes de l'insuccès de l'expédition contre Saint-Domingue, et attribuant aux Anglais une influence qu'ils n'ont pas eue sur l'insurrection des indigènes, a-t-il dit que cet insuccès a été occasionné « par la fièvre jaune et l'influen-
« ce anglaise, *deux pestes.* » Pour être dans le vrai, il au-

---

[1] Nous avons lu un document à ce sujet.

rait dû se borner à constater que la rupture de la paix d'Amiens contribua à cet heureux résultat, mais indirectement ; car la France ne pouvant plus expédier de troupes, celles qui se trouvaient dans la colonie devaient inévitablement succomber par l'excellent auxiliaire que la Providence envoya au secours des indigènes qui, dans leurs combats, en moissonnaient aussi chaque jour.

Aussitôt que la guerre eut recommencé entre la Grande-Bretagne et la France, le gouvernement consulaire expédia la frégate *l'Infatigable* porter l'ordre au capitaine-général de retourner au Cap pour y établir le siège de son autorité. Dans tous les temps, quand la guerre existait entre ces deux puissances maritimes, le gouverneur général de Saint-Domingue était tenu de résider au Cap, parce que ce port se trouvait plus à proximité des navires de guerre venant d'Europe, et qu'il est plus difficile à bloquer que le Port-au-Prince, situé au fond d'un golfe. Cette frégate arriva dans ce dernier port vers la fin de juin, et Rochambeau partit immédiatement pour le Cap. Cette mesure ordonnée par la métropole, *facilitait* ainsi l'insurrection de l'Ouest et du Sud, déjà formidable, alors que l'Artibonite et le Nord étaient au pouvoir des indigènes : le capitaine-général allait se trouver renfermé dans une ville dont les environs seuls étaient stérilement occupés.

Il envoya le général Fressinet prendre le commandement de Jérémie, et l'ordre au général Sarrazin de venir commander l'arrondissement du Port-au-Prince, où était le général Lavalette. Brunet, renfermé aux Cayes avec Darbois, était toujours commandant en chef de l'Ouest et du Sud.

Le 30 juin, le préfet Daure partit pour France : depuis quelque temps il avait demandé son rappel. Il y allait confirmer ses prévisions sur la perte de Saint-Domingue.

Le 4 juillet, une croisière anglaise parut devant le Cap : elle était composée de 4 vaisseaux et de plusieurs frégates ; d'autres navires se présentèrent devant le Port-au-Prince et les Cayes. En attendant l'issue de la guerre intérieure, ils commencèrent des hostilités contre les bâtimens français.

Rochambeau fit alors une déclaration superflue, en mettant la colonie *en état de siége :* la chose existait déjà ; mais il se donnait par-là le droit d'agir *contre les Français eux-mêmes,* surtout les commerçans des villes encore occupées. Sans argent, sans ressources, n'ayant reçu dans le mois de juin, ainsi que nous l'avons dit, que 3 millions de francs, moitié en espèces et moitié en traites sur France, cette somme devenait insuffisante ; il fallait pourvoir aux nécessités à venir. Le commerce français ne pouvant plus expédier des navires dans la colonie, ceux des étrangers, des États-Unis surtout, fuyaient depuis quelque temps ses ports où ils ne trouvaient plus de denrées ; et leur blocus allait encore entraver tout arrivage.

Dans une telle situation, où la famine commençait à se faire sentir, le 5 juillet, Rochambeau affranchit de tous droits quelconques les provisions alimentaires qui viendraient de l'étranger. Le 9, il rendit une proclamation pour annoncer la guerre entre la France et la Grande-Bretagne, fortifier le courage et la constance de l'armée française, et des colons déjà désespérés de tout ce qu'ils voyaient.

La joie passa au contraire dans les rangs des indigènes. Leurs chefs reconnurent que ces événemens nouveaux, et déjà prévus depuis quelques mois, allaient faciliter leur noble entreprise, malgré la force de l'ennemi.

Dans ce mois de juillet, en effet, il y avait dans toute la colonie, 17,365 officiers et soldats français; 11,795 étaient valides et 5570 étaient aux hôpitaux, où entraient incessamment de nouveaux malades [1].

Le 27, un nouveau préfet colonial arriva au Cap, venant de France : il se nommait Magnytot. Il apporta, il paraît, un arrêté du Conseil d'État établissant *des chambres d'agriculture* au Cap, au Port-au-Prince, aux Cayes et à Santo-Domingo [2]. Pour *l'acquit de sa conscience*, le capitaine-général fit publier cet arrêté devenu dérisoire dans la circonstance ; il en fut de même pour les lois du code civil qui venaient d'être promulguées dans la métropole. Il fit mieux, en offrant des lettres de marque à ceux qui voudraient armer des corsaires pour aller en course contre les navires de commerce anglais, et en prenant quelques autres mesures sur l'administration des boulangeries et des boucheries.

Tandis que Rochambeau se rendait au Cap, Dessalines prenait une route opposée : il partit pour la plaine des Cayes, afin de prendre aussi des mesures d'organisation. Avant de quitter le Cul-de-Sac, où il laissa ses troupes sur l'habitation Rocheblanche, il donna l'ordre au colonel Guerrier principalement, et à Destrade, chef d'un bataillon de la 3e, de chercher le moyen d'arrêter Lamour Dérance. Dans ce but, il écrivit une lettre à celui-ci, en lui disant qu'il lui confiait le commandement de son armée en son absence [3]. Lamour ne tarda pas à se ren-

---

[1] Nous avons lu un état officiel constatant ces chiffres.
[2] Il a été déjà fait mention de cet acte à la page 463 de notre 4e volume : il fut rendu le 12 mars.
[3] Mémoires de Boisrond Tonnerre. On peut admettre le fait de cette lettre, qui n'était qu'un piége, et non pas ceux que nous avons réfutés plus avant.

dre auprès de ces troupes, moins peut-être pour faire acte d'autorité en vertu de cette lettre, que pour essayer de les gagner en l'absence de Dessalines. Accueilli avec toutes les apparences de la soumission, il fut invité par Guerrier à passer une inspection des armes. Après qu'il eut parcouru le front de la 7e, ce colonel fit ouvrir les rangs pour qu'il continuât l'inspection du second rang : une fois engagé au milieu de ce corps, son arrestation devint facile. A un signe de Guerrier, il fut appréhendé par des hommes robustes qui le garottèrent immédiatement. Les quelques officiers qui l'avaient accompagné, loin de tenter aucune résistance, se mirent à fuir dans toutes les directions. Conduit aussitôt sous bonne escorte sur l'habitation Marchand, dans l'Artibonite, Lamour Dérance y fut détenu aux fers et périt peu après, de chagrin et de misère. Il était déjà d'un âge assez avancé[1].

Sa faction fut ainsi anéantie, et l'autorité de Dessalines assurée dans tout le département de l'Ouest, puisque les officiers supérieurs de cette partie l'avait déjà reconnue, par les soins intelligens de Pétion.

Ces soins, étendus dans le Sud par le concours de Geffrard, y préparèrent encore un triomphe facile au général en chef. Il arriva au camp Gérard avec les officiers de son état-major et ses guides, et y trouva réunie l'armée des indigènes.

Le souvenir des actes qu'il avait commis dans ce département sous T. Louverture, occasionna naturellement une sorte de frémissement parmi les soldats, tous pris dans les rangs des cultivateurs qui avaient tant souffert ;

---

[1] En 1844, j'ai entendu Guerrier, alors Président d'Haïti, raconter les circonstances de cette arrestation, en présence de plusieurs autres personnes qui étaient au palais national.

mais l'accueil qu'il reçut de Geffrard et de tous les officiers supérieurs, dissipa promptement toute crainte, toute aversion. Assemblant les troupes autour de lui, Dessalines leur tint un langage plein de patriotisme ; il s'excusa de sa conduite antérieure, par l'obéissance qu'il devait à T. Louverture et dans la pensée que ce dernier n'avait voulu que la liberté de ses frères, mais en rappelant aussi qu'il avait épargné la vie de plusieurs des guerriers qui agissaient alors pour le triomphe de cette liberté. Il leur dit que désormais *l'oubli du passé, l'union entre tous les indigènes* leur étaient commandés à tous sans exception, pour pouvoir vaincre *les blancs*, les chasser du pays, et rester *indépendans de la France*. Enfin, il fit valoir la reconnaissance de son autorité par tous les généraux de l'armée indigène, l'anéantissement de la faction de Sans-Souci et des Congos du Nord, en annonçant que celle de Lamour Dérance devait être déjà anéantie, par l'ordre qu'il avait donné de son arrestation.

Les cris de : *Vive le général en chef ! Vive la liberté !* répondirent à cette chaleureuse allocution, d'ailleurs pleine de bon sens.

Faisant immédiatement acte d'autorité souveraine, dictatoriale, Dessalines promut Geffrard au grade de *général de division;* Gérin, Férou, Jean-Louis François et Coco Herne, à celui de *général de brigade*. Le commandement du département du Sud fut déféré à Geffrard ; celui des arrondissemens de l'Anse-à-Veau, à Gérin ; d'Aquin, à Jean-Louis François ; des Cayes, à Coco Herne ; de Jérémie, à Férou.

Procédant à l'organisation des troupes que Geffrard avait déjà formées, Dessalines nomma Bourdet, colonel de la 13e demi-brigade ; Francisque, colonel de la 15e ; Bruny Leblanc, colonel de la 16e ; Vancol, colonel de la 17e ; Bazile, colonel de la 18e ; et Gilles Bénech, colonel de la 19e [1]. Guillaume Lafleur fut également nommé colonel du régiment des dragons. D'autres officiers supérieurs furent aussi nommés ou laissés aux soins de Geffrard.

Celui-ci avait alors auprès de lui, le jeune Boisrond Tonnerre qui s'était sauvé des Cayes depuis peu de temps pour joindre les indigènes. Instruit, mais d'un caractère exalté (il y avait de quoi l'être en ce temps-là), ayant vu commettre tant d'atrocités aux Cayes, son langage était énergique, passionné. Geffrard le présenta à Dessalines comme digne de son estime, par son instruction et le patriotisme dont il venait de donner des preuves, en abandonnant les Français. Le général en chef l'en félicita et l'employa à son état-major en qualité de secrétaire. La circonstance où Boisrond Tonnerre fut honoré de la confiance de Dessalines, décida peut-être de la conduite qu'il tint ensuite auprès de ce chef : âgé alors de 27 ans, il se laissa dominer par une funeste ambition qui fit son malheur plus tard.

En partant du camp Gérard pour retourner dans l'Ouest, Dessalines adressa une lettre au curé des Cayes où il faisait connaître ses sentimens. Son nouveau secrétaire, qui l'aura peut-être écrite, nous en fait savoir la subs-

[1] Dans l'organisation de la 19e demi-brigade, Dessalines prouva la droiture de son jugement d'une manière originale. Ce corps était formé des bandes de Gilles Bénech, de Nicolas Régnier et de Goman ; le premier était plus ancien chef de bataillon que les deux autres ; il ne portait point d'épaulettes pendant cette guerre, tandis que Nicolas et Goman en avaient chacun deux, se considérant comme colonels. En nommant Gilles Bénech à ce grade, Dessalines contraignit Nicolas et Goman à lui donner chacun une épaulette, et ils restèrent simples chefs de bataillon ; ce qui fit dire à Goman : « Nègre là, li dimini moé. » (Ce nègre-là m'a diminué en grade.)

Il est entendu que Goman tint ce propos après le départ de Dessalines : c'était un Congo.

tance dans ses Mémoires : « Dans une lettre écrite au « curé des Cayes par Dessalines, dit-il, ce général avait « eu la franchise de ne rien cacher de ses dispositions, « qui, *sans doute,* n'étaient pas favorables *aux blancs*, et « il ne tenait qu'à ceux-ci de prendre le parti de la fuite...»

En effet, le général en chef donna l'ordre à Geffrard et aux autres généraux de tout faire pour contraindre les Français à l'évacuation des villes des Cayes et de Jérémie, tandis qu'il allait agir ailleurs dans le même but.

Déjà, par ses ordres, la 3e demi-brigade était venue de Rocheblanche renforcer la troupe de Cangé dans la plaine de Léogane. Ce général avait marché contre la ville, et la garnison l'avait évacuée en bon ordre sous le commandement du chef de bataillon Dolosié, qui la fit embarquer sur la frégate *la Poursuivante*.

Léogane était au pouvoir de Cangé quand Dessalines y arriva. Il eut occasion de faire un acte de juste sévérité envers le colonel Mathieu Fourmi, qu'il fit arrêter et envoyer en détention à Marchand. Pendant qu'il était encore au Cul-de-Sac, ce colonel avait dénoncé à Lamour Dérance le chef d'escadron Pierre Louis, comme embaucheur en faveur de Dessalines, et Lamour était venu faire fusiller cet officier.

Les vaisseaux anglais bloquaient le Port-au-Prince. Dessalines envoya à bord du *Theseus* un homme de couleur de Léogane nommé Gourjon, qui parlait l'anglais, afin de proposer au commandant de lui acheter de la poudre et des armes. Gourjon en reçut qu'il paya immédiatement. A son retour, Dessalines, satisfait de cette mission remplie avec quelque danger, voulut donner le grade d'adjudant-général à Gourjon, qui déclina ce titre, pensant que chaque citoyen devait se dévouer au salut commun. Ce trait honore la mémoire de Gourjon : il a prouvé un désintéressement louable.

Poursuivant son organisation militaire, Dessalines, qui réservait au corps des *polonais noirs* de l'Artibonite, sous Jérôme, le 20ᵉ numéro parmi les demi-brigades, forma la 21ᵉ à Léogane. Il se rendit avec Cangé devant Jacmel, assiégé par Magloire Ambroise : il laissa Cangé pour diriger les opérations de ce siége, et forma, des bandes de ce quartier, les 22ᵉ et 23ᵉ demi-brigades. De-là, il retourna au Petit-Goave où la 24ᵉ fut formée, ayant Lamarre pour colonel. Gilles Bambara, aussi colonel, eut le commandement de cet arrondissement.

Ces opérations terminées, le général en chef rejoignit ses troupes au Cul-de-Sac, où Larose vint se soumettre à ses ordres. Oubliant le passé, il le plaça à la tête de la 8ᵉ demi-brigade.

Au Cap, par suite des dispositions qu'il avait prises pour approvisionner les villes, en affranchissant tous les comestibles des droits à leur importation, Rochambeau avisa aussi, dans le mois de juillet, aux moyens de se procurer des vivres de la campagne, par les Congos. Il réussit, par des présens, à gagner Jacques Tellier et Cagnet, chefs de ces bandes. Déjà, comme on l'a vu, l'humanité du général Clauzel les avait prédisposés à cela. Un marché s'établit alors dans les environs du Cap, où s'échangeaient les produits récoltés par les cultivateurs.

Afin d'entraver ce commerce et ces relations dangereuses, le général Romain vint s'approcher du Cap. Le 24 juillet, Clauzel sortit de cette ville avec Claparède et Noailles pour l'en chasser. On vit alors les Congos se joindre aux Français contre Romain qu'ils contraignirent à se retirer au loin. Mais, quelques jours après, le 5 août, le général indigène reparut du côté du Cap, après avoir ravagé les jardins entretenus jusqu'alors à l'Acul par les Français. Clauzel marcha de nouveau contre lui ; un combat acharné eut lieu entre eux, et Romain fut encore vaincu ; mais il avait tué de sa propre main l'adjudant-général Maillard qui le poursuivait dans la mêlée [1].

Ce résultat fit donner une plus grande extension au marché ouvert avec les Congos : dès le 13 août, les échanges eurent lieu à la Petite-Anse où on les concentra ; ils consistaient non-seulement en vivres et légumes, mais en cafés.

En ce moment, l'amiral Latouche Tréville partit pour France, laissant le commandement des navires de guerre au capitaine de vaisseau Barré. Depuis quelques mois, l'amiral ne cessait d'adresser des lettres au ministre de la marine, pour être autorisé à passer dans la métropole, se fondant sur son état valétudinaire. Il quitta le Cap le 12 août.

Son départ fut comme le signal d'une panique parmi les colons et d'autres Européens qui étaient dans cette ville : ils demandèrent à Rochambeau des passeports ; et, sur son refus, ils s'esquivèrent en passant aux États-Unis par les navires de ce pays. Rochambeau fit publier que les biens de ceux qui fuyaient ainsi seraient *confisqués ;* mais il ne put arrêter ce mouvement de terreur imprimé par les événemens. Il finit par le seconder, en contraignant bien des individus à s'embarquer, afin de diminuer le nombre des hommes sur lesquels il ne pouvait compter pour la défense du Cap, et en raison de la famine qui se manifestait.

[1] On a désigné ce Maillard comme l'un *des septembriseurs* de Paris.

Ces mesures capricieuses, jointes aux autres actes de despotisme sauvage de la part du capitaine-général, portèrent alors les généraux Clauzel et Thouvenot à concevoir le projet de l'arrêter et de le déporter en France, pour débarrasser la colonie expirante d'un chef qui méritait si peu de la gouverner. Sans nul doute, il ne leur appartenait pas *d'être juges* de cette autorité que le gouvernement de la métropole y avait placée; mais, dans leurs sentimens honnêtes et humains, ils croyaient devoir prendre sur eux cette responsabilité, avec l'espoir de la justifier par des mesures qui eussent rapproché des Français, les indigènes en armes : ils se trompaient encore sur ce point, le sort en était jeté !

Clauzel s'en ouvrit au préfet Magnytot, le 25 août. Depuis un mois que ce fonctionnaire était arrivé au Cap, il paraissait entièrement disposé à ne suivre *que les lois*, à porter chacun à les observer, par conséquent à respecter les droits de tous. Ce fut le motif de la confiance qu'eut Clauzel en lui, qui était le premier agent civil dans la colonie. Mais Magnytot, après avoir paru se prêter à ce projet pour le connaître à fond, *dénonça* Clauzel et Thouvenot à Rochambeau qui les fit arrêter et embarquer sur un navire. Il agit avec beaucoup de vigueur et maintint l'armée dans la subordination, malgré l'estime dont jouissaient ces deux généraux. Claparède fut suspecté de connivence avec eux ; mais il ne fut pas déporté pour le moment. Le général Lapoype, qui était alors au Môle, fut nommé commandant de la division du Nord, et appelé au Cap, d'où Noailles alla le remplacer. J. Boyé fut nommé chef de l'état-major de l'armée.

Clauzel et Thouvenot ne purent partir que le 13 septembre : ils se rendirent à la Havane, et de-là aux États-Unis.

Vingt jours après, Magnytot fut à son tour *arrêté et déporté* dans ce pays, par ordre de Rochambeau. Depuis qu'il avait dénoncé les deux généraux, il se croyait naturellement plus important à raison de ce service rendu au capitaine-général personnellement; il lui fit de sérieuses observations sur les mesures acerbes qu'il prenait contre les négocians français du Cap, suspectés d'être entrés dans la conjuration des généraux : ce fut le motif de sa déportation. Rochambeau profita de l'occasion pour renvoyer aussi le général Claparède dont la modération lui avait déplu [1].

Retournons dans le Sud.

En nommant Férou commandant de l'arrondissement de Jérémie, Dessalines lui indiquait par cela même qu'il fallait en faire la conquête. Aussitôt après le départ du général en chef pour l'Ouest, Geffrard fit partir Férou dans ce but. Arrivé à l'Anse-d'Hainaut, ce général divisa sa troupe en deux colonnes : l'une, sous les ordres du colonel Bazile, prit la route intérieure par le cours de la grande rivière de Jérémie; l'autre, sous ses ordres, suivit celle du littoral. Tandis que cette dernière prenait successivement possession de Dalmarie, des Abricots et des autres bourgades de la côte, Bazile enlevait de vive force les postes français établis sur les habitations Bourdon et Marfranc. A l'approche de Bazile de Jérémie, le général

---

[1] M. Madiou s'est trompé, en attribuant à Magnytot *l'initiative* du projet de déportation de Rochambeau. Nous avons lu deux lettres de lui au Premier Consul, établissant les faits tels que nous les relatons; dans la première, datée du Cap, il se faisait un grand mérite de la dénonciation des deux généraux; elle respire une suffisance extrême; mais la seconde, datée de New-York, n'est qu'une longue complainte sur *l'injustice* dont il a été l'objet : il y caractérise le violent despotisme de Rochambeau d'une manière admirable. Telle est l'histoire de bien des hommes.

Fressinet lui fit proposer une suspension d'armes de dix jours, pour avoir le temps d'évacuer cette ville. Férou y ayant consenti, cette évacuation s'opéra le 4 août, et Fressinet fut capturé par les Anglais qui l'amenèrent à la Jamaïque avec ses troupes.

Quand Férou allait à Jérémie, Brunet ayant reconnu que Geffrard faisait la guerre avec modération, lui fit proposer une trêve de quinze jours, afin d'ouvrir un marché aux portes de la ville des Cayes qui était en proie à la famine ; il voulait ainsi nourrir et soulager sa troupe. Geffrard y consentit, dans l'intérêt surtout de la population indigène qui souffrait autant que la garnison française. L'une et l'autre purent ainsi s'approvisionner de vivres et de légumes. Les quinze jours étant expirés, la guerre recommença.

Apprenant ensuite la prise de Jérémie, Geffrard laissa Gérin à la tête de ses troupes et se rendit en cette ville, où il se conduisit avec la plus grande humanité, de même que Férou, envers tous les habitans sans distinction. Peu après, il y vit arriver le chef d'escadron Bonnet, venant de Saint-Yague de Cuba : il accueillit ce compagnon d'armes avec une cordialité digne de leurs antécédens à tous deux, et l'expédia porteur de ses dépêches au général en chef que Bonnet rencontra au Cul-de-Sac. Dessalines le reçut avec distinction, et le promut immédiatement au grade d'adjudant-général dans son état-major. Bonnet avait été le chef de celui de Rigaud. Si les anciens officiers du Sud prouvaient tous à Dessalines qu'ils avaient étouffé tout ressentiment, le général en chef lui-même démontrait aussi qu'il avait oublié le passé pour ne songer qu'au salut commun.

Cependant, lorsqu'il eut appris que Geffrard avait consenti à une trêve de quinze jours avec Brunet, et à approvisionner les Cayes, Dessalines, qui aimait les opérations vigoureuses à la guerre, en éprouva du mécontentement. Il l'exprima par la lettre suivante, adressée à Gérin, commandant des troupes qui assiégeaient les Cayes, en l'absence de Geffrard :

Quartier-général, à Viet (aux Grands-Bois) le 24 thermidor an XI (12 août).

Le général en chef,
Au général de brigade Gérin, commandant, *pro tempore*, la division du Sud.

J'ai reçu, mon cher général, *votre lettre* du 12 (31 juillet) avec d'autant plus de satisfaction, qu'elle entre parfaitement *dans tous les détails* que je pouvais désirer. Ci-joint un paquet pour le général Geffrard *dont les dernières mesures m'ont singulièrement étonné*, puisqu'elles contrarient *les instructions* que je lui ai laissées à mon départ : vous voudrez bien le lui faire parvenir à Jérémie, *après en avoir pris lecture. Lisez mes dernières instructions*, et que la sûreté de votre division repose sur elles. Eh quoi ! général, nous n'aurions combattu, nous ne serions vainqueurs que pour donner tête baissée dans le piége qui nous est tendu par Brunet? Quoi ! à la veille de faire disparaître nos bourreaux de notre malheureux pays, nous nous estimerions heureux *de prendre des arrangemens*, et de laisser à nos ennemis *leurs armes? Quelle honte !* Non, général, aucune des armées que je commande *ne se déshonorera par une telle lâcheté* [1]. — Vous fûtes, général, la victime dévouée à tous les poignards ; *vous fûtes le premier qui me fit sentir la nécessité de porter dans votre département le fer et la liberté*. Et je me réjouis de ce que *la prudence* du général Geffrard *vous ait confié sa division*. Vous saurez *préserver* votre armée du piége qui lui est tendu, et vous n'entendrez à aucune proposition qu'au préalable *on n'ait mis bas les armes*. Je vous souhaite des succès, de la fermeté, et la haine éternelle pour les Français.

Je vous salue cordialement,   DESSALINES.

[1] Ceci était relatif à la capitulation de Jérémie, Férou ayant consenti à ce que la garnison française s'embarquât avec armes et bagages. Mais, peu après, Dessalines agit de même au Port-au-Prince et au Cap.

On a imputé, dès-lors, à Dessalines *une jalousie* contre Geffrard à cause de l'influence qu'il exerçait dans le Sud. On a pareillement imputé à Boisrond Tonnerre une odieuse *ingratitude* envers Geffrard, en disant qu'il incitait le général en chef contre lui, quoique Geffrard l'eût recommandé si généreusement [1]. Mais nous croyons également erronées l'une et l'autre tradition.

Cette lettre de Dessalines peut avoir été écrite par Boisrond Tonnerre ; mais elle ne saurait rien prouver à sa charge : secrétaire, il était tenu de formuler la pensée du chef, telle que celui-ci le voulait. Cette lettre, au contraire, nous met sur la voie de la vérité des choses. On voit bien qu'elle ne fut qu'*une réponse* à celle adressée par Gérin à Dessalines ; et nous n'hésitons pas à croire que *c'est à Gérin* qu'il faut attribuer le mécontentement qu'exprime cette réponse. On conçoit que Dessalines dut vouloir pousser les opérations militaires avec vigueur, afin d'arriver promptement à l'expulsion des Français, dans le moment où les Anglais bloquaient les ports occupés par eux ; et c'est alors qu'il reçoit ces informations de Gérin, « qui avait constamment refusé de traiter avec « les Français, de l'évacuation des Cayes, *qu'il voulait* « *prendre d'assaut* [2]. »

Cependant, ce même Gérin avait traité de la capitulation de l'Anse-à-Veau avec le général Sarrazin, peu de temps auparavant ; il y trouva des munitions de tous genres, *par la modération* dont il usa envers le général français ; mais, c'était *lui* qui avait agi en cette circonstance [3]. *Il blâmait* Férou, *il blâmait* Geffrard, agissant

---

[1] Histoire d'Haïti, t. 3, p. 58.
[2] Histoire d'Haïti, t. 3, p. 59.
[3] Ibid., t. 3, p. 23.

de même envers Brunet, sans considérer que son chef voulait surtout protéger les malheureuses familles indigènes de cette ville des Cayes où il était estimé de toutes : la lettre de Dessalines, en réponse à la sienne, indique clairement les termes de celle-ci. C'est donc Gérin, plutôt que Boisrond Tonnerre, qui excitait le général en chef contre Geffrard, contre Férou.

Pour mieux comprendre ses motifs, il faut savoir les faits antérieurs. En 1798, à la mort de Doyon au camp Thomas, près de Pestel, Gérin espérait que Rigaud lui aurait donné le commandement de la 4ᵉ demi-brigade du Sud, qui fut déféré à Geffrard : de là *une rivalité jalouse* de la part de Gérin. Lorsque Geffrard entra dans ce département, Gérin, convaincu par Pétion dans leur rencontre près de Léogane, prêta sans doute un franc concours à son rival; mais, en recevant de Dessalines le grade de général de brigade, après l'avoir entendu au camp Gérard, ses anciens sentimens se réveillèrent. En outre, Gérin avait des idées presque toujours en opposition à celles des autres; les plans les plus chimériques germaient incessamment dans son esprit : à l'avenir, on les verra se produire encore mieux. Dans la circonstance dont s'agit, brave comme il était, jusqu'à la témérité, il ne pouvait comprendre les procédés de Geffrard, diminuant autant que possible les maux inévitables de la guerre; il ne vit pas tout ce qu'il y avait de sage et de généreux dans cette noble figure, dans cet illustre citoyen du Sud, de même qu'il ne comprit pas plus tard la modération de Pétion.

Quant à Boisrond Tonnerre, s'il est vrai qu'il méconnut par la suite ce qu'il devait à Geffrard (ce que nous examinerons ailleurs), du moins il lui rendit assez de *justice* dans ses Mémoires écrits en 1804, pour que l'on repousse les mauvaises intentions qui lui ont été prêtées en 1803. Voici comment il y parle des procédés de Geffrard envers Brunet et la garnison des Cayes :

« Geffrard, maître de la plaine, campa aux portes des « Cayes. Un seul poste hors de la ville était occupé par « les troupes françaises. Geffrard, *rempli d'humanité,* « *laissa exister ce poste assez essentiel, parce qu'il favo-* « *risait la désertion* d'une quantité considérable d'hom- « mes et de femmes qui étaient renfermés aux Cayes. » Et en note. « *L'attachement que Geffrard portait à ses* « *concitoyens et son humanité* ont reculé la prise des « Cayes. *Il a préféré la retarder que de massacrer ses* « *frères. Il a fait parvenir des secours à quelques mal-* « *heureux* qui ne pouvaient sortir de la ville, où ils étaient « en surveillance. On peut donc dire de lui : *De ses frè-* « *res il fut le vainqueur et le père.* »

Quel plus bel éloge peut-on faire d'un guerrier, d'ailleurs si méritant! Certes, *en louant Geffrard* ainsi, Boisrond Tonnerre *n'approuvait pas Gérin* d'avoir voulu prendre les Cayes *d'assaut :* un assaut entraîne presque toujours *le massacre*[1].

Non, ni Dessalines ni Boisrond Tonnerre ne cherchaient déjà à enlever à Geffrard *toute sa gloire*[2]. Général en chef de l'armée indigène, Dessalines avait *le droit* de stimuler le zèle de ses subordonnés, de leur commander

[1] Il sera prouvé, plus tard, que Boisrond Tonnerre tournait Gérin *en ridicule* pour ses plans chimériques : de là la haine de Gérin, qui fut cause en grande partie de la mort de ce jeune homme.

[2] Histoire d'Haïti, t. 3, note de la page 59. — Voyez, en preuve de ce que nous disons, comment Geffrard *a été loué* par Dessalines, dans le journal de la campagne contre le Port-au-Prince, qui eut lieu ensuite, à propos de sa conduite à Jérémie ; il y est dit : « Arriva, enfin, l'évacuation de Jérémie ; et *la modération* avec laquelle le général Geffrard en usa envers les habitans de « toutes couleurs restés en ville dessilla les yeux de ceux du Port-au-Prince... »

d'agir avec vigueur contre l'ennemi : sa lettre à Gérin désapprouvait en termes *trop sévères* la faculté accordée par Geffrard d'approvisionner la garnison des Cayes, ce qui en ajournait la prise ; mais elle ne prouve pas qu'il était *jaloux* de ses succès ; les regrettables soupçons qu'il conçut contre lui *deux années après*, ont été occasionnés par d'autres causes, d'autres circonstances.

Au commencement de septembre, le Fort-Liberté étant cerné par les indigènes et bloqué par les Anglais, le général Dumont, qui défendait cette place, fit proposer à Toussaint Brave une entrevue qu'il accepta. Le but de Dumont était d'obtenir qu'il consentît à ouvrir un marché pour procurer des vivres à la garnison. A ses premières paroles, il fut arrêté et garotté ; on l'amena dans la paroisse du Trou. Toussaint Brave *viola* ainsi *le droit des gens* à l'égard de son ennemi ; mais heureusement, il ne conçut pas même l'idée de son meurtre : il crut qu'en s'emparant de la personne du chef de la garnison française, il obtiendrait de celle-ci l'évacuation de la place, et il lui fit savoir que Dumont serait renvoyé, si elle y consentait. Ces braves gens refusèrent avec raison, en exigeant le renvoi préalable de leur général.

En ce moment, un navire de guerre anglais pénétra dans la baie du Fort-Liberté, après avoir contraint le fort Labouque à amener son pavillon. Attaquant un bâtiment français qui était dans le port, avec un équipage réduit par la fièvre jaune, celui-ci se rendit également, et entraîna la soumission de la garnison non moins affaiblie. John Bligh, commandant du vaisseau anglais, apprit alors la traîtreuse arrestation du général Dumont ; et considérant sans doute que la résistance des Français eût été autre, s'ils avaient eu leur chef à leur tête, il embarqua la garnison et les habitans blancs qu'il mena au Cap. C'était déjà un beau trait de sa part; il ajouta à cette action généreuse en retournant le lendemain, 9 septembre, au Fort-Liberté déjà occupé par Toussaint Brave; il envoya un de ses officiers réclamer la remise du général Dumont : ce qu'il obtint sans peine. Mais, en dégageant son ennemi d'une position qui offrait des dangers pour sa vie, il ne se crut pas obligé de faire à son égard ce qu'il avait fait pour la garnison : Dumont fut considéré comme prisonnier de guerre et envoyé à la Jamaïque. Il nous semble que John Bligh eût mieux fait en l'envoyant au Cap : il eût couronné son œuvre, car rigoureusement parlant, Dumont n'était pas un prisonnier de guerre.

Après la prise du Fort-Liberté, les Français ne possédaient plus, — dans le Nord, que le Cap et le Môle; — dans le Sud, que les Cayes. Dans l'Ouest, ils occupaient encore Saint-Marc, la Croix-des-Bouquets, le Port-au-Prince et Jacmel.

En apprenant les relations des Congos avec les Français, Dessalines avait envoyé l'ordre à Christophe et à Clervaux de se porter à la Marmelade et au Dondon. Il partit lui-même du Cul-de-Sac avec ses troupes et se rendit à la Petite-Rivière. Son plan était d'enlever Saint-Marc où il trouverait des pièces d'artillerie, pour revenir contre le Port-au-Prince. A son arrivée, il éleva Gabart au grade de *général de division*, et Jean-Philippe Daut à celui de *général de brigade*.

Gabart eut l'ordre de se rendre devant Saint-Marc avec peu de troupes, pour le bloquer seulement, en attendant une opération plus sérieuse. En même temps, Dessalines écrivit au capitaine James Walker, qui croisait devant le

Môle avec une frégate anglaise, pour lui annoncer son intention contre Saint-Marc et l'attirer de ce côté. L'Anglais y vint effectivement; mais il répondit à Dessalines, en lui recommandant *de la modération* envers les Français, s'il réussissait à enlever la place de vive force. On ne peut que louer cette sollicitude d'un ennemi des Français, qui savait de quoi Dessalines était capable. Le général D'Henin commandait à Saint-Marc, et la famine y sévissait comme dans toutes les autres villes. A l'apparition de la frégate anglaise, D'Henin proposa à son commandant de capituler. La convention fut signée le 4 septembre, et dans la nuit toute la garnison, composée de Français et d'indigènes que commandait Faustin Répussard, s'embarqua sur le *Vanguard* qui la porta au Môle.

Gabart pénétra aussitôt dans la place et souilla ses armes, en ordonnant *le pillage* des malheureux habitans, la plupart indigènes : les femmes furent dépouillées de tous leurs vêtemens. Il faut *flétrir* un tel acte, qui n'avait pas même l'excuse ordinaire d'une ville prise d'assaut, et qui prétextait de l'assassinat du bataillon de la 12e par le général Quentin, pour en tirer vengeance. On ne doit pas *se venger* sur de malheureuses femmes.

Dans l'intervalle, Dessalines s'était porté au Port-de-Paix et dans quelques autres quartiers du Nord avec son état-major, afin de ranimer l'ardeur des généraux et des troupes. Au Port-Margot, il avait envoyé Bazelais à bord du vaisseau anglais monté par le commodore Loring, pour en acheter un peu de poudre et lui annoncer ses préparatifs contre les places encore occupées par les Français. Sachant la prise de possession de Saint-Marc, il y vint rapidement avec le général Vernet. Sa présence y fit cesser les brutalités de Gabart; mais il ordonna une mesure *non moins blâmable*, en faisant venir sur la place publique, entourée de ses soldats, tous les habitans *sans distinction de sexe ni d'âge*, pour les passer *en revue*, comme cela se pratiquait souvent du temps de T. Louverture [1]. La plupart des femmes étaient entièrement nues; elles furent exposées à la risée des troupes, sans ménagement pour la pudeur de ce sexe, puis renvoyées à leurs demeures dévalisées. L'adjudant-général Bazelais, qui se dévouait au salut de son pays, eut la douleur de reconnaître *sa mère* parmi ces infortunées : il s'empressa de la soustraire à ces humiliations.

En cette circonstance, Dessalines *fut aussi coupable* que Gabart. Ce dernier n'était qu'un soldat toujours porté à tous les excès; mais le général en chef ne comprit pas mieux que lui, ce que prescrivait *son devoir* envers les malheureux qu'il délivrait du joug des Français.

Pendant que Gabart entrait à Saint-Marc, Cangé et Magloire Ambroise pressaient le siége de Jacmel; ils avaient acheté quelques munitions d'une corvette anglaise qui était venue dans ces parages. Il n'était pas facile d'enlever cette place, bien défendue par le général Pageot et Dieudonné Jambon. La corvette française *la Vigilante* et deux goëlettes étaient dans le port. Mais la famine concourant avec les efforts des indigènes, Pageot finit par conclure avec eux un armistice qui lui permit de s'embarquer avec la garnison, le 17 septembre : il se rendit à Santo-Domingo.

Le jour même de leur départ, Cangé et Magloire Am-

[1] On raconte que, dans une de ces revues fréquentes, Dessalines fit couper par ses soldats *les longues queues des robes* que portaient les femmes noires et jaunes de Saint-Marc, en disant qu'un tel vêtement *nuisait au travail*. En cela, il avait parfaitement raison.

broise prirent possession de Jacmel. Quoique leurs troupes eussent été dans les mêmes privations que celles de Gabart, elles observèrent le plus scrupuleux respect *pour les propriétés et les personnes*. Cependant, la méchanceté d'un officier français nommé Mansin eût pu être cause du massacre de tous les blancs, si les indigènes n'avaient pas eu à leur tête de tels chefs. Cet officier avait répandu une grande quantité de poudre dans le blockhaus ; les indigènes y ayant pénétré de nuit, n'y firent pas attention ; en fumant, l'un d'eux mit le feu à cette poudre, et occasionna une explosion qui en tua la majeure partie. Naturellement, cet événement fut attribué aux militaires français qui avaient occupé le blockhaus, et les indigènes voulaient venger la mort de leurs camarades sur les autres blancs. Cangé et Magloire Ambroise s'y opposèrent avec une louable magnanimité.

Lorsqu'on honore ainsi le triomphe obtenu sur ses ennemis, on ennoblit sa cause, on a droit à l'estime de la postérité, à son respect.

La retraite du général Pageot à Santo-Domingo, avec la garnison de Jacmel, fut un événement heureux pour les Français dans cette partie de l'île ; car les habitans conspiraient pour les massacrer. En s'éloignant de cette ville depuis le mois de mars, Kerverseau avait violenté leurs habitudes paisibles pour les retenir en armes sur les limites des deux anciennes colonies ; il les avait contraints à subvenir à l'entretien de sa troupe par des contributions pécuniaires ; et pour les obtenir, ses agens commirent toutes sortes de vexations ; leur cupidité fut sans frein. D'un caractère faible, Kerverseau ne sut pas y mettre ordre. Averti du complot qui se tramait à Santo-Domingo, il s'y rendit le 6 septembre : sa présence comprima les factieux, et le concours de Pageot et des troupes venues de Jacmel dans le même mois lui fut de la plus grande utilité [1].

Au Port-au-Prince, la désunion s'était mise entre le général Sarrazin et le commissaire ordonnateur Colbert, d'une part, et le général Lavalette et Panis, de l'autre. Les premiers désapprouvaient hautement le gouvernement de Rochambeau, et opinaient pour l'évacuation de la place ; les deux derniers s'y opposaient en soutenant l'autorité du capitaine-général. La famine se montrait dans toutes ses rigueurs ; tous les comestibles étaient à un prix exorbitant ; il fallait journellement faire des sorties de troupes pour aller à la maraude de quelques vivres et de cannes à sucre dans le voisinage ; il fallait en faire pour rétablir par fois le cours de l'eau qui alimente les fontaines, et que les indigènes détournaient toujours. Dans une telle situation, Sarrazin réussit *à extorquer* quelque argent des négocians français, et *il s'enfuit* clandestinement à Saint-Yague de Cuba. Déserter ainsi son poste, c'était une action qui prouvait de sa part un manque *d'honneur militaire : un général doit partager le sort de ses soldats, périr ou triompher avec eux* [2]. Quant à Colbert, il s'enfuit également, mais c'était pour éviter d'être arrêté par Lavalette et Panis. En partant, il laissa un écrit qui peignait Rochambeau dans tout le hideux de sa figure morale. En ce moment, Rochambeau *justifiait* ce portrait au Cap, par les plus abominables actions : nous les relaterons bientôt.

[1] Nous avons puisé ces faits dans l'ouvrage de G. Guillermin, sur l'insurrection des habitans de l'Est, qui affranchit cette partie d'Haïti du joug des Français en 1809.

[2] En France, sous la Restauration, Sarrazin manqua aussi *à l'honneur civil*,

L'histoire d'Haïti, par M. Madiou, qui nous a beaucoup aidé dans ce volume, place ici un fait que nous nous croyons obligé d'examiner. Il est dû aux traditions populaires que cet auteur national a eu le mérite de recueillir de la bouche des survivans de toutes nos guerres, de toutes nos révolutions : ce qui lui donne des droits à notre reconnaissance personnelle, à celle de quiconque s'occupera encore de nos annales, et à celle même de notre pays qui, jusqu'à lui, ne les connaissait que confusément.

Ces traditions prétendent que le général Lavalette fit proposer au général Pétion, venu de l'Arcahaie aux environs du Port-au-Prince, d'ouvrir aux Français *un marché* aux portes de la ville ; que Pétion *lui offrit une entrevue* à cet effet, qui fut acceptée par lui ; que le lieu de la conférence ayant été fixé à Turgeau, *les indigènes conçurent l'idée d'arrêter le général français* ; que Pétion *ordonna* au colonel Gilles Drouet *de se tenir en embuscade* avec deux bataillons de la 3ᵉ, *pour opérer cette arrestation*; mais que Lavalette, *craignant un piége*, ne se rendit pas à l'entrevue et y envoya Saint-James, à qui Pétion aura dit *qu'il exigeait, avant toute négociation*, que son neveu Méroné fût envoyé *à l'Arcahaie*. Lavalette y ayant consenti, Pétion envoya en parlementaire au Port-au-Prince, le capitaine Caneaux qui partit par mer avec Méroné pour l'Arcahaie ; que Pétion *remit la conférence* au jour suivant, mais qu'il se retira lui-même au Boucassin avec la 3ᵉ, et qu'*il ne fut plus question de marché*. — M. Madiou ajoute alors : « En cette circonstance, *Pétion man-* « *qua à sa parole*. Les Français avaient tellement trompé

en commettant le crime de bigamie : il fut condamné à vingt années de travaux forcés.

« les indigènes, que *ceux-ci* ne croyaient pas qu'ils fussent
« liés envers eux, lors même qu'ils avaient engagé *leur*
« *parole d'honneur*. Néanmoins, *l'histoire doit condam-*
« *ner ces actes de déloyauté* qui, à des époques plus ou
« moins rapprochées, ne produisent que de déplorables
« résultats. » [1]

Si nous comprenons bien le jugement porté par M. Madiou sur la conduite attribuée à Pétion, il condamne ce général indigène *pour n'avoir pas donné suite à la conférence* où devaient être convenues les conditions du marché à ouvrir entre les indigènes et les Français, puisque cette conférence avait été *remise au lendemain*, — et non pas *pour le projet bien autrement coupable* de l'arrestation du général Lavalette, *dans une embuscade que Pétion aurait ordonnée*.

Si tel est le sens de ce jugement, nous nous étonnons que M. Madiou l'ait déféré à l'histoire, pour *un refus* d'approvisionner le Port-au-Prince, après la désapprobation de Dessalines relative à Geffrard, tandis que *le fait de l'embuscade* (s'il avait existé), eût mérité *sa sévérité* à un plus haut degré.

Nous n'hésitons pas à dire que cette tradition est *inexacte* dans ses circonstances, et *calomnieuse* à l'égard de Pétion, en ce qui concerne *la prétendue embuscade* placée contre Lavalette. Un tel fait est *en opposition* à tous les antécédens de Pétion. Il combattait les Français, il minait leur domination par sa politique intelligente, élevée et toute patriotique ; mais *il n'eût jamais conçu l'idée de tendre un piége à un général ennemi qui aurait accepté une entrevue proposée par lui-même*. Et puis,

---

[1] Histoire d'Haïti, t. 3. p. 62 et 63.

cette entrevue était-elle nécessaire pour convenir d'ouvrir un marché, le fait le plus simple, où les cultivateurs seraient venus apporter leurs produits alimentaires et les échanger avec les habitans du Port-au-Prince? Y eut-il *entrevue* entre le général Brunet et Geffrard, quand il s'agissait de semblable chose aux portes des Cayes ? Il avait suffi d'une lettre ou d'une proposition verbale transmise par un officier.

On conçoit que Pétion *exigea* la remise de son neveu, avant d'entendre à aucune convention relative au marché proposé, et que l'ayant obtenue, il n'y voulut plus donner suite. Si cela s'est passé ainsi, *il s'est joué* de Lavalette, *il l'a trompé évidemment*. Mais, outre qu'il ne pouvait pas ignorer le mécontentement de Dessalines à l'égard de Geffrard, pour se refuser à ouvrir ce marché, la conduite de Lavalette au Port-au-Prince *l'autorisait* à employer ce moyen *pour sauver Méroné*. N'avait-on pas *arrêté et mis aux fers* la mère et toute la famille de Lamarre, quand il s'empara du Petit-Goave? Pétion pouvait redouter un sort semblable pour ce jeune homme : de là *la ruse* qu'il employa envers un ennemi *qui se jouait*, lui, *de la vie des hommes*, qui avait tenté l'arrestation en masse des noirs et des mulâtres de la garde nationale du Port-au-Prince ; et dans quel but ? de les noyer ou pendre, ou étouffer dans la cale des vaisseaux, ou fusiller.

Nous ignorons comment Méroné s'est rendu auprès de son oncle ; mais nous ne concevons pas que Pétion se trouvant à Turgeau, à une demi-lieue du Port-au-Prince, et y ayant envoyé Caneaux en parlementaire, il aura préféré le faire passer *à l'Arcahaie*, lorsqu'il eût été plus rationnel de le faire venir *à Turgeau*.

CHAPITRE XIII.

Adresse des habitans du Port-au-Prince à Dessalines. — Il part de l'Artibonite contre cette ville.—Reddition du blockhaus de Drouillard.—Combat entre la 5ᵉ légère et les indigènes. — Reddition des blockhaus de Damiens et de Santo. — Prise de possession de la Croix-des-Bouquets. — Meurtre de 400 prisonniers français. — Cangé arrive à la Coupe. — Dessalines établit son quartier-général à Turgeau. — Cangé cerne le fort Bizoton. — Pétion place une batterie à Phelippeaux. — Canonnade respective. — Evacuation de Bizoton et du blockhaus Dessources. — Cangé place une batterie à Piémont. — Paroles de Lavalette aux indigènes de la garde nationale. — Il propose à Dessalines la capitulation du Port-au-Prince, qui est signée. — Adresse de Dessalines aux habitans. — Visite de Lux à Dessalines. — B. Inginac et Lafontant vont auprès de lui.—Evacuation du Port-au-Prince.—Dessalines en prend possession. — Contribution exigée des blancs.— Conduite de Lecun. — Brunet évacue les Cayes. — Geffrard en prend possession. — Mort de Fédon au Cap. — Dessalines va à la Petite-Rivière. — Il marche contre le Cap. — Combats entre Christophe et les Français, et au Haut-du-Cap en présence de Rochambeau. — Éloges de divers généraux par Dessalines. — Bravoure remarquable de Capois. — Rochambeau le fait complimenter.—Il se retire au Cap. — L'armée indigène est victorieuse. — Rochambeau envoie un officier auprès de Dessalines : ce qu'il lui répond. — Le même officier revient. — Dessalines accorde un armistice verbal. — Négociations rompues entre Rochambeau et le commodore Loring. — Capitulation du Cap. — Echange d'otages. — Lettre de Dessalines aux habitans du Cap. — Rochambeau la fait publier. — Lettre de Dessalines à Gérin. — Lettre du commandant de Breda à Dessalines. — La garnison est conduite au Cap. — Réponse de Rochambeau relative à l'ancienne partie espagnole. — Il envoie des prisonniers indigènes à Dessalines. — Evacuation du Cap. — Dessalines en prend possession. — Capitulation entre Rochambeau et Loring. — Massacre des blessés et des malades français par ordre de Dessalines. — Noailles évacue le Môle et meurt à la Havane.—Pourcely prend possession du Môle. — Le général Ferrand va de Monte-Christ à Santo-Domingo. — Soumission des habitans du Cibao à Dessalines, qui leur fait payer une contribution.

Informés de la conduite modérée de Geffrard à Jérémie,

des habitans de toutes couleurs du Port-au-Prince avaient secrètement rédigé une adresse à Dessalines, afin de l'engager à marcher contre cette ville pour les délivrer de Lavalette et de Panis : ils firent parvenir cette adresse à Pétion par l'intermédiaire de ses émissaires, et il l'expédia au général en chef. Il paraît que celui-ci la reçut au moment où Saint-Marc venait d'être si cruellement châtié par Gabart. C'était à faire repentir les signataires de cette pièce; mais ils pouvaient encore espérer un bon traitement d'après la manière d'agir de Cangé et de Magloire Ambroise à Jacmel.

En même temps que ces deux chefs y entraient, Dessalines faisait ses préparatifs à la Petite-Rivière, pour se porter contre le Port-au-Prince. Il en partit le 28 fructidor (15 septembre), avec les 4e et 20e demi-brigades et 4 bataillons des 3e et 8e. En passant à Saint-Marc, il fit prendre quelques pièces d'artillerie, et se rendit à l'Arcahaie qu'il quitta le 17 : des gabions furent apportés par les troupes. Les généraux Pétion et Gabart marchaient avec lui.

Le colonel Lux occupait toujours la Croix-des-Bouquets avec la 5e légère française : des blockhaus établis sur les habitations Drouillard, Damiens et Santo, et un autre poste près de la grande rivière, facilitaient les communications entre ce bourg et le Port-au-Prince.

Dans la même nuit du 17 septembre, l'armée indigène s'établit de manière à couper ces communications. Pétion plaça de suite deux pièces de 4 et une de 6 sur un monticule en face du blockhaus de Drouillard. Les 11e et 12e demi-brigades vinrent renforcer les troupes venues avec le général en chef. Le lendemain matin, le blockhaus fut canonné et se rendit au sixième coup : enveloppée par tant de forces, sa faible garnison de 40 hommes ne pouvait faire mieux.

En ce moment, le colonel Lux arrivait de la Croix-des-Bouquets à la tête de 700 hommes de son corps et de la garde nationale, avec deux pièces de 4 et deux caissons, accompagnant un convoi de vivres pour le Port-au-Prince. Averti de la présence des forces indigènes, il s'arrêta à Damiens pour délibérer sur le parti à prendre. Tenter de percer ces masses était périlleux; s'il retournait à la Croix-des-Bouquets, elles y seraient venues contre lui, et alors il aurait été contraint à de plus grands efforts pour se réfugier dans la partie espagnole. Lux comprit sans doute que c'en était fait de l'occupation française dans l'ancienne colonie de la France : il préféra le parti le plus périlleux, le plus digne de son courage. Il ne lui était pas possible néanmoins de continuer par la grande route; il résolut de passer par diverses habitations pour arriver sous les murs de la ville. Ranimant sa troupe par une chaleureuse harangue, il commença sa marche.

De son côté, Dessalines le prévint dans cette nouvelle route, en envoyant les 8e et 11e demi-brigades se placer en embuscade dans le chemin qui conduit de Sarthe à Drouillard, tandis que la 20e attaquerait le centre de la 5e légère, et que la 4e la prendrait en queue.

Lux fit agir ses canons contre les troupes embusquées. Pendant qu'il combattait la 11e, la 8e se précipita sur les canons et les enleva : l'explosion de l'un des caissons tua quatre grenadiers de ce corps. En ce moment, Dessalines les excitait de sa voix, en s'exposant au feu comme un soldat.

Larose mérita ce glorieux éloge consigné dans le journal de cette campagne : « Le chef de brigade Larose, qui

« commandait la 8ᵉ, s'est comporté dans cette affaire avec
« toute la valeur qu'on lui connaît. » La réconciliation
était définitive entre lui et le général en chef qu'il avait
si longtemps méconnu : c'était encore l'un des héros de
la Crête-à-Pierrot.

Le général en chef a rendu justice également à la bravoure de Lux : « L'ennemi, dit-il, quoique affaibli par la
« perte de son artillerie et par le nombre de ses morts, con-
« serva néanmoins le plus grand ordre dans sa marche... »

En effet, étant parvenu de Sarthe à Blanchard, Lux,
qui ignorait la reddition du blockhaus de Drouillard, se
dirigea sur ce point, lançant à tout moment des feux
de chaussée qui contraignirent les indigènes à lui laisser
passage.

Dessalines donna l'ordre à Pétion de se porter au
Morne-Pélé avec la 3ᵉ demi-brigade et 50 hommes de
cavalerie. A Drouillard, le corps de cette cavalerie commandé par Charlotin Marcadieu, réussit à mettre le
désordre dans la 5ᵉ légère en la chargeant avec vigueur:
elle arriva en cet état « au Morne-Pélé, où le général Pé-
« tion acheva sa défaite [1]. » Lux, toujours au milieu de ses
soldats, traversa alors l'habitation Chancerelle, et parvint
enfin au portail Saint-Joseph, avec ceux qui avaient sur-
vécu dans ce terrible combat. Ils entrèrent au Port-au-
Prince, où ils furent complimentés.

Longtemps après, en Haïti, on entendit parler du courage et de la bravoure du vieux colonel Lux, de la discipline et de l'héroïsme de la 5ᵉ légère [2].

---

[1] Journal de la campagne contre le Port-au-Prince.
[2] Nous avons connu *Auson*, qui devint capitaine dans les grenadiers de la garde de Pétion : incorporé dans la 5ᵉ légère, il se trouva à ce combat. Il n'en parlait jamais sans manifester le plus grand enthousiasme pour le colonel Lux.

Dans la même journée, après deux sommations suivies de dispositions d'attaque, la garnison du blockhaus de Damiens, forte de 100 hommes, se rendit à discrétion. Il en fut de même de celle de Santo, de 80 hommes.

Apprenant alors que deux cents autres qui étaient à la Croix-des-Bouquets, avaient pris la route de la partie espagnole, Dessalines les poursuivit fort avant dans la nuit avec un détachement de dragons. Ne pouvant les atteindre, il revint prendre possession de ce bourg, et il trouva beaucoup de munitions dans l'arsenal.

« Je passai à la Croix-des-Bouquets, dit le journal de
« campagne, les journées des 19, 20 et 21 septembre, et
« m'y occupai à pourvoir aux soins des blessés, et au sort
« *des prisonniers français* que je fis partir pour l'Arca-
« haie, au nombre de 400. »

Voilà ce qui fut écrit pour l'histoire *déguisée ;* mais la *véritable* histoire a à constater qu'après leur avoir promis qu'ils seraient bien traités, Dessalines donna l'ordre à l'officier qui les conduisait, *de les massacrer* dans la route.
« Quoi ! s'écria l'adjudant-général Bonnet qui était à
« ses cotés, vous oubliez donc, général en chef, votre
« parole d'honneur ? — *Taisez-vous, Bonnet,* répondit
« Dessalines : *ne savez-vous pas que depuis la révolution,*
« *il n'y a plus de parole d'honneur ?* [1] »

Ce sont là d'affligeantes paroles, que pour l'honneur de Dessalines, nous aurions aimé à ne pas être obligé de transcrire. Sans doute, il pouvait citer de semblables faits dans le parti contraire, de la part de certains hommes ; mais notre devoir est *de les condamner tous ;* car ils reposaient sur de détestables principes, ou plutôt sur

---

[1] Histoire d'Haïti, t. 3, p. 70.

l'absence de tout principe de morale, sur l'oubli des lois sacrées de la guerre.

Cangé ne s'était pas reposé sur ses lauriers à Jacmel ; le 22 septembre, il était rendu à la Coupe, avec ses troupes. Il envoya son adjudant-général Marion en avertir le général en chef, qui lui fit donner l'ordre de cerner le fort Bizoton occupé par l'ennemi, d'inquiéter, de harceler la garnison et d'empêcher qu'elle ne reçût aucun secours de la ville.

Le 23, Dessalines quitta la Croix-des-Bouquets et alla établir son quartier-général à Turgeau. La division Gabart se plaça au nord de la ville, du rivage de la mer aux environs du fort National : celle de Pétion, de ce point au morne L'Hôpital. Le Port-au-Prince était ainsi bloqué.

Le 24, Pétion eut ordre de placer deux canons de 4 et de 8 sur le mornet de l'habitation Phelippeaux, dans le but de canonner la ville. Mais ces pièces étaient insuffisantes par leur calibre : le général en chef fit venir du Petit-Goave, un obusier de 6 pouces qui y fut également placé. Il alla visiter Cangé dans sa position : « Je dois à « cet officier, dit-il, le juste tribut d'éloges qu'il a mérité « par l'intelligence avec laquelle il a exécuté mes ordres. »

Le 30, Pétion dirigea ses boulets et ses obus sur le poste de la Poudrière, au sud-est de la ville, non loin de l'hôpital militaire : la garnison dut en sortir. Il continua de lancer ses projectiles sur les fortifications.

Mais alors, tous les forts de la ville dirigèrent aussi leurs gros canons contre les indigènes. En ce moment même, Dessalines ordonna au colonel Frontis de porter la 11e demi-brigade au Bois-de-Chêne et d'y établir des gabions, afin de former une batterie. Le fort National surtout domine cette position; mais ses boulets ni ceux des autres n'empêchèrent pas cette fameuse troupe d'accomplir sa tâche, et le feu de cette batterie répondit à celui des forts.

Le 1er octobre, Lavalette envoya deux navires de guerre convoyer des accons qui portaient des provisions de bouche à la garnison de Bizoton : ils canonnèrent durant 5 heures les retranchemens de Cangé, et tentèrent en vain d'opérer le débarquement des provisions : ils durent y renoncer et se retirer. Le lendemain, la garnison évacua le fort avec beaucoup de résolution, et s'embarqua sur un bateau qui la porta en ville : elle perdit du monde néanmoins. Au même instant, celle qui occupait le blockhaus Dessources opéra aussi l'évacuation de ce point, en faisant sauter le blockhaus.

En possession de Bizoton, de son artillerie de gros calibre et de ses munitions, Cangé eut ordre de venir établir une batterie d'une pièce de 24, de deux de 18, et d'une de 8, sur une éminence de l'habitation Piémont, d'où les boulets pouvaient parcourir la ville dans toute sa longueur nord et sud.

Il était évident que, cernée ainsi par l'ennemi qui disposait de tels moyens, alors que la famine sévissait dans toute sa rigueur, elle ne pourrait pas tenir : l'eau même ne coulait plus dans les fontaines, étant détournée de ses canaux par les indigènes ; il fallait recourir à celle des puits, peu potable. Environ 1400 Français défendaient cette place. Le général Lavalette ne pouvait plus compter sur le concours de la garde nationale formée de noirs et de mulâtres, depuis qu'il avait manifesté contre eux ses perfides intentions ; et chaque jour, chaque nuit, voyait dégarnir leurs rangs ; ils traversaient les fossés de la ville et allaient joindre les indigènes. Même avant l'investissement, des hommes, des familles entières fuyaient la ville, se plaçaient à la suite des convois allant à la Croix-des-Bouquets, sous prétexte de s'y rendre aussi, et gagnaient les bois pour aller au camp Frère.[1]

Il paraît néanmoins que dans ces circonstances, poussé à la fureur, Lavalette voulut tenter encore le désarmement de la garde nationale, et que la voyant bien résolue à se défendre, il lui adressa ces paroles : « *Hommes de couleur et noirs*, vous croyez sans doute que Saint-Domingue vous restera, vous vous trompez. Si la force des circonstances nous obligeait à l'évacuer, nous reviendrions avant six mois. La France est puissante ; la guerre maritime ne durera pas toujours ; elle n'abandonnera jamais sa colonie. »[2]

Nous aimons à constater cette vigueur de Lavalette ; elle plaît toujours dans un militaire. Mais il avait *le tort* de protester au nom de son pays, contre un décret providentiel. Les hommes, les peuples ne peuvent rien, quand Dieu a prononcé son arrêt ; car il sait accumuler événemens sur événemens ; il sait encore mieux *éclairer les nations*, pour les porter *à être justes* et favoriser ainsi l'accomplissement de ses grands desseins.

Quelle que fût son irritation, Lavalette dut songer enfin à prendre des arrangemens avec le général en chef des indigènes, pour l'évacuation de la place ; car après avoir fait décamper le poste de la Poudrière et canonné les forts, Pétion dirigea quelques-uns de ses projectiles *sur*

---

[1] A la fin de juillet, ma famille sortit ainsi et se rendit à ce camp. Mon père et d'autres parens devinrent des grenadiers de la 11ᵉ demi-brigade, et moi.... un *tout petit brigand*.

[2] Histoire d'Haïti, t. 3, p. 72.

l'enceinte de l'hôpital militaire, encombré de malades, afin de les effrayer. [1] La plupart s'enfuirent en se répandant au loin dans la ville. A ce spectacle déjà fort triste, les femmes, encore plus effrayées que les malades, ajoutèrent par des cris lamentables. Lavalette fit alors appeler au palais du gouvernement des blancs et des indigènes, et leur dit qu'il allait faire proposer à Dessalines un armistice, afin de préparer l'évacuation de la ville. En effet, il envoya au quartier-général de Turgeau, un habitant (dit le journal de campagne) porteur de paroles verbales. Dessalines le renvoya avec une adresse *aux habitans,* promettant un bon traitement pour eux, et l'invitation verbale à Lavalette de formuler ses propositions par écrit. Le 5 octobre, un des aides-de-camp du général français apporta une lettre à cet effet. Le général en chef accorda quatre jours pour les préparatifs à faire, et demanda un officier supérieur français comme otage de la convention, en échange duquel il en enverrait un de son armée. Le chef de bataillon Andrieux vint de la ville, et l'adjudant-général Bonnet s'y rendit.

Mais, ignorant ces négociations, le fort Léogane ayant découvert la batterie que Cangé élevait à Piémont, lui lança des boulets. Cangé était prêt ; il lui riposta vigoureusement. Ses artilleurs n'étaient pas fort habiles ; leurs boulets passèrent au-dessus du fort et enfilèrent la grand' rue dans toute sa longueur : de là un nouvel émoi dans la ville. Des ordres respectifs firent cesser ce feu.

En recevant les propositions de Lavalette par l'habitant, Dessalines avait assemblé quelques officiers supé-

---

[1] J'ai vu les salles de l'hôpital militaire sous le règne de Dessalines, et j'ai pu savoir que Pétion n'avait pas dirigé ses boulets sur ces lieux où reposaient de malheureux soldats blessés ou malades, mais bien sur la vaste cour de cet établissement.

rieurs autour de lui pour avoir leurs avis. Quelques-uns pensèrent qu'il fallait livrer la ville *au pillage, après l'évacuation* ; c'étaient de ces hommes qui aiment *à remplir leurs poches* ; ils prétextaient de la longue soumission des habitans aux Français. Mais Pétion et Bonnet firent de sérieuses représentations à ce sujet, en faisant valoir l'adresse que ces habitans avaient envoyée secrètement au général en chef, en les disculpant par la nécessité où ils se trouvaient de subir le joug des Français, et insistant encore sur l'urgence de ménager des ressources pour les opérations ultérieures, etc. C'est alors que cet habitant apporta l'adresse du général en chef ci-dessus mentionnée.

Bonnet avait été chargé de traiter *des conditions* de l'évacuation avec Lavalette ; le journal de campagne dit de lui : « Je lui dois des éloges pour *la sagesse* avec la« quelle il a traité. » Il y avait à peine deux mois que cet ancien officier de Rigaud était auprès du général en chef, que ses services intelligens dictaient à celui-ci ces lignes honorables. Quelle gloire pour Rigaud, d'avoir formé tous ces officiers que nous avons successivement signalés !

Le chef de brigade Lux, qui venait de se mesurer avec Dessalines sur le champ de bataille, ne voulut pas partir sans le voir de près. Il se rendit à Turgeau, où Dessalines l'accueillit avec une grande estime : les braves ont entre eux quelque chose de sympathique. Lux lui exprima sa satisfaction de la réception qu'il lui faisait. Dessalines lui dit qu'il paraissait *protégé par des ouangas*; car il était étonné qu'il n'eût pas été même blessé dans le combat. Après quelques instans d'entretien, Lux rentra au Port-au-Prince.

Balthazar Inginac et Lafontant, deux hommes de couleur, vinrent aussi à Turgeau porter les remercîmens des habitans à Dessalines, pour la promesse qu'il leur avait faite de les bien traiter. Là commença la fortune politique d'Inginac qui, d'ailleurs, avait servi les vues de Pétion auprès des indigènes de la ville : Dessalines lui accorda toute l'estime qu'il méritait par ses talens, mais qui devint compromettante un jour.

Enfin, le 8 octobre, Lavalette informa Dessalines que la garnison française était embarquée, en lui renvoyant Bonnet : le chef de bataillon Andrieux se rendit immédiatement auprès de son général. Le 9 dans la matinée, tous les navires quittèrent la rade, et la plupart allèrent se faire capturer par la croisière anglaise qui louvoyait dans la baie. Lavalette et ses principaux officiers eurent le bonheur de passer et de se rendre à Saint-Yague de Cuba [1].

Le jour du départ, toute l'armée indigène entra au Port-au-Prince. Dessalines, richement vêtu, avait Pétion à sa droite et Gabart à sa gauche. La plus sévère discipline fut imposée à ces soldats, la plupart presque nus. Cependant, le colonel Thomas Marie-Jeanne osa enfreindre ces ordres rigoureux, en entraînant des soldats qui pillèrent avec lui dans les boutiques de la rue des Fronts-Forts. Avertis de ce désordre par le chef de bataillon Bédouet, nommé commandant de la place, Dessalines et Pétion se portèrent sur les lieux et dissipèrent les pillards : Thomas Marie-Jeanne fut arrêté et incarcéré.

Le lendemain eut lieu une revue générale sur la place

---

[1] Quelque temps après, Lavalette quitta cette ville pour se rendre à Santo-Domingo, en possession des Français. Le navire qui le portait avec des officiers et des soldats fut submergé dans une tempête, près du cap Maisy : ils périrent tous.

d'armes, de tous les hommes de la ville en état de servir. *Les noirs et les mulâtres* furent incorporés dans les troupes, et 400 jeunes gens des plus alertes entrèrent dans la fameuse 4e demi-brigade : *les blancs* furent mis à l'écart et *désarmés*. C'était agir en représailles de la tentative de désarmement faite par Lavalette contre les premiers : puisqu'il ne croyait pas alors pouvoir compter sur leur dévouement à une cause qu'ils avaient soutenue si longtemps, malgré tant de persécutions, Dessalines pouvait-il non plus compter sur celui des blancs à la cause indigène? Mais il fit plus, en leur imposant une contribution de guerre dans la même journée : les traiter *en vaincus*, c'était une mesure peu rassurante, en même temps qu'on leur déclara *qu'ils n'auraient pas la faculté de quitter le pays. Il fallait*, au contraire, *leur laisser cette faculté*, puisqu'on les avait désarmés par méfiance : agir ainsi, c'était un indice *de projets sinistres* conçus contre leurs jours.

Le préfet Lecun avait contribué à inspirer à ces colons une grande confiance en Dessalines, indépendamment de son adresse à tous les habitans du Port-au-Prince ; ce prêtre était allé à Turgeau présenter ses hommages hypocrites au général en chef, et celui-ci avait dissimulé avec lui en lui faisant un accueil gracieux. De retour en ville, il prôna sa générosité; il monta en chaire où il prononça un discours, en disant que désormais Dessalines ne serait plus appelé que *Jean-Jacques le Bon*. Ce tartuffe, qui avait donné tant de louanges à T. Louverture, qui l'avait honni ensuite, qui avait fait un si pompeux éloge de Rochambeau à la mort de Leclerc, porta par ses paroles beaucoup de colons, déjà embarqués, à rester au Port-au-Prince. Il n'y resta lui-même qu'en vue des avantages matériels qu'il tirait de sa position de préfet apostolique, et pour continuer sa vie licencieuse.

Au moment où le Port-au-Prince tombait au pouvoir de l'armée indigène, le général Brunet, ne pouvant plus tenir aux Cayes, traitait de sa capitulation avec les Anglais qui en bloquaient le port. Le 16 octobre, les forts leur furent livrés et les troupes françaises s'embarquèrent sur des navires marchands. Les prisonniers de guerre furent amenés à la Jamaïque, mais ceux qui étaient blessés ou malades furent portés au Môle, au terme de la capitulation. Une partie des colons quittèrent aussi la place; d'autres y restèrent par la confiance que leur inspirait Geffrard.

Le 17, le général indigène entra avec ses troupes qui observèrent le plus grand ordre : aucun individu ne fut inquiété ni dans sa personne, ni dans sa propriété. En échange de l'artillerie et des armes et munitions livrés par les Anglais, Geffrard leur donna toutes les denrées qui étaient dans les magasins de l'État.

Au Cap, depuis la déportation des généraux Clauzel, Thouvenot et Claparède, et du préfet Magnytot, l'autorité arbitraire de Rochambeau ne s'imposait plus aucune borne. On a vu qu'il avait suspecté divers négocians français, de connivence dans la conjuration des deux premiers généraux : c'étaient principalement les nommés Allard, Hardivilliers, Brassier, Wantron et J.-B. Fédon, parce que ceux-ci avaient osé quelquefois blâmer son administration. Lorsqu'il apprit l'évacuation des villes de l'Ouest et des Cayes, il prévit que toute l'armée indigène allait marcher contre le Cap que les Congos n'approvisionnaient plus, le général Romain étant parvenu depuis peu à les pourchasser des environs de cette ville. N'ayant que peu de comestibles dans la place, l'administration devant cinq mois de solde à l'armée, il voulait satisfaire la garnison, et en même temps payer quelques farines que des navires américains avaient introduites.

Le 1er brumaire (24 octobre), il ordonna un emprunt forcé de 800 mille francs sur tous les habitans du Cap, principalement *les blancs*. Il taxa *lui-même* huit des négocians qu'il suspectait, à payer chacun 33 mille francs, en chargeant le conseil de notables de taxer tous les autres. Ceux nommés ci-dessus opposèrent quelques difficultés, les trois autres se soumirent. Aussitôt, Rochambeau fit emprisonner les récalcitrans, et Fédon fut mis *au secret* : il lui en voulait davantage. L'ordre de payer la contribution ne fixait que *deux heures*. Allard, Hardivilliers et Brassier, une fois emprisonnés, firent payer et obtinrent leur élargissement ; mais Allard en devint *fou*. Quant à Fédon et Wantron, ils étaient réellement dans l'impossibilité de réunir la somme exigée. Le premier avait un frère, Barthélemy Fédon, qui était son associé ; lorsque l'ordre d'emprisonnement fut donné, on s'était trompé en croyant que c'était de lui qu'il s'agissait, et il avait été incarcéré ; mais il fut bientôt élargi.

Apprenant que l'adjudant-général Néraud, commandant de la place et de la garde d'honneur de Rochambeau, avait donné l'ordre au chef d'escadron Collet, de la gendarmerie, *de fusiller* son frère, — Barthélemy Fédon alla au conseil de notables offrir de livrer toutes les marchandises qu'ils avaient dans leur magasin pour payer la somme. L'ordonnateur Perroud (notre ancienne connaissance de 1796) fut lui-même auprès de Rochambeau, lui donner l'assurance de la pénurie de Fédon, en annonçant que les membres du conseil de notables s'étaient entendus pour réunir entre eux les 33 mille francs. Par ordre de Rochambeau, Néraud donna une seconde *sentence de mort* ainsi conçue : « Si, *dans une « heure*, les six mille gourdes (ou 33 mille francs) ne « sont pas versées au trésor, *le citoyen Fédon sera fusillé*, « conformément *aux ordres* du général en chef. »

Dans l'intervalle, les notables étaient allés auprès de celui-ci ; il eut l'air *de consentir* à ce qu'ils s'occupassent de réunir la somme, et donna l'ordre écrit par Néraud à un sergent de sa garde qui les suivit à l'hôtel de ville, comme pour leur donner l'assurance qu'on *surseoirait* à l'exécution. Mais, pendant que chacun apportait avec empressement sa part de contribution volontaire pour sauver le malheureux Fédon, *Rochambeau*, que nous avons déjà surnommé *le cruel* par rapport aux noirs et aux mulâtres, *fit enlever son compatriote innocent de la prison*, par Collet ; et *on le fusilla* tout près de la maison habitée par ce capitaine-général et général en chef. Il semble qu'il avait voulu jouir de la détonation des fusils, qui lui garantissait la mort d'un jeune homme de 29 ans qu'il avait pris en haine ! Le barbare !

Après un tel fait, accompagné de telles circonstances, peut-on oser nous imputer d'avoir été injuste, dans les accusations que nous avons portées contre Rochambeau ?...

L'assassinat de Fédon occasionna une grande consternation parmi les habitans du Cap, sans distinction de couleur ; car cet infortuné était estimé pour sa probité. *Son assassin*, qui n'en voulait réellement qu'à lui, fit alors relaxer Wantron[1].

---

[1] Nous avons puisé tous les faits relatifs à Fédon, dans une brochure pu-

Il se prépara ensuite à résister à l'armée indigène. Il y avait, dit-on, 5000 hommes valides, de troupes françaises au Cap. Des fortifications nombreuses s'étendaient jusqu'au Haut-du-Cap et défendaient cette place. On a prétendu que le conseil lui fut donné de l'évacuer, avant l'arrivée de Dessalines, pour se porter dans la partie espagnole, et qu'il rejeta ce conseil. En ce cas, il aura fait *son devoir ;* car, dans une telle situation, l'évacuation prématurée eût été *une lâcheté* de sa part. Le Cap étant la capitale de toute la colonie de Saint-Domingue et pouvant encore résister, le capitaine-général, général en chef, ne devait pas l'abandonner ainsi. Rochambeau était trop brave et trop courageux, pour ne pas suivre l'inspiration *de l'honneur militaire.*

En possession du Port-au-Prince le 9 octobre, des Cayes le 17, le général en chef de l'armée indigène devait diriger ses efforts contre les deux villes du Nord occupées par les Français, et d'abord contre le Cap où se trouvait le capitaine-général. Le 21, il ordonna que les troupes de l'Ouest et du Sud fussent tenues prêtes à la rejoindre bientôt à l'Artibonite ou au Carrefour du Limbé, assigné comme rendez-vous général avec celles du Nord. Il quitta le Port-au-Prince le même jour, et se porta à la Petite-Rivière.

Le général Pétion étant malade, dut rester au Port-au-Prince, chef-lieu du département qu'il commandait.

Le 1ᵉʳ novembre, Dessalines passa une revue aux

---

bliée par son frère, en 1805. Il avait dénoncé Rochambeau, alors prisonnier en Angleterre, à la Haute Cour impériale, à laquelle il demandait justice. On conçoit bien que cette affaire n'eut pas de suite; mais peut-être Rochambeau n'est-il resté aussi longtemps prisonnier sans être échangé (en 1811), que par l'indignation qu'éprouva l'Empereur Napoléon de sa conduite.

Gonaïves de plusieurs corps qui défilèrent aussitôt pour se rendre au Carrefour du Limbé : le 6, il s'y rendit avec trois escadrons de cavalerie. Les pluies de la saison contraignirent à y demeurer jusqu'au 15; et dans l'intervalle, les corps commandés par les généraux Capois et Cangé y arrivèrent. Le général Geffrard venait avec les troupes du Sud; mais il dut se porter dans les montagnes de Jacmel pour étouffer une insurrection éphémère qui y avait éclaté : néanmoins, il n'eut pas le temps de joindre le général en chef.

Le 15, l'armée partit du Carrefour du Limbé et s'arrêta à celui de l'habitation Lenormand de Mézy, au Morne-Rouge.

Là se trouvèrent réunis autour de Dessalines, les généraux de division Clervaux, Christophe, Vernet et Gabart, et les généraux de brigade Capois, Romain, Cangé et J.-P. Daut, ainsi que leurs adjudans-généraux. Les demi-brigades sous leurs ordres étaient : les 1re, 2e, 3e, 4e, 5e, 6e, 7e, 9e, 10e, 11e, 14e, 20e, 21e, 22e, 25e, et 24e, formant une masse de plus de vingt mille hommes. La cavalerie était commandée par C. Marcadieu, ayant sous ses ordres les chefs d'escadron Paul Prompt et Bastien. L'artillerie était dirigée par Zénon et Lavelanet.

Pour attaquer efficacement les fortifications du Haut-du-Cap et avancer contre le Cap même, le général en chef pensa avec raison qu'il fallait inquiéter l'ennemi et le menacer sur un point opposé. En conséquence, les généraux Christophe et Romain passèrent par le Port-Français, afin d'arriver contre la place par le morne de la Vigie; ils avaient dans leur colonne une pièce de 4 et deux obusiers. Cette route étant difficile par la montagne, il fallut donner à ces généraux le temps de la parcourir, en enlevant les divers postes ennemis établis dans des blockhaus.

Le reste de l'armée partit ensuite pour se rendre au Haut-du-Cap. Elle arriva en face des positions fortifiées de Vertières, Breda, Champain et Pierre-Michel. De grands blockhaus garnis d'artillerie existaient sur les trois dernières ; à Vertières, c'était une maison en maçonnerie percée de meurtrières. Pierre-Michel dominait le tout, étant sur un mornet élevé.

Après une reconnaissance de la position de Breda, Dessalines ordonna l'établissement d'une batterie d'une pièce de 4, d'une de 8 et d'un obusier, à 200 toises de cette position, pendant la nuit du 17 au 18. Il venait de recevoir de Christophe l'avis de son arrivée près du Cap ; et ce général attendait l'attaque du Haut-du-Cap pour agir contre cette ville. Le 18 au matin, la batterie était prête et dès-lors exposée au feu de Pierre-Michel et de Breda, auquel elle répondit aussitôt, criblant Breda surtout de ses boulets et de ses obus.

L'infanterie et la cavalerie avaient été placées le long des chemins qui mènent au Cap : cette troupe recevait tout le feu de Pierre-Michel ; il fallut la faire sortir de-là.

Sur l'habitation Charrier est une éminence qu'on avait négligé d'occuper. Dessalines voulut qu'on s'en emparât, afin de donner à son armée la facilité de couper les communications entre les divers postes ennemis et de ces postes avec le Cap, pour amener leur reddition. C'était donc le point essentiel à atteindre ; et pour y arriver, les troupes devaient subir le feu de l'artillerie des divers postes et surtout de la mousqueterie de Vertières, position élevée et occupée par 300 hommes : des difficultés de terrain ajoutaient encore aux efforts qu'il fallait faire.

Dès le premier coup de canon, Rochambeau sortit du Cap avec sa garde d'honneur, infanterie et cavalerie, et vint s'établir près de Vertières avec une pièce de 16 qu'il fit placer dans la savane Champain et dont le feu allait nuire encore aux indigènes.

Capois reçut le commandement de l'avant-garde avec ordre de s'emparer de l'éminence de Charrier.

Clervaux et Vernet avaient sous leurs ordres les corps d'attaque, pour favoriser la marche de Capois.

La réserve était commandée par Gabart, ayant sous lui J.-P. Daut.

Cangé commandait seul l'arrière-garde.

Dessalines envoya sa cavalerie pour soutenir Capois, en défendant l'avant-garde contre la cavalerie ennemie.

Les plus grands efforts devaient être dirigés contre Vertières. Clervaux ordonna l'assaut contre ce poste.... Mais nous renonçons à décrire la lutte audacieuse, opiniâtre, qui fut soutenue par les indigènes, contre une fusillade bien nourrie et une artillerie qui vomissaient la mort dans leurs rangs [1]. Après des prodiges de valeur, Capois parvint sur le point culminant de Charrier, avec le concours de J.-P. Daut que le général en chef détacha de la réserve. Des canons y furent de suite placés, et leur feu fit taire celui de la pièce de 16 et incommoda singulièrement la garnison de Vertières, que la position de Charrier dominait. Insensiblement, Pierre-Michel et Breda eux-mêmes ne tiraient presque plus.

On se battait depuis le matin ; les indigènes avaient fait de grandes pertes, sans pouvoir enlever Vertières. Une de ces averses tropicales survint et contraignit les com-

---

[1] Voyez le journal de la campagne du Nord et l'excellente relation donnée par M. Madiou des affaires de cette journée, dans son Histoire d'Haïti.

battans à cesser leur feu. Rochambeau rentra au Cap avec sa garde d'honneur. Dans la soirée, les garnisons de Vertières et de Pierre-Michel évacuèrent ces positions et s'y rendirent aussi. Il ne restait plus que celles de Champain et de Breda occupées par l'ennemi.

Dans la nuit, un officier vint annoncer à Dessalines, qui s'était retiré sur l'habitation Vaudreuil, que le général Christophe occupait la position avantageuse de d'Estaing, après avoir harcelé l'ennemi durant toute la journée.

Rapportons ici quelques passages du journal de cette campagne, où Dessalines a apprécié la valeur de ses généraux et de ses troupes.

« L'avant-garde et la colonne qui la suivait défilèrent
« dans le plus grand ordre, au milieu d'une grêle de balles
« et de mitrailles, et ne commencèrent le feu qu'arrivés à
« Vertières...

« Le général Capois, bien digne du poste qu'il com-
« mandait, combattait toujours à la tête des grenadiers
« de la 9º, et soutenait l'intrépidité des soldats sous ses
« ordres. Les généraux Vernet et Clervaux combattaient
« dans les rangs et donnaient l'exemple aux leurs...

« Je dois le dire, *le succès de cette affaire est dû à la
« constance des généraux à faire assaut d'intrépidité
« avec leurs soldats;* chaque demi-brigade y soutint sa
« réputation.

« Le général Capois, après avoir eu son cheval tué
« sous lui (par un boulet), conserva, tant que dura l'ac-
« tion, son sang-froid et une tête si saine, qu'il a fait
« *l'admiration de l'armée*, et arraché *des éloges à ses en-
« nemis*, qui, spectateurs de l'attaque de Vertières, ne

« l'ont pas vu un seul instant abandonner le terrain qu'il
« gagnait.

« Le général Clervaux eut une de ses épaulettes enlevée
« par une mitraille, et le général Vernet un cheval
« blessé sous lui.

« Le général Jean-Philippe Daut, qui conduisait la 10e
« et la 4e dont la réputation est faite, ne pouvait que se
« distinguer avec de pareilles troupes. »

A 6 heures du soir, Dessalines se porta sur la position
de Charrier; et, voyant Clervaux avec une seule épaulette,
il lui dit : « Clervaux, tu es aujourd'hui *le commandant*
« *de mes généraux* ; » par allusion au chef de bataillon
qui n'en porte qu'une seule. Ce mot d'éloge avait autant
le mérite de l'à-propos que d'une vérité *de fait* ; car Clervaux était *le plus ancien général* de l'armée, après Dessalines.

Lorsque le cheval de Capois fut tué, il fut lui-même
renversé ; mais se relevant aussitôt, le sabre au poing, il
s'écria : « En avant ! en avant !... De grandes acclama-
« tions retentissent du côté de l'habitation Vertières ;
« l'on distingue les cris de : *bravo ! bravo !* sortant de la
« garde d'honneur de Rochambeau, spectatrice du com-
« bat. Un roulement se fait entendre ; le feu des Fran-
« çais cesse, et un cavalier se présentant devant le pont,
« dit aux indigènes : — *Le capitaine-général Rocham-*
« *beau envoie son admiration à l'officier général qui vient*
« *de se couvrir de tant de gloire.* — Le hussard français
« se retira, et le combat recommença avec une nouvelle
« fureur[1]. »

Et lui, ce fier Dessalines qui a fait un si bel éloge de ses

---

[1] Histoire d'Haïti par M. Madiou, t. 3, p. 86.

généraux et de ses soldats, où était-il pendant qu'ils se distinguaient ainsi ?

En donnant ses ordres pour que l'éminence de Charrier fût enlevée, il leur avait dit : « Je veux que le dra« peau indigène flotte avant une demi-heure sur le som« met de Charrier, dussé-je voir disparaître numéro par « numéro tous les corps de l'armée. Je veux que vous « passiez l'arme au bras sous la mitraille des forts.[1] »

Lui qui n'avait plus à faire ses preuves sur le champ de bataille, assis sur une pierre, roulant sa fameuse tabatière dans ses mains, il admirait aussi leur vaillance en les voyant conquérir, avec la butte de Charrier, *un pays, une patrie pour toute sa race ;* car ce succès avait décidé de la journée.

Honneur et gloire à la mémoire de tous ces Héros !

Convaincu lui-même que l'évacuation du Cap ne pouvait plus être différée, Rochambeau se résolut à traiter avec les Anglais qui bloquaient ce port : il n'avait pas une force navale capable de leur résister. Mais, en attendant la conclusion des arrangemens à prendre avec eux, il fallait porter Dessalines à ne pas recommencer la lutte aux abords du Cap même, dès le lendemain matin ; il était présumable qu'il y arriverait au jour.

A minuit, un officier français se présenta au quartier-général indigène et dit à Dessalines, que Rochambeau lui faisait demander — « s'il serait disposé à entendre aux « propositions qu'il devait lui faire. »

Dessalines répondit à l'officier : « Que n'étant muni « d'aucun titre pour traiter avec lui, il n'avait qu'à se re« tirer et ne reparaître qu'avec un pouvoir à cet effet ;

[1] Histoire d'Haïti, t. 3, p. 87.

« que les hostilités ne cesseraient pas de son côté, s'il n'y
« avait des arrangemens pris entre lui et Rochambeau,
« pour la remise du Cap. »

Le 19 novembre, au point du jour, le même officier revint porteur d'une lettre du général J. Boyé, chef de l'état-major général, datée du 18 (26 brumaire), par laquelle il informait Dessalines, que Rochambeau avait entamé des négociations avec le commodore Loring, pour l'évacuation du Cap ; qu'étant convaincu qu'il y aurait à ce sujet un arrangement définitif, il l'invitait à cesser toute hostilité.

Dessalines répondit à Boyé, qu'il ne voyait pas la nécessité *de l'intervention* des Anglais dans ses arrangemens avec Rochambeau ; mais qu'il consentait néanmoins *à suspendre les hostilités* durant la journée seulement ; et que si elle s'écoulait sans convention arrêtée avec lui, le combat recommencerait. Au fait, il donnait à l'ennemi le temps de s'accommoder avec les Anglais.

Mais, ces derniers posèrent de telles conditions à Rochambeau, qu'il aima mieux traiter avec Dessalines. J. Boyé et le capitaine Barré étaient allés à bord du *Bellérophon*, [1] porter au commandant une lettre de Rochambeau. L'Anglais posa ses conditions en ces termes :

1° Le général Rochambeau et sa garde d'honneur de 4 à 500 hommes, évacueront le Cap et seront conduits en France sans être considérés comme prisonniers de guerre ; 2° *la Surveillante* et *le Cerf* pourront transporter en France le général Rochambeau avec son état-major et les gens de sa maison.

Boyé et Barré n'ayant pas voulu accepter ces condi-

---

[1] Il paraît que c'est le même vaisseau qui eut l'honneur de recevoir l'Empereur Napoléon à son bord, en 1815.

tions, Loring envoya au Cap avec eux le capitaine Moss, porteur d'une lettre à Rochambeau, datée du 19 novembre, où il lui disait que, d'après ses instructions, il était tenu d'envoyer les officiers et les soldats français à la Jamaïque, et les malades en France ou aux Etats-Unis ; que les habitans *blancs* du Cap ne pourraient aller à la Jamaïque. — Les Anglais étaient fatigués des colons de Saint-Domingue.

Rejetant ces conditions, Rochambeau dut traiter avec Dessalines. Dans l'après-midi du 19, l'adjudant-commandant Duveyrier apporta une lettre du capitaine-général qui disait au général en chef des indigènes, que cet officier avait reçu ses instructions pour traiter de l'évacuation du Cap. « Je n'ai pu le faire partir qu'après être as-« suré que vos ordres pour la suspension d'armes ont été « rendus à leur destination. Je crois que le général Chris-« tophe *a besoin encore de nouveaux ordres positifs re-« latifs à l'armistice existant.* »

En effet, Christophe, qui ne savait pas toujours obéir à ses chefs, continuait ses opérations du côté du morne de la Providence : il fallut que le général en chef lui envoyât deux officiers avec des ordres sévères, pour qu'il les cessât.

L'acte de capitulation du Cap fut signé ainsi, entre Dessalines et l'officier français :

Aujourd'hui 27 brumaire an XII (19 novembre 1803), l'adjudant-commandant Duveyrier, chargé des pouvoirs du général en chef Rochambeau, commandant l'armée française, pour traiter de la reddition de la ville du Cap, et moi, Jean-Jacques Dessalines, sommes convenus des articles suivans :

Ier. La ville du Cap et les forts qui en dépendent seront remis, dans dix jours, à dater du 28 présent, au général en chef Dessalines.

2. Les munitions de guerre qui seront dans les arsenaux, les armes et l'artillerie seront laissées dans l'état où elles sont présentement.

3. Tous les vaisseaux de guerre et autres qui seront jugés nécessaires par le général Rochambeau, tant pour le transport des troupes et des habitans que pour l'évacuation, seront libres de sortir au jour indiqué.

4. Les officiers militaires et civils, les troupes composant la garnison du Cap, sortiront avec les honneurs de la guerre, emportant leurs armes et les effets appartenant à leurs demi-brigades.

5. *Les malades et blessés* hors d'état d'être transportés *seront traités dans les hôpitaux jusqu'à leur guérison. Ils sont spécialement recommandés à l'humanité du général Dessalines.*

6. Le général Dessalines, *en donnant l'assurance de sa protection aux habitans qui resteront dans la place, réclame de la justice du* général Rochambeau *la mise en liberté des hommes du pays*, quelle que soit leur couleur, lesquels ne pourront, sous quelque prétexte que ce soit, *être contraints à s'embarquer* avec l'armée française.

7. Les troupes des deux armées resteront dans leurs positions respectives jusqu'au dixième jour fixé pour l'évacuation du Cap.

8. Le général Rochambeau enverra pour sûreté des présentes conventions, l'adjudant-commandant Urbain Devaux, en échange duquel le général Dessalines remettra un officier de même grade.

Fait double *et de bonne foi*, au quartier-général du Haut-du-Cap, les dits jour, mois et an précités.

(Signé)   DESSALINES.   DUVEYRIER.

Lorsque l'officier français voulut monter à cheval, il ne trouva pas *ses pistolets* dans ses fontes; il s'en plaignit à Dessalines qui fit faire aussitôt des perquisitions pour les retrouver : un militaire les avait volés ; il fut *fusillé* immédiatement. La discipline exigeait cet acte de sévérité.

Rochambeau ayant ratifié la convention, — le 20, l'adjudant-commandant Devaux se présenta au quartier-général indigène comme otage, avec une lettre de son chef qui *félicitait* Dessalines de la manière *franche et loyale* avec laquelle il avait traité, *en promettant d'exécu-*

ter lui-même la convention. L'adjudant général Bazelais se rendit immédiatement au Cap.

Dessalines avait donné à Duveyrier la lettre suivante, qu'il remit à Rochambeau :

> Quartier-général du Haut-du-Cap, le 27 brumaire (19 novembre).
> Le général en chef de l'armée indigène,
> Aux habitans de la ville du Cap.
>
> Citoyens,
>
> Etant entré aujourd'hui en négociation avec le commandant en chef Rochambeau, relativement à l'évacuation du Cap par ses troupes, cette circonstance me porte, citoyens habitans, *à calmer les inquiétudes qui*, jusqu'à ce jour, *ont existé parmi vous* ; car *la guerre* qui se fait *n'est pas dirigée contre les habitans de ce pays. J'ai, sans distinction, donné ma protection et accordé sécurité aux habitans de toutes conditions* ; et en cette occasion, *vous me verrez suivre la même ligne de conduite.* La manière avec laquelle *les habitans* de chaque quartier, de Jérémie, des Cayes, du Port-au-Prince, ont été accueillis et traités, *est pour vous un garant de ma bonne foi et de mon honneur. Qu'ils restent*, citoyens, ceux qui éprouvent de la répugnance à abandonner le pays; *ils trouveront sous mon gouvernement protection et sécurité*; d'une autre part, ceux qui veulent suivre l'armée française sont libres de le faire.
>
> (Signé) DESSALINES.

Il paraît que Rochambeau, ne s'aveuglant pas sur les sentimens connus de Dessalines, hésita à communiquer cette adresse *aux habitans blancs* du Cap; mais enfin, il la fit publier, et elle porta sans doute beaucoup d'entre eux à rester au Cap. Ce fut pour leur malheur ; car Dessalines, par son adresse, n'avait voulu *que leur tendre un piége*, en leur inspirant cette confiance en sa bonne foi et son honneur. Nous parlons ainsi, d'après la lettre suivante qui portera la conviction dans l'esprit du lecteur comme dans le nôtre ; nous la copions textuellement :

Au quartier-général du Haut-du-Cap, 28 brumaire an XII
(dimanche, 20 novembre 1803).

N° 87.   Le général en chef de l'armée indigène,
          Au général Gérin.

Il n'y a plus de doute, mon cher général, le pays nous reste ; et le fameux *à qui l'aura* est décidé.

Rochambeau, le redoutable Rochambeau, s'est humanisé au point de capituler et de signer un traité qui ne lui fera pas beaucoup d'honneur auprès des généraux français qu'il a accusés de s'être mal défendus. Une seule affaire, celle d'avant-hier, lui a suffi pour lui faire déclarer notre supériorité.

J'ai auprès de moi l'adjudant-général Devaux qu'il m'a envoyé en otage pour sûreté de nos conventions.

Croiriés-vous qu'il est devenu si bon, qu'il a fait imprimer, publier et afficher une lettre par laquelle je promets ma protection aux habitans blancs qui voudront rester sous mon gouvernement ? Je vous envoie cette pièce unique dont le porteur de *l'original* a été l'adjudant-général même qui a signé les articles de la capitulation. Il est inutile de vous dire qu'aux termes du traité, tout me sera remis dans le meilleur état,—ville, armes, munitions, artillerie et arsenaux ; vous savez à quel point je suis exigeant envers mes ennemis.

Rochambeau est si disposé à m'abandonner tout ce que j'ai demandé, qu'il me laisse jusqu'à ses malades, les blessés et les convalescents que je me charge d'embarquer pour France, à leur PARFAITE GUÉRISON ; cela me sera un peu difficile, mais il faut bien faire quelque chose pour des gens qui nous traitent si loyalement.

Portés-vous bien, mon cher général, donnés-moi de vos nouvelles et comptés beaucoup sur mon attachement.

          Je vous salue.   DESSALINES.

Cette lettre écrite à Gérin n'est pas une copie ; c'est *l'original* même ; elle fut écrite (nous le croyons) par Loret, son aide de camp et l'un de ses secrétaires, et signée de la main de Dessalines : elle est tombée en notre possession par le plus grand hasard. Les mots *soulignés* le sont dans ce document ; PARFAITE GUÉRISON est écrite en plus gros caractères, comme pour faire penser à Gérin ce qu'il se propose.

Si nous avons blâmé les actes par lesquels l'expédition française s'est inaugurée à Saint-Domingue; si nous les avons qualifiés de *perfidie*, — nous ne saurions nous servir d'autre terme en jugeant, et des dispositions des articles 5 et 6 de la capitulation, et de l'adresse envoyée aux habitans du Cap; car la lettre à Gérin nous y autorise, en expliquant *la pensée intime* de Dessalines. Nous croyons l'avoir assez prouvé : nous ne jugeons pas des actions des hommes à cause *de leur couleur,* ni par rapport *aux sympathies ou antipathies* qu'ils nous inspirent; mais en passant ces actions au creuset des principes de la morale.

Quelle a été la cause principale de l'insuccès de l'expédition française, si ce n'est *la mauvaise foi* qui la dirigeait ? *Quand on est animé d'un tel esprit dans sa conduite politique, on ne fonde rien de stable, ni surtout d'honorable.* Nous avons cité les déplorables paroles de Dessalines à Bonnet; nous venons de transcrire sa lettre à Gérin : dans un autre livre qui suivra celui-ci, on verra *quel fruit amer* ont produit *pour lui, les mauvais principes* qu'il avait trop malheureusement adoptés.

Poursuivons notre récit.

Après la signature de la capitulation et l'envoi respectif des otages, Rochambeau fit envoyer l'ordre à la garnison de Champain de rentrer au Cap, en évacuant cette position. Quant à celle de Breda, enveloppée par l'armée indigène, il ne pouvait lui envoyer directement un semblable ordre; ce fut à Dessalines même qu'il l'adressa pour la lui faire parvenir. Cela résulte d'un *post-scriptum* de sa lettre du 20 novembre apportée par Devaux, lorsque celui-ci vint se constituer en otage : il y est dit : « Ci-« joint est l'ordre de l'évacuation du poste Breda, que je « vous prie de faire parvenir ici ; » c'est-à-dire le poste, la garnison à faire parvenir au Cap.

Mais déjà, dans la journée du 19, par suite de la suspension d'hostilités accordée par Dessalines dans sa réponse à Boyé, et avant que Duveyrier vînt signer la capitulation, il avait fait annoncer cet armistice au commandant de Breda : celui-ci n'y croyant pas, il fut sommé *de se rendre*. Il écrivit alors à Dessalines la lettre suivante qui l'honore :

« Je me rendrai avec ma troupe, général, aux condi-
« tions que vous avez déterminées ; j'y ajouterai seule-
« ment que vous voudrez bien permettre que les officiers
« conservent leurs armes.

« *Je me remets avec confiance à votre justice et à*
« *votre humanité*. Vous ne devez pas oublier que nous
« sommes *les soldats de la République ;* que nous n'a-
« vons pris les armes *que contre les tyrans de l'Europe*,
« et que nous nous sommes levés *pour la cause sacrée*
« *de la liberté, de la justice et de l'humanité*.

« Je demande que le commandant Macajoux nous
« escorte avec une quarantaine d'hommes jusques à nos
« premières lignes, et que les personnes et les mesquines
« propriétés des soldats soient respectées.

« J'ai l'honneur de vous saluer avec respect,

(Signé) J. Pégot.

Dessalines ne s'honora pas moins en accordant à cette brave garnison les différens points de la demande de son commandant ; mais il a eu tort de dire, dans son journal de campagne où il rend justice à celui-ci, que — « c'est

CHAPITRE XIII.

« en considération de sa belle défense, qu'il lui accorda
« d'être conduit jusqu'aux lignes françaises, et que *nul*
« *article* de la capitulation ne lui faisait un devoir de
« renvoyer la garnison de Breda. »

La suspension d'hostilités accordée par sa lettre, de même que la convention signée par lui, concernait *toute l'armée française* qui défendait le Cap et ses environs ; il était donc *obligé* de la renvoyer, à moins que cette garnison n'eût continué à combattre : ce qui n'eut pas lieu.

L'adjudant-général Bazelais avait été chargé de demander *verbalement, si les troupes françaises ne seraient pas tenues d'évacuer également l'ancienne partie espagnole.* J. Boyé, à qui cette demande fut faite, écrivit d'abord à Dessalines, le 20, qu'il allait en référer à Rochambeau. Le même jour, il lui adressa une nouvelle lettre où il lui dit :

« Ce territoire ne peut plus être considéré comme
« *espagnol*, puisqu'il a été cédé à la France par le traité
« de Bâle, et qu'aucun autre traité postérieur n'a abrogé
« cette cession faite par le roi d'Espagne. D'après *ce prin-*
« *cipe*, qui ne saurait être contesté, les Français qui
« occupent cette partie ne peuvent être considérés, ni
« comme troupes espagnoles, ni comme auxiliaires d'une
« puissance étrangère, puisque là tout est français, ter-
« ritoire, troupes et habitans.

« Les troupes tenant directement à l'armée française
« et qui se trouvent dans la partie ci-devant espagnole,
« ne peuvent pas être comprises dans la capitulation si-
« gnée hier, puisqu'elle n'a absolument rapport *qu'à*
« *l'évacuation du Cap*. Le général en chef n'a donné
« aucun ordre pour l'évacuation de cette partie. »

Ce raisonnement était excellent, concluant; mais Dessalines se réserva *in petto* d'essayer *du même droit*, à l'égard de cette partie, qu'il avait mis en pratique à l'égard de l'ancienne partie française de Saint-Domingue. D'autres *principes* seront invoqués à ce sujet en temps opportun.

Dessalines écrivit à J. Boyé pour lui témoigner le désir d'avoir l'un des plus beaux chevaux de Rochambeau : le 30, en lui répondant que son désir serait satisfait, J. Boyé lui transmit ces lignes écrites par Rochambeau lui-même :

« Le général Rochambeau désirerait de connaître
« quel est celui de vos officiers généraux qui a attaqué
« *le premier* Vertières; il lui destine un beau cheval,
« *parce qu'il aime les braves gens.* »

C'était Capois. Bientôt arrivèrent au quartier-général les deux chevaux envoyés par Rochambeau, et un troisième, de la part du commandant de Breda qui le fit offrir au capitaine Beuze, de la 4ᵉ demi-brigade, qui avait conduit sa garnison et lui dans les lignes françaises.

Cet hommage rendu à la bravoure et à la loyauté fait honneur au général français et à l'officier Pégot.

Dessalines n'oublia point qu'au terme de la capitulation, Rochambeau devait mettre en liberté *les prisonniers indigènes;* il réclama de J. Boyé qu'ils lui fussent envoyés, et un adjudant de place en emmena 78. Il réclama aussi 23 matelots qui étaient employés sur la frégate *la Surveillante*: ils lui furent expédiés.

Faites à votre prochain ce que vous voudriez qu'il fît pour vous, est une maxime de morale qui doit être comprise par le cœur de tous les hommes. Du moment que les Français *exécutaient* la convention, *il fallait aussi l'exécuter à leur égard.*

Une dernière recommandation du général Lapoype parvint à Dessalines en ces termes, par une lettre écrite le 27 novembre :

« Général, votre sollicitude pour *les malades* que nous « laissons sous vos auspices, m'est un sûr garant *que* « *vous leur accorderez une protection particulière.* »

Mais on va voir bientôt ce que la lettre à Gérin a déjà fait pressentir.

Dans ces entrefaites, le commodore Loring écrivit deux lettres au général en chef des indigènes, pour le prier de lui envoyer *des pilotes* afin de pénétrer avec ses vaisseaux dans la rade du Cap : il craignait sans doute que les vents régnans sur la côte du Nord dans cette saison, ne vinssent à l'en éloigner momentanément, et que les navires français profitassent de cette circonstance pour lui échapper. Mais Dessalines ne se rendit pas à son désir, *moins par égard pour les Français*, que pour que les Anglais ne pussent dire *qu'ils l'avaient aidé* : il leur avait assez fait la guerre pendant quatre ans, pour ne pas les affectionner, et l'on a vu qu'il n'a voulu avoir de leurs navires de guerre aucune munition qui ne fût payée immédiatement.

A l'occasion de ces lettres du commodore, la connaissance de la langue anglaise fit la fortune politique d'un jeune homme de couleur, qui était né pour être un homme d'État, et qui le devint par la suite. Il se nommait Alexis Dupuy : il avait servi sous les Anglais, à l'Arcahaie, et était officier ; mais revenu dans le pays, il fut incorporé dans la 4ᵉ comme simple grenadier. Ce fut lui qui traduisit les lettres de Loring, aucun des secrétaires de Dessalines ne connaissant l'anglais : il devint son secrétaire, et reprit son rang d'officier à l'état-major du général en chef.

Enfin, le 6 frimaire (28 novembre), le général Lapoype écrivit au général en chef des indigènes, que le lendemain, au terme de la capitulation, il l'attendrait pour lui remettre la place et les forts du Cap. L'adjudant-général Bazelais reçut ordre de procéder à cette opération qui s'effectua.

L'armée indigène prit donc possession de cette ville le 29 novembre. Elle y observa la même discipline qu'au Port-au-Prince.

Ce fut une joie peu commune, et pour ces valeureux soldats qui avaient souffert de tant de privations, et pour la population indigène qui n'avait pas moins souffert par les excès de toutes sortes commis sur elle depuis 21 mois : les soldats allaient se reposer de leurs fatigues, la population était délivrée de la présence *de l'homme* qui lui avait le plus offert le spectacle de crimes inouïs.

Les blancs, colons ou autres restés au Cap, étaient les seuls qui conservassent encore quelque inquiétude. Une nouvelle publication fut faite *pour les rassurer*. Ils s'empressèrent d'aller offrir leurs hommages à *Jean-Jacques le Bon* ; celui-ci les accueillit, mais on remarqua que — « dès qu'ils se retiraient, son front prenait une expres-
« sion menaçante [1]. »

Le général Christophe, qui avait été nommé commandant du département du Nord, en recevant le grade divisionnaire, s'installa à son poste.

Il signala cette prise de possession par une rigueur, comme au jour où il abandonnait le Cap à l'armée expé-

[1] *Histoire d'Haïti*, t. 3, p. 99.

ditionnaire. Les navires français étaient encore sur la rade dans L'après-midi du 29 novembre. Christophe écrivit à Rochambeau pour lui intimer *de lever l'ancre*, sinon il ferait canonner ces navires *à boulets rouges* : *l'image du feu* lui revenait en ce moment, comme au 4 février 1802.

Mais J. Boyé répondit à sa lettre, qui fut envoyée à Dessalines, — « que Rochambeau était surpris qu'il
« manifestât des intentions aussi contraires aux *nouveaux*
« arrangemens pris avec son général en chef, et aux
« promesses qu'il avait faites de ne pas inquiéter les navi-
« res, quand même ils devraient rester dans la rade en-
« core plusieurs jours. Je vous observe d'ailleurs,
« général, que l'armistice ne finit que *ce soir* au coucher
« du soleil.... »

J. Boyé réclamait une chose *juste;* car l'article 1er de la capitulation fixait le délai de dix jours à partir du 20 novembre, et ce délai n'échéait que le soir. Dessalines donna l'ordre à Christophe de ne rien exiger, et les navires français ne sortirent de la rade que le 30 dans la matinée.

Quelques heures auparavant, Rochambeau avait fait signer par J. Boyé et le capitaine Barré, une capitulation avec les Anglais, qui rendait prisonniers de guerre, généraux, officiers et soldats sortis du Cap, sous la condition de les envoyer en Europe [1]. Mais les malades qui avaient été embarqués devaient être et furent expédiés en France, et les habitans qui suivirent l'armée furent déposés sur le territoire de Santo-Domingo.

---

[1] Rochambeau resta prisonnier en Angleterre jusqu'en 1811; échangé alors, il se trouva, deux ans après, à la bataille de Leipsick, où il fut tué d'un boulet de canon.

Tandis que les Anglais témoignaient ainsi leur sollicitude pour les soldats atteints par la maladie, en s'honorant comme nation civilisée, Dessalines, il faut le dire, souillait son triomphe éclatant par la violation de ses promesses récidivées, par la violation des conventions prises sous sa propre signature.

Trois jours étaient à peine écoulés depuis le départ des bâtimens français, quand il ordonna que *les blessés et les malades* laissés au Cap fussent embarqués pendant la nuit. On les trompa en leur disant sans doute qu'ils allaient être envoyés à la Tortue, puisqu'ils furent placés dans des chaloupes. Mais, dans le canal entre cette île et le Port-de-Paix, ces infortunés militaires furent tous *sacrifiés* au nombre de près de 800.

On ne peut trouver *aucune excuse pour un tel crime*. Comment Dessalines ne s'est-il pas ressouvenu des paroles consignées dans la lettre du commandant de Breda, concernant les militaires français, et surtout *qu'il s'était engagé de bonne foi à protéger les blessés et les malades ?*

Vainement a-t-il dit ensuite, dans le journal de la campagne du Nord :

« Que la France compare maintenant le traité de ca-
« pitulation que j'ai signé, à celui fait entre les généraux
« Toussaint Louverture et Leclerc, *mais violé par ce dernier, parce qu'il était le plus fort.* »

Si, à ses yeux comme aux yeux de tout homme dégagé de passions, le général Leclerc *eut tort de violer ses promesses, ses conventions*, il n'a pas eu *moins tort lui-même de violer celles qu'il avait faites et signées.* Quand on se plaint d'un fait de son ennemi, on ne doit pas l'imiter.

Pendant que ces événemens s'accomplissaient au Cap, le colonel Pourcely, de la 9ᵉ demi-brigade, avec un bataillon de ce corps et de nombreuses bandes de cultivateurs de la péninsule du Nord, cernait la ville du Môle Saint-Nicolas : des vaisseaux anglais bloquaient le port. Le 2 décembre, le commodore Loring informa le général Noailles de l'évacuation du Cap, en lui proposant une capitulation semblable à celle souscrite par Rochambeau.

Mais Noailles se ressouvint *alors* qu'un noble sang circulait dans ses veines. Il se décida à une tentative audacieuse que favorisait le port du Môle. Une frégate et deux corvettes s'y trouvaient ; il monta sur la frégate qui sortit dans la nuit avec les deux autres bâtimens : ceux-ci furent capturés, mais la frégate eut le bonheur de traverser la ligne anglaise.

Arrivée sur les côtes de Cuba, la frégate française découvrit une corvette anglaise. Noailles la fit attaquer, elle fut capturée ; mais il avait reçu une blessure dangereuse pendant le combat. Il alla mourir des suites de cette blessure à la Havane, — dans la même ville où quelques mois auparavant il avait conclu un marché impie.

Le colonel Pourcely prit possession du Môle le 4 décembre : il y trouva un matériel de guerre considérable.

Le territoire de l'ancienne partie française de Saint-Domingue était évacué tout entier par les troupes de l'armée expéditionnaire ; mais celui de la colonie voisine restait encore occupé par des détachemens.

Le général Ferrand se trouvait à Monte-Christ, quand il apprit l'évacuation du Cap. Plus ancien en grade que le général Kerverseau, il se hâta de se transporter à Santo-Domingo pour prendre le commandement sur ce dernier [1]. Kerverseau le lui céda, non sans quelque résistance, et dans l'ignorance où il était que le capitaine-général Rochambeau lui avait déféré ce commandement [2]. Il partit pour la France, laissant à Ferrand le soin de conserver cette partie à la métropole.

Les habitans du département de Cibao, soit qu'ils redoutassent une entreprise de la part du terrible Dessalines, soit qu'ils fussent dirigés par l'aversion contre le régime français, qu'ils avaient déjà manifestée, ou qu'enfin ils fussent influencés par cette *rivalité jalouse* qui a toujours existé entre les villes de Saint-Yague et de Santo-Domingo ; ces habitans envoyèrent alors, en décembre, une députation de trois membres pour offrir leur soumission à Dessalines : c'étaient l'abbé Jean Richardo, et les capitaines Domingo Perez Guerra et José Compas Tabarrès. Dessalines les accueillit, leur promit de les protéger ; mais, peu politique, il leur déclara qu'il lui fallait une contribution immédiate de *cent mille piastres*, qui fut payée, bien qu'aucune troupe n'y fût envoyée.

Cette exigence injuste, vexatoire, refroidit le zèle des habitans du Cibao, depuis le premier Dom jusqu'au dernier hattier : elle favorisa la domination française que le général Ferrand y étendit peu après.

---

[1] Depuis que J.-P. Boyer avait échappé à la mort sur *le Duguay-Trouin*, il était resté au Cap. Au mois de novembre, il partit avec un Français sur un caboteur que ce dernier affréta, disant qu'ils allaient à Cuba, tandis que leur intention était de se rendre au Port-de-Paix ; mais, capturés par les Anglais, ils furent envoyés à Monte-Christ, dans une embarcation, en parlementaire. Là, Boyer courut quelques dangers auprès du général Ferrand, qui le fit arrêter : heureusement que ce général partit aussitôt pour Santo-Domingo, en apprenant l'évacuation du Cap. Délivré par l'éloignement de Ferrand, Boyer se rendit au Cap, où il se présenta à Dessalines qui l'accueillit et lui permit d'aller auprès de Pétion, au Port-au-Prince.

[2] Compte-rendu par Kerverseau, cité dans l'ouvrage de M. Lepelletier de Saint-Rémy, tome 1er, p. 319.

RÉSUMÉ DE LA SIXIÈME ÉPOQUE.

Cette dernière Époque de la période française nous offre un spectacle d'atrocités en tous genres, par la lutte que la race blanche ouvrit de nouveau contre la race noire. L'île entière de Saint-Domingue fut envahie par la plus formidable flotte et la plus forte armée qui aient jamais paru dans les mers du Nouveau-Monde. L'une était sous le commandement d'amiraux expérimentés, l'autre sous celui de généraux dont la vaillance et les talens militaires s'étaient montrés avec éclat sur tous les champs de bataille de l'ancien hémisphère : leurs soldats eux-mêmes s'étaient aguerris dans mille combats.

Dans quel but venaient tant de forces contre la colonie française?

Un chapitre de l'Epoque précédente l'a démontré d'une manière incontestable : il s'agissait *de rétablir l'esclavage* des hommes de la race noire.

Les lois de la France révolutionnaire les avaient solennellement appelés à la jouissance de la liberté, par une généreuse conséquence des principes libéraux qui avaient été proclamés dans cette métropole, des lumières que la philosophie y avait répandues à grands flots, de l'équité qui animait le cœur de ses législateurs, lorsqu'ils consacrèrent les droits imprescriptibles de toute l'espèce humaine.

Mais le gouvernement français, égaré par la faction coloniale, entraîné par la fatalité, poussé enfin dans les voies d'une réaction déplorable, revenait sur des droits acquis au profit de la justice éternelle, en méconnaissant les services rendus à la France, par ces hommes qui lui avaient conservé sa colonie au prix de leur sang, en combattant courageusement contre des puissances rivales et jalouses de sa prospérité. Et cette funeste réaction avait été préparée de longue main, par la division habilement semée entre ces défenseurs dévoués de la métropole : une guerre civile des plus désastreuses les avait moissonnés ; à cette guerre impie avait succédé un état de choses qui obtint, il faut le dire, le secret assentiment de ce gouvernement. Les colons jouissaient alors de tous leurs anciens priviléges, — de tous, jusqu'à la faculté de renouveler *la traite des noirs* pour repeupler leurs ateliers, et il ne s'en tenait pas pour satisfait !

Cependant, faut-il en accuser seulement les colons et le gouvernement français ? L'équité, la justice la plus stricte, n'imposent-elles pas à l'histoire le devoir de reconnaître aussi que Toussaint Louverture, devenu l'aveugle instrument de la politique métropolitaine, contribua puissamment à l'exécution du plan odieux conçu contre ses frères ?

Quel était le régime qu'il avait établi, alors qu'il devint un dictateur tout-puissant, sinon un despotisme brutal et sanguinaire qui ne recula pas même devant le sacrifice de son propre sang ? Sa vanité, son orgueil, son ambition effrénée, l'avaient porté à ces actes coupables ; et quel que fût son dévouement personnel aux intérêts égoïstes de la faction coloniale, il devait subir inévitablement l'effet de ses préjugés séculaires : de là, la criminelle entreprise qui tendait à lui ravir son pouvoir dominateur, pour arriver plus efficacement encore à l'asservissement de la race noire. Noir lui-même, il ne pouvait plus être qu'un objet d'horreur aux yeux de ceux qu'il avait si imprudemment servis, du moment qu'il avait rempli leurs vues.

A l'apparition de la flotte, Toussaint Louverture se trouvait à une distance immense des lieux où elle abordait. Ses fils, qui avaient eu l'espoir de la précéder, pour lui remettre une lettre du Premier Consul, qui eût été pour lui le témoignage d'une haute considération, furent déçus dans cet espoir d'une mission pacifique. Pourquoi cette dérogation à une assurance positivement donnée par le Premier Consul lui-même? C'est que le général en chef de l'expédition, comptant plus sur la valeur de ses troupes et sur de fallacieuses proclamations, s'imagina que l'emploi de la force était le meilleur moyen d'en assurer le succès : de là la résistance qu'il rencontra dès ses premières opérations. Cette résistance ne fut même déterminée que par la menace terrible consignée dans les proclamations, et par une guerre à mort inaugurée comme pour prouver que la menace n'était point vaine. Faut-il alors s'étonner que Toussaint Louverture, accouru sur les lieux et rendu à sa dignité originelle, par la méconnaissance de tous ses services antérieurs, ait méconnu à son tour la souveraineté de la France, et le droit qui en dérivait de l'évincer du pouvoir qu'il tenait d'elle?

La justice qui l'accuse d'erreurs, de fautes, de crimes nombreux dans l'administration de son pays, doit ici l'absoudre de l'énergique résolution qu'il prit de résister personnellement au capitaine-général qui venait le remplacer. En guidant ainsi instinctivement l'armée coloniale dans une guerre où elle puisa le sentiment de ce qu'elle pouvait, et qu'elle entreprit elle-même plus tard pour son salut et celui de toute la population noire, il a rendu un service éminent à son pays.

Mais cette population, fatiguée du régime barbare dont elle avait été la victime, pleine d'espérances dans les forces venues de la métropole, confiante dans les déclarations favorables à sa liberté, ne soutint pas et ne pouvait soutenir le dictateur qui l'avait opprimée : de là l'impossibilité pour celui-ci de continuer sa lutte héroïque.

Convaincu de la nécessité où il se trouvait de se soumettre, et pour mieux l'y déterminer ainsi que ses lieutenans, Leclerc donna le signal des proscriptions qu'il avait mission d'exécuter contre les chefs de la race noire. Rigaud, l'un des plus fameux parmi eux, ramené avec d'autres dans l'expédition, uniquement pour être un drapeau utile aux défections, Rigaud fut le premier à subir l'ostracisme médité contre tous. Ancien chef de la portion la plus éclairée de sa race, sa déportation injuste fut néanmoins un trait de lumière pour toute la classe qu'il avait dirigée en d'autre temps ; elle servit éminemment à la détacher de la cause de la métropole, devenue ingrate après avoir été déloyale.

Ainsi que Leclerc l'avait prévu, Toussaint Louverture se soumit à son autorité, et toute résistance cessa alors. Mais un mois était à peine écoulé, que l'ex-gouverneur lui-même subissait l'ostracisme imposé à son ancien rival. Cette nouvelle mesure que commandaient les circonstances, plus à son égard qu'à l'égard de Rigaud, éclaira aussi le parti politique que Toussaint Louverture avait dirigé.

Dès-lors la fusion de leurs anciens partisans était inévitable, pour s'armer maintenant contre la métropole qui n'avait tenu aucun compte de leurs services respectifs. La dignité que ces deux chefs montrèrent en subissant ces persécutions, en rehaussant leur caractère, contribua encore à exalter les hommes qu'ils avaient guidés : il n'y avait plus pour eux qu'à saisir une occasion propice pour se prononcer.

Déjà, d'obscurs individus dans la race africaine protestaient contre l'invasion de l'armée expéditionnaire, en se tenant isolés dans des retraites éloignées. C'était dans ce temps même que la métropole, égarée de plus en plus par la faction coloniale, cédait à ses vœux pour abroger les décrets rendus sur la liberté générale et l'égalité des droits ; elle rendit *une loi qui rétablissait la traite des noirs et leur esclavage*, conséquemment *tous les préjugés de race* créés par le régime colonial.

Mais, à Saint-Domingue, un fléau destructeur coïncidait avec cette loi détestable ; la fièvre jaune apparaissait et enlevait des milliers de soldats de l'armée expéditionnaire, de vaillans généraux. Les probabilités d'un insuccès définitif n'étaient plus discutables.

Cependant, c'était dans ce moment même que les colons présens dans la colonie manifestaient leurs projets liberticides contre les hommes de la race noire. Réunis en conseil autour du capitaine-général, l'étourdissant de leurs plans insensés, ils l'entraînèrent à des fautes aussi funestes à leurs propres intérêts, que celles qu'ils provoquaient dans la métropole. Aussi Leclerc entra-t-il en aveugle dans les mesures qui avaient porté ces hommes à détester en Toussaint Louverture un tyran odieux.

Cette population, montrant ses répugnances, fut dès-lors l'objet de persécutions incessantes. Son désarmement fut ordonné, en même temps que des potences étaient dressées dans tous les lieux, que des noyades et des fusillades la décimaient. La fièvre jaune décimant aussi l'armée française, il fallut recourir aux chefs de l'armée coloniale pour opérer le désarmement.

Ces chefs ne pouvaient désirer rien de mieux, afin de porter la conviction dans les masses, — que l'administration européenne se proposait de rétablir leur esclavage : en les pénétrant de cette vérité, ils s'assuraient d'utiles et ardents auxiliaires pour leurs projets ultérieurs. Des révoltes partielles vinrent justifier leur espoir.

Dans ces circonstances, les deux hommes qui personnifiaient de nouveau les deux branches de la race noire, se rencontrèrent ; et quoique anciennement ennemis, ils s'entendirent secrètement sur le plan d'insurrection générale à laquelle il fallait recourir pour les sauver. Pétion ayant donné d'avance à Dessalines l'assurance de son concours et de sa soumission, le succès de leur glorieuse entreprise ne pouvait être douteux. Mais, en attendant qu'ils en donnassent le signal aux débris de l'armée coloniale, la révolte des chefs de bandes faisait des progrès : la plupart étant des Africains, et forts de leur priorité dans l'insurrection, ils élevaient malheureusement la prétention de diriger exclusivement les choses, selon les idées bornées de leur pays natal. Cette prétention, indépendamment des atrocités qui se commettaient journellement contre la population indigène, devait hâter la prise d'armes des vrais chefs qui allaient la guider : elle s'effectua.

Cette défection courageuse arriva peu avant que le capitaine-général Leclerc fût frappé de mort par la fièvre jaune. A lui succéda Rochambeau qui avait inauguré les crimes de l'armée expéditionnaire, qui en avait déjà inventé pour assouvir ses fureurs : visant à une célébrité sanguinaire, il en inventa d'autres en redoublant la férocité de ses exécutions à mort. Son avènement au pouvoir fit pressentir aux Français eux-mêmes que Saint-Domingue était désormais perdu pour la France ; car, s'il y eut de grands coupables parmi eux, la justice veut que l'on proclame hautement que parmi eux se trouvèrent aussi des âmes humaines, des cœurs généreux, qui honorèrent leur pays.

Quoique doué de toutes les qualités du militaire, sous le rapport de *la guerre,* le nouveau capitaine-général raidit en vain contre l'ardeur du général en chef des indigènes, guidant ses frères dans la conquête de l'Indépendance de la colonie, devenue une nécessité conservatrice de leur liberté et de leur vie.

Bientôt survint un de ces événemens heureux que la Providence envoie aux peuples dans l'enfantement de leur liberté. La paix avec la Grande-Bretagne, qui avait facilité l'expédition contre Saint-Domingue, étant rompue entre elle et la France, celle-ci ne pouvant plus alimenter son armée par l'envoi de nouvelles troupes, cette colonie devait enfin lui échapper.

Comme une nouvelle faveur du ciel, c'est au moment même de la rupture de la paix, que les sages mesures politiques prises par Pétion, assuraient définitivement la suprématie du pouvoir dans les mains de Dessalines. Tous les chefs de l'armée indigène, tous ceux qui dirigeaient des bandes isolées, formèrent autour de lui le faisceau guerrier qui allait bientôt constituer *une Nationalité libre, indépendante et souveraine.* Aussi, toutes les villes occupées par les Français tombèrent-elles successivement en sa possession.

Rochambeau lui-même se vit enfin contraint à céder le terrain, à abandonner l'ancienne partie française de Saint-Domingue aux armes victorieuses des indigènes. Le territoire de l'ancienne colonie espagnole resta néanmoins, momentanément, au pouvoir de la France.

Ainsi se termina l'Époque la plus désastreuse de l'histoire de Saint-Domingue, mais aussi la plus glorieuse pour les fils de l'Afrique et leurs descendans.

Ce fut leur dernière étape dans la route où la divine Providence les avait guidés, pour arriver à leur complète émancipation du joug européen. Successivement imprudente, généreuse, déloyale, illibérale et cruelle, la race blanche elle-même a servi d'instrument aux vues du Père commun des hommes.

Me voilà arrivé à la moitié de ma tâche.

Dans ce *plaidoyer* que j'ai osé entreprendre en faveur de la race noire, je me suis fait un devoir d'être impartial, en appréciant les choses et la conduite de tous les acteurs qui se sont trouvés en scène dans cette période importante de l'histoire de mon pays. Car, quoique *partie intéressée* dans la grande cause que je défends, je n'ai pas cru que je devais imiter l'exemple tracé par un illustre personnage qui, cédant à une regrettable colère, professa une opinion qui tendrait à classer les hommes comme ennemis les uns des autres, selon la race à laquelle ils appartiennent : opinion que condamnaient sans nul doute ses hautes facultés intellectuelles.

Mais, en m'inspirant d'un sentiment plus favorable à l'humanité entière, en m'attachant toujours à ce qui pouvait mieux relever *l'honneur et la dignité* de la race noire elle-même, je me suis dit :

Je dois être pour les hommes, quelle que soit leur couleur, parce que je suis homme.

Que m'importent, en effet, les absurdes préjugés nés du régime colonial subsistant encore, de nos jours, dans diverses contrées de l'Amérique, surtout dans celle où des hommes de cette race noire, de mon pays même, combattirent avec valeur pour fonder *son indépendance*[1]? Je sens, par la faible intelligence dont Dieu m'a doué, par mon cœur, que j'appartiens à l'espèce humaine. Cette conviction intime ne suffit-elle pas pour me porter à fouler aux pieds tous ces préjugés insensés, à être juste envers tous mes semblables?

C'est dans cet esprit que je vais narrer maintenant les faits de l'histoire *des Haïtiens*, livrés à leur libre arbitre. J'examinerai si mes compatriotes ont compris eux-mêmes tous les devoirs que leur imposait la condition nouvelle où les plaça le Dieu Tout-Puissant qui les soutint dans leurs luttes. Je sais d'avance qu'ils ont droit à beaucoup d'indulgence, pour *les fautes* qu'ils ont dû faire dans la direction des affaires de notre pays ; mais je sais aussi qu'il est de ces actes tellement contraires *aux principes de la morale, inséparables de ceux d'une saine politique*, qu'un auteur qui se respecte ne doit pas les louer, s'il veut servir utilement la cause qu'il défend, s'il veut honorer son pays.

[1] Les *États-Unis*, où les noirs et les mulâtres sont placés sous le joug de l'esclavage et du préjugé de la couleur, ont eu le concours de ces hommes enrôlés à Saint-Domingue sous le nom de *chasseurs royaux*. A Savannah, en 1779, Rigaud, Bauvais, Villatte, Christophe Mornet, Belley, Henri Christophe et tant d'autres, se signalèrent sous les ordres du brave comte d'Estaing. Rigaud, âgé alors de 18 ans, y fut blessé à la tête. (Carton du ministère de la marine, contenant son état de service).

CHAPITRE XIV.

Faits particuliers relatifs à J.-M. Borgella durant l'expédition française.

Employé à l'état-major du général Agé, à l'arrivée de l'escadre de l'amiral Latouche Tréville devant le Port-au-Prince, Borgella trouva une heureuse occasion de protéger les jours d'une soixantaine de colons qui s'étaient rendus chez son général, tandis que d'autres étaient arrêtés et traînés de force hors de la ville. En ce moment, l'autorité d'Agé était complètement méconnue; et Borgella, ancien officier du Sud comme Lamartinière, pouvait faire entendre sa voix, montrer son courage ordinaire, d'autant mieux qu'il était secondé par David-Troy, son intime ami, non moins résolu que lui quand il s'agissait de remplir une bonne œuvre. Parmi ces colons se trouvait un nommé Moreau, qui se ressouvint l'année suivante de la conduite de Borgella, comme on le verra bientôt.

Lorsque le général Boudet eut pénétré dans la ville, ceux des militaires qui n'avaient pas suivi Lamartinière et Magny, s'empressèrent d'aller lui faire leur soumission:

Borgella et David-Troy étaient de ce nombre ; ils n'avaient aucun motif pour s'attacher à la cause perdue de Toussaint Louverture. Toutefois, ne s'aveuglant point sur ceux qui avaient déterminé l'envoi d'une armée française à Saint-Domingue, en se rendant auprès du général Boudet, Borgella dit ces paroles prophétiques à David-Troy : « Mon ami, aujourd'hui nous sommes dans la né-
« cessité de nous rendre aux Français, pour nous sous-
« traire à la tyrannie de Toussaint Louverture ; mais,
« sois assuré qu'avant six mois, ils nous obligeront à
« prendre les armes contre eux : car, à l'instigation *des*
« *colons*, ils voudront nous ravir notre liberté. » Et cependant, il venait de se montrer généreux envers ces hommes qui ne surent jamais qu'abuser de leur déplorable influence ! C'est que la loi du devoir l'emporte toujours dans les cœurs bien nés.

Le général Boudet, informé par Agé de la conduite récente de Borgella, et sachant qu'il avait été chef d'escadron sous Rigaud, en le complimentant sur ses sentimens d'humanité, le rétablit dans ce grade supérieur dont il avait été privé après la guerre civile du Sud. Peu de jours après, il reçut l'ordre de faire partie de la colonne commandée par l'adjudant-général Darbois qui se rendit aux Cayes et de-là à Jérémie.

Environ trois mois après, Darbois l'envoya prendre le commandement du quartier de Dalmarie où se trouvait Gilles Bambara qu'il y remplaça. Ce quartier comprenait les bourgs de Dalmarie, des Abricots, de la Petite-Rivière, de l'Anse-d'Hainaut et des Irois. Il s'attacha à remplir son devoir, comme il l'avait toujours fait, en montrant une grande impartialité envers tous ses administrés, et acquit par là l'estime de tous. Entre tant de qualités qui le distinguaient, la bienfaisance surtout tenait peut-être le premier rang.

Hors la passive protestation de Jean Panier et de Goman, qui se jetèrent dans les bois pour ne pas obéir aux Français, mais qui n'entreprirent rien dans ces premiers temps, cette extrémité de la péninsule méridionale du pays avait joui de la tranquillité. Le rôle de l'administrateur se bornait donc, pour Borgella, à maintenir l'ordre dans l'étendue de son commandement. Mais, lorsque les persécutions et les crimes eurent commencé dans l'arrondissement de Jérémie et des Cayes, et que Gilles Bénech et Nicolas Régnier se furent jetés aussi dans les bois comme Goman, les agitations commencèrent. Ces chefs de bandes s'étant organisés, vinrent en janvier 1803 s'emparer du bourg de Tiburon : alors, l'action du militaire commença.

Férou, commandant des Côteaux, écrivit à Borgella pour l'inviter à se porter contre Tiburon, tandis qu'il agirait de même de son côté : c'était remplir un devoir strict, dans les circonstances où ils se trouvaient tous deux. Borgella marcha à la tête de la garde nationale et de quelques troupes de ligne, et réussit à surprendre les indigènes qu'il chassa de Tiburon. Mais n'y voyant pas venir Férou, et reconnaissant que l'ennemi était en forces, il abandonna ce bourg où l'ennemi revint, et retourna à l'Anse-d'Hainaut.

Il avait espéré qu'en joignant Férou, ils eussent pu conférer sur la situation des choses ; car il n'ignorait pas la prise d'armes du Nord et de l'Artibonite, ni les insurrections de l'Ouest. L'exemple de Pétion et de tous leurs camarades d'armes de la 13e demi-brigade devait les guider. Dans cette pensée, il écrivit de suite à Férou en envoyant, porteur de sa lettre, un autre homme de couleur nommé Laporterie, ancien officier sous Rigaud. En apparence, c'était pour lui demander la cause de sa non-apparition à Tiburon, lui proposer à son tour de marcher de nouveau contre ce bourg, afin de s'y joindre ; sa lettre se terminait ainsi : « Je ne vous en dis pas davantage, « le porteur de la lettre s'entretiendra avec vous. » Laporterie, en effet, était chargé de lui dire les vrais motifs de la marche que Borgella provoquait.

Mais Férou ne savait pas lire. On lui avait imposé un secrétaire blanc, comme à presque tous les autres officiers indigènes. En lisant cette lettre de Borgella, ce secrétaire, nommé Saradas, remarqua la phrase finale et ne quitta plus un seul instant son commandant ; de sorte que Laporterie ne put rien dire à celui-ci : il retourna à l'Anse-d'Hainaut, emportant seulement la promesse que faisait Férou de marcher contre Tiburon.

Saradas ne s'en tint pas à la surveillance qu'il avait exercée ; il s'empressa d'adresser une lettre au général Laplume (ou plutôt aux colons qui le faisaient mouvoir comme une vraie machine), dans laquelle il dénonçait Borgella, Férou et Laporterie, comme tramant un projet d'insurrection. A son tour, Laplume signala Borgella à Darbois. La conduite qu'il avait tenue envers lui sous Toussaint Louverture, en le protégeant, est un indice que cette dénonciation n'était que l'œuvre de ces mêmes colons qui avaient voulu alors perdre Borgella.

Lorsque Férou avait le premier provoqué la marche de son collègue sur Tiburon, il s'était mis en marche lui-même ; mais il fut arrêté par les indigènes qui étaient venus occuper le Port-à-Piment. Après la mission de Laporterie, il s'y préparait de nouveau, quand il reçut avis de l'un de ses amis des Cayes, que son arrestation était résolue ; en même temps, Théodat Trichet, son frère Bergerac, Wagnac et Varcol lui faisaient proposer de se mettre à la tête de l'insurrection qu'ils effectuèrent au Port-Salut. Férou ne pouvait donc plus tenir à la promesse qu'il avait fait parvenir à Borgella, puisqu'il se prononça alors, dans les derniers jours de janvier ou au commencement de février.

Ignorant ces faits, Borgella se porta aux Irois avec ses gens, pour continuer sa marche sur Tiburon : il y coucha. Déjà, un indigène était allé prévenir ceux de Tiburon qu'il y avait peu de monde aux Irois, sous les ordres d'un commandant européen ; bien pilotés, évitant tous les postes, ils vinrent dans la nuit et cernèrent la maison de cet officier où dormait Borgella. Celui-ci, réveillé par le bruit tumultueux des assaillans, n'eut pas le temps de s'habiller ; s'armant de son sabre et de ses pistolets, il ouvrit la porte, déchargea ses armes, et, le sabre à la main, s'ouvrit un passage parmi eux. Échappé de ce danger, il fut contraint de fuir en cet état jusqu'à l'Ilet-à-Pierre-Joseph où il rallia sa troupe débandée par la surprise. Ayant fait mander des secours à l'Anse-d'Hainaut, il marcha sur les Irois d'où il chassa les indigènes, qui prirent la route de Tiburon ; il retrouva la plupart de ses effets qu'ils n'avaient pu emporter.

Reprenant sa marche contre Tiburon, il en repoussa encore les indigènes qui ne s'enfuirent pas comme la première fois ; car ils se retirèrent sur une éminence qui domine le bourg. Environ trois heures après, ils se reformèrent et attaquèrent les troupes de Borgella qu'ils chassèrent à leur tour. Borgella faillit tomber en leur pouvoir et reçut une blessure au bras : poursuivi jusqu'au morne Onfroy, là son cheval fut blessé sous lui, ce qui le porta à retraiter aux Irois, d'où il se rendit aux Abricots, pour se faire panser de sa blessure.

Darbois, ayant déjà reçu la lettre précitée de Laplume, le manda à Jérémie, en le faisant remplacer par un blanc nommé Mondret, qui avait servi sous les Anglais. Les colons des Abricots, qui n'avaient eu qu'à se louer de son administration, saisirent cette occasion pour lui adresser une lettre en date du 14 février, où ils lui exprimaient toute leur reconnaissance. Mais Darbois, après l'avoir gardé quelques semaines à Jérémie, lui donna l'ordre de partir pour le Port-au-Prince, avec des dépêches adressées au général Brunet. Il lui dit d'abord qu'il était urgent qu'il allât lui-même rendre compte des événemens qui venaient d'avoir lieu; mais au moment de son départ, il lui avoua que son éloignement de la Grande-Anse était commandé par les circonstances politiques; qu'il lui conservait toute son estime, quoiqu'il fût forcé de céder aux obsessions des colons de Jérémie.

Arrivé au Port-au-Prince dans les premiers jours de mars, Borgella se présenta chez Brunet à qui il remit les dépêches dont il était porteur. En ce moment ce général conversait avec Moreau, l'un des colons qu'il avait protégés le 5 février 1802; ayant pris lecture des dépêches, Brunet continua de causer avec Moreau. Sans doute, ce dernier lui parla de la conduite qu'avait tenue Borgella à cette époque; car il dit à celui-ci : « Darbois s'est laissé in-« fluencer par les anglomanes de Jérémie : eh bien! vous « resterez à mon état-major. » A partir de cet instant, Brunet lui témoigna les plus grands égards.

Il n'y avait que *justice* rendue à Borgella, dans les procédés de Darbois et de Brunet; car, si la phrase de sa sa lettre à Férou était compromettante à certains égards, elle ne constituait pas une preuve suffisante pour son arrestation. D'un autre côté, la vigueur qu'il avait montrée contre les indigènes, la blessure qu'il avait reçue, jointes à la protection qu'il accorda aux colons du Port-au-Prince, suffisaient pour combattre les présomptions soulevées contre lui. Toutefois, on peut dire qu'il fut heureux d'échapper, et à Darbois et à Brunet qui montrèrent si peu de scrupule envers d'autres indigènes.

Le 20 mars, Rochambeau arriva au Port-au-Prince. Quelques jours après, il envoya Brunet dans le Sud pour s'opposer à l'insurrection générale des indigènes et à la marche de Geffrard. Borgella fut de cette expédition, et obtint de Brunet la permission de passer aux Abricots où était sa femme, qu'il fit partir pour les Cayes. Rendu ensuite à Tiburon, d'où les indigènes avaient été chassés définitivement par de nouvelles forces envoyées de Jérémie, il reçut une lettre de Brunet, qui lui déféra le commandement de l'avant-garde de la colonne qui, sous les ordres du général polonais Spithal et composée de soldats de cette nation, devait tenter d'arriver aux Cayes par terre.

La mort de Spithal, par la fièvre jaune, ayant fait passer le commandement de cette colonne à l'adjudant-général Sarqueleux venu des Cayes aux Côteaux, on arriva aux Karatas où se trouvaient Férou et les indigènes. Borgella reconnut l'avantage de cette forte position et conseilla à Sarqueleux de la faire contourner sur la gauche, par l'adjudant-général Bernard. Dans son excessive présomption, Sarqueleux osa lui dire : *Avez-vous peur ?* Un sourire dédaigneux fut sa première réponse ; il répondit ensuite à cette question insultante, en ordonnant *en avant* à la troupe de l'avant-garde. Mais Férou, Jean-Louis François et Bazile étaient aux Karatas ! Quels que fussent les efforts de Borgella et de Sarqueleux lui-même, il ne leur était pas possible d'enlever la position : alors Sarqueleux ordonna à Bernard le mouvement sur la gauche. Cet officier ayant été tué à la première décharge des indigènes, sa troupe se mit à fuir et entraîna la déroute des Polonais qui combattaient de front : environ 300 hommes étaient déjà tués ou blessés.

Sarqueleux pria Borgella de prendre le commandement de l'arrière-garde, en lui disant d'abandonner les blessés : il se hâta de gagner le bourg des Côteaux. Loin d'obéir à ses ordres concernant les blessés, Borgella les sauva tous : parmi eux se trouvaient aussi des indigènes. Les bâtimens de guerre avaient suivi le littoral ; ils recueillirent les débris de la colonne, blessés et autres, et les portèrent aux Cayes où Sarqueleux mourut peu de jours après.

Informé de la bravoure qu'avait montrée Borgella aux Karatas, de sa sollicitude pour les blessés, Brunet lui adressa publiquement les éloges les plus chaleureux. Il reçut des Polonais un autre témoignage bien flatteur de leur estime : ils demandèrent qu'il fût mis à leur tête, ce qu'il refusa, car il éprouvait le plus vif regret d'avoir été obligé de combattre contre ses anciens camarades d'armes [1].

---

[1] En 1821, un Français, venu en Haïti pour y fonder une pharmacie, apporta à Borgella une lettre de recommandation du général Brunet, qui lui renouvelait la haute estime qu'il avait conçue pour lui en 1803 : il lui disait qu'il n'était pas étonné que Borgella fût parvenu à occuper un rang distingué dans l'armée haïtienne.

Un de ces braves Polonais, qui devinrent *Haïtiens* en 1804, s'attacha au service de Borgella, à qui il portait les sentimens d'un ami dévoué : il se nommait *Simon*, natif de Grodno. En vain Borgella lui offrit des moyens pour se

Dans la pensée de se réunir à eux, Borgella profita de la suspension d'hostilités convenue quelque temps après entre Brunet et Geffrard et qui fit ouvrir un marché aux portes des Cayes, pour envoyer un affidé auprès de ce dernier, à l'effet de lui témoigner le désir qu'il avait de se joindre à lui. Geffrard lui fit écrire un billet par Papalier, pour le presser dans cette résolution, en lui exprimant la joie qu'ils ressentiraient tous de le voir parmi eux.

Mais, pour sortir des Cayes, il fallait user de beaucoup de précautions, afin de ne pas s'exposer à être arrêté.

A Dalmarie, il vivait en intimité avec un Français nommé Verger, qui avait toujours été l'ami de la classe des hommes de couleur, depuis 1791 ; il habitait la Croix-des-Bouquets à cette époque, et les événemens de la guerre civile du Sud l'avaient transplanté dans la Grande-Anse. Il rejoignit Borgella aux Cayes : celui-ci lui confia son dessein d'aller se réunir à Geffrard ; et Verger voulant faire comme lui, gagna au même parti un sergent français nommé Spané, dont les sentimens de justice se révoltaient par les atrocités commises aux Cayes sur les indigènes. Il fallait traverser les remparts de la ville, garnis de troupes. Spané trouva moyen, à cause même de son grade de sergent, de persuader un soldat qui lui pro-

---

rendre en Europe ; il ne voulut jamais le quitter. Entouré de soins sur ses vieux jours, *Simon* mourut en mars 1817, sur l'habitation de Borgella, qui honora ce fidèle serviteur en lui donnant la sépulture dans l'enclos réservé où reposaient déjà les restes de son épouse.

En avril 1819, pendant la campagne qui mit fin à l'insurrection de Goman dans la Grande-Anse, je fus témoin de la gratitude exprimée à Borgella par un Haïtien qu'il avait sauvé dans l'affaire des Karatas. Cet homme était parmi les blessés, et fut emporté avec les Polonais qui l'étaient aussi. Borgella ne l'avait pas remarqué alors, et ne le reconnut pas ; mais il lui rappela toutes les circonstances de cette généreuse action, dont le souvenir émut profondément le général auprès de qui je servais en qualité de secrétaire.

mit de les laisser passer pendant la nuit, quand il serait de faction. Tel fut le résultat de la magnanimité de Geffrard qui, en consentant à laisser introduire des vivres aux Cayes, où les troupes françaises souffraient de la famine, conquit l'estime de ces ennemis pour ses frères.

A l'heure convenue, Borgella, sa femme (habillée en homme), Verger et Spané, et deux domestiques noirs, passèrent sur les remparts et se rendirent au poste indigène occupé par le général Coco Herne, et de-là au quartier-général de Gérard, où ils reçurent tous le plus cordial accueil de Geffrard et de tous ses compagnons.

Quelques semaines après, survint l'évacuation des Cayes par le général Brunet. Le 7 novembre, sur la demande de Jean-Louis François, commandant de l'arrondissement d'Aquin, Geffrard nomma Borgella au commandement de cette place. Sa lettre se terminait ainsi :

« En saisissant l'occasion de faire quelque chose d'a-
« gréable à ce brave général dont vous avez l'estime, je
« suis bien aise de vous témoigner le cas que j'ai tou-
« jours fait des qualités précieuses qui vous distin-
« guent. »

Des faits importans viendront prouver l'intimité qui exista entre ces trois anciens officiers de Rigaud.

Désormais, la position de Borgella le faisant entrer dans la vie politique du pays, nous supprimerons sa biographie particulière.

ERRATA.

Page 161, ligne 10, supprimez le nom de *Ri...* *...* seul ayant résisté à Richepanse.

TABLE DES MATIÈRES

CONTENUES DANS CE VOLUME.

PÉRIODE FRANÇAISE.

SIXIÈME ÉPOQUE.

LIVRE SIXIÈME.

CHAPITRE PREMIER.

Expédition française contre Saint-Domingue. — Arrivée de la flotte au Cap-Français. — Le général Henri Christophe lui en refuse l'entrée. — Proclamation du Premier Consul aux habitans de la colonie. — Députation de la municipalité auprès du capitaine-général Leclerc. — Sa lettre à H. Christophe. — Réponse, et dispositions de défense. — Le général Rochambeau s'empare du Fort-Liberté. — Incendie et évacuation du Cap. — La flotte entre dans la rade. — Débarquement de Leclerc à la baie de l'Acul-du-Limbé. — Réfutation des Mémoires de Sainte-Hélène, relativement aux hommes de couleur. — Réflexions sur la conduite tenue par H. Christophe. —Toussaint Louverture arrive de Santo-Domingo. — Il est forcé de fuir devant les troupes françaises, et prend la résolution de résister à Leclerc. — Esprit général de la population. — Lettres de Toussaint Louverture à divers généraux. — Il se rend à Ennery pour rencontrer ses fils et leur précepteur. 3

CHAPITRE II.

Leclerc envoie à T. Louverture ses fils et M. Coisnon.—Arrivée de T. Louverture à Ennery. — Il reçoit une lettre du Premier Consul. — Examen de ce document.—T. Louverture quitte Ennery et va aux Gonaïves. — Il écrit à Leclerc.—Il va à Saint-Marc et revient aux Gonaïves.—Réponse de Leclerc. —T. Louverture persiste à le combattre. — Scène entre lui et ses enfans.— Conduite respective d'Isaac et de Placide.—Ce dernier est élevé en grade. —Allocution à la garde d'honneur.—Réplique à Leclerc.—Dernière réponse de Leclerc.—Réflexions sur la résolution prise par T. Louverture.— Arrivée de la division Boudet au Port-au-Prince.—Conduite des officiers supérieurs

TABLE DES MATIÈRES. 495

de cette ville.—Débarquement des Français. — Bardet livre le fort Bizoton. —Combat au Port-au-Prince. — Les troupes coloniales en sont chassées. — Conduite modérée et habile du général Boudet.—Soumission des populations dans le voisinage du Port-au-Prince. — Découverte des papiers secrets de T. Louverture.—Dessalines arrive au Cul-de-Sac et va à Léogane.—Incendie et évacuation de cette ville. — Massacre de blancs.— Dessalines va à Jacmel, retourne au Cul-de-Sac et se rend à la Petite-Rivière de l'Artibonite. —Les Français occupent la Croix-des-Bouquets et l'Arcahaie.—Conduite de Charles Bélair. —Défection de Laplume et de tout le département du Sud. —Soumission de Jacmel.— Soumission de la partie espagnole. —Incendie du Port-de-Paix et résistance de Maurepas. 44

CHAPITRE III.

Proclamation de Leclerc qui met T. Louverture et H. Christophe *hors la loi*, en entrant en campagne. — Arrivée au Cap des escadres de Toulon et de Cadix. — Combats en divers lieux. — T. Louverture bat Rochambeau à la Ravine-à-Couleuvre. — Résistance et soumission de Maurepas. — Incendie et évacuation de Saint-Marc par Dessalines. — Boudet en prend possession. — Lamour Dérance et Lafortune se soumettent. — Marche des divisions Hardy et Rochambeau aux Cahos. — Leclerc se rend au Port-au-Prince avec Rigaud, Pétion et d'autres officiers du Sud. — Pétion reçoit le commandement de la 13e demi-brigade. — La division Debelle est battue à la Crête-à-Pierrot. — Massacre de noirs par Hardy. — Rochambeau enlève le trésor placé aux Cahos. — Marche de la divison Boudet contre la Crête-à-Pierrot. — Massacre de blancs aux Verrettes, par Dessalines. — Il bat les divisions Boudet et Dugua à la Crête-à-Pierrot, et en laisse le commandement à Magny et Lamartinière. — Siége de ce fort. — Pétion y lance des bombes : réflexions à ce sujet. — Évacuation hardie du fort, par Magny et Lamartinière. — Ils rejoignent Dessalines au Calvaire. — Combats livrés par Christophe dans le Nord. — T. Louverture y enlève divers bourgs et revient dans l'Artibonite. — Il se porte aux Cahos après l'évacuation de la Crête-à-Pierrot. — Dessalines l'y rejoint. — La division Hardy retourne au Cap, celle de Rochambeau aux Gonaïves. — Les escadres de Brest, du Hâvre et de Flessingue arrivent au Cap. — Leclerc va à Saint-Marc. — La division Boudet retourne au Port-au-Prince. 81

CHAPITRE IV.

Déportation d'André Rigaud. — Son sort en France — Proclamation de Leclerc sur cette déportation. — Pensées de Pétion et de Lamour Dérance à cette occasion. — Arrêté de Leclerc sur le commerce français et étranger. — Correspondance entre les amiraux Villaret-Joyeuse et Duckworth. — Disposition de Toussaint Louverture à la soumission. — Il correspond avec Boudet. — Assassinat de Vollée. — Positions occupées par Toussaint Louverture et ses généraux. — Leclerc fait proposer à Christophe de se soumettre. — Correspondance à ce sujet. — Toussaint Louverture autorise Christophe à des entrevues avec les généraux français. — Soumission de Christophe et de ses troupes au Haut-du Cap. — Correspondance entre Leclerc et Toussaint Louverture. — Ce dernier fait sa soumission au Cap. — Il porte Dessalines et Charles Bélair à se soumettre. — Réflexions à cette occasion. 116

CHAPITRE V.

Travaux de réédification au Cap. — Départ de Villaret-Joyeuse pour France. — Acte d'organisation provisoire de la colonie. — Mort de Villatte. — Dessalines et Charles Bélair entrent à Saint-Marc. — Mesures prises à l'égard des troupes coloniales.— Annullation des promotions faites par T. Louverture. — Germes d'insurrection dans le Nord, l'Ouest et le Sud. — Loi décrétée en France *pour rétablir la traite des noirs et leur esclavage*. — Boudet est envoyé à la Guadeloupe. — Rochambeau le remplace. — Les colons poussent aux excès. — *La fièvre jaune* se manifeste. — Désarmement des cultivateurs. —Résistance de Sylla à Plaisance. — Il est chassé par Clauzel. — Leclerc soupçonne T. Louverture de conjurer. — Il ordonne des mesures militaires au bourg d'Ennery. —Christophe, Clervaux, Maurepas et Dessalines lui conseillent de déporter T. Louverture : leurs motifs. — Motifs particuliers de Dessalines, et réflexions à ce sujet. — Occupations de T. Louverture sur ses propriétés. — Il y est surveillé et tracassé. — Ses plaintes à Leclerc et correspondance entre eux. — Leclerc ordonne à Brunet de l'arrêter. —Brunet l'invite à se rendre auprès de lui. — Sourdes menées et lettres attribuées à T. Louverture. — Il est arrêté, garotté et conduit à bord de la frégate *la Créole*.— Sa famille et divers officiers sont arrêtés et embarqués sur *la Guerrière*. — Paroles prononcées par T. Louverture à bord du *Héros*. — Son arrivée à Brest. — Déportation d'autres officiers sur *l'Aigle* et *le Muiron*. 153

CHAPITRE VI.

Jugement et exécution à mort de P. Fontaine. — T. Louverture réfute le projet qui lui fut attribué. — Proclamation du capitaine-général sur sa déportation. — Lettre au ministre de la marine. — Séquestre des biens de T. Louverture.—Il écrit de Brest au Premier Consul et au ministre de la marine. — Dégradation et déportation de Placide à Belle-Ile-en-Mer.— Sa lettre d'adieux à ses parens. — T. Louverture est débarqué du *Héros* et amené au fort de Joux. — Chancy à Ajaccio. — Le reste de la famille à Bayonne. — Beau trait du général français Ducos. — Mission du général Cafarelli au fort de Joux, ses entretiens avec le prisonnier, interrogations qu'il lui fait, et réponses. — Jugemens portés par T. Louverture sur ses généraux et autres officiers. — *Défense* pour T. Louverture contre les imputations qui lui ont été faites. — Il n'était responsable que de ses actes

TABLE DES MATIÈRES.

depuis sa soumission. — Citations de quelques passages de son Mémoire au Premier Consul. — Il lui adresse deux autres lettres. — Sa maladie, et enlèvement de Mars Plaisir du fort de Joux. — Mort de T. Louverture racontée par Antoine Métral. — Examen de cette relation. — Jugement sur la vie politique et militaire de T. Louverture. — Sa famille est transférée à Agen. — André Rigaud s'y trouve avec elle. — Évasion de Chancy, d'Ajaccio. — Mort de Pinchinat à l'infirmerie de la Force, à Paris. 190

CHAPITRE VII.

Invasion de la fièvre jaune et ses cruels effets. — Réunion du conseil colonial. — Sentimens libéraux du préfet colonial Benezech, sa mort. — Projets manifestés par les colons. — Conduite courageuse de H. Christophe. — Leclerc maintient en vigueur les règlemens de T. Louverture sur la culture. — La fièvre jaune dissout le conseil colonial. — Leclerc organise le gouvernement colonial. — Mesures fiscales. — Défense faite aux notaires de passer des actes de vente de moins de 50 carreaux de terre. — Mesures de police. — Pendaisons, noyades et fusillades contre la population indigène. — Règlement sur les délits et les peines. — Arrêté des Consuls défendant aux noirs et aux mulâtres d'entrer en France. — Réflexions à ce sujet. — Règlement de Leclerc sur l'ordre judiciaire, sur le culte catholique. — Arrivée de troupes de France. — Leclerc ordonne le désarmement général des cultivateurs. — Vues secrètes des chefs de l'armée coloniale en y donnant leur concours. — Mouvemens insurrectionnels qu'il occasionne. — Noble conduite du général Devaux. — Révolte de Charles Bélair. — Révolte d'autres chefs de bandes dans le Nord. — Pétion et Dessalines agissent contre eux. — Conférences entre ces deux chefs, leurs vues, leur entente. — Charles Bélair se rend après la capture de sa femme. — Dessalines les dénonce et les envoie à Leclerc. — Une commission militaire est formée pour les juger au Cap. — Arrivée de nouvelles troupes de France. 235

CHAPITRE VIII.

Leclerc se rend à D'Héricourt et envoie Pétion au Dondon. — Il y combat contre les insurgés, qui le forcent à entrer à la Petite-Anse avec Christophe. — Actions dans l'Ouest contre les insurgés. — Mort de Lamartinière. — Prise de l'Arcahaie par Larose. — Les insurgés de cette partie reconnaissent l'autorité de Lamour Dérance. — Réflexions sur les prétentions des Africains. — Crimes commis par Rochambeau. — Les insurgés du Nord sont victorieux. — Révolte de Capois au Port-de-Paix. — Il rallie les insurgés de cette partie. — Lettre de Brunet à Leclerc, sur Dessalines et Maurepas. — Supplices au Cap. — Charles Bélair et sa femme y sont fusillés. — Proclamation de Leclerc. — Le général Boudet est envoyé en France. — Christophe lui confie son fils. — Ses dispositions. — Dessalines va au Cap. — Son entretien avec Leclerc. — Clervaux et Pé-

T. V. 32

tion au Haut-du-Cap. — Paroles de Christophe et de Clervaux. — Leclerc fait entrer la 6ᵉ au Cap. — Défection de Pétion. — Il entraîne Clervaux et Christophe. — Belle conduite de Pétion. — Il va avec Clervaux au Morne-Rouge et à D'Héricourt. — Il y rallie Petit-Noël Prieur. — Marche contre le Haut-du-Cap. — La 6ᵉ est désarmée et embarquée. — Attaque et prise du Haut-du-Cap. — Défection de Christophe. — 1200 hommes de la 6ᵉ sont noyés. — Réflexions à ce sujet. — Geffrard s'échappe du Cap et va joindre Pétion. — Mort du général Dugua. 267

CHAPITRE IX.

Situation de l'armée française à la mi-octobre. — Proclamation de Leclerc sur la prise d'armes du Haut-du-Cap. — Mesures ordonnées par lui. — Arrestation de Maurepas, etc., au Port-de-Paix. — Mort de Dommage au Cap. — Pamphile de Lacroix évacue le Fort-Liberté. — Conduite de Toussaint Brave en cette circonstance. — Dessalines se déclare contre les Français, et s'empare de la Crête-à-Pierrot. — Massacre d'un bataillon de la 12ᵉ coloniale à Saint-Marc. — Dessalines prend les Gonaïves. — Il attaque Saint-Marc infructueusement. — Il établit son quartier-général à l'Artibonite. — Il réorganise ses troupes. — Mort de Leclerc au Cap. — Ses dernières volontés. — Il désigne Rochambeau pour lui succéder. — Daure, préfet colonial, prend l'intérim du gouvernement colonial. — Ses actes. — Évacuation du Port-de-Paix par Brunet. — Rochambeau se fait installer au Port-au-Prince. — — Combats des indigènes contre le Cap, leurs succès et leurs revers. — Ils abandonnent le Haut-du-Cap. — Modération du préfet Daure. — Arrivée de Rochambeau au Cap. — Il fait noyer Maurepas et d'autres indigènes. — Danger couru par J.-P. Boyer sur le vaisseau *le Duguay-Trouin*. — J. Boyé obtient qu'il soit mis en liberté. 303

CHAPITRE X.

Premières mesures prises par Rochambeau. — Il publie deux arrêtés consulaires, et fait reprendre le Fort-Liberté par le général Clauzel. — Il envoie le général Noailles chercher *des chiens* à Cuba. — Le général Desbureaux retourne en France. — Conduite de Pétion dans le Nord. — Attitude courageuse de Christophe envers Sans-Souci. — Pétion rejoint Dessalines à l'Artibonite. — Il est nommé général de brigade, ainsi que Gabart. — Faits d'armes de Capois, de Toussaint Brave, de Larose et d'autres chefs insurgés. — Cangé reconnu général de brigade par Lamour Dérance. — Crimes commis dans le Sud et tentatives infructueuses d'insurrection. — Pétion en marche dans l'Ouest. — Il prend le Mirebalais. — Combat de Pierroux, au Cul-de-Sac, où il est battu. — Il rencontre Lamour Dérance dans la plaine de Léogane. — Gérin y accourt auprès de Pétion et de Geffrard. — Siége de Léogane et combats. — Geffrard part pour le Sud avec la 13ᵉ — Pétion persuade Cangé et ses officiers en faveur de l'autorité supérieure de Dessalines. — Il retourne auprès du général en chef. — Sa conduite à l'Arcahaie envers Larose. — Il trace les fortifications de Marchand. — Position respective des Français et des indigènes insurgés, à la fin de décembre 1802.   329

CHAPITRE XI.

Dessalines fait reconnaître son autorité dans le Nord, et y organise le pouvoir des chefs militaires. — Lutte des Congos contre Christophe. — Dessalines va rétablir l'ordre. — Assassinat de Sans-Souci. — Les Congos se soulèvent et tuent Paul Louverture. — Dessalines les écrase et retire Christophe et Clervaux du Nord. — Il se porte à l'Arcahaie d'où Larose s'enfuit. — Pétion y est placé. — Ses mesures politiques. — Armemens de barges indigènes. — Clauzel prend le Port-de-Paix. — Capois attaque cette ville et envoie une expédition contre la Tortue. — Il reprend le Port-de-Paix et la Tortue. — Romain, Clervaux et Christophe attaquent le Cap et sont repoussés. — Toussaint Brave attaque le Fort-Liberté. — Geffrard prend l'Anse-à-Veau et en est chassé ensuite. — Gilles Bénech enlève Tiburon. — Insurrection dans la plaine des Cayes. — Férou en prend la direction. — Geffrard se joint à Férou et fait reconnaître l'autorité de Dessalines. — Combats entre Sarrazin et les indigènes dans la plaine des Cayes. — Magloire Ambroise attaque et cerne Jacmel. — Adoption du *drapeau indigène*. — Marche de Kerverseau au Bahoruco. — Lamarre s'empare du Petit-Goave et en expulse Delpech. — Rochambeau fait dévorer un noir par des chiens, au Cap. — Autres crimes. — — Il transporte le siége du gouvernement au Port-au-Prince. — Il y donne *un bal funèbre*. — Il envoie des troupes contre Cangé, à Léogane, — contre Lamarre, au Petit-Goave. — Mort de Neterwood : les Français sont repoussés par Lamarre. — Rigueurs et projets de destruction au Port-au-Prince. — Brunet est envoyé aux Cayes. — Combats divers dans le Sud. — Geffrard fait prendre l'Anse-à-Veau. — Pétion repousse Fressinet à l'Arcahaie. — Clauzel bat Romain et Toussaint Brave à l'Acul. — Rupture de la paix d'Amiens. — Le général Boyer est fait prisonnier par les Anglais. — Pétion provoque la réunion, à l'Arcahaie, de Cangé et de ses officiers, à l'effet de leur faire reconnaître l'autorité de Dessalines. — Mesures projetées par le général en chef.   371

CHAPITRE XII.

Cangé est battu au Cul-de-Sac par les Français. — Mort de Mimi Baude. — Dessalines enlève le Mirebalais et arrive dans cette plaine. — Il y prend deux postes et fait incendier la plaine. — Cangé et Gabart sont battus en allant contre la Croix-des-Bouquets. — Dessalines organise les 11e et 12e demi-brigades. — Rochambeau se transporte au Cap, d'après l'ordre du gouvernement consulaire. — Fressinet va à Jérémie, Sarrazin vient au Port-au-Prince. — Le préfet Daure part pour France. — Des croisières anglaises bloquent divers ports. — Mesures prises par Rochambeau. — Magnytot, nouveau préfet, arrive au Cap. — Dessalines va dans la plaine des Cayes.— Son langage à l'armée indigène. — Il fait des promotions et organise sept corps de troupes. — Il emploie Boisrond Tonnerre auprès de lui. — Il écrit au curé des Cayes et retourne dans l'Ouest. — Cangé prend Léogane. — Dessalines communique avec un vaisseau anglais dans la baie du Port-au-Prince. — Il organise des corps de troupes à Léogane, devant Jacmel et au Petit-Goave. — Il retourne au Cul-de-Sac. — Les Congos échangent des produits avec les Français près du Cap. — Romain est battu deux fois près de cette ville. — Latouche Tréville part pour France. — Fuite des colons et mesures de Rochambeau. — Clauzel et Thouvenot conspirent pour le déporter en France.—Dénoncés par Magnytot, ils sont arrêtés et déportés. —Magnytot et Claparède sont déportés peu après.—Fressinet évacue Jérémie et est fait prisonnier par les Anglais. — Férou y entre.—Geffrard consent à une suspension d'armes avec Brunet. — Il va à Jérémie où arrive Bonnet, venant de Cuba.—Bonnet est expédié à Dessalines, qui le nomme adjudant-général. — Lettre de Dessalines à Gérin sur la suspension d'armes de Geffrard. — Examen à ce sujet. — Les Français évacuent le Fort-Liberté, où entre Toussaint Brave. — Dessalines va à la Petite-Rivière. — Promotions de Gabart et de J.-P. Daut. — Les Français évacuent Saint-Marc. — Gabart livre cette ville au pillage. — Dessalines va dans le Nord et revient à Saint-Marc. — Cangé et M. Ambroise obtiennent la capitulation de Jacmel et y entrent. — Belle conduite qu'ils y tiennent. — Désunion au Port-au-Prince entre les officiers français. —Sarrazin et Colbert s'enfuient.—Réfutation d'un fait attribué à Pétion et relatif à Lavalette. 406

CHAPITRE XIII.

Adresse des habitans du Port-au-Prince à Dessalines. — Il part de l'Artibonite contre cette ville.—Reddition du blockhaus de Drouillard.—Combat entre la 5e légère et les indigènes. — Reddition des blockhaus de Damiens et de Santo. — Prise de possession de la Croix-des-Bouquets. — Meurtre de 400 prisonniers français. — Cangé arrive à la Coupe. — Dessalines établit son quartier-général à Turgeau. — Cangé cerne le fort Bizoton. — Pétion place une batterie à Phelippeaux. — Canonnade respective. — Evacuation de Bizoton et du blockhaus Dessources. — Cangé place une batterie à Piémont. — Paroles de Lavalette aux indigènes de la garde nationale. — Il propose à Dessalines la capitulation du Port-au-Prince, qui est signée. —Adresse de Dessalines aux habitans. — Visite de Lux à Dessalines. — B. Inginac et Lafontant vont auprès de lui.—Evacuation du Port-au-Prince.— Dessalines en prend possession. — Contribution exigée des blancs. — Conduite de Lecun. — Brunet évacue les Cayes. — Geffrard en prend possession. — Mort de Fédon au Cap. — Dessalines va à la Petite-Rivière. — Il marche contre le Cap. — Combats entre Christophe et les Français, et au Haut-du-Cap en présence de Rochambeau. — Eloges de divers généraux par Dessalines. — Bravoure remarquable de Capois. — Rochambeau le fait complimenter.—Il se retire au Cap. — L'armée indigène est victorieuse. — Rochambeau envoie un officier auprès de Dessalines : ce qu'il lui répond. — Le même officier revient. — Dessalines accorde un armistice verbal. — Négociations rompues entre Rochambeau et le commodore Loring. — Capitulation du Cap. — Echange d'otages. — Lettre de Dessalines aux habitans du Cap. — Rochambeau la fait publier. — Lettre de Dessalines à Gérin. — Lettre du commandant de Breda à Dessalines. — La garnison est conduite au Cap. — Réponse de Rochambeau relative à l'ancienne partie espagnole. — Il envoie des prisonniers indigènes à Dessalines. — Evacuation du Cap. — Dessalines en prend possession. — Capitulation entre Rochambeau et Loring. — Massacre des blessés et des malades français par ordre de Dessalines. — Noailles évacue le Môle et meurt à la Havane.—Pourcely prend possession du Môle. — Le général Ferrand va de Monte-Christ à Santo-Domingo. — Soumission des habitans du Cibao à Dessalines, qui leur fait payer une contribution. 438

CHAPITRE XIV.

Faits particuliers relatifs à J.-M. Borgella durant l'expédition française. 484

FIN DE LA TABLE DU TOME CINQUIÈME.

www.ingramcontent.com/pod-product-compliance
Lightning Source LLC
Chambersburg PA
CBHW050554230426
43670CB00009B/1125